PFERDECLUB

PFERDECLUB

Jenny Winter

Lissy und das Traumpferd

Loewe

Die Deutsche Bibliothek – CIP-Einheitsaufnahme

Winter, Jenny:
Lissy und das Traumpferd / Jenny Winter.
– 1. Aufl.. – Bindlach : Loewe, 2001
(Pferdeclub)
ISBN 3-7855-3934-7

*Der Umwelt zuliebe ist dieses Buch
auf chlorfrei gebleichtem Papier gedruckt.*

ISBN 3-7855-3934-7

Lizenzausgabe für Loewe Verlag GmbH, Bindlach
Bereits als Einzelbände „Lissy vom Reiterhof“ und
„Lissy und ihr Pferd Arcado“ im Loewe Verlag erschienen.
Umschlagfoto: Agentur Sorrel
Umschlaggestaltung: Andreas Henze
Gesamtherstellung: GGP Media, Pößneck
Printed in Germany

www.loewe-verlag.de

Inhalt

Ankas Fohlen darf nicht sterben!

In falschen Händen

Viel Wirbel um Roy

Ereignisreiche Schnitzeljagd

Lissy und der Country-Star

Ankas Fohlen darf nicht sterben!

Vorbereitungen

„Es geht um das Leben des Fohlens“, sagte Marlen Riedmann. „Und es gibt wohl nur eine Möglichkeit, sein Leben zu retten.“

Die temperamentvolle Mutter Lissys saß hinter dem Schreibtisch ihres Büros und nippte nachdenklich an ihrem Kaffee. Über die Tasse hinweg blickte sie ihre Tochter an, die ihr gegenüber rittlings auf einem mit der Lehne nach vorn gedrehten Stuhl Platz genommen hatte. Sie war eine praktisch veranlagte Frau, die aus dem Hintergrund des Reiterclubs ebenso geschickt wie unaufdringlich die Fäden zog und Lissy alles abnahm, was sie aufgrund ihrer Jugend als Präsidentin des Reiterclubs nicht erledigen konnte.

Lissy war fünfzehn Jahre alt und organisierte den Club, sodass sich ihre Mutter weder um die Versorgung der Pferde noch um den allgemeinen Betrieb des Clubs oder um sportliche Belange zu kümmern brauchte. Ging es aber um geschäftliche Dinge, so war ihre Mitarbeit nun einmal nötig, weil ein fünfzehnjähriges Mädchen in dieser Hinsicht stets nur mit der Zustimmung ihrer Eltern handeln konnte.

Lissy war dunkelblond. Ihr Haar hatte jedoch einen rötlichen Ton und sah viel heller aus als sonst, wenn sie viel an der Sonne war – so wie in diesen Sommertagen. Sie war ein selbstbewusstes Mädchen, das sich durchzusetzen wusste. Und das war auch nötig in einem Reiterclub mit so vielen Jungen und Mädchen, die alle ihre eigenen Interessen und zumeist berechtigte Wünsche hatten.

„Um Leben und Tod?“ Lissy legte den Kopf schief und lächelte. „Das hört sich aber sehr dramatisch an, Mami.“

„Das ist es auch", antwortete ihre Mutter. „Es geht um eine Stute, die schon zweimal ihr Fohlen verloren hat. Es ist ein edles Tier und zur Zeit ist es wiederum trächtig. Leider steht es in einem Gestüt, das vernachlässigt worden ist. Der Eigentümer ist verstorben und hat es seinem Sohn hinterlassen, aber der weiß nichts damit anzufangen. Er verkauft alle Pferde und wir haben die Zuchtstute für das Gestüt übernommen."

„Ich weiß, Mami, aber was ist so schwierig daran? Wir holen die Stute hierher zu uns auf den Reiterhof und dann werden wir uns um sie kümmern, damit sie ihr Fohlen nicht noch einmal verliert. Frau Dr. Müllher wird uns sicherlich dabei helfen."

„Das ist nicht das Problem, Lissy. Die Stute ist geschwächt und sie hat das Gestüt noch nie zuvor verlassen. Sie kennt keinen Pferdetransporter und Frau Dr. Müllher fürchtet, dass sie bei einem Transport im Wagen so geängstigt wird, dass sie das Fohlen verliert. Deshalb haben wir beschlossen sie auf keinen Fall im Wagen hierher zu bringen."

„Aber es gibt doch gar keine andere Möglichkeit, Mami", wunderte sich Lissy.

„Eine gibt es!" Marlen Riedmann lächelte. Eigentlich hatte sie erwartet, dass ihre Tochter erriet, was sie meinte. „Die Stute muss zu uns geführt werden."

„An der Hand?" Überrascht blickte Lissy ihre Mutter an. Hatte sie es wirklich ernst gemeint? „Aber das dauert ein paar Tage! Ist die Anstrengung für die Stute nicht viel zu groß? Und wer soll das machen?"

„Ich dachte, dass du es übernimmst", sagte Marlen Riedmann. „Ich werde dich zu dem Gestüt bringen. Natürlich nimmst du Arcado und vielleicht ein paar Freunde mit und dann macht ihr einen wunderschönen Wanderritt zurück zu uns und führt die Stute dabei am

Zügel. Natürlich müsst ihr vorsichtig mit ihr umgehen und dürft euch nicht zu große Tagesetappen vornehmen."

Lissy sprang vom Stuhl. „Das ist eine fantastische Idee, Mami", rief sie begeistert. „Dass ich nicht gleich darauf gekommen bin! Ein Wanderritt! Das ist die Lösung!"

Sie war Feuer und Flamme. Der Wanderritt gab ihr die Möglichkeit ein paar Tage und Nächte lang sehr eng mit ihrem Pferd verbunden zu sein und darüber hinaus den Aufgaben zu entfliehen, die sie als Präsidentin des Reiterclubs hatte und die oft sehr schön, manchmal aber auch recht lästig sein konnten.

Sie wollte wissen, wann sie aufbrechen sollte, wen sie mitnehmen konnte, wie weit es bis zu dem anderen Gestüt war, welchen Weg sie nehmen sollte, wo sie übernachten konnte und viele andere Dinge mehr. Über die Stute wusste sie recht gut Bescheid. Es handelte sich um eine Hannoveraner Stute, die bereits ein hochwertiges Fohlen zur Welt gebracht hatte und die dazu gedacht war, das eigene Gestüt aufzubessern. Der Pferdewirt Karsten Sievers, ein weit über die Landesgrenzen hinaus bekannter Fachmann, hatte die Stute ausgesucht und auch Lissy um ihre Zustimmung gebeten, obwohl sie mit dem Gestüt eigentlich nur wenig zu tun hatte.

Marlen Riedmann unterbrach den Redefluss ihrer Tochter lachend und hob abwehrend beide Hände.

„Um Himmels willen, Lissy", rief sie. „Ich habe dir gerade erst den Vorschlag gemacht einen Wanderritt zu machen und die Stute dabei hierher zu führen. Über die Einzelheiten habe ich nun wirklich noch nicht nachgedacht. Du musst jetzt klären, wer von deinen Freunden mitkommt, denn allein lasse ich dich selbstverständlich nicht reiten. Sobald ich das weiß, legen wir die Route fest und dann telefoniere ich ein wenig herum und sorge dafür, dass ihr entsprechende Nachtquartiere findet."

„Ich frage Gertie, Linda, Melanie, Dennis und Tobias", rief ihre Tochter. „Sie sind gerade im Clubhaus. Hoffentlich wollen nicht noch mehr mit. Ich fürchte, der halbe Club wird sich an dem Wanderritt beteiligen wollen, aber wenn es zu viele werden, macht es keinen Spaß. Dann wird die Organisation zu schwierig. Wenn ich allein an die vielen Hotelzimmer denke, die wir möglicherweise benötigen. Und was das alles kostet! Himmel, mir wird ganz komisch."

„Du hast Recht", stimmte Marlen Riedmann zu. „Je kleiner die Gruppe ist, desto besser."

Lissy stürmte aus dem Büro und lief aus dem Herrenhaus, in dem sie mit ihren Eltern wohnte, zu dem im Blockhausstil errichteten Clubhaus hinüber. Sie winkte ihren Freunden zu und zog sich mit ihnen in ihr Büro zurück um ihnen dort zu berichten, um was es ging.

„Obwohl es keine Angelegenheit unseres Reiterclubs ist, sondern nur das Gestüt betrifft, werde ich allen Mitgliedern sagen, dass sie mitreiten können", sagte sie, nachdem sie von der trächtigen Stute erzählt hatte. „Es würde böses Blut geben, wenn ich es nicht täte."

„Ich bin dabei", antwortete Dennis spontan und Tobias, Linda und Gertie schlossen sich ihm an. Melanie, die dreizehnjährige Tochter des Pferdewirts, schüttelte bedauernd den Kopf. Sie wäre gern mitgeritten, musste aber am Wochenende für eine Schulaufführung ihrer Theatergruppe üben, und da sie eine Hauptrolle in dem kleinen Stück spielte, konnte sie nicht mehr absagen.

Danach schrieb Lissy auf ihrem Computer einen Brief an die Vereinsmitglieder und hängte ihn in den Mitteilungskasten. Sie war überzeugt davon, dass sich zahlreiche Jungen und Mädchen für den Wanderritt melden würden, doch sie täuschte sich. Viele zeigten Interesse, doch kein Einziger konnte zum Wochenende zusagen.

„Jeder scheint irgendetwas vorzuhaben", stellte sie fest, nachdem drei Stunden vergangen waren. Sie hatte sich wieder mit ihren Freunden in ihr Büro zurückgezogen. „Außerdem lassen sich viele abschrecken, weil die Wettervorhersage so schlecht ist. Aber ich bin optimistisch. Ich glaube an gutes Wetter."

„Da ist aber noch etwas", gab Melanie zu bedenken. „Mein Vater hat vorhin gesagt, als es alle hören konnten, dass sich die Stute in keinem guten Zustand befindet. Es ist bestimmt kein Vergnügen, sie hierher zu bringen, denn in einer Wandergruppe müssen sich alle nach dem langsamsten Pferd richten."

„Das wissen wir", erwiderte Lissy. „Das ist selbstverständlich."

„Natürlich. Das ist es auch für mich", gab Melanie schnippisch zurück. „Für manchen jedoch nicht. Sie mögen nicht so langsam reiten. Es ist ihnen zu langweilig. Tut mir Leid, aber so ist es." Damit ging sie hinaus.

„Sie hat es nur gesagt, weil sie wegen der Theaterprobe nicht mitreiten kann", vermutete Linda. Sie hatte neue, schwarze Reithosen, elegante Reitstiefel und eine teure Bluse an. Kleine Kettchen klimperten an ihren Handgelenken.

„Ich glaube auch, dass sie ganz gern dabei wäre", sagte Gertie. Sie hatte braune Haare, die sie halblang in einem Pagenschnitt trug. „Sie will es nur nicht zugeben und deshalb versucht sie uns den Wanderritt wenigstens ein bisschen mies zu machen."

„Soll sie", bemerkte Dennis. „Mir wird sie den Spaß nicht verderben."

„Ach, das hat sie gar nicht vor", nahm Lissy die Tochter des Pferdewirts in Schutz. „In einer Hinsicht hat sie Recht. Wir werden nicht schnell reiten können, weil wir auf die Stute Rücksicht nehmen müssen."

Sie holte eine Landkarte aus der Schublade ihres Schreibtischs hervor und breitete sie aus. „Fangen wir endlich mit den Vorbereitungen an“, schlug sie vor. „Als Erstes sollten wir uns darüber klar werden, welchen Weg wir einschlagen.“

Vergessen waren die Einwände. Jetzt ging es nur noch darum, das Wanderreiten so gut wie möglich vorzubereiten. Es gab viel zu bedenken, denn die Stute stand auf einem weit entfernten Gestüt an der Elbe und von dort würden sie wenigstens drei Tage lang unterwegs sein, bis sie den Heidehof erreichten.

„Wir können noch kein Hotel buchen“, stellte Dennis fest, nachdem sie eine Weile darüber gesprochen hatten, wo sie unterwegs übernachten sollten. „Wir wissen ja gar nicht, wie weit wir kommen. Vielleicht macht die Stute nicht mit und wir müssen wirklich ganz langsam reiten oder das Wetter wird so schlecht, dass wir irgendwo unterbrechen müssen.“

„Was schlägst du vor?“, fragte Lissy. Sie musste daran denken, dass ihre Mutter auf das gefährdete Fohlen hingewiesen hatte. Wenn sie nicht äußerst vorsichtig waren, würde es sterben, noch bevor es geboren war. Das wollte sie auf jeden Fall verhindern, und wenn sie dazu eine ganze Woche unterwegs sein musste.

„Ich bin der Meinung, wir sollten wegen der Nächte gar nichts vorbereiten, sondern einfach auf uns zukommen lassen, was passiert. Wir nehmen Schlafsäcke mit und übernachten notfalls irgendwo auf einer Wiese. Wir haben doch jetzt Hochsommer und es ist warm genug, sodass wir draußen schlafen können. Sollte es Bindfäden regnen, können wir immer noch zu irgendeinem Bauern gehen und fragen, ob wir in seiner Scheune übernachten dürfen.“

Diese Idee fanden sie sehr viel reizvoller als in einem

Hotel zu übernachten. Dadurch erhielt ihr Wanderritt etwas Abenteuerliches und das war allen nur zu recht.

„Eine prima Idee, Dennis", lobte selbst Linda, die sonst immer besonderen Wert auf Komfort legte.

„Also – wir lassen alles auf uns zukommen", sagte Lissy. „Am Freitag gleich nach der Schule brechen wir auf. Am besten bringt ihr euer Gepäck schon am Donnerstag hierher, damit wir keine Zeit verlieren. Willy und Otto können alles in die Autos verladen, sodass wir möglichst früh starten können."

„Noch schneller geht es, wenn sie uns von der Schule abholen", schlug Dennis vor. „Natürlich müssen wir etwas essen, aber mir würden ein paar Brote genügen, die wir während der Fahrt verfuttern können."

Was Menschen Tieren antun

Als der Unterricht am Freitag für Lissy, Dennis, Tobias, Linda und Gertie zu Ende war, standen drei Fahrzeuge mit Pferdetransportern vor der Schule. Sie warfen ihre Schultaschen hinein und starteten. Marlen Riedmann hatte genügend Brote für Lissy und ihre Freunde vorbereitet.

„Eigentlich hätten die anderen ja schon vorausfahren können", sagte sie, während sie den Geländewagen, in dem alle Platz fanden, über die Straßen lenkte. „Ich finde es jedoch besser, wenn wir zusammenbleiben."

Wegen der Pferde in den Anhängern konnte sie nicht schnell fahren und so erreichten sie ihr Ziel erst nach beinahe drei Stunden – ein kleines Gehöft, das direkt an der Elbe lag und von hohen Buchen umsäumt wurde. Ein langer, von Knicks eingefasster Weg führte an Koppeln vorbei zu dem Hof.

„Seht euch nur mal die Wiesen an", sagte Linda. „Sie sind ungepflegt. Seit Wochen scheint sich niemand mehr um sie gekümmert zu haben."

„Eigentlich müssten Pferde auf den Koppeln sein", wunderte sich Lissy. „Wieso sind die Pferde nicht draußen? Besser könnte das Wetter für sie doch gar nicht sein."

„Ich weiß nicht", antwortete ihre Mutter. „Vielleicht kümmert sich der Erbe des Gestüts nicht so um die Pferde, wie es eigentlich sein müsste. Das könnte einer der Gründe dafür sein, dass einige oder sogar alle Pferde verkauft werden."

Der Hof sah einsam und verlassen aus, ganz anders als sie erwartet hatten. Sie wurden von keinem Hofhund begrüßt, auf dem Misthaufen oder davor liefen keine

Hühner, Enten oder Gänse herum. Nur ein paar Tauben saßen gurrend auf den Zweigen der Buchen und blickten auf die Ankömmlinge herab. Die Türen der Tenne und die der Scheune waren alt und windschief und einige der Glasscheiben in den Fenstern waren zerbrochen.

„Bist du sicher, dass wir hier richtig sind?“, fragte Lissy erstaunt. Sie stieg aus, reckte sich und hüpfte ein wenig auf den Fußballen um die Müdigkeit nach der langen Fahrt aus den Gliedern zu vertreiben. Von einem der anderen Fahrzeuge her schoss Friedrich heran. Der Pyrenäenberghund schnellte sich an Lissy hoch um sie freudig zu begrüßen und ihr Gesicht abzulecken, und wenn Dennis sie nicht geistesgegenwärtig gestützt hätte, wäre sie sicherlich mit dem riesigen Hund zu Boden gefallen.

„Das ist eine Überraschung!“, rief sie. „Ich wusste ja gar nicht, dass du mitgefahren bist, Friedrich.“

Marlen Riedmann lachte.

„Ich hielt es für besser, wenn der Hund bei euch ist“, erklärte sie. „Er kann euch auf dem Wanderritt begleiten und sicherlich ist er euch irgendwann mal nützlich.“

Friedrich war ein besonderes Exemplar von einem Pyrenäenberghund. Er war weiß und fast so groß wie ein Löwe. Sein mächtiger Kopf war überaus beeindruckend und bei seinem Anblick hatte schon so mancher Besucher von Lissys Reiterclub darauf verzichtet, aus dem Auto auszusteigen. Dabei war Friedrich ausgesprochen gutmütig und überaus kinderlieb. Schon häufig hatten sich kleinere Kinder auf seinen Rücken gesetzt und waren auf ihm geritten wie auf einem Pony, ohne dass er versucht hätte sie abzuschütteln. Lissy war froh, dass er dabei war. Aus den anderen Fahrzeugen stiegen die beiden Pferdepfleger Willy und Otto aus. Die Zwillinge öffneten die Transporter um die Pferde für Lissy und ihre Freunde herauszulassen.

Laut knarrend öffnete sich die Tür des Bauernhauses und ein hoch gewachsener, überaus schlanker Mann trat daraus hervor. Die Tür war so niedrig, dass er sich bücken musste um hindurchgehen zu können. Aus eng beieinander stehenden Augen musterte er seine Besucher und dabei rutschten die Winkel seines nahezu lippenlosen Mundes weit nach unten. Er hatte eine lange, blasse Nase, die weit aus seinem Gesicht vorsprang.

„Was wollt ihr hier?“, fragte er mit heiserer Stimme, die tief aus der Kehle zu kommen schien.

„Tag, Herr Ölkhoff“, grüßte Marlen Riedmann freundlich. Mit ausgestreckter Hand ging sie zu ihm hin und nannte dabei ihren Namen. „Wir kommen um die Stute Anka von Lörtwörten abzuholen.“

Er übersah die Hand und blickte sie missmutig an. „Das passt mir jetzt nicht“, erwiderte er. „Ich habe zu tun.“

„Aber ich bitte Sie“, rief sie. „Wir haben uns angemeldet. Ich war vor zwei Wochen hier und habe die Stute gekauft. Der Kaufpreis für das Pferd ist angewiesen und wir haben die weite Fahrt nicht gemacht um unverrichteter Dinge wieder wegzufahren.“

Er murmelte etwas Unverständliches, blickte über sie hinweg und an den Baumstämmen der Buchen vorbei auf das Land hinaus und massierte sich mit langen, dünnen Fingern seinen Adamsapfel.

„Der hat doch ’ne Meise“, wisperte Dennis Lissy ins Ohr. Sie stand dicht neben ihm und kraulte Friedrich den Kopf.

„Herr Ölkhoff, wir werden jetzt in die Ställe gehen und das Pferd herausholen“, erklärte Lissys Mutter. „Und Sie werden uns nicht daran hindern. Wir haben das Pferd gekauft. Es gehört uns und wir nehmen es mit.“

„Das kann ich Ihnen nicht empfehlen!“, versetzte er drohend. „Sie würden es mit Sicherheit bereuen.“

„Nun seien Sie doch vernünftig“, bat sie ihn. „Sie haben mir das Pferd verkauft. Es gehört mir. Sie haben keinen Grund es noch länger bei sich zu behalten. Wenn es Ihnen schwer fällt, sich davon zu trennen, hätten Sie es nicht verkaufen dürfen.“

Er drehte sich wortlos um, ließ die Hände tief in den Hosentaschen verschwinden und ging ins Haus zurück. Mit dem Fuß schlug er krachend die Tür hinter sich zu.

„Was ist denn mit dem los?“, fragte Tobias.

„Wenn er Ihnen das Pferd verkauft hat, warum macht er dann so ein Theater?“, wunderte sich Gertie.

„Ich weiß es nicht“, antwortete Marlen Riedmann. Sie griff sich an den Kopf und schob sich die blonden Locken aus der Stirn. „Als ich vorige Woche mit ihm verhandelte und schließlich die Stute kaufte, machte er einen ganz anderen Eindruck auf mich. Er war nett und zuvorkommend. Deshalb begreife ich nicht, was heute mit ihm los ist.“

„Mir ist er unheimlich“, bemerkte Linda.

„Und mir ist er völlig egal“, sagte Dennis. Er trug einen kleinen, rot karierten Hut, unter dem sein weizenblondes Haar hervorlugte. „Von mir aus kann er einen Schatten auf der Birne haben. Das geht uns nichts an. Wir holen uns die Stute aus dem Stall und dann verschwinden wir.“

„Das ist ein guter Vorschlag, Dennis“, lobte Marlen Riedmann. „Wir nehmen schließlich nur ein Pferd mit, das uns gehört.“

Sie öffnete die Tür zum Pferdestall, trat jedoch nicht ein, sondern blieb betroffen stehen. Durch die Fenster fiel genügend Licht in den Stall, sodass sie die Pferde in ihren Boxen sehen konnten.

„Was ist denn hier los?“, fragte Lissy. Sie schob sich an ihrer Mutter vorbei und betrat den Stall. Erschüttert stellte sie fest, dass die Pferde stark abgemagert und geschwächt in ihren Boxen standen, die schon lange nicht mehr sauber gemacht worden waren. Das Fell der Pferde war verschmutzt und verkrustet, weil sie die Boxen schon seit Tagen nicht mehr verlassen und sich immer wieder in den Schmutz gelegt hatten. Die Krippen waren leer, ihr Holz angefressen und Heu oder anderes Futter war nicht vorhanden.

Lissy eilte den Tränen nahe durch den Stall und entdeckte nirgendwo einen Wassereimer. „Er hat ihnen nichts zu trinken gegeben", rief sie den anderen zu. „Los. Wir müssen Eimer besorgen und die Pferde tränken."

Im Bauernhaus lief Ölkhoff unruhig auf und ab. Er hielt mehrere Pinsel und Farbtuben in den Händen und einige Male blieb er vor einer Staffelei stehen um sich das Bild anzusehen, an dem er gearbeitet hatte. Dann plötzlich stürzte er aus dem Zimmer auf einen Flur hinaus, auf dem ein Telefon stand. Er riss den Hörer an sich, und obwohl es nicht geklingelt hatte, meldete er sich mit seinem Namen: „Alfons Ölkhoff!"

Aus dem Hörer kam ein gleichmäßiger Signalton und er drückte eine der zehn Ziffern um ihn zum Schweigen zu bringen.

„Ach, du bist es, Papi", rief er, nachdem er fast eine Minute lang regungslos gelauscht hatte. Ein strahlendes Lächeln ging über sein Gesicht.

„Das ist lieb von dir, dass du dich meldest, Papi. Stell dir vor, es sind Leute auf den Hof gekommen, die wollen mir ein Pferd wegnehmen."

Er ließ den Hörer kurz sinken, blickte ins Leere und nahm ihn wieder auf. Er lauschte, so als ob am anderen Ende der Leitung tatsächlich jemand sei, mit dem er verbunden war, nickte dann mehrmals und sagte: „Ja, Papi, so werde ich es machen."

Dann legte er zufrieden auf und ging zur Staffelei, setzte sich und begann zu malen.

Dennis rannte zu der Tür hinüber, durch die Ölkhoff verschwunden war. Er klopfte kräftig an, sodass die Tür in ihren Angeln klapperte, doch der dünne Mann ließ sich nicht blicken. Dennis lief zu einem der Fenster und blickte hindurch. Er sah Ölkhoff mitten im Zimmer vor einer Staffelei sitzen und an einem Bild mit grünen und roten Pferden malen. Wütend hämmerte er mit den Knöcheln gegen die Fensterscheibe, doch der Mann wollte ihn nicht hören oder er war so in seine Arbeit vertieft, dass er nichts um sich herum wahrnahm.

„Lass nur", rief Tobias von der Scheune herüber, die durch einen breiten Gang vom Bauernhaus und den Stallungen getrennt war. „Ich habe schon Eimer gefunden. Wir brauchen den Kerl nicht."

Dennis eilte ihm zu Hilfe und nun konnten sie die durstigen Pferde endlich tränken. Gertie und Linda waren mittlerweile über eine Leiter auf den Boden geklettert, der sich über dem Stall befand. Dort hatten sie Heu entdeckt und sie warfen es nun bündelweise hinunter um die Pferde damit zu versorgen.

Marlen Riedmann ermahnte Lissy und ihre Freunde den Pferden nicht zu viel Wasser auf einmal zu geben.

„Das bekommt ihnen nicht", sagte sie. „Seid also vorsichtig. Und gebt ihnen auch nicht zu viel zu fressen. Das wäre keineswegs gut für sie."

Sie ging hinaus zu den beiden Pferdepflegern.

„Einer von euch muss in die nächste Stadt fahren und einen Tierarzt holen", sagte sie. „Je schneller er zurück ist, desto besser. Ich brauche den Arzt um Ölkhoff anzeigen zu können. Er muss für das bestraft werden, was er den Pferden angetan hat. Wenn ich von den Zuständen hier auf dem Hof gewusst hätte, wäre ich schon sehr viel früher gekommen um die Stute zu holen. Als ich vor zwei Wochen hier war, gab es nichts zu beanstanden. Da war noch alles in Ordnung."

Otto entschloss sich dazu, den Tierarzt zu benachrichtigen. Er verließ den Hof mit einem der Geländewagen und Marlen Riedmann ging zum Bauernhaus. Sie klopfte an der Tür und an den Fenstern, doch Ölkhoff ließ sich nicht blicken. Er malte auch nicht mehr, sondern hielt sich irgendwo im Haus auf, wo man ihn nicht sehen konnte.

Nachdem die Pferde mit dem Nötigsten versorgt worden waren, führten Lissy und ihre Freunde eines nach dem anderen aus dem Stall auf die Koppel hinaus, wo die Pferde zunächst hilflos und verwirrt stehen blieben, bis sie dann nach und nach zu grasen begannen.

Marlen Riedmann holte die trächtige Stute aus dem Stall und führte sie zu einem der Pferdetransporter. Das Pferd war ebenso abgemagert wie die anderen, doch konnte man bereits deutlich erkennen, dass es ein Fohlen in sich trug. Mit tief hängendem Kopf folgte es Frau Riedmann. Lissy ging zu ihrer Mutter und streichelte das Pferd.

„Ich könnte heulen", sagte sie. „Ich begreife einfach nicht, wie Menschen Tieren so etwas antun können. Der Ölkhoff muss wirklich verrückt sein."

„Er hat das Gestüt von seinem Vater geerbt, der als Züchter einen ausgezeichneten Ruf hatte", erwiderte ihre Mutter. „Ich habe ihn gekannt. Sein Hof war nicht gerade vorbildlich, aber er war gepflegt und die Pferde hätten nicht besser versorgt werden können als bei ihm. Sein Sohn wird mit dem Betrieb nicht fertig. Er ist weltfremd, studiert seit viel zu vielen Jahren Kunst und hat nicht die Verbindung zu Pferden wie wir. Ich glaube nicht, dass er verrückt ist. Er ist eben nur anders als wir. Natürlich wird er für das bestraft werden, was er den Pferden angetan hat. Ich bin sicher, dass die Behörde ihm alle Pferde wegnehmen wird."

Lissy drückte der Stute ganz leicht die Fingerspitzen gegen die Schulter und ließ sie sanft massierend kreisen. Das Pferd reagierte sofort auf ihre Berührung. Es mochte diese Art Behandlung, die es an die zärtlichen Liebkosungen erinnerte, wie es sie als Fohlen von seiner Mutter erfahren hatte.

„Ich bin froh, wenn wir hier weg sind", sagte sie.

„Das bin ich auch." Marlen Riedmann ging zum Bauernhaus hinüber. „Ich will mich eben von Ölkhoff verabschieden und dann verschwinden wir."

Lissy wusste, dass sie alle nötigen Papiere für die Stute hatten, sodass es keinen Grund für sie und ihre Freunde mehr gab, noch länger auf dem Hof zu bleiben. Es genügte, wenn Willy und ihre Mutter auf den Tierarzt warteten. Doch noch gab es etwas zu tun. Die Pferde durften nicht zu lange auf der Weide bleiben, weil sie dann zu viel fressen würden. Der ostfriesische Pferdepfleger begann bereits damit, die ersten Pferde von der Koppel zu holen und in einen Paddock zu bringen, auf dem kein Gras wuchs. Lissy rief ihre Freunde und sie gingen zu Willy um ihm zu helfen. Als sie alle Pferde im Paddock hatten, kehrte Marlen Riedmann zurück.

„Ölkhoff lässt sich nicht blicken", berichtete sie. „Ich bin um das ganze Haus herumgegangen, aber er hat sich nicht gemeldet."

„Vielleicht hat er sich in Luft aufgelöst", scherzte Dennis. „Das wäre nicht die schlechteste Lösung!" Er schob sich seinen karierten Hut tief ins Gesicht, sodass die kleine Krempe beinahe seine Augen überdeckte. Es sah komisch aus und die Mädchen mussten lachen. Nur Gertie blieb ernst. Sie war ein pflichtbewusstes Mädchen, das nicht so einfach über die Zustände hinwegsehen konnte, die sie angetroffen hatten.

„Was wird denn nun aus dem Stall?“, fragte sie. „Wir können die Pferde doch unmöglich dorthin zurückbringen. Die Boxen müssten ausgemistet und mit frischem Stroh versorgt werden.“

„Aber nicht von uns“, protestierte Tobias. Er war sonst sehr ruhig und zurückhaltend, doch der Anblick der gequälten Pferde hatte ihn aufgewühlt. „Dieser Mistkerl von Ölkhoff hat sich auf seinem Hof um nichts gekümmert. Jetzt werde ich ihm nicht den Gefallen tun und die Ställe für ihn säubern. Das soll er gefälligst selber tun oder der Tierarzt soll jemanden herschicken, der dafür bezahlt wird.“

„Du hast Recht“, stimmte Lissy zu. „Es ist wirklich nicht unsere Aufgabe. Wir haben schon viel zu viel Zeit verloren. Wenn wir nicht bald aufbrechen, können wir gleich hier auf dem Hof übernachten.“

„Das habe ich keineswegs vor“, sagte Linda rasch. Sie zog die Stirn kraus. „Ihr glaubt doch nicht, dass ich in der Nähe von diesem ausgeflippten Typ schlafe!“

Sie brauchten nicht mehr lange zu warten. Otto kehrte mit dem Tierarzt und zwei Beamten von der Tierschutzbehörde zurück und sie zeigten ihnen den Hof. Schon nach wenigen Minuten gaben die Beamten Marlen Riedmann zu verstehen, dass sie sich um nichts mehr zu kümmern brauchte und dass sie alles Weitere veranlassen würden.

„Fahren Sie ruhig los“, empfahl ihr der Tierarzt, ein noch junger, sehr entschlossener Mann. „Mit Ölkhoff werden wir schon alleine fertig.“

Lissy und ihre Freunde trafen nun die letzten Vorbereitungen, sattelten ihre Pferde, schnallten die Ausrüstung an den Sätteln fest, verabschiedeten sich von Marlen

Riedmann und den beiden Pferdepflegern, führten die trächtige Stute an der Hand und brachen auf.

Sie waren gerade bis über die ersten Bäume hinausgekommen und hatten den von Buchsbaum umsäumten Feldweg erreicht, als ein Schuss fiel und die Windschutzscheibe am Auto des Tierarztes in Tausende von winzigen Glassplittern zerbarst.

Schwierigkeiten

„Schnell! Weg hier!“, schrie Dennis und gleichzeitig beugte er sich zu Lissy und ihrem Hengst Arcado hinüber um ihm einen leichten, treibenden Klaps auf die Hinterhand zu geben.

Doch Lissy hatte ebenso begriffen wie die anderen. Sie trieben die Pferde an und entfernten sich rasch vom Hof. Die junge Präsidentin des Reiterclubs blickte zurück. Sie sah, dass ihre Mutter, die beiden Pferdepfleger, der Tierarzt und die Beamten hinter den Autos in Deckung gegangen waren.

In einer Entfernung von etwa hundertfünfzig Metern vom Hof zügelten sie die Pferde. „Der Verrückte hat geschossen“, sagte Tobias. Er griff sich mit beiden Händen an den Kopf. „Das glaube ich einfach nicht. So etwas gibt es doch nicht!“

„Du hast es ja erlebt“, erwiderte Lissy.

„Lasst uns bloß von hier verschwinden“, bat Linda. Sie war kreidebleich und ihre Lippen zitterten. „Mit so was konnten wir nun wirklich nicht rechnen.“

„Ich bleibe, bis ich weiß, dass meine Mutter, Otto und Willy in Sicherheit sind“, entgegnete Lissy. Sie drehte Arcado herum, sodass er mit dem Kopf zum Hof zeigte und sie beobachten konnte, was dort geschah. Ihre Mutter und die ostfriesischen Zwillinge setzten sich in die Autos und verließen den Hof. Der Tierarzt und die Beamten folgten, ohne dass ein weiterer Schuss fiel.

Marlen Riedmann hielt an, als sie Lissy erreichte. Sie kurbelte das Fenster herunter. „Weiter, Lissy“, rief sie. „Reitet weiter. Wer weiß, was diesem Menschen noch einfällt.“

„Bist du verletzt, Mami?“, fragte Lissy. Doch ihre Mutter beruhigte sie. Niemand war verletzt. Der Schuss hatte lediglich die Windschutzscheibe des einen Autos getroffen und sonst keinen Schaden angerichtet.

„Das ist jetzt ein Fall für die Polizei“, sagte Marlen Riedmann. „Seid ihr sicher, dass ihr unter diesen Umständen nach Haus reiten wollt? Vielleicht ist es besser, wir verladen die Pferde und ihr fahrt mit uns.“

„Auf keinen Fall“, antwortete Dennis. „Der Ölkhoff hockt auf seinem Hof und dort wird die Polizei ihn wohl bald abholen. Uns wird er nicht belästigen. Er weiß ja gar nicht, in welche Richtung wir reiten.“

Sie waren sich alle einig, dass er Recht hatte, und sie ritten nun vor den Fahrzeugen her den schmalen Feldweg entlang bis hin zur Landstraße. Der Tierarzt und die Beamten fuhren mit hohem Tempo weiter um die Polizei aus der Stadt zu verständigen und auch Otto und Willy fuhren schneller. Marlen Riedmann aber blieb noch bei den Reitern, bis sie einen Wald erreichten und hier auf einen Reitweg abbiegen konnten. Sie verabschiedeten sich winkend voneinander und Lissy versprach ihrer Mutter, dass sie wenigstens zweimal am Tag auf dem Heidehof anrufen und sich melden würde.

Laut bellend stürmte Friedrich der Reitergruppe voraus in den Wald hinein, bis Lissy ihn energisch zurückpfiff.

„Du bleibst bei uns, Friedrich“, rief sie ihm ermahnend zu, „oder ich muss dich an die Leine nehmen.“

Der Hund gehorchte und trottete nun geduldig neben den Pferden her.

„Als der Schuss fiel, dachte ich, mich trifft der Schlag“, sagte Linda. „Du meine Güte, wir haben ja schon viel erlebt, aber noch nicht, dass auf uns geschossen wurde.“

Lissy lachte.

„Nun übertreibe mal nicht, Linda“, bat sie. „Ölkhoff

hat nicht auf uns, sondern auf das Auto geschossen. Er wollte die Scheibe zerstören um uns einen Schrecken einzujagen."

„Egal, wohin er gezielt hat", erwiderte ihre Freundin. „Ich fand es schlimm genug."

Sie waren sich alle einig, dass der Zwischenfall wirklich schrecklich gewesen war, und sie waren alle froh, dass nicht mehr passiert war.

„Inzwischen hat die Polizei Ölkhoff bestimmt schon kassiert und eingesperrt", sagte Dennis. „Vergessen wir also diesen blöden Heini und freuen wir uns, dass die Sonne scheint. Das Wetter ist viel besser als die Wettervorhersage."

Der Wald öffnete sich und der Weg führte an einem See entlang. Sie machten eine kurze Pause, damit die trächtige Stute sich erholen und die Pferde saufen konnten. Danach drängte Lissy zur Eile. Sie durften keine Zeit mehr verlieren, wenn sie noch bis zum Einbruch der Dämmerung zu dem kleinen Dorf kommen wollten, in dem sie übernachten wollten.

Dennis versuchte die Stimmung ein wenig aufzulockern, indem er einige Pferdewitze erzählte, doch ihre Gedanken kehrten immer wieder zu dem Hof von Ölkhoff und zu den traurigen Zuständen zurück, die sie dort angetroffen hatten, und so verlief dieser späte Nachmittag nicht ganz so fröhlich, wie sie eigentlich erwartet hatten.

Es war schon spät und die Sonne war bereits untergegangen, als sie sich dem Dorf näherten. Gleich auf dem ersten Gehöft, zu dem sie kamen, versuchten sie ihr Glück. Es lag noch etwa zweihundert Meter vor dem Dorf. Ein kleiner, untersetzter Mann arbeitete an einem Trecker. Laut bellend machte ihn ein Schäferhund auf die Reiter aufmerksam. Er nahm den Hund und führte ihn zum Bauernhaus um ihn durch die Tür ins Innere zu lassen. Dann ging er Lissy und ihren Freunden einige Schritte entgegen. Neugierig blickte er sie durch die dicken Gläser seiner Brille an.

„So spät seid ihr noch unterwegs?“, fragte er.

„Wir sind auf einem Wanderritt“, antwortete Lissy, nachdem sie gegrüßt hatte. „Und wir suchen eine einfache Unterkunft. Können wir bei Ihnen in der Scheune schlafen?“

„Natürlich nicht kostenlos“, fügte Dennis hinzu. Der Bauer lachte und sein von Wind und Wetter gerötetes Gesicht überzog sich mit unzähligen Fältchen.

„Na ja“, erwiderte er. „Das Übernachten kostet nichts, aber wenn die Tiere Futter haben sollen, müsst ihr schon was bezahlen. Aber für euch habe ich ein Schinkenbrot. Ich bin früher selbst gern mit Pferden durch die Lande geritten und habe dann immer auf Bauernhöfen übernachtet. Es hat mir viel Spaß gemacht.“ Ein Schatten fiel über sein Gesicht. „Leider haben ja viele junge Leute dafür heute kein Verständnis.“

„Das heißt also, dass wir bleiben können?“ Lissy stieg erleichtert aus dem Sattel. Sie war müde und hatte keine Lust, jetzt noch lange nach einer Unterkunft zu suchen. Bis zur nächsten Stadt, in der es ein kleines Hotel gab, war es noch weit und vor Einbruch der Dunkelheit konnten sie auf keinen Fall dort sein.

„Aber geraucht wird nicht in der Scheune“, sagte der Bauer energisch. „Aber was rege ich mich denn eigentlich auf? Bei Pferdefreunden ist eine solche Bemerkung wohl überflüssig.“

„Keine Angst“, erwiderte Lissy. „Von uns rührt keiner eine Zigarette an.“

„Na, dann kommt mal mit“, forderte er sie auf und führte sie zu einer kleinen Scheune, die zur Hälfte mit

Heu gefüllt war. „Die Pferde können draußen bleiben. Ihr könnt sie die Nacht über auf die Koppel stellen.“

Damit waren sie einverstanden.

Er ging um Anka von Lörtwörten herum und musterte sie. Mit dem Ergebnis der Prüfung war er ganz und gar nicht zufrieden.

„Was habt ihr denn mit der Stute gemacht?“, fragte er. „Sie sieht wirklich nicht gut aus. Ihr solltet sie nicht draußen lassen, sondern mit in die Scheune nehmen.“

„Das haben wir vor“, antwortete Lissy und dann berichtete sie, dass sie Anka von Lörtwörten gekauft und in welchem Zustand sie das Ölkhoff-Gestüt vorgefunden hatten.

Der Landwirt schüttelte verständnislos den Kopf, äußerte sich jedoch nicht zu Ölkhoff. Sie sattelten ihre Pferde ab, untersuchten sie auf Druck- oder Scheuerstellen und reinigten ihre Hufe. Dann stillten sie ihren Hunger und ihren Durst und ließen sie auf die Koppel hinaus. Die trächtige Stute stellten sie in die Scheune, wo sie sich sichtlich wohl fühlte.

Lissy nahm Striegel und Kardätsche um ihr Fell zu säubern. Es war eine harte und langwierige Arbeit und sie konnte sie nicht ganz zu Ende führen, weil die Stute allzu schmutzig und ihr Fell an vielen Stellen zu sehr verklebt war, sodass es sich nicht so ohne weiteres reinigen ließ. Sie wollte sie nicht überanstrengen und brach die Arbeit ab, als sie das Gefühl hatte, dass es einfach zu viel für Anka wurde.

„Du gibst dir viel Mühe mit diesem alten Klepper“, sagte jemand, der unbemerkt zur Scheune hereingekommen war.

Lissy legte Striegel und Kardätsche zur Seite und drehte sich um. Vor ihr stand ein dunkelhaariger, kräftiger Junge, der sicherlich einige Jahre älter war als sie. Mit einem schiefen Lächeln blickte er sie an. Und dann pfiff er leise und anerkennend durch die Zähne.

„Wen haben wir denn da?", fragte er. „Ein ausgesprochen hübsches Mädchen bei uns auf dem Hof? Das gefällt mir."

Sie mochte diesen Jungen und seine selbstgefällige Art nicht.

„Aber mir nicht", erwiderte sie und versuchte an ihm vorbeizugehen und die Scheune zu verlassen. Doch er versperrte ihr den Weg, indem er den Arm ausstreckte und sich mit der Hand gegen einen Balken stützte.

„Wohin denn so schnell? Wo wir uns doch gerade erst kennen lernen!"

„Du kannst mich sehr schnell kennen lernen", erwiderte sie, „aber es wird dir ganz sicher nicht gefallen." Sie versuchte unter seinem Arm hindurchzuschlüpfen, doch er packte sie und zog sie an sich.

„Nun mal nicht so kratzbürstig", lachte er. „Sei ein bisschen nett – oder willst du mit deinen Pferden noch heute Abend weiterziehen? Was glaubst du wohl, wo du jetzt noch ein Quartier findest? Nirgendwo!"

Sicherlich war es ein Zufall, dass Anka von Lörtwörten in diesem Moment mit der Hinterhand zur Seite trat. Sie setzte dem Jungen den Hinterhuf auf den Fuß. Er schrie gepeinigt auf und versuchte auszuweichen. Da das Pferd noch immer auf seinem Fuß stand, verlor er das Gleichgewicht und stürzte hintenüber zu Boden. Er fiel der Länge nach ins Stroh.

Stöhnend krümmte er sich zusammen und hielt sich seinen schmerzenden Fuß, erholte sich jedoch schnell, stand auf und holte aus um die Stute zu schlagen. Anka von Lörtwörten merkte es und fuhr erschrocken zurück. Er kam nicht dazu, sie zu schlagen. Dennis stand plötzlich hinter ihm und hielt ihm den Arm fest. „Nicht doch", sagte er leise. „Wer wird denn gleich die Nerven verlieren!“

Er ließ den Arm los und lächelte freundlich. „Guten Abend. Ich bin Dennis. Und du bist vermutlich Peter Bockholt, der Sohn des Bauern. Richtig?“

Der dunkelhaarige Junge blickte ihn an, presste zornig die Lippen zusammen und humpelte wortlos hinaus.

„Wir sehen uns dann gleich beim Abendbrot“, rief Dennis hinter ihm her.

„Du bist gerade noch rechtzeitig gekommen“, sagte Lissy erleichtert. „Dieser blöde Kerl ist frech geworden.“

„Das kann ja ein gemütlicher Abend werden!“ Dennis strich der Stute anerkennend über den Rücken und die Flanke, an der er alle Rippen sehen konnte, und dann lobte er Lissy für die Arbeit, die sie geleistet hatte. Tatsächlich sah die Stute nun schon viel besser aus als vorher. „Wir sind beim Bauern zu einem Schinkenbrot eingeladen.“

Seine Befürchtung, dass es ein höchst ungemütlicher und unerfreulicher Abend werden würde, erwies sich als unnötig. Es wurde ein netter und unterhaltsamer Abend, bei dem alle in der Wohnküche saßen, die der wichtigste Raum des Hauses zu sein schien. Der Bauer war ein fröhlicher Mensch, der gern von den Erlebnissen erzählte, die er als Kind und als junger Mann mit Pferden gehabt hatte. Die kleinen Geschichten waren so lustig, dass Lissy und ihre Freunde mehrmals laut auflachten.

Seinem Sohn gegenüber war er streng und erlaubte keine Unfreundlichkeiten seinen Gästen gegenüber. Er ließ ihn kaum einmal zu Wort kommen. Wenn er etwas sagte, fuhr er ihm meist über den Mund und dabei merkte er nicht, wie peinlich sein Verhalten für seine Gäste war. Ihnen war es unangenehm, dass sie Zeugen wurden, wie er seinen Sohn demütigte, und obwohl ihnen der Junge nicht gerade sympathisch war, wäre es ihnen lieber gewesen, sein Vater hätte ihm die Gelegenheit gegeben sich am Gespräch zu beteiligen.

„Du verstehst nichts von Pferden", sagte Bockholt verschiedentlich an diesem Abend. „Ist ja auch kein Wunder, weil wir keine Pferde mehr haben. Du hattest nie Gelegenheit welche kennen zu lernen."

Peter ärgerte sich sichtlich über solche Bemerkungen, und die Blicke, die er Lissy danach zuwarf, verhießen nichts Gutes. Es schien, als mache er sie dafür verantwortlich, dass sein Vater ihn in dieser Weise behandelte.

Dennis bemerkte es und er war es, der den Abend beschloss, indem er sich erhob und höflich sagte: „Bitte, wir möchten uns jetzt gern zum Schlafen zurückziehen. Wir haben morgen einen langen und anstrengenden Tag vor uns."

Seine Höflichkeit und seine guten Umgangsformen verfehlten ihre Wirkung nicht.

„Natürlich", stimmte die Frau des Bauern sofort zu. Sie war klein und machte einen zurückhaltenden Eindruck. Sie sagte nicht viel, aber sie schien diejenige in der Familie zu sein, die das Sagen hatte. „Wir sind auch müde."

Lissy bat rasch noch mit ihrer Mutter telefonieren zu dürfen. Das Telefon stand ebenfalls in der Küche und sie rief von dort an um ihrer Mutter mitzuteilen, dass alles gut verlaufen war und welchen Weg sie am nächsten Tag einschlagen würden. Danach war sie froh, dass sie sich in die Scheune zurückziehen konnten. Sie kroch wenig später in ihren Schlafsack und Friedrich ließ sich neben ihr ins Stroh sinken, nachdem er sich einige Male um sich selbst gedreht und sich eine Art Nest gebaut hatte. Er legte ihr den Kopf auf die Beine und sie war froh über seine Nähe.

„Gute Nacht", wünschte sie allen und dann drehte sie

sich so, dass sie Anka von Lörtwörten sehen konnte. Die Stute war schwach und hatte sich bereits ins Stroh gelegt und sie war auch nicht aufgestanden, als sie in die Scheune gekommen waren.

„Wir haben es doch gut getroffen", sagte Dennis und gähnte ausgiebig. „Das Schinkenbrot hat mir besonders geschmeckt."

Peter Bockholt schlug die Tür seines Zimmers wuchtig zu, besann sich aber buchstäblich in letzter Sekunde eines Besseren, weil er wusste, dass der Krach der zufallenden Tür seinen Vater auf den Plan rufen würde. Blitzschnell stellte er einen Fuß in die Tür und verhinderte so, dass sie ins Schloss fallen konnte. Dabei nahm er jedoch den falschen Fuß, denjenigen, auf den Anka einen ihrer Hufe gestellt hatte. Ein stechender Schmerz durchzuckte ihn und strahlte vom Fuß über das ganze Bein aus.

Der Junge stöhnte gepeinigt auf, ließ sich auf den Boden sinken und hielt sich den schmerzenden Fuß. Tränen stiegen ihm in die Augen und er hätte laut schreien mögen. Er hatte sich maßlos darüber geärgert, dass Lissy ihn kühl hatte abfahren lassen und dass sein Vater ihn später am Abendbrottisch bloßgestellt hatte.

„Nicht einmal hat er mich zu Wort kommen lassen", presste er mühsam durch die fast geschlossenen Lippen. „Blamiert hat er mich, aber das lasse ich mir nicht gefallen. Sie werden es bereuen. Besonders Lissy. Sie wird schon noch merken, dass sie mich beachten muss!"

Er erhob sich und hinkte zu einem winzigen Badezimmer hinüber, das sich seinem Zimmer anschloss, streifte sich den Schuh und den Strumpf ab und hielt den schmerzenden Fuß unter das fließende Wasser. Danach fühlte er sich etwas besser. Er zog sich den Strumpf und den Schuh wieder an und schlich sich aus dem Haus.

Pferde in Gefahr

Lissy wachte mitten in der Nacht auf. Es war so dunkel in der Scheune, dass sie nichts sehen konnte, und sie hatte so tief geschlafen, dass sie einige Sekunden lang nicht wusste, wo sie war. Doch dann spürte sie Stroh an ihren Händen und sie wusste Bescheid.

Sie lauschte in die Nacht hinaus.

Was hatte sie aufgeweckt?

Sie hörte die regelmäßigen Atemzüge der anderen, die neben ihr schliefen, und ihre Hand tastete nach Friedrich. Sie atmete beruhigt auf, als sie seinen Kopf berührte und spürte, wie er ihr mit seiner warmen Zunge über den Handrücken fuhr. Doch dann hob er den Kopf und knurrte leise.

Sie horchte. Ihre Gedanken galten den Pferden, die draußen und unbewacht waren.

Die Pferde bewegten sich auf der Koppel. Sie lagen nicht im Gras, wie es um diese Zeit normal gewesen wäre, sondern schritten an den Zäunen entlang. Lissy konnte eines von ihnen schnauben hören und sie vernahm, wie die Hufe durch das Gras strichen und sich auf den weichen Boden setzten.

Friedrich knurrte lauter. Rasch legte sie ihm die Hand auf die Schnauze.

„Pssst“, flüsterte sie. „Du weckst die anderen auf.“

Anka von Lörtwörten ließ sich von der Unruhe anstecken. Sie stand auf und trat nervös im Stroh hin und her.

Lissy hielt es nicht länger auf dem Boden. Sie kroch aus ihrem Schlafsack, griff nach der Taschenlampe und schlich sich zu der trächtigen Stute hin um sie zu beruhigen. In diesen Sekunden dachte sie überhaupt nicht an sich, sondern nur an Anka und an das Fohlen, das sie trug und das lebend zur Welt kommen sollte. Beide waren ihrer Obhut anvertraut und sie wusste schon jetzt, dass das Fohlen schön und temperamentvoll werden würde. Es sollte leben und deshalb musste Anka vor jeder Unruhe, vor jeder nervlichen Belastung geschützt werden. Sie war besonders empfindlich und vielleicht auch durch eine falsche Behandlung sehr schreckhaft. Daher konnte der kleinste Zwischenfall schon dazu führen, dass sie das Fohlen abstieß, bevor es so groß geworden war, dass es leben konnte.

„Ganz ruhig, Anka", flüsterte sie und streichelte die Stute. „Du bist ja nicht allein. Wir sind bei dir und beschützen dich. Du brauchst keine Angst zu haben."

Sie konnte buchstäblich mit den Händen fühlen, wie erregt die Stute war, aber auch, wie sie auf ihre Bemühungen reagierte und allmählich ruhiger wurde. Lissy sprach weiter mit leiser und dunkler Stimme und schließlich drückte Anka ihr weiches Maul gegen ihre Schulter um ihr zu danken und ihr zu verstehen zu geben, dass alles in Ordnung war.

„Ich gehe jetzt mal nach draußen", sagte Lissy. „Ich muss wissen, was da los ist. Ich bin gleich zurück. Nicht aufregen, Anka!"

Sie ging leise zur Tür und überzeugte sich davon, dass sie verriegelt war. Längst hatte sie die Taschenlampe ausgeschaltet, denn ihre Augen hatten sich an das Dunkel gewöhnt. Durch einen Spalt in der Wand spähte sie hinaus. Sie konnte die Pferde sehen, und als sie sich an der Holzwand der Scheune entlangschob bis zu einem anderen Spalt, entdeckte sie eine dunkle Gestalt, die durch den Zaun auf die Koppel kroch.

Wollte jemand eines der Pferde stehlen? Sie tastete sich zurück zur Tür.

„Komm her zu mir, Friedrich", flüsterte sie und der

Hund trottete gehorsam durch das Stroh und schob ihr seine Schnauze in die Hand. Wiederum knurrte er leise.

Lissy drückte den eisernen Riegel an der Innenseite der Holztür zur Seite, konnte die Tür jedoch nicht öffnen. Sie stemmte sich dagegen, weil sie glaubte, dass sie klemmte, richtete aber auch damit nichts aus. Endlich erfasste sie, dass jemand die Tür von außen verriegelt hatte um sie einzusperren.

Nun fuhr ihr der Schreck durch die Glieder und für einen Moment vergaß sie, dass sie vorsichtig sein musste, damit sie Anka nicht erschreckte.

„Aufwachen!“, rief sie. „Schnell. Man hat uns eingesperrt und jemand will die Pferde stehlen!“

Sie schaltete die Taschenlampe ein um den anderen zu leuchten. Linda, Gertie, Dennis und Tobias stiegen aus ihren Schlafsäcken und kamen zu ihr. Gemeinsam versuchten sie die Tür zu öffnen.

„Es geht nicht“, sagte Tobias, während Friedrich aufgeregt zu bellen begann.

„Pssst“, zischte Lissy. „Du weckst ja den ganzen Bauernhof auf.“

„Soll er doch“, rief Dennis. „Wenn man uns die Pferde klauen will, kann er gar nicht laut genug sein.“

Er richtete den Lichtstrahl seiner Taschenlampe nach oben und entdeckte eine Luke im Dachboden. Kurz entschlossen legte er eine Leiter an und kroch hinauf. Anka von Lörtwörten wieherte erregt und Lissy eilte zu ihr um sie erneut zu beruhigen. Es gelang ihr erstaunlich schnell und schon rief Dennis, dass es eine Luke im Giebel gab, durch die er aussteigen konnte. Sie hörten es erst rascheln und dann vernahmen sie einen Aufprall, als er sich aus der Höhe herabfallen ließ. Unmittelbar darauf glitt der Außenriegel zur Seite und die Tür öffnete sich.

„Ich kann niemanden auf der Koppel sehen“, sagte

Dennis und leuchtete mit seiner Taschenlampe zu den Pferden hinüber.

„Aber da muss jemand sein", erwiderte Lissy. „Ich bin ganz sicher."

Plötzlich kam Bewegung in die Pferde. Sie trabten am Zaun der Koppel entlang und Arcado, der sich auf der benachbarten Koppel befand, wieherte laut. Dennis leuchtete mit der Taschenlampe zu ihm hinüber und er erfasste eine dunkle Gestalt, die über das Gatter sprang und dann hinter einem Busch verschwand.

„Da ist er", rief Tobias und rannte los. Friedrich stürmte bellend hinter ihm her und überholte ihn rasch. Sie hatten noch nicht die halbe Strecke zu dem nächtlichen Störenfried zurückgelegt, als ein Motor aufheulte und ein Mofa hinter dem Busch hervorkam. Es rutschte auf dem glatten Boden aus und kippte um. Zweige krachten und es schien, als könnte Tobias den Unbekannten erreichen. Doch er sprang wieder auf, richtete das Mofa auf und fuhr mit aufheulendem Motor davon. Der Pyrenäenberghund rannte noch eine Weile hinter ihm her, kehrte dann jedoch um und trottete gelangweilt zum Hof zurück.

Tobias machte aus seiner Enttäuschung keinen Hehl. Er ging zu Lissy, Dennis, Gertie und Linda, die besorgt zu ihren Pferden geeilt waren. Sie überzeugten sich davon, dass ihnen nichts fehlte. Lissy leuchtete Arcado mit der Taschenlampe ab, und als sie sah, dass er unverletzt war, atmete sie erleichtert auf.

„Schade", sagte Tobias. „Viel hätte wirklich nicht gefehlt und ich hätte ihn erwischt."

„Wer war das?", fragte Dennis. „Hast du ihn erkannt?"

Tobias schüttelte den Kopf.

„Tut mir Leid. Ich habe sein Gesicht nicht gesehen. Aber wenn er sich noch einmal bei uns blicken lassen sollte, werden wir wissen, dass er es war. Als er vom Mofa stürzte, ist er in den Busch gefallen. Das ist bestimmt nicht ohne Schrammen abgegangen."

„Jedenfalls ist alles in Ordnung", bemerkte Lissy und gähnte. „Den Pferden hat er nichts getan. Was er wohl auf der Koppel wollte?"

„Keine Ahnung", erwiderte Dennis. Sie kehrten in die Scheune zurück. Er blickte zum Bauernhaus hinüber. Dort schien niemand etwas von dem Zwischenfall bemerkt zu haben. Die Fenster blieben dunkel.

„Das ist sehr eigenartig", sagte Linda, als sie in ihren Schlafsack kroch. „Kein Mensch geht mitten in der Nacht zu Pferden auf die Koppel, wenn er nicht bestimmte Absichten hat."

„Verletzt hat er die Pferde jedenfalls nicht", stellte Tobias fest. „Und ein Messer oder eine andere Waffe habe ich bei ihm nicht gesehen."

„Warum sollte er die Pferde verletzen?", fragte Gertie, der man anhören konnte, dass sie schon halbwegs eingeschlafen war. „Ich kann mir überhaupt nicht vorstellen, dass jemand so was tut."

Lissy ging noch einmal zu Anka von Lörtwörten um sie zu beruhigen. Dann kroch auch sie in ihren Schlafsack und es wurde still in der Scheune. Friedrich ließ sich wieder ins Stroh sinken. Er legte Lissy den Kopf auf die Beine und schlief ein. Sie blieb noch wach. Sie horchte mit allen Sinnen in die Nacht hinaus. Sie hörte die Pferde prusten und dann vernahm sie, wie eines nach dem anderen sich auf den Boden legte um zu schlafen. Am längsten blieb Anka stehen, schließlich aber ließ auch sie sich ins Stroh sinken. Ihr schwerer Körper plumpste auf den Boden und mit einem vernehmbaren Seufzer entspannte sie sich. Nun erst war Lissy beruhigt. Das Verhalten der Pferde verriet ihr, dass keine Gefahr mehr drohte, und sie schlief ebenfalls ein.

Früh am nächsten Morgen wachte sie als Erste auf, denn ein Hahn krähte und der Motor eines Traktors sprang tuckernd an. In ihrer Nähe fauchte eine Katze, die sich offenbar nicht damit abfinden mochte, dass ein fremder Hund in die Scheune eingedrungen war. Friedrich wuffte und sie zog sich bis ins Dachgebälk zurück um argwöhnisch von oben herabzublicken.

Lissy weckte die anderen, indem sie kräftig in die Hände klatschte, öffnete die Scheunentür und trat ins erste Tageslicht hinaus. Es war noch nicht einmal fünf Uhr, aber es war schon hell. Bauer Bockholt fuhr mit seinem Traktor vom Hof. Er winkte ihr fröhlich zu und sie winkte zurück.

Auf der Koppel wieherte Arcado, der sie bemerkt hatte. Aufgeregt trabte er am Zaun entlang, bis sie zu ihm kam um ihn zu begrüßen. „Guten Morgen“, sagte sie zärtlich und streichelte ihm den Kopf. Er drückte ihr sein weiches Maul gegen die Schulter und zeigte ihr auf diese Weise sein Vertrauen. Lächelnd ließ sie ihre Hand über seinen Hals streichen. Sie liebte ihr Pferd und sie war sehr stolz auf den Hengst. Sie war die Einzige im Club, die einen Hengst ritt.

Nach dieser Begrüßung eilte sie zu den anderen, die sich bereits um den Brunnen drängten um sich frisch zu machen. Die Bäuerin kam aus dem Haus und lud sie zu einem Frühstück ein.

„Ich kann euch doch nicht hungrig auf den Weg schicken“, sagte sie.

Als sie in die Küche kamen, saß Peter Bockholt, der Sohn des Hofes, bereits am Tisch. Sein Anblick war überraschend für Lissy und ihre Freunde, denn er hatte einen Bluterguss am linken Auge. Das obere und das untere Lid hatten sich dunkel verfärbt und über seine Wange zog sich eine dünne Schramme.

„Was ist denn mit dir passiert?“, fragte Lissy. „Bist du vom Mofa gefallen?“

Sie musste an den nächtlichen Zwischenfall denken und der Verdacht drängte sich auf, dass er derjenige gewesen war, der sich bei den Pferden aufgehalten hatte.

„Quatsch“, antwortete er ohne eine Erklärung anzuführen. Das übernahm seine Mutter.

„Er hat sich wieder mal geschlagen“, seufzte sie. „Er war in der Gastwirtschaft und da musste er unbedingt seine Kräfte mit anderen messen, die auch nicht besser sind als er.“

Dennis, Tobias, Gertie und Linda setzten sich an den Tisch ohne ein Wort zu sagen. Lissy wusste, dass sie alle den gleichen Verdacht hatten und der Frau nicht glaubten. Sie waren davon überzeugt, dass die Verletzungen von dem Sturz in den Busch stammten.

„Was war los letzte Nacht?“, fragte die Bäuerin. Sie stellte eine Kanne mit dampfendem Tee auf den Tisch, setzte sich und bot ihren Gästen frisch gebackene Brötchen an.

„Das wissen wir nicht so genau“, antwortete Lissy. „Unser Hund hat uns aufgeweckt, aber als wir nach draußen gingen, war niemand zu sehen.“

Sie hielt diese kleine Lüge für vertretbar, weil sie den Sohn des Bauern nicht beschuldigen wollte ohne Beweise gegen ihn zu haben. Seine Mutter glaubte offenbar, was er ihr erzählt hatte.

„Ich fürchtete schon, dass der Messerstecher sein Unwesen jetzt auch bei uns treibt“, seufzte sie. „Es ist wirklich schlimm, was dieser Mann macht.“

„Ich verstehe nicht recht“, erwiderte Dennis. „Wovon sprechen Sie?“

„Habt ihr es noch nicht gehört? In dieser Gegend treibt sich ein Wahnsinniger herum, der einen fürchterlichen

Hass auf Pferde haben muss. Er geht nachts auf die Koppeln zu den Pferden und verletzt sie mit einem Messer oder einer Lanze. Einige Pferde hat er so zugerichtet, dass sie eingegangen sind."

Entsetzt blickten sie die Frau an. Von solchen Angriffen auf Pferde hatten sie noch nichts gehört und unwillkürlich fragten sie sich, ob sie in der Nacht gerade noch rechtzeitig aus der Scheune gekommen waren um ein Unheil zu verhindern.

„Das ist uns neu", antwortete Lissy.

„Es ist wirklich kaum zu glauben, dass es solche Menschen gibt", sagte Frau Bockholt. „Bitte, passt auf eure Pferde auf. Es wäre schrecklich, wenn ihnen was passieren würde."

„Eigentlich hätten Sie uns das schon gestern Abend sagen müssen", bemerkte Dennis mit deutlichem Vorwurf. „Wir hätten Wachen aufgestellt, wenn wir das gewusst hätten."

„Es tut mir Leid", entschuldigte sie sich. „Ich habe nicht daran gedacht, weil der Pferdestecher, wie er auch genannt wird, schon seit mehr als zwei Wochen keine Pferde mehr angegriffen hat. Ich dachte, dass es vorbei ist. Aber jetzt finde ich es doch besser, euch zu warnen."

„Wir werden aufpassen", versprach Lissy. „Außerdem haben wir ja unseren Hund dabei. Er wird schon dafür sorgen, dass sich niemand unseren Pferden nähert. Wenn es darum geht, die Pferde zu beschützen, kann er sehr gefährlich sein."

Das war wiederum eine kleine Lüge, denn bisher war der Pyrenäenberghund noch niemandem gefährlich geworden. Sie dachte flüchtig daran, dass der junge Bockholt der Pferdestecher sein könnte, doch dann wies sie diesen Verdacht weit von sich. Nein, vielleicht hatte er sich nachts bei den Pferden herumgetrieben, aber dass er sie verletzen wollte, das konnte sie sich dann doch nicht vorstellen. Dennoch konnte eine an ihn gerichtete Warnung nicht schaden. Es war auf jeden Fall gut, wenn er in Zukunft davon absah, sich Friedrich und den Pferden zu nähern.

Sie blickte den Jungen an und lächelte.

„Du siehst wirklich nicht hübsch aus mit dem Veilchen", spöttelte sie. „Und ich dachte, du bist so stark, dass dir nichts passieren kann."

Er ärgerte sich über die Bemerkung, und wenn seine Mutter nicht dabei gewesen wäre, hätte er ihr wohl eine entsprechende Antwort gegeben. So stand er wortlos auf, griff sich ein belegtes Brötchen und ging hinaus.

Dennis, der Lissy gegenüber am Tisch saß, versetzte ihr einen leichten Tritt gegen das Bein, und als die Bäuerin wenig später die Küche verließ, beugte er sich zu ihr hinüber und flüsterte: „Sei bloß vorsichtig! Der Bursche ist unberechenbar. Das ist ein Schlägertyp, und wenn wir nicht aufpassen, fängt er noch eine Prügelei mit uns an."

„Na und?", neckte sie ihn. „Mich wird er ja wohl nicht schlagen. Da wird er sich eher an dich wenden und ich wüsste nur zu gern, wie du mit so einem Veilchen aussiehst!"

Tobias, Linda und Gertie lachten, hieben aber nicht in die gleiche Kerbe, weil nun die Bäuerin mit ihrem Mann zurückkehrte. Sie setzten sich zu ihnen an den Tisch.

„Passt bloß auf eure Pferde auf", ermahnte er sie. „Ich habe gerade von meinem Nachbarn gehört, dass der Pferdestecher wieder zugeschlagen hat. Gar nicht weit von hier entfernt hat er ein Pferd so schwer verletzt, dass der Tierarzt es einschläfern musste."

Sie blickten ihn erschrocken an. Mit ihrer guten Laune war es vorbei. Die Gefahr war offenbar sehr viel näher, als sie sich vorstellen konnten.

„Ich habe schon lange keine Pferde mehr", fuhr der Bauer fort, „aber meine Nachbarn haben eine kleine Zucht. Für sie wäre es ein schwerer Verlust, wenn eines ihrer Pferde getötet würde."

Lissy beendete ihr Frühstück. Der Appetit war ihr vergangen.

„Schlägt der Pferdestecher eigentlich nur während der Nacht zu?", fragte sie. „Oder ist es auch schon mal vorgekommen, dass er am Tage Pferde angegriffen hat?"

„In einem einzigen Fall hat er auch am Tage Pferde verletzt", erwiderte die Bäuerin. „Das war bei einem Springturnier im Nachbardorf. Obwohl überall Reiter und Zuschauer auf dem Gelände und obwohl die Pferde praktisch keine Sekunde lang unbeaufsichtigt waren, hat er einem Pferd tiefe Schnittwunden beigebracht."

„Und niemand hat etwas bemerkt", fügte der Bauer hinzu. Hilflos hob er die Hände. „Ich begreife das nicht. Ein Pferd, das angegriffen und verletzt wird, wehrt sich, es bricht aus oder versucht zu fliehen. Es reagiert und wird laut. Jemand muss es doch gesehen haben!"

„Das sollte man annehmen, tatsächlich aber hat es niemand beobachtet", sagte seine Frau. „Unter solchen Umständen ist es natürlich sehr schwer, den Täter zu fassen."

Nun war es endgültig mit der Ruhe und der Unbefangenheit Lissys vorbei. Sie wollte nicht länger auf dem Hof bleiben, in dessen Nähe so grauenvolle Dinge geschehen waren. Sie wollte diese Gegend so schnell wie möglich verlassen um die Pferde keiner Gefahr auszusetzen.

Sie gab das Zeichen zum Aufbruch und sie verließen die Küche um die Pferde für den Tag vorzubereiten. Als sie die Pferde sattelten, standen der Bauer und seine Frau bei ihnen und redeten freundlich mit ihnen. Ihr Sohn saß einige Schritte entfernt auf dem Traktor, schaltete den

Motor jedoch nicht an, sondern beobachtete sie schweigend.

Lissy blickte hin und wieder zu ihm hinüber. Sie fühlte sich unbehaglich in seiner Nähe und sie versuchte sich damit zu trösten, dass sie ihn nicht mehr wieder sehen würde. Sobald sie das Dorf verlassen hatten, trennten sich ihre Wege. Sie würden weiterziehen bis zu ihrem Heidehof, er würde bei seinen Eltern bleiben.

Hoffentlich irre ich mich nicht!, dachte sie.

Ein überraschender Besuch

Anka von Lörtwörten blieb stehen und ließ den Kopf hängen. Von einer Minute zur anderen zeigte sie sich so erschöpft, dass sie nicht bereit war weiterzugehen. Dennis führte sie neben sich her. Lissy hatte versucht sie an die Führleine zu nehmen, doch die trächtige Stute war zu aggressiv gegenüber dem Hengst. Wegen ihres Zustandes duldete sie keinen Hengst in ihrer Nähe.

„Wartet", rief Lissy den anderen zu und glitt aus dem Sattel. „Anka braucht eine Pause." Gertie, Linda und Tobias, die schon einen kleinen Vorsprung gewonnen hatten, kehrten um und stiegen ebenfalls ab. Sie umringten die trächtige Stute, streichelten sie und sprachen tröstend auf sie ein. Lissy gab ihr ein paar Pellets zu fressen.

Sie waren erst eine halbe Stunde unterwegs, doch selbst das schien bereits zu viel für die Stute zu sein.

„Wir machen eine kurze Pause", entschied Lissy. „Danach wird es schon wieder gehen."

Sie befanden sich auf freiem Gelände inmitten von Korn- und Maisfeldern. Etwa einen Kilometer von ihnen entfernt lugten die Dächer mehrerer Häuser über die grünen Kronen einiger Bäume hinaus.

„Ich reite mal zu dem Dorf hinüber", sagte Dennis. „Vielleicht gibt es dort eine Zeitung."

„Seit wann interessierst du dich für Zeitungen?", wunderte sich Linda.

„Kannst du überhaupt lesen?", neckte Tobias ihn.

„In der Schule reicht es gerade dazu, bei dir abzuschreiben", antwortete Dennis in dem gleichen Ton. Er boxte ihm freundschaftlich in die Seite. „Ich werde eine Zeitung mit ganz großer Schrift und fetten Schlagzeilen kaufen und dann kannst du mir helfen." Er stieg wieder in den Sattel seines Wallachs Blitz, winkte kurz mit seinem karierten Hut und trabte davon.

„Was will er mit einer Zeitung?", fragte Gertie. „Sonst liest er kaum die Pferdemagazine, die im Clubhaus liegen, und jetzt reitet er ins Dorf um eine Zeitung zu holen."

Sie führten Anka zu einem Bach, ließen sie saufen und anschließend ein wenig grasen. Dann kam Dennis auch schon zurück. Ihm folgte ein kleiner roter Wagen.

„Seht mal, wen ich mitgebracht habe", rief er, als er aus dem Sattel stieg.

„Frau Dr. Müllher", staunte Lissy, als das Fahrzeug neben ihr hielt. „Wie kommen Sie denn hierher?"

Die Tierärztin war eine etwa fünfzigjährige Frau mit einem schmalen Gesicht, einer etwas zu groß geratenen, geraden Nase und graublauen Augen. Sie begrüßte alle mit Handschlag.

„Du hast gestern Abend mit deiner Mutter telefoniert", sagte sie danach zu Lissy. „Also wussten wir, welchen Weg ihr einschlagt. Allerdings habe ich nicht damit gerechnet, dass ihr schon so früh unterwegs seid. Es ist ja noch nicht einmal sieben Uhr."

„Ich habe Frau Dr. Müllher im Dorf getroffen", berichtete Dennis. „Sie hat sich auch eine Zeitung gekauft."

Die Tierärztin wandte sich der trächtigen Stute zu und untersuchte sie. Danach gab sie ihr einen aufmunternden Klaps auf die Schulter. „Sie ist in Ordnung", urteilte sie. „Ihr könnt beruhigt weiterziehen. Macht häufig kleine Pausen, dann wird sie es problemlos schaffen."

Dennis hatte nur kurz zugesehen und dann damit begonnen, die Zeitung durchzublättern.

„Hier ist es", rief er nun. „Ich habe es gewusst. Ein Bericht über den Pferdestecher."

„Ihr wisst davon?", fragte die Tierärztin. Sie sah plötzlich sehr ernst und besorgt aus. Sie ließ sich die Zeitung geben und las den Bericht kurz durch. Dann nickte sie traurig und gab die Zeitung zurück. „Es stimmt. Der Pferdestecher hat letzte Nacht wieder zugeschlagen. Ich habe gesehen, was er angerichtet hat. Es war schlimm. Ich möchte so etwas nicht noch einmal erleben."

Nun wollten alle die Zeitung sehen. Dennis nahm sie und las laut vor. In dem Bericht war von einem offenbar geistesgestörten Täter die Rede, der seine Wut an hilflosen Pferden ausließ und dabei selbst vor Fohlen nicht Halt machte.

„Mir wird schlecht", stöhnte Linda, als Dennis die Zeitung endlich sinken ließ. „Ich glaube, letzte Nacht war dieser Verrückte bei uns auf der Koppel. Wir haben es wohl nur einem Zufall zu verdanken, dass nichts passiert ist." Sie kraulte dem Pyrenäenberghund den Kopf und fügte hinzu, dass sie nichts gemerkt hätten, wenn Friedrich sie nicht aufgeweckt hätte.

„Was raten Sie uns?", fragte Tobias, der ein wenig abseits bei seinem Wallach Oasis stand. „Von nun an werde ich keine Minute mehr ruhig schlafen, wenn die Pferde auf der Koppel sind. Ich werde immer Angst haben, dass der Pferdestecher bei uns auftaucht."

Frau Dr. Müllher ließ sich Zeit mit der Antwort. Sie ging zu dem Pyrenäenberghund und streichelte ihn. Und dann lächelte sie in ihrer offenen, liebenswerten Art.

„Ihr braucht keine Angst zu haben", erwiderte sie. „Ihr habt Friedrich dabei und ich bin sicher, dass er jeden in die Flucht schlägt, der sich euch oder den Pferden in unlauterer Absicht nähert."

„Also würden Sie weiterreiten, wenn Sie an unserer Stelle wären?", fragte Gertie.

„Natürlich", entgegnete sie. „Aber wenn ihr abbrechen wollt, werde ich Karsten Sievers informieren, dass er

Anka übernehmen soll. Otto oder Willy könnten das Pferd ebenso zum Heidehof bringen."

„Das lassen wir uns nicht nehmen", erklärte Lissy, die sich ihrer Sache ganz sicher war. „Ich mache auf jeden Fall weiter, aber natürlich kann jeder abbrechen, ohne dass ich ihm einen Vorwurf mache."

„Ich bleibe dabei", erklärte Dennis ohne auch nur eine Sekunde zu zögern und die anderen schlossen sich ihm an. So schnell wollte die junge Präsidentin des Reiterclubs das Gespräch jedoch nicht beenden und sie betonte noch einmal, dass sie jeden verstehen könnte, der unter diesen Umständen vorzeitig zum Heidehof zurückkehren und sein Pferd in Sicherheit bringen wollte.

„Wir haben es mit einem Verrückten zu tun", betonte sie. „Und bei so einem weiß man wirklich nie, was er als Nächstes unternimmt."

Doch keiner ihrer Freunde wollte den Wanderritt vorzeitig beenden. Danach verabschiedete die Tierärztin sich. „Ruft mich auf jeden Fall heute Abend an und sagt mir, wo ihr übernachtet", bat sie.

„Machen wir!" Übermütig lachend lüftete Dennis seinen karierten Hut. „Und wenn wir irgendwo auf der Wiese schlafen, benutzen wir die Buschtrommel!"

Frau Dr. Müllher stieg in ihren Wagen und winkte durch das offene Fenster zurück. „Falls ihr mich heute Morgen sucht, ich bin im Clubhaus. Opa Riedmann will unbedingt eine Runde Skat mit mir spielen."

Sie wollte wegfahren, doch Lissy hielt sie zurück.

„Eine Frage habe ich noch, Frau Dr. Müllher", sagte sie. „Wissen Sie, was mit den Pferden vom Gestüt Ölkhoff geworden ist?"

„Ein Kollege von mir hat dafür gesorgt, dass alle Pferde vom Hof geholt und zu einem anderen Gestüt gebracht wurden", antwortete sie. „Er hat Anzeige gegen den jungen Ölkhoff erstattet, dem die Polizei inzwischen auch das Gewehr weggenommen hat. Er muss mit einer Anzeige rechnen."

„Dann sitzt er nicht im Gefängnis?", fragte Gertie.

„Natürlich nicht", erwiderte die Tierärztin. Sie lächelte verständnisvoll, denn sie konnte verstehen, dass Gertie sich in diesen Dingen nicht auskannte. „Da er einen festen Wohnsitz hat und weil keine Fluchtgefahr besteht, bleibt er bis zur Gerichtsverhandlung auf freiem Fuß. Erst wenn er verurteilt werden sollte, kommt er ins Gefängnis."

„Das soll uns egal sein", bemerkte Dennis. „Wir haben nichts mehr mit ihm zu tun."

„Eben", erwiderte die Tierärztin, nickte ihnen noch einmal grüßend zu und fuhr davon.

„So ein Mist", klagte Tobias, als sie wieder in die Sättel stiegen und weiterritten. „Ausgerechnet jetzt, wo wir auf Wanderschaft sind, muss dieser Pferdestecher sich in der Gegend herumtreiben."

„Ich wollte, er käme zu uns", sagte Lissy zur Überraschung der anderen und fügte erklärend hinzu: „Dann würde Friedrich ihn schnappen und der ganze Spuk wäre vorbei."

Der unheimliche Messerstecher stand in den nächsten Stunden im Mittelpunkt ihrer Gespräche. Immer wieder kamen sie auf ihn zurück. Er beherrschte ihre Gedanken und er sorgte für Unsicherheit. Sie liebten ihre Pferde und sie waren bereit ihre ganze Kraft dafür einzusetzen, dass ihnen nichts geschah. Notfalls wollten sie gegen den Attentäter kämpfen und dabei hofften sie doch, dass er gar nicht erst in ihrer Nähe auftauchte, sondern irgendwo weit von ihnen entfernt von der Polizei verhaftet wurde.

Linda zeigte auf, was sie eigentlich alle empfanden.

„Was will man denn gegen so einen Menschen machen, der einem mit dem Messer in der Hand gegenübersteht?", fragte sie. „Da kann man eigentlich nur die Beine in die Hand nehmen und weglaufen."

Sie ritten an weiten Kornfeldern entlang, durchquerten stille Mischwälder, in denen nur das Singen der Vögel und das Hufgetrappel der Pferde zu hören war, beobachteten ein Rudel Rehe am Rande eines Maisfeldes und machten immer wieder kleine Pausen, damit Anka sich erholen konnte. Dabei machte die Stute einen immer besseren Eindruck. Es tat ihr sichtlich gut, dass sie sich bewegen konnte und dass sie liebevoll umsorgt wurde.

„Wer sagt eigentlich, dass der Pferdestecher ein Mann ist?", fragte Tobias. Sein Vater war Polizist und er unterhielt sich oft zu Hause mit ihm über die Fälle, die er zu bearbeiten hatte. So war er es gewohnt, die Dinge ein wenig genauer anzugehen. „Es kann ebenso eine Frau sein."

„Nein!" Linda hielt sich eine Hand vor das Gesicht und machte eine Scheibenwischerbewegung damit. „Das ist total schwachsinnig. Keine Frau würde einem Pferd etwas zuleide tun. So was macht nur ein Mann."

Lissy und Gertie stimmten ihr spontan zu.

Sie waren der gleichen Meinung wie sie, während Dennis der Ansicht war, dass man diese Möglichkeit zumindest im Auge behalten musste.

Gegen Mittag erreichten sie einen kleinen Rastplatz an einem See, der mit einem in den Boden eingelassenen Tisch, Bänken und einem Grillplatz ausgerüstet war. Die Pferde konnten auf einer Grünfläche grasen, auf der saftige und schmackhafte Kräuter wuchsen, und sie konnten ihre Beine im flachen Wasser des Sees kühlen.

Der Himmel war nahezu wolkenlos und es war angenehm warm. Dazu wehte ein leichter Wind, der die Mücken vertrieb.

„Jetzt werden sich viele ärgern, dass sie nicht mit uns

gekommen sind", sagte Linda. Sie packte Grillwürstchen aus, die sie unterwegs gekauft hatten, während Dennis und Tobias ein Feuer entfachten. „Die Wettervorhersage ist mal wieder völlig daneben. Von Regen und Kälte weit und breit keine Spur."

Sie saßen am Tisch und verzehrten die knusprig braun gegrillten Würstchen, als ein rothaariges Mädchen auf den Grillplatz kam. Sie fuhr auf einem Mountainbike auf den Platz und wünschte fröhlich: „Guten Appetit!"

Dann stellte sie ihr Fahrrad ab, ging zu Arcado, streichelte seinen Hals und seine Schulter und kam danach zu ihnen an den Tisch.

„Hmm!", machte sie, als spüre sie die Würstchen bereits auf der Zunge. „Das riecht ja gut. Kann man bei euch ein Würstchen abstauben? Rad fahren macht hungrig."

Sie sah nicht so frisch aus, wie sie redete. Ihre Jeans und ihr Pulli waren staubig und auch ihre Hände ließen erkennen, dass sie schon lange mit dem Rad unterwegs war. Unter den Achselhöhlen war der Pulli verschwitzt.

„Wenn keiner der anderen etwas dagegen hat, kannst du dich zu uns setzen", erwiderte Lissy und rückte zur Seite um dem Mädchen Platz zu machen.

„Danke", freute sich die Rothaarige. „Ich mache so eine Art Wandertour und habe heute bestimmt schon dreißig Kilometer abgestrampelt. Ich kann eine kleine Stärkung gut gebrauchen. Rosita ist mein Name, aber alle nennen mich nur Rosi, was mir auch viel lieber ist."

Sie griff ungeniert zu und nahm sich ein Würstchen um es genussvoll zu verzehren.

Lissy schätzte sie auf vierzehn oder fünfzehn Jahre und sie wunderte sich darüber, dass sie ganz allein unterwegs war. Während Rosi munter mit Dennis, Tobias, Linda und Gertie schwatzte und sich nebenbei intensiv mit Friedrich beschäftigte, ihn streichelte und ihm schließlich einen Wurstzipfel gab, hielt sie sich zurück. Irgendetwas störte sie an dem Mädchen, aber sie wusste nicht, was es war. Ihr schien, dass die muntere Art nur aufgesetzt und nicht ehrlich war, denn wenn sie lächelte, blieben ihre Augen eigenartig kalt und unbeteiligt. Lissy konnte sich des Gefühls nicht erwehren, dass sie das Mädchen schon einmal gesehen hatte. Sie hatte etwas an sich, was ihr bekannt vorkam, doch sie konnte es nicht einordnen.

Die anderen hatten keine Einwände gegen Rosi. Sie schwatzten ausgelassen mit ihr und dabei bemerkten sie nicht, dass Lissy sich an dem Gespräch nicht beteiligte.

Ein schräger Vogel

„Ich finde es riesig nett von euch, dass ihr mich bewirtet habt“, sagte Rosi, als auch das letzte Würstchen verzehrt war. „Wenn wir uns im nächsten Dorf treffen, gebe ich Getränke und Eis für euch aus. In welche Richtung geht es denn weiter?“

„Immer nach Südwesten“, erwiderte Dennis. „Wir haben noch einen langen Weg vor uns bis zu unserem Reiterclub.“

„Ist ja irre toll“, schwärmte das rothaarige Mädchen. „So was möchte ich auch mal machen. Werdet ihr noch irgendwo übernachten oder kommt ihr bereits heute schon ans Ziel?“

„Wir werden erst morgen oder übermorgen da sein“, antwortete der weizenblonde Junge. Lissy hätte ihn gern zurückgehalten und sie versuchte ihm ein Zeichen zu geben, doch er ereiferte sich so, dass er gar nicht auf sie achtete. „Heute Nacht werden wir wohl im Freien schlafen.“

„Wie romantisch!“ Rosi schlug entzückt die Hände zusammen. „Am liebsten würde ich bei euch bleiben. Aber das geht nicht. Das würden meine Eltern nie erlauben.“

Sie stand auf und rieb sich die von den Würstchen fettigen Hände am Hosenboden ab. Dann ging sie zu Arcado, sprach leise mit ihm, klopfte ihm den Hals und wandte sich Anka von Lörtwörten zu. Sie streichelte die Stute, und als diese ihr den Kopf zudrehte, legte sie ihr beinahe zärtlich den Arm um den Hals. Danach lachte sie, setzte sich auf ihr Fahrrad und rief: „Vielleicht sehen wir uns ja noch einmal wieder. Ich wünsche euch weiterhin viel Spaß.“

Danach winkte sie noch einmal, klingelte kräftig und fuhr mit ihrem Rad davon.

„Ein nettes Mädchen“, sagte Dennis.

„Und so munter“, bemerkte Linda.

„Das sind die Rothaarigen“, versetzte Tobias. „Die haben alle so ein Temperament.“

„Du musst es ja wissen“, fuhr Lissy ihn an. Erstaunt blickten die anderen sie an und Dennis rückte ein wenig näher zu ihr hin. Er lachte.

„Du bist doch nicht eifersüchtig auf die Kleine?“, fragte er.

„Ganz bestimmt nicht!“, behauptete Lissy und sie fand selbst, dass ihre Antwort ein wenig zu heftig ausfiel. „Sie hatte nur irgendetwas an sich, was mich gestört hat.“

„Ach, du siehst Gespenster!“, rief Dennis und legte lachend den Arm um sie. „Du hast Angst um die Pferde und das ehrt dich und jetzt bildest du dir bei jedem ein, der uns über den Weg läuft, dass er etwas gegen unsere Pferde im Schilde führt.“

Sie schüttelte seinen Arm ab und sprang auf.

„Lass mich in Ruhe“, fuhr sie ihn an. „Ich mache mir allerdings Sorgen um die Pferde.“

„Ist ja gut“, griff Linda besänftigend ein. Sie war die beste Freundin von Lissy und hatte den größten Einfluss auf sie. „Es bringt doch nichts, wenn wir uns zanken. Rosi sehen wir nie wieder. Also schlage ich vor, dass wir nicht mehr über sie reden, sondern sie vergessen.“

Lissy konnte sich eine abschließende Bemerkung nicht verkneifen.

„Ich hoffe wirklich, dass wir sie nicht noch einmal wieder sehen“, sagte sie, während die anderen zusammenpackten.

Das war zu viel. Dennis stemmte die Fäuste in die Hüften und blickte sie kopfschüttelnd an.

„Nun hör aber auf, Lissy", bat er. „Du redest ja so, als hätten wir Rosi zu fürchten. Du willst doch nicht im Ernst behaupten, dass sie der von der Polizei gejagte Pferdestecher ist!"

Nun musste Lissy lachen. Dieser Verdacht ging allerdings weit über das vertretbare Maß der Ablehnung hinaus.

„Natürlich nicht", antwortete sie. „Ich habe ja auch nur gesagt, dass sie etwas an sich hat, was mich stört. Sie konnte mit Pferden umgehen. Das hat man gesehen, als sie bei Arcado und bei Anka war. Nein, die würde niemals mit einem Messer auf Pferde losgehen. Ganz bestimmt nicht."

„Mehr wollte ich nicht hören", sagte Dennis.

Rosi entfernte sich einige Hundert Meter von Lissy und ihren Freunden, dann stellte sie ihr Fahrrad in ein Gebüsch und nahm aus der Tasche auf dem Gepäckträger ein kleines, aber leistungsstarkes Fernglas hervor. Damit ausgerüstet eilte sie ein Stück auf dem Weg zurück und schob sich dann vorsichtig durch einige Büsche, bis sie in der Ferne den Rastplatz sehen konnte. Lissy und ihre Freunde waren so weit von ihr entfernt, dass sie sie mit dem bloßen Auge kaum erkennen konnte. Sie legte sich an einem Erdwall auf den Boden und hob das Fernglas an die Augen. Es vergrößerte außerordentlich stark. Mühelos konnte sie verfolgen, was auf dem Rastplatz am See geschah.

Ein eigenartiges Lächeln glitt über ihre Lippen.

Lissy, Dennis und Tobias packten den Abfall zusammen und warfen ihn in eine Abfalltonne, während Gertie und Linda die Pferde holten und sattelten. Danach sah Lissy sich noch einmal prüfend um, fand, dass sie den Platz sauber und aufgeräumt hinterließen, und gab das Zeichen zum Aufbruch. Die Pferde hatten sich gut erholt und Anka wurde munter. Ihr ging es zeitweilig zu langsam voran, sodass sie zu traben begann. Tobias, der sie führte, nahm sie jedoch jedes Mal zurück.

„Lass dir Zeit, Anka", rief er der Stute zu. „Wir sind noch lange nicht am Ziel, und wenn du erst in unserem Reiterclub bist, kannst du noch viel laufen."

Sie durchquerten eine kleine, verträumte Stadt, in der sich – abgesehen von ein paar Kindern – niemand auf der Straße aufhielt. Als sie danach an einem Bach entlangritten und sich einem Wald näherten, knatterte aus einem umsäumten Seitenweg ein Mann auf einem Mofa hervor. Er fuhr direkt auf sie zu und hielt vor ihnen. Dabei bremste er so plötzlich und ließ den Motor seiner Maschine so laut aufheulen, dass Arcado erschreckt stieg. Anka scheute und versuchte auszubrechen und auch die anderen Pferde reagierten. Sie wurden unruhig und waren nur schwer zu halten.

Lissy blieb ruhig und ihre Ruhe strahlte auf Arcado aus. Er tänzelte noch ein wenig nervös auf der Stelle, ließ sich jedoch nicht mehr von dem lärmenden Mofa beeindrucken. Tobias glitt aus dem Sattel. Mit der einen Hand hielt er den Wallach Oasis, mit der anderen Anka. Er sprach beruhigend auf die Stute ein.

Lissy blieb im Sattel sitzen. Erzürnt blickte sie den Mann auf dem Mofa an. Es war Ölkhoff. Er trug einen silbern schimmernden Zylinder, einen feuerroten Schal, dessen Enden beinahe bis auf den Boden herabreichten, eine zerschlissene Lederjacke, Jeans und Lederstiefel, die ihm bis über die Knie reichten. Seine Hände steckten in weißen Handschuhen.

„Verschwinden Sie", rief Dennis ihm zu. „Sehen Sie denn nicht, wie nervös Sie die Pferde machen? Für Anka und ihr Fohlen ist das gefährlich. Gehen Sie aus dem Weg!“

Ölkhoff schüttelte mit grimmigem Gesicht den Kopf und dann ließ er den Motor seines Mofas noch einmal aufheulen. Blaue Rauchwolken schossen aus dem Auspuff.

Lissy lenkte Arcado zur Seite, trieb den Hengst an und trabte an dem Mann auf dem Mofa vorbei. Tobias folgte mit Oasis und Anka, nachdem er wieder in den Sattel gestiegen war. Dennis, Tobias, Linda und Gertie schlossen sich ihm an. Dennis lüftete seinen karierten Hut und grüßte spöttisch, während Tobias sich dazu hinreißen ließ, sich mit dem Zeigefinger gegen die Schläfe zu klopfen, eine Geste, die Ölkhoff nur zu gut verstand und die ihn herausforderte. Wütend zog er sein Mofa herum und fuhr hinter ihnen her, bis Lissy aus dem Sattel stieg und ihm mit Arcado an der Hand entgegentrat.

„Was wollen Sie von uns?“, fragte sie.

„Ihr habt mir die Stute gestohlen“, erwiderte er, „und ich will sie zurück.“

„Wenn Sie wirklich dieser Ansicht sind, obwohl Sie uns das Pferd selber verkauft und dafür auch das Geld entgegengenommen haben, sollten Sie zu einem Rechtsanwalt gehen“, antwortete Lissy kühl und geschäftsmäßig. „Wir werden Ihnen das Pferd jedenfalls nicht geben, und wenn Sie noch so viel Krach mit Ihrem Mofa machen!“

Das waren mutige Worte und sie beeindruckten ihn. Ärgerlich presste er die Lippen aufeinander, doch dann sackte ihm überraschend die Kinnlade nach unten und er verdrehte die Augen. Er ließ die Arme schlaff nach unten sinken und murmelte etwas von seinen Bildern und von Farben, die er noch dringend besorgen müsse, raffte sich aber ebenso plötzlich wieder auf, stieg von seiner Maschine, schob sie herum, sodass sie in die entgegengesetzte Richtung zeigte, und fuhr ohne ein weiteres Wort davon.

„Habt ihr das gesehen?“, fragte Dennis. „Der Mann kann einem ja Leid tun. Für ein paar Sekunden war er völlig weggetreten. Ich glaube, der wusste nicht einmal, wo er war. Das ist nicht nur ein schräger Vogel, der hat sie nicht alle!“

„Mir war er unheimlich“, sagte Gertie. Sie war verunsichert und von dem Besuch des Mannes sichtlich beeindruckt. Ölkhoff ängstigte sie. „Ich möchte ihm nicht noch einmal begegnen.“

Tobias stellte eine Frage, die alle erschreckte und betroffen machte.

„Ob er der Pferdestecher ist?“

Sie blickten einander an und keiner wusste so recht, was er dazu sagen sollte. Sie mussten daran denken, wie die Pferde in den Stallungen von Ölkhoff ausgesehen hatten, und da er sie gequält hatte, indem er ihnen weder zu fressen noch zu saufen gegeben hatte, konnten sie sich gut vorstellen, dass er auch andere Pferde misshandelt hatte. Sicher zu sein schien, dass er geistig gestört war. Doch reichte das allein aus um einen so schrecklichen Verdacht zu rechtfertigen?

„Kann er letzte Nacht auf dem Bauernhof bei unseren Pferden gewesen sein?“, fragte Linda. „Wir haben doch gesehen, dass der nächtliche Besucher mit einem Mofa weggefahren ist.“

Lissy rief sich das Bild des nächtlichen Besuchers ins Gedächnis, wie er zu seinem Mofa gelaufen, ein paar Schritte damit gefahren, gestürzt, wieder aufgesprungen und schließlich damit geflüchtet war.

„Nein“, sagte sie. „Ich glaube nicht, dass er es war. Er ist etwa so groß wie dieser Mensch von letzter Nacht, aber er bewegt sich anders. Der von letzter Nacht war klein und flink. Er stürzte und war ganz schnell wieder auf seinem Mofa. Habt ihr beobachtet, wie Ölkhoff sein Mofa herumgeschoben hat? Richtig tollpatschig sah das aus. Nein, er war nicht auf dem Bauernhof."

„Oder er ist so geschickt, dass er sich auf verschiedene Art bewegt um uns zu täuschen", gab Dennis zu bedenken. „Leute wie er sind manchmal teuflisch raffiniert. Und er ist gefährlich. Immerhin hat er geschossen."

„Wenn er uns täuschen wollte, dann ist es ihm gelungen", bemerkte Linda. Sie waren ratlos, denn nun wusste keiner mehr, was er glauben sollte.

Hatte es der Messerstecher auf ihre Pferde abgesehen? War Ölkhoff der geheimnisvolle Mann, der Pferde überfiel um seine Wut an ihnen auszulassen?

Übernachtung im Freien

Die nächsten Stunden verliefen ereignislos. Sie ritten ungestört weitab der Städte, passierten höchstens einmal eines der kleinen Dörfer und bewegten sich ansonsten nur auf abgelegenen Feld- und Waldwegen. Die Sonne schien und es war angenehm warm. Von den angekündigten Regenfronten war nichts zu sehen. So konnten sie die Stunden im Sattel der Pferde genießen und sich an der Natur erfreuen. Sie entdeckten seltene Vögel – unter anderem einen der vom Aussterben bedrohten Pirole –, beobachteten Rehe und einen Fuchs und allmählich vergaßen sie den unheimlichen Ölkhoff. Die zunächst etwas gedrückte Stimmung legte sich, und je mehr Abstand sie gewannen, desto lockerer wurden sie, bis sie schließlich vergnügt alberten.

Als sie durch ein Dorf kamen, blieb Dennis unter den Zweigen eines Apfelbaums stehen. Vom Sattel aus konnte er die Äpfel an den Zweigen bequem erreichen und selbst seinem Wallach Blitz gelang es, einige Früchte zu erwischen, nachdem er sich kräftig in die Höhe gestreckt hatte.

„Hör auf damit“, rief Lissy und drohte scherzhaft: „Der liebe Gott sieht alles!“

„Aber er petzt nicht“, antwortete Dennis, pflückte noch zwei Äpfel und trieb sein Pferd an.

Lissy lachte.

„Sind sie wenigstens reif?“

„Sie schmecken ausgezeichnet“, erwiderte er und reichte ihr einen Apfel. „Hier nimm. Bei dir drückt der liebe Gott sicherlich ein Auge zu.“

Sie bemerkte, dass ein Mann aus dem Haus kam und ihnen ärgerlich mit der Faust drohte. Lachend trieb sie

Arcado an, und als der Hengst zu traben begann, liefen auch die anderen Pferde schneller.

„Aber der Bauer nicht", rief sie und biss vom Apfel ab.

„Richtig", lachte Dennis. „Seine Äpfel sind süß, aber er ist stinksauer!"

Am Ende des Dorfes befand sich eine Telefonzelle und Lissy nutzte die Gelegenheit um zu Hause anzurufen und ihrer Mutter zu sagen, dass alles in Ordnung war.

Danach ritten sie weiter, schwiegen zumeist und genossen die schöne Landschaft. Erst nach mehr als einer Stunde kam Dennis noch einmal auf den Vorbesitzer von Anka zu sprechen. Sie machten eine Pause und legten sich dabei ins Gras, während die Pferde sich an saftigen Gräsern gütlich taten.

„Niemand weiß, welche Route wir reiten", sagte er. „Ich habe mich immer wieder umgesehen und bin sicher, dass uns niemand gefolgt ist. Also brauchen wir nicht zu befürchten, dass Ölkhoff noch einmal auftaucht."

„Du hast Recht", versetzte Tobias. Er lächelte verlegen. „Auch ich wollte wissen, ob uns jemand folgt. Mir ist niemand aufgefallen."

Linda und Gertie blickten sich an und dann lachten beide.

„Dann können wir es ja ruhig zugeben", rief Linda. Sie spannte einen Grashalm zwischen die Daumen und blies kräftig dagegen. Damit erzeugte sie ein schrilles Geräusch, das Friedrich augenblicklich aufspringen und laut bellen ließ. „Wir mussten immer daran denken, dass uns jemand auf den Fersen ist, und deshalb haben wir sehr genau aufgepasst. Gesehen haben wir niemanden."

Sie streichelte den Pyrenäenberghund um ihn zu beruhigen. „Jetzt glaube ich, dass wir uns keine Sorgen mehr zu machen brauchen."

„Es könnte höchstens sein, dass der Bauer hinterherkommt, bei dem Dennis die Äpfel geklaut hat", bemerkte Lissy lächelnd. „Aber das ist dann ja nicht unser Problem."

„Du meinst, dass ich dann allein die Prügel einstecken muss?", fragte Dennis. Er ließ sich auf den Rücken sinken und schob sich seinen karierten Hut über das Gesicht. „Wenn's gefährlich wird, sage ich einfach, dass Lissy mich dazu gezwungen hat."

Die Präsidentin des Clubs nahm ihm lachend den Hut weg und setzte ihn Friedrich auf. Sonst duldete der Pyrenäenberghund nichts auf seinem Kopf, jetzt aber hielt er still, ließ den Kopf tief sinken und blickte Dennis unter der Hutkrempe hervor lauernd an. Er wollte mit ihm spielen und wartete darauf, dass der weizenblonde Junge versuchte ihm den Hut wieder wegzunehmen.

Sie lachten und dann sprangen alle wie auf ein gemeinsames Kommando herum und spielten mit dem Pyrenäenberghund. Lissy nahm den Hut, und als Dennis danach griff, warf sie ihn Linda zu. Ausgelassen tobten sie auf dem Feldweg herum, bis Friedrich sich den Hut mit den Zähnen schnappte. Nun endlich gelang es Dennis, das kostbare Stück wieder an sich zu bringen. Er stülpte es sich auf den Kopf und forderte: „Mehr Ernst, Sportsfreunde! Wir müssen weiter."

Friedrich sprang ihn an, und da er nicht darauf vorbereitet war, stürzte Dennis der Länge nach hin. Als der Hund ihm die Pfoten – die bei ihm schon eher Tatzen genannt werden mussten – auf die Brust setzte, hängte er ihm kurzerhand den Hut über die Schnauze. Doch nun beendete Lissy das Spiel.

„Es wird wirklich Zeit", sagte sie und nahm den Hut an sich. „Wir brechen auf! Die Pferde haben genug gefressen. Sie werden zu faul, wenn wir nicht endlich weiterreiten."

Sie reichte Dennis den Hut.

„Und dann finde ich, du solltest vernünftig sein und eine Reiterkappe tragen; so wie wir alle", ermahnte sie ihn.

„Großes Ehrenwort, dass ich eine Kappe trage, sobald wir wieder im Club sind", antwortete er. „Den Hut habe ich nur genommen, weil ich wusste, dass wir die ganze Zeit über höchstens mal traben, aber ganz sicher nicht galoppieren werden."

Als sich der Nachmittag seinem Ende zuneigte, fiel Dennis eine allein stehende Kate auf, die etwa hundert Meter abseits vom Reitweg an einem Waldrand stand. Direkt daneben erhob sich der Beobachtungsstand eines Jägers.

„Das könnte ein guter Platz für uns sein", sagte er. „Ein Dorf ist nicht in der Nähe und selbst von einem Bauernhof ist weit und breit nichts zu sehen. Hier sind wir vollkommen ungestört."

Sie beschlossen die Kate zu besichtigen und ritten einen schmalen Pfad am Rande eines Kohlfeldes entlang. Als sie sich der Kate näherten, erkannten sie, dass sie alt und verfallen war. Das mit roten Schindeln gedeckte Dach wies an mehreren Stellen große Lücken auf, die Fensterscheiben waren zerbrochen und die Tür hing schief in den Angeln.

„Das sieht nicht gerade toll aus", kritisierte Linda.

„Wieso denn?", fragte Dennis. „Wir wollen im Freien schlafen. Die Kate interessiert doch gar nicht. Mir geht es nur darum, dass wir irgendwo ein kleines Lagerfeuer anzünden können, und das können wir natürlich nicht mitten im Wald machen, sondern nur an einer Stelle, an der ganz sicher nichts passieren kann. Wir wollen schließlich keinen Waldbrand riskieren!"

Sie stiegen an dem alten Gemäuer ab und besichtigten die Kate. Sie war in ihrem Inneren erstaunlich sauber.

Nirgendwo lag Abfall herum, und als sie ein paar Scherben beiseite geräumt hatten, war es geradezu gemütlich in dem einzigen Raum des Hauses. An der Schmalseite der Kate befand sich ein alter Kamin mit einer offenen Feuerstelle. Als Dennis die Hand hineinstreckte, konnte er einen feinen Luftzug spüren.

„Genau das, was ich gesucht habe", sagte er. „Hier können wir ein Feuer machen. Der Kamin zieht ausgezeichnet und solange es nicht regnet, sind wir hier gut untergebracht. Am Haus wächst genug Gras für die Pferde, ein kleiner Bach ist auch da. Alles ist bestens und deshalb meine ich, wir sollten hier bleiben."

„Ich bin dafür", stimmte Lissy zu, die als Präsidentin des Reiterclubs auch in diesem Fall das entscheidende Wort hatte. „Wir brauchen niemanden zu fragen, ob wir hier übernachten dürfen, und wenn tatsächlich jemand kommen sollte, dem die Kate und dieses Stück Land gehören, dann wird er keinen Grund haben sich über irgendetwas zu beschweren. Achtet bitte darauf, dass die Pferde nicht ins Kohlfeld gehen."

Auch die anderen waren mit dem Vorschlag einverstanden und sie sattelten die Pferde ab um zunächst sie zu versorgen. Sie gaben ihnen das verdiente Futter und führten sie zum Bach, damit sie trinken konnten. Lissy kümmerte sich zunächst um Anka. Sie untersuchte vor allem ihre Hufe um sich davon zu überzeugen, dass sie sich keine Steinchen oder andere störende Gegenstände eingetreten hatte, und gab ihr danach zu fressen.

„Tut mir Leid, dass du so lange warten musstest", sagte sie zu Arcado, als sie sich dem Hengst zuwandte. „Aber die Damen kommen nun einmal zuerst!"

Sie band Arcado und die Stute an lange Leinen, sodass sie sich recht frei bewegen und grasen, nicht aber ins Kohlfeld gehen konnten. Dann half sie Dennis und Tobias trockenes Holz für den Kamin zu sammeln, während Linda und Gertie das Abendbrot vorbereiteten. Danach brachten sie ihre Sättel in die Kate um sie als Sitzgelegenheit zu nutzen, und da Anka nun genügend gefressen und getrunken hatte, ging Lissy noch einmal zu ihr um sie zu striegeln und zu putzen, bis Linda sie in die Kate rief.

„Wir können essen", meldete sie. „Und das Feuer brennt auch. Es ist richtig gemütlich bei uns."

Sie hatte Recht. In der Runde der Freunde und am offenen Feuer schmeckten die mit frischen Kohlblättern angereicherten Brote besonders gut. Und es gab viel zu erzählen. Nachdem sie gegessen hatten, setzten sie sich rund um das Feuer und blickten in die offenen Flammen.

„Ich finde es unheimlich romantisch, hier zu übernachten", schwärmte Gertie. „Wir hätten es nicht besser treffen können."

„Es ist viel besser als beim Bauern Bockholt, so nett es da auch war", stimmte Linda zu. „Hier sind wir allein und ungestört."

„Wir sollten ein Lied singen", schlug Dennis vor und die anderen waren sofort einverstanden. Doch als Lissy zu singen begann, ertönte draußen ein schriller Pfiff. Sie verstummte und erst jetzt merkte sie, dass es mittlerweile dunkel geworden war.

„Was war das?", fragte Gertie.

Lissy stand auf und ging zu einem der Fenster, doch sie war noch vom Feuer geblendet und konnte in der Dunkelheit nichts erkennen. Friedrich begann wütend zu bellen. Er richtete sich an der Tür auf, doch er konnte sie nicht aufstoßen, weil Dennis sie von innen verriegelt hatte. Als er es erkannte, lief er zu Lissy und stellte sich am Fenster auf die Hinterbeine. Er hörte auf zu bellen und knurrte nur noch drohend. Lissy hielt ihn am Halsband fest.

„Gut so!“, lobte sie ihn. „Wenn da draußen jemand ist, soll er wissen, dass du auf uns aufpasst!“

Dennis ging zur Tür und öffnete sie. Er schaltete seine Taschenlampe ein und als ein erneuter Pfiff die Stille durchbrach, fing der Lichtstrahl ein Gesicht ein.

„Peter Bockholt!“, sagte er überrascht. „Mit dir habe ich nun wirklich nicht gerechnet.“

Der Sohn des Bauern lächelte scheu. Er kam bis an die Tür heran und fragte höflich: „Darf ich eintreten?“

„Von mir aus“, erwiderte Dennis.

„Bitte, haltet den Hund fest“, bat der späte Besucher. „Ich bin zerschunden genug von dieser blöden Schlägerei, ich möchte nicht auch noch gebissen werden.“

„Wie hast du uns gefunden?“, wollte Lissy wissen, als er durch die Tür hereinkam. Sie beruhigte Friedrich, und als sie sich wieder auf ihren Sattel setzte, legte er sich neben sie auf den Boden, ließ Peter Bockholt jedoch nicht aus den Augen.

„Zufällig“, behauptete er. „Ich fuhr mit meinem Mofa durch die Gegend. Mir fiel auf, dass in der Kate Licht brennt, und da bin ich hergekommen. Ich habe die Pferde gesehen und mir war klar, dass ihr es seid.“

Lissy wechselte einen kurzen Blick mit ihrer Freundin Linda und sie merkte, dass diese ihm ebenso wenig glaubte wie sie.

„Und? Was willst du von uns?“, fragte sie kühl und abweisend. Sie hatte nicht vergessen, wie aufdringlich und frech er auf dem Bauernhof gewesen war.

„Ich möchte mich entschuldigen“, antwortete er und wich verlegen Lissys Blicken aus. „Als ihr bei uns auf dem Hof wart, habe ich mich unmöglich benommen. Es tut mir Leid.“

„Und nachts bist du bei den Pferden gewesen“, rief Linda. „Was wolltest du da?“

„Nachts bei den Pferden? Wie kommst du denn darauf?“ Überrascht blickte er von einem zum anderen, als erwarte er eine Erklärung für diesen Vorwurf in ihren Gesichtern zu sehen. „Ich verstehe nicht, was du meinst.“

Lissy glaubte ihm und sie erklärte ihm, warum sie ihn verdächtigten. Er schüttelte den Kopf und setzte sich neben dem Kamin auf den blanken Fußboden.

„Ich war es wirklich nicht“, beteuerte er und fuhr sich dabei tastend mit den Fingern über das zerschundene Gesicht. „Ich bin wirklich verprügelt worden, aber daran war ich selber schuld.“

„Na gut“, erwiderte Lissy. „Wir glauben dir, aber ich nehme dir nicht ab, dass du uns zufällig gefunden hast.“

„Das stimmt auch nicht“, gab er zu. „Ich habe euch gesucht. Ich wollte mit euch reden.“

„Warum?“, fragte Dennis.

„Weil mir etwas aufgefallen ist und weil ich meine, dass ich es euch erzählen sollte“, eröffnete er ihnen. „Ich habe euch vorhin im Dorf gesehen, wo ich was für meinen Vater besorgt habe. Und da habe ich gesehen, dass euch jemand gefolgt ist. Ein rothaariges Mädchen auf einem Mountainbike. Sie hat sich hinter einer Hecke versteckt und euch beobachtet, wie ihr Äpfel geklaut habt. Dann ist sie hinter euch hergefahren, bis ihr bei der Telefonzelle wart. Da hat sie wieder gewartet und sich versteckt, sodass ihr sie nicht sehen konntet. Das hat mich neugierig gemacht. Deshalb habe ich aufgepasst. Sie hat euch vorausreiten lassen und hat euch dann aus großer Entfernung mit einem Fernglas überwacht.“

„Ein rothaariges Mädchen auf einem Mountainbike!“ Lissy hatte sich auf ihren Sattel gesetzt, sprang nun aber wieder auf. Sie wusste nicht, was sie von der Nachricht des Jungen halten sollte.

„Das verstehe ich nicht“, sagte Dennis. Er legte Holz

in die Flammen, damit das Feuer nicht ausging. „Weshalb sollte uns Rosi gefolgt sein?"

„Ich habe keine Ahnung", antwortete Peter Bockholt. „Woher soll ich das wissen? Ich habe es nur als sehr merkwürdig empfunden, dass sie euch mit dem Fernglas beobachtet hat."

„Erst spioniert sie hinter uns her", bemerkte Linda, „und dann setzt sie sich zu uns und lässt sich ein Würstchen geben! Wie passt das zusammen?"

„Ich weiß es nicht", entgegnete der späte Besucher, „aber vielleicht hat der Mann etwas damit zu tun, der ihr gefolgt ist."

„Was für ein Mann?", fragte Tobias.

„Es war ein Mann auf einem Mofa. Er ist mir aufgefallen, weil er einen Zylinder trägt. Er hat das Mädchen mit einem Fernglas beobachtet, und als sie hinter euch herfuhr, da hat er sich an ihre Fersen geheftet. Mehr habe ich nicht gesehen. Ich weiß auch nicht, ob er später noch in ihrer Nähe geblieben ist oder nicht. Ich habe sie beide irgendwann aus den Augen verloren."

Betroffen blickten Lissy und ihre Freunde sich an. Sie wussten sofort, wen er meinte, und wenn sie zuvor noch an seinem Bericht gezweifelt hatten, so waren sie nun sicher, dass er die Wahrheit gesagt hatte. Doch was hatte Rosi mit Ölkhoff zu tun? Gab es eine Verbindung zwischen ihnen? Oder spähte er sie aus einem anderen Grund aus? Doch welchen Grund konnte er dafür haben?

„Danke", sagte Lissy. „Es war sehr nett von dir, dass du uns das erzählt hast. Wir hatten ja keine Ahnung, dass es jemanden gibt, der sich so für uns interessiert."

Peter Bockholt stand auf, klopfte sich kurz den Hosenboden ab und ging zur Tür.

„Ich muss los", erklärte er. „Es ist schon spät und ich muss nach Haus, damit es keinen Ärger gibt. Nach dieser dummen Schlägerei ist mein Vater nicht gut auf mich zu sprechen."

Sie erhoben sich alle und begleiteten ihn hinaus. Sie bedankten sich noch einmal bei ihm und dann entschlossen sie sich ihn das kurze Stück bis zur Straße hin zu begleiten, wo er sein Mofa hinter einem Busch abgestellt hatte. Sie warteten, bis er die Maschine auf die Straße geschoben hatte und startete. Dann winkten sie ihm zu und er knatterte in die Dunkelheit hinaus. Schon bald verschwand der Lichtschein seines Mofas hinter den Bäumen eines Waldes.

„Also hatte ich doch Recht", sagte Lissy. „Mit Rosi stimmt was nicht."

„Und mit Peter Bockholt auch nicht!", erklärte Tobias.

„Was?" Die anderen blickten ihn entgeistert an. Sie wollten nicht glauben, was er gesagt hatte.

„Du machst Witze", vermutete Gertie. Sie hakte sich bei ihm unter und ging mit ihm den Weg entlang zur Kate. „Es ist doch nett von Peter, dass er uns seine Beobachtung mitgeteilt hat."

„Eben", erwiderte er. „Und genau das passt nicht zu ihm. Er ist kein netter Typ!"

Aber keiner wollte das hören. Sie scherzten und lachten mit Tobias, und als er noch einmal versuchte auf Peter Bockholt zu sprechen zu kommen, verdrehten sie ihm die Worte im Mund und alberten herum, sodass er aufgab und das Thema für abgeschlossen betrachtete – so wie die anderen es auch taten.

Aufregung für Anka

Die durch das Feuer erleuchteten Fenster der Kate wiesen ihnen den Weg und sie fanden schnell zu den Pferden und ihren Sachen zurück. Lissy ging zu Arcado um ihm Gute Nacht zu sagen und beschäftigte sich anschließend noch eine Weile mit Anka.

„Du gefällst mir immer besser“, sagte sie leise. „Wir kennen uns erst seit gestern, aber ich habe das Gefühl, dass du dich schon ganz gut erholt hast. Natürlich musst du noch viel zunehmen, bis du wieder richtig in Form bist, aber das schaffen wir schon. Hauptsache, dein Fohlen hat keinen Schaden genommen und kommt gesund und munter auf die Welt.“

Es schien, als hätte die Stute verstanden. Sie schnaubte leise, und als Lissy zur Kate ging und sich noch einmal umdrehte, legte sie sich auf den Boden um zu schlafen. Das war ein deutliches Zeichen dafür, dass sie sich sicher fühlte und Vertrauen gewonnen hatte.

Lissy schleppte ihren Sattel aus der Kate nach draußen, rollte ihren Schlafsack aus und wollte sich ebenso wie die anderen auf den Boden legen, als es leicht zu regnen begann. Sie eilte in die Kate zurück und leuchtete mit der Taschenlampe das Dach ab. Es war auf der einen Seite weitgehend unbeschädigt, sodass es dort nicht durchregnete.

Aus der Ferne klang leises Donnergrollen zu ihnen herüber und Dennis befürchtete, dass es ein Gewitter geben könnte.

„Wir sollten auf jeden Fall in der Kate schlafen“, empfahl Lissy. „Es könnte schlimmer werden mit dem Regen. Vielleicht bekommt die Wettervorhersage ja doch noch Recht.“

Sie brachten ihre Sättel und die Schlafsäcke wieder in die Kate zurück und machten es sich im trockenen Winkel bequem. Dann ging Dennis noch einmal nach draußen zu den Pferden um sich davon zu überzeugen, dass keines von ihnen weglaufen konnte.

„Wenn das Gewitter zu uns kommt, gehe ich raus zu Blitz und bleibe bei ihm", kündigte er an, als er in seinen Schlafsack kroch. „Ich werde ihn nicht allein lassen, wenn es donnert und kracht."

„Ich glaube, wir gehen dann alle raus", erwiderte Lissy. „Aber vielleicht haben wir ja Glück und das Gewitter zieht ab."

Friedrich ließ sich neben ihr auf den Boden sinken und legte ihr den Kopf auf die Beine. Sie streichelte ihn kurz, dann kroch sie tief in ihren Schlafsack und war wenig später eingeschlafen. Doch schon bald wachte sie wieder auf. Der Pyrenäenberghund bellte laut und wütend. Er sprang gegen die Tür und versuchte nach draußen zu kommen, doch da sie sich nur nach innen öffnen ließ, gelang es ihm nicht.

„Was ist denn los?", rief Tobias, während Dennis den Lichtstrahl seiner Taschenlampe auf die Tür richtete.

Ein Pferd wieherte laut. Lissy erkannte die Stimme von Arcado und dann war das Getrappel eines Pferdes zu hören, das sich schnell von ihnen entfernte.

„Eines der Pferde hat sich losgerissen", rief Dennis.

Schlagartig waren alle wach. Sie krochen aus den Schlafsäcken und rannten zur Tür. Lissy riss sie auf und ließ Friedrich hinaus, der sich wütend bellend hinaus in die Dunkelheit stürzte, jedoch schon bald wieder stehen blieb, da er einfach nicht wusste, wohin er sich wenden sollte.

Alle hatten Taschenlampen dabei und jeder rannte dorthin, wo er sein Pferd angebunden hatte. Lissy entdeckte Arcado sofort. Der Hengst rannte erschreckt hin und her und zerrte an der Leine, deren Ende an dem Ast eines Baumes befestigt war.

„Ruhig, Arcado", rief sie und legte ihm einen Arm über den Nacken. „Was ist denn los?"

Sie richtete den Strahl ihrer Taschenlampe in die Dunkelheit und suchte Anka von Lörtwörten, doch die Stelle war leer, an der die Stute angebunden gewesen war! Sie klopfte Arcado noch einmal beruhigend die Schulter, dann eilte sie zu dem Platz, an dem die trächtige Stute eigentlich hätte sein müssen. Sie fand nur noch den Strick, mit dem sie angebunden gewesen war.

„Hierher!", rief sie ihren Freunden zu. „Es ist Anka, die fehlt!"

Sie nahm das lose Ende des Stricks auf und untersuchte es. Seit Stunden regnete es und der Strick war nass und er war schmutzig, wo er auf dem Boden gelegen hatte. Lissy spürte den Regen. Es nieselte nur noch, aber auf ihrem Haar und auf ihrer Kleidung blieben unzählige Tröpfchen haften.

„Was ist los?", fragte Dennis, als er zu ihr kam. Sie hielt ihm den Strick hin und er stellte überrascht fest, dass er durchgeschnitten worden war, denn das zusammengebundene und mit einer festen Schnur gesicherte Ende fehlte.

„Jemand hat Anka gestohlen", sagte sie, als auch die anderen sich hinzugesellten. „Der Dieb ist mit ihr weggeritten."

„Der Pferdestecher?", fragte Linda erschrocken.

„Bestimmt nicht", erwiderte Lissy. „Der wäre nicht mit Anka verschwunden, sondern hätte sie hier verletzt, wenn er das vorgehabt hätte."

Dennis entfernte sich einige Schritte von ihnen, wobei er den Waldboden mit der Taschenlampe ableuchtete.

Wenig später rief er: „Die Spuren zeichnen sich deutlich ab. Der Regen hat den Boden aufgeweicht, sodass die Hufe tief eingesunken sind."

„Der Dieb kann noch nicht weit sein", versetzte Lissy. „Anka ist schwach und kann nicht sehr schnell laufen. Ich reite hinterher."

„Das machen wir alle zusammen", antwortete Dennis. „Du glaubst doch nicht, dass wir dich alleine losziehen lassen."

Sie liefen zur Kate zurück, rafften in aller Eile ihre Sachen zusammen und stopften sie in die Satteltaschen. Dann sattelten sie die Pferde und Dennis schüttete vorsichtshalber etwas Wasser in die Glut im Kamin, obwohl sie viel zu schwach war um sich zu einem Feuer entzünden zu können. Er wollte jedoch kein Risiko eingehen. Sie streiften sich Regenjacken über und dann brachen sie auch schon auf. Lissy und Dennis ritten an der Spitze. Sie hatten die besten Taschenlampen, sodass sie den Waldboden damit gut ausleuchten konnten.

„Ich komme mir vor wie ein Sheriff im Wilden Westen, der Viehdiebe verfolgt", sagte Dennis.

„Viel anders ist es hier ja auch nicht", erwiderte Lissy. „Nur macht mir das alles keinen Spaß. Für Anka ist diese Entführung bestimmt nicht angenehm. Sie ist viel zu schwach um einen Reiter tragen zu können. Sie muss sich furchtbar anstrengen. Hoffentlich schadet das nicht dem Fohlen!"

„Was glaubst du, wer Anka geholt hat?", fragte Tobias und fügte gleich hinzu, wen er im Verdacht hatte: „Der verrückte Ölkhoff?"

Es war still im Wald. Nur das Hufgetrappel und das vereinzelte Schnauben der Pferde, das gelegentliche Knarren der Sättel und das Tropfen des Regenwassers von den Bäumen war zu hören. Es schien, als seien sie allein im Wald und unendlich weit von der nächsten Stadt und dem lärmenden Autoverkehr entfernt.

Ankas Spuren zeichneten sich deutlich auf dem Boden ab. Sie führten quer durch den Wald und sie verrieten, dass der Dieb zunächst schnell, dann jedoch langsam und kräfteschonend geritten war. Etwa zwei Kilometer von der Kate entfernt überquerten sie einen schmalen Waldweg, kehrten jedoch gleich darauf zu ihm zurück um ihm zu folgen.

„Der Dieb hat keine Taschenlampe“, vermutete Tobias. „Er hat den Weg zunächst übersehen, dann aber doch erkannt, dass er hier viel leichter und schneller vorankommt.“

Lissy blickte zur Uhr. Es war kurz nach Mitternacht und es würde noch lange dauern, bis es hell wurde. Sie trieb Arcado zum Trab an.

„Wir müssen uns beeilen“, rief sie ihren Freunden zu. „Wenn der Dieb eine Straße erreicht und auf dem Asphalt bleibt, sehen wir keine Spuren mehr und er entkommt uns.“

Ihre Sorge um Anka wuchs, je länger die Verfolgungsjagd dauerte. Wie würde die Stute den nächtlichen Ritt überstehen? Und wie würde sich die Belastung vor allem auf das ungeborene Fohlen auswirken? Hatte Frau Dr. Müllher nicht vor zu großen Anstrengungen gewarnt? Sie hatten sich bemüht, alles zu tun um unnötige Aufregungen von Anka fern zu halten. Gerade aus diesem Grund hatten sie die Stute nicht in einen Pferdetransporter gestellt. Und nun gab es doch gefährlichen Stress für Anka. Wusste der Dieb nicht, in welchem Zustand sie sich befand?

„Er muss es wissen“, sagte Lissy unwillkürlich laut. „Er hatte es auf Anka abgesehen, auf kein anderes Pferd. Also kennt er die Stute.“

„Was ist los?“, fragte Dennis. „Führst du Selbstgespräche?“

„Man kann es drehen und wenden, wie man will, aber eigentlich kann nur Ölkhoff der Dieb sein“, antwortete sie. „Er ist der Einzige, der einen Grund hat so etwas zu tun. Immerhin bildet er sich ein, dass ihm die Stute noch gehört.“

Ihr fiel auf, dass Friedrich plötzlich stehen blieb und mit hochgestellten Ohren in die Dunkelheit spähte. Unwillkürlich hob sie eine Hand und rief: „Seid mal leise!“

Sie hielten ihre Pferde an und lauschten, doch sie vernahmen wiederum nur das Tropfen des Regens von den Blättern der Bäume. Weit von ihnen entfernt krächzte eine Krähe.

Lissy wollte bereits weiterreiten, als sie ein leises Schnauben vernahm.

„Hört doch!“, flüsterte sie. „Vor uns im Wald ist ein Pferd!“

Friedrich stürmte los und verschwand so schnell in der Dunkelheit, dass sie ihn mit dem Lichtstrahl ihrer Taschenlampe nicht mehr erfassen konnte. Doch gleich darauf hörten sie ihn bellen. Ein Pferd wieherte und dann folgte dumpfes Hufgetrappel, das sich rasch entfernte. Mit ihm wurde das Bellen des Hundes leiser.

„Friedrich verfolgt den Dieb“, erkannte Lissy. „Los. Hinterher.“

Sie trieb Arcado an und Friedrich verriet ihr mit seinem Bellen, in welche Richtung sie reiten musste. Doch wurde es von Minute zu Minute schwerer, ihm zu folgen, weil die Pferde zu viele Geräusche verursachten, als sie durch die Büsche des Unterholzes brachen.

„So geht das nicht“, rief Dennis wenig später. „Haltet an. Bitte!“

Sie zügelten ihre Pferde und glitten aus dem Sattel.

Aufmerksam horchten sie. Friedrich bellte nicht mehr und das Hufgetrappel Ankas war kaum noch zu hören.

„Ich laufe zu Fuß hinterher“, sagte Dennis. „Anka kann nicht schnell laufen. Bestimmt ist sie schon erschöpft. Ich kann sie einholen.“

„Ich komme mit“, schloss sich Lissy ihm an. „Die anderen müssen bei den Pferden bleiben und auf sie aufpassen.“

Tobias, Gertie und Linda erhoben keinen Einspruch. Sie sahen ein, dass sie die Pferde nicht allein zurücklassen konnten.

„Beeilt euch“, rief Linda, als Dennis und Lissy davonstürmten.

„Wir sind bald zurück“, versprach die junge Präsidentin des Reiterclubs. Sie suchte sich ihren Weg mit der Taschenlampe. Neben Dennis rannte sie in den Wald hinein. Ihre Schritte waren kaum zu hören, da sie Tennisschuhe trugen und der Waldboden weich war. Dafür vernahmen sie nun deutlich das Hufgetrappel vor ihnen und das gelegentliche Wuffen des Hundes. Schon bald merkten sie, dass sie aufholten. Einige Male blieben sie stehen um zu lauschen. Dann schalteten sie die Taschenlampen aus und warteten, damit sich die Augen an die Dunkelheit gewöhnen konnten. Sie hofften, dass es heller werden würde, sodass sie dem Dieb folgen konnten ohne sich durch das Licht der Lampen zu verraten. Doch es war nach wie vor so dunkel, dass sie auf die Lampen angewiesen waren.

Das Geräusch des Hufgetrappels veränderte sich und verriet ihnen, dass der Dieb nun im Schritt ritt. Offenbar war die Stute so erschöpft, dass sie nicht schneller laufen konnte.

Plötzlich tauchte Friedrich im Licht der Lampen auf. Er eilte auf sie zu und begrüßte sie. Er hielt die Verfolgungsjagd für ein Spiel und tollte übermütig um sie herum. Vergeblich versuchte Lissy ihn zu beruhigen und schließlich gab sie es auf um sich nur noch auf Anka zu konzentrieren.

„Gleich haben wir sie", rief Dennis. „Da vorn muss sie sein!"

Tatsächlich erfasste der Lichtstrahl seiner Lampe etwas Braunes und dann blitzten die Augen des Pferdes in der Dunkelheit auf. Anka von Lörtwörten stand heftig atmend auf einer kleinen Lichtung. Der Strick hing von ihrem Halfter bis auf den Boden herab und ihr Rücken war leer. Von dem Dieb war weit und breit nichts zu sehen. Er hatte gemerkt, dass sie aufholten, und da er die Stute nicht mehr zu schnellerer Gangart antreiben konnte, war er geflohen.

Lissy lief zu Anka und umarmte sie. Sie presste ihr Gesicht gegen ihren Hals und streichelte sie. Zugleich sprach sie sanft auf sie ein. „Ich bin so froh, dass wir dich gefunden haben", sagte sie leise. „Von jetzt an werden wir viel besser auf dich aufpassen!"

„Hör doch mal", sagte Dennis, der unmittelbar neben ihr stand. „Der Dieb muss noch in der Nähe sein. Er hat keine Taschenlampe und er findet sich nicht in der Dunkelheit zurecht."

Sie schalteten die Taschenlampen aus und lauschten, doch zunächst schien es, als habe er sich geirrt.

Dann aber vernahmen sie das Knacken von brechenden Zweigen.

„Du hast Recht", wisperte Lissy. „Da ist jemand."

„Ich bin gleich wieder da", sagte er, und bevor sie es verhindern konnte, rannte er davon um den Dieb zu verfolgen.

„Sei vorsichtig", rief sie hinter ihm her. „Vielleicht ist er gefährlich!"

Dann wurde es still. Lissy richtete mit der einen Hand das Licht ihrer Taschenlampe in den Wald und versuchte zwischen den Bäumen etwas zu erkennen. Mit der anderen Hand hielt sie Anka. Sie lehnte sich leicht gegen das Pferd um es ihre Nähe spüren zu lassen.

Dennis war irgendwo in der Nähe. Er bewegte sich nicht, bis plötzlich irgendwo ein Zweig knackte. Dann waren seine schnellen Schritte zu hören und das Licht seiner Lampe geisterte durch den Wald. Unmittelbar darauf schrie jemand auf und dann vernahm sie die Geräusche eines heftigen Gerangels, brechender Zweige und von unterdrückten Wutschreien. Gleich darauf kam das Licht der Taschenlampe auf sie zu. Schritte und keuchender Atem verrieten, dass Dennis mit dem Dieb zurückkehrte.

„Ist alles in Ordnung?“, rief sie.

„Alles klar“, antwortete eine helle Stimme. Verwundert richtete Lissy den Lichtstrahl ihrer Lampe auf ihn und den Dieb, denn es war nicht die Stimme von Dennis. Dazu war sie viel zu hell. Als Erstes sah sie Dennis. Ein rothaariges Mädchen hatte ihm mit der einen Hand den rechten Arm auf den Rücken gedreht und ihn mit der anderen am Kragen gepackt. Energisch schob sie ihn vor sich her und er wehrte sich vergeblich gegen den Griff, der ihn hilflos machte.

„Rosi!“ Wie das rothaarige Mädchen sich bewegte, erinnerte Lissy an eine andere Beobachtung, die sie in der Nacht zuvor gemacht hatte.

„Du warst es!“, rief sie. „Du warst auf der Koppel von Bockholt bei den Pferden. Jetzt weiß ich es.“

Auf der Jagd

„Ich begreife gar nichts mehr“, sagte Lissy, als Dennis und Rosi bei ihr waren. Das rothaarige Mädchen gab den Jungen nun frei und er rieb sich seinen schmerzenden Arm. Verlegen blickte er Lissy an. „Sie kennt Tricks, gegen die ich machtlos bin“, stöhnte er. „Ich wollte sie packen und hierher bringen, aber es kam genau umgekehrt.“

„Das habe ich gesehen! Aber erklären kann ich mir das alles nicht.“ Lissy schüttelte verwirrt den Kopf. Sie wandte sich an Rosi. „Wieso hast du Anka gestohlen? Und wieso warst du nachts bei Bockholt auf dem Hof und bei den Pferden?“ Als Rosi nicht antwortete, klopfte sie sich demonstrativ mit den Knöcheln an die Stirn. „Ach ja, schon gut. Ich verstehe. Natürlich wolltest du Anka von der Koppel holen, aber Friedrich hat uns geweckt und wir haben dich gestört und da bist du mit deinem Mofa geflüchtet.“

„Es war das Mofa von Peter Bockholt“, erwiderte sie gelassen. „Ich habe es mir geschnappt, weil ich wusste, dass ich im Notfall damit schneller bin als mit meinem Mountainbike.“

„Das interessiert mich alles nicht“, fuhr Lissy sie an. „Ich möchte nur wissen, wie du dazu kommst, Anka zu klauen. Ausgerechnet sie, die keinerlei Aufregung haben darf, damit sie ihr Fohlen nicht verliert!“

„Das ist ganz einfach“, antwortete Rosi und blieb dabei erstaunlich ruhig. „Anka gehört mir!“

„Das ist doch Blödsinn“, widersprach Lissy. „Meine Mutter hat Anka von Lörtwörten gekauft. Wir haben einen Kaufvertrag und alle Papiere.“

„Ich habe auch einen Vertrag“, erläuterte das rothaarige

Mädchen trotzig. „Darin steht, dass Alfons Ölkhoff mir das Pferd schenkt. Vorgestern hat er mir den Vertrag gegeben. Ihr könnt mir Anka nicht wegnehmen. Ich wollte schon so lange ein Pferd für mich allein haben und jetzt habe ich es. Ich gebe es nicht wieder her. Nie wieder!"

Kühl verschränkte sie die Arme vor der Brust und schien nicht bereit zu sein von ihrem vermeintlichen Recht abzurücken. Lissy ließ sich Zeit mit ihrer Antwort.

„Das tut mir Leid", erwiderte sie schließlich. „Jetzt verstehe ich dich. Aber Ölkhoff hatte leider kein Recht mehr dir das Pferd zu schenken. Unser Kaufvertrag ist schon zehn Tage alt und das alleine zählt. Wenn du mitkommst zu unserem Reiterhof, dann zeige ich dir den Vertrag. Ölkhoff hat dich betrogen."

Nun war es vorbei mit der zur Schau getragenen Sicherheit Rosis. Sie begriff, dass die Entführung des Pferdes vollkommen sinnlos gewesen war und sie ihrem Wunsch nach einem eigenen Pferd keinen einzigen Schritt näher gebracht hatte. Sie ließ die Arme sinken und plötzlich stiegen ihr Tränen in die Augen. Ihre Lippen zuckten, und um vor Lissy und Dennis zu verbergen, was sie empfand, wandte sie sich ab. Sie drückte ihr Gesicht gegen den Hals von Anka und war nicht in der Lage etwas zu sagen. Mitfühlend legte Lissy ihr die Hand auf die Schulter.

„Es wäre doch viel einfacher gewesen, wenn du ganz offen zu uns gewesen wärst. Wir hätten miteinander reden können. Deshalb musstest du dich doch nicht nachts zu uns schleichen um Anka heimlich zu entführen."

Rosi drehte sich wieder um. Sie schniefte und fuhr sich mit dem Ärmel ihrer Jacke über das Gesicht um die Tränen abzutrocknen.

„Es ging ja nicht nur um Anka", eröffnete sie ihnen.

„Um was denn noch?“, fragte Dennis.

„Um den Pferdestecher!“

„Was?“, riefen Lissy und der Junge wie aus einem Mund.

„Was hat der Pferdestecher damit zu tun?“, fragte die Präsidentin des Reiterclubs. Sie fühlte sich nicht nur als Pferdefreundin von dem Verbrecher bedroht, sondern darüber hinaus auch als Verantwortliche für die vielen Pferde des Clubs. Sie waren ihrer Obhut anvertraut und ein Anschlag auf sie wäre doppelt schlimm für Lissy gewesen.

„Ich bin dem Pferdestecher auf der Spur“, erklärte Rosi. „Ich suche ihn schon lange, denn er hat mein Pferd umgebracht. Ich hatte eine ganz süße Hannoveraner Stute. Er hat sie eines Nachts angegriffen und mit dem Messer so schwer verletzt, dass der Tierarzt sie einschläfern musste. Seitdem suche ich ihn und ich war nicht auf dem Bockholt-Hof, weil ich Anka von dort holen wollte, sondern weil ich eine Spur verfolgt habe. Erst als ich dort war, habe ich Anka entdeckt. Da bin ich zu ihr gegangen und ...“

Laute Schreie hallten durch den Wald.

„Das ist bei den anderen“, rief Lissy erschrocken. „Da muss was passiert sein!“

Während Dennis und Rosi bereits losliefen um Tobias, Linda und Gertie zu helfen, band Lissy die Stute rasch an einen Baum und rannte erst dann hinterher. Abermals ertönten Schreie. Friedrich stürmte laut bellend durch den Wald. Er war nicht auf das Licht der Taschenlampen angewiesen. Er hatte Augen, die in der Dunkelheit sehr viel mehr wahrnahmen als die Augen seiner menschlichen Freunde.

Lissy rannte hinter den anderen her, aber sie achtete nur darauf, dass sie nicht gegen Bäume lief. Die Geräusche verrieten ihr, in welche Richtung sie sich bewegen musste. Doch dann wurde es heller und sie sah die Lichtstrahlen der anderen Taschenlampen. Sie hörte den Pyrenäenberghund laut und wütend knurren, die Zweige eines Busches krachten und jemand fiel auf den Boden.

„Nein, nein", schrie jemand. „Hilfe! Nehmt den Hund weg. Um Himmels willen, helft mir!"

Als sie ihre Freunde erreichte, sah sie Peter Bockholt auf dem Boden liegen. Friedrich stand über ihm und hatte ihm die Pfoten auf die Schultern gesetzt, sodass er sich nicht erheben konnte. Mit drohend gefletschten Zähnen knurrte er den Jungen an. Auf dem Boden lag ein mit Blut beschmiertes Messer.

„Was ist los?", rief Lissy. „Was ist passiert?"

„Er hat uns überfallen", antwortete Linda. Sie war kreidebleich und ihre Stimme zitterte ob des überstandenen Schreckens. „Er ist der Pferdestecher. Sieh dir Arcado an. Er hat ihn verletzt!"

Erschrocken eilte Lissy zu ihrem Pferd und sie sah, dass es an der Hinterhand blutete. „Es ist nicht schlimm", tröstete Tobias sie.

„Wir standen nicht direkt bei den Pferden, als Bockholt aus dem Unterholz kam. Er hat Arcado angegriffen, aber der Hengst hat sich sofort gewehrt. Er hat ausgeschlagen und Bockholt am Oberschenkel getroffen. Dadurch konnte dieser Verbrecher ihm nur einen ganz kleinen Schnitt mit dem Messer beibringen. Danach waren wir sofort bei ihm."

Lissy spürte eine seltsame Schwäche in den Knien und sie schlang ihre Arme um den Hals von Arcado um ihn ganz fest an sich zu ziehen. Sie blickte zu Peter Bockholt hinüber und sie sah, dass Dennis den Hund zurückzog, sodass der Messerstecher aufstehen konnte. Tobias nahm das Messer auf, das neben Arcado auf dem Boden lag.

Rosi trat rasch auf Bockholt zu und versetzte ihm eine schallende Ohrfeige. Im nächsten Moment saß er wieder auf dem Hosenboden. Er hielt sich die getroffene Wange.

„Du bist widerlich", fauchte sie ihn an. „Ich wusste schon lange, dass du der Messerstecher bist, aber bisher konnte ich es dir nicht beweisen. Eigentlich hätte ich mir denken können, was du vorhast, als ich dich heute Abend hier in der Nähe beobachtet habe."

„Du willst mich beobachtet haben?" Er blickte sie wütend an. „Das war wohl eher umgekehrt."

Sie lachte.

„Das hast du geglaubt, aber ich wusste die ganze Zeit, dass du hinter mir her warst. Jetzt bist du dran, Peter Bockholt. Ich bin sicher, dass du hart für das bestraft wirst, was du getan hast. Und das ist auch gut so."

Dennis half dem Messerstecher auf die Beine. Er musste ihn stützen, denn Bockholt konnte nur mit Mühe stehen. Der Huftritt Arcados hatte ihn am Oberschenkel getroffen. Das Bein hatte er ihm nicht gebrochen, ihm jedoch eine so schwere Prellung beigebracht, dass der Messerstecher keine ausreichende Gewalt über sein Bein mehr hatte. Mühsam hinkte er zu einem umgestürzten Baum um sich darauf zu setzen.

Lissy untersuchte die Wunde an der Hinterhand des Hengstes und sie stellte erleichtert fest, dass es sich dabei wirklich nur um eine kleine Schramme handelte, die bald verheilt sein würde. Arcado hatte Glück gehabt.

Sie klopfte ihm noch einmal tröstend auf den Hals und ging dann in den Wald um Anka von Lörtwörten zu holen. Sie fand die Stute schnell und sie führte sie zu den anderen zurück. Dabei hatte sie genügend Zeit über das Geschehene nachzudenken.

„Wir bleiben heute Nacht in der Kate", sagte sie. „Morgen früh übergeben wir Bockholt der Polizei."

Sie wandte sich an Rosi.

„Ich weiß nicht, wo du wohnst“, fuhr sie fort. „Aber vielleicht ist das ja gar nicht so weit von unserem Reitclub entfernt. Es tut mir Leid für dich, aber ich kann dir Anka nicht geben. Sie gehört nun einmal dem Gestüt. Aber ich lade dich ein zu uns in den Reiterclub zu kommen und Mitglied bei uns zu werden. Ich werde dem Vorstand vorschlagen dich aufzunehmen und dir für das erste Jahr den Mitgliedsbeitrag zu erlassen. Wenn du das willst, kannst du bei uns auf dem Heidehof sein, wann immer du Lust hast, und du kannst Anka jederzeit sehen und sie auch reiten, sobald sie wieder kräftig genug dafür ist.“

Rosi überlegte nicht lange.

„Die Einladung nehme ich gerne an“, erwiderte sie mit einem strahlenden Lächeln und nach kurzem Zögern fiel sie Lissy vor Freude um den Hals. „Ich kenne euch erst seit ein paar Stunden, aber eines habe ich bereits begriffen – dass ihr eine ganz tolle Gemeinschaft seid. Es muss schön sein, solche Freunde zu haben.“

„Dann können wir mit dir rechnen?“, fragte Dennis.

„Aber ja doch!“, antwortete Rosi.

„Prima“, lächelte er. „Dann musst du mir unbedingt die Tricks beibringen, mit denen du mich aufs Kreuz gelegt hast. Du brauchst dich wirklich vor niemandem zu fürchten.“

„Eben“, lachte Rosi. „Glaubst du, sonst hätte ich es gewagt, die Jagd auf den Pferdestecher aufzunehmen? Nur schade, dass Friedrich ihn unschädlich gemacht hat. Ich hätte ihm nur zu gern gezeigt, dass ich auch ein paar Tricks draufhabe, die richtig wehtun.“

Dennis nahm einen Strick und band Peter Bockholt die Hände auf dem Rücken zusammen.

„Hast du das gehört?“, fragte er. „Du kannst von Glück reden, dass Arcado dich getreten und Friedrich dich zu

Boden geworfen hat. Bei Rosi wärst du nicht so gut weggekommen."

Der Pferdestecher antwortete nicht. Mit tief gesenktem Kopf hinkte er neben Dennis her, als sie sich nun auf den Rückweg zur Kate machten.

„Eines möchte ich noch wissen", sagte Lissy. „Warum hast du das getan? Wieso stichst du wie ein Verrückter mit einem Messer auf Pferde ein?"

Peter Bockholt antwortete nicht. Sie griff nach seinem Arm und hielt ihn fest.

„Los. Heraus damit", forderte sie. „Oder bist du zu feige dazu?"

„Meine Eltern ...", stammelte er und dabei dämpfte die Scham seine Stimme so sehr, dass sie ihn kaum verstehen konnten. „Nichts erlauben sie mir. Ständig schubsen sie mich herum."

„Moment mal", unterbrach ihn Dennis. „Hast du etwa gar keine Schlägerei im Dorfkrug gehabt? Hat dein Vater ..."

Der Junge nickte. „Ja, er hat mich geschlagen", flüsterte er. „Ich habe ihm gesagt, dass ich seine Pferdegeschichten nicht mehr hören kann. Da hat er mich verprügelt. Ich musste sagen, dass es andere waren."

„Und weil du dich nicht wehren kannst, gehst du auf unschuldige Pferde los", entgegnete Lissy. „Bilde dir bloß nicht ein, dass wir dafür Verständnis haben. Du wirst bestraft werden und das hast du auch verdient."

Sie erreichten die Kate und richteten sich für die Nacht ein. Peter Bockholt blieb gefesselt. Er musste sich auf den Boden setzen und Friedrich legte sich vor ihn hin um ihn zu bewachen.

Rosi verabschiedete sich um mit ihrem Mountainbike, das sie in der Nähe der Straße im Wald versteckt hatte, nach Hause zu fahren. Am liebsten wäre sie bei den

Jungen und Mädchen von Lissys Reiterclub geblieben, doch das war unmöglich.

„Ich habe mich heimlich von zu Haus weggeschlichen“, berichtete sie. „Das habe ich in letzter Zeit öfter getan um den Pferdestecher zu jagen. Wenn ich morgen früh nicht im Bett liege, wenn meine Mutter in mein Zimmer kommt um mich zu wecken, ist der Teufel los. Und das muss ja nicht sein. Aber eines verspreche ich euch – morgen bin ich bei euch auf dem Heidehof. Ich freue mich schon!“ Sie winkte ihren neuen Freunden noch einmal zu, dann verschwand sie in der Nacht.

Lissy und ihre Freunde blieben vor der Kate stehen. Sie hatten Rosi eine Taschenlampe gegeben und sie sahen das Licht noch lange durch das Dunkel tanzen, bis das rothaarige Mädchen die Straße erreichte und mit ihrem Mountainbike davonfuhr.

„Ein mutiges Mädchen“, sagte Dennis anerkennend. „Es gehört schon einiges dazu, ganz allein auf die Jagd nach einem Verbrecher zu gehen, von dem man genau weiß, dass er mit einem Messer bewaffnet ist und keinerlei Rücksicht nimmt.“

Müde zogen sie sich in die Kate zurück, krochen in die Schlafsäcke und allmählich wurde es ruhig. Draußen vor der Kate schnaubten die Pferde noch einige Male, dann legte sich eines nach dem anderen auf den Boden um zu schlafen. Sie brauchten sich nicht zu fürchten. Die größte Gefahr für sie war beseitigt. Niemand bedrohte sie nun noch. Sie unterstanden dem Schutz ihrer Freunde und daher konnten sie sich sicher fühlen.

In falschen Händen

Zwischenfall beim Schmied

Als sich Lissy, Linda, Gertie, Tobias und Dennis an diesem Samstagmorgen vor den Stallungen trafen, ahnte niemand im Reiterclub, welch böses Ende dieser Tag für einen von ihnen nehmen sollte.

Dennis und Tobias waren ausgelassen wie schon lange nicht mehr.

Als Linda ihren Wallach Toscan aus dem Stall geholt, an einen Ring gebunden hatte und in die Sattelkammer eilte um Sattel und Zaumzeug zu holen, wollten sie den Holsteiner hinter die Stallungen bringen um ihn dort zu verstecken.

„Verratet uns ja nicht!“, riefen sie Lissy und Gertie lachend zu.

Doch sie hatten Pech. Sie konnten ihren kleinen Streich nicht ausführen, weil Linda zu früh aus dem Stall zurückkehrte.

„Ich wusste doch, dass ihr was vorhabt“, sagte sie und eilte hinter den beiden Jungen her.

Dennis und Tobias gaben feixend auf und verloren ihre gute Laune auch nicht, als Linda ihnen androhte ihnen im Laufe des Tages einen Streich zu spielen, den sie so bald nicht vergessen würden.

„Da bin ich aber gespannt“, spottete Dennis.

Linda griff lachend an den Schirm seiner Reiterkappe und zog sie ihm über die Augen herab.

Dennis versuchte ihr auszuweichen und machte zwei Schritte nach hinten. Dabei bemerkte er zu spät, dass ihm Friedrich, der Pyrenäenberghund, in die Quere kam. Er stolperte; der Hund wich ihm erschrocken aus und Dennis warf Halt suchend die Arme in die Höhe. Er verlor aber dennoch das Gleichgewicht und fiel rücklings in die

Arme von Alexander Manglier, der zusammen mit dem Hund unbemerkt herangekommen war.

Lachend fing der Reitlehrer ihn auf. „Hoppla, Mister Übermut!“, rief er. „Wenn der Misthaufen hinter dir gewesen wäre, hätte ich dich nicht aufgefangen!“

Er stellte den weizenblonden Jungen auf die Füße.

„Danke“, sagte Dennis. Er schob sich die Reiterkappe ins Genick, blinzelte in die Sonne und dabei tat er so, als merke er gar nicht, dass die Mädchen sich ausschütten wollten vor Lachen.

„Ich glaube, ich verziehe mich wieder“, meinte Alexander Manglier lächelnd. Der Reitlehrer war ein gut aussehender Mann von achtunddreißig Jahren. Er hatte dunkle Haare, braune, freundliche Augen und eine sportliche Figur. Er war ruhig und ausgeglichen und er war auch nicht aus der Fassung zu bringen, wenn ihn – was häufig vorkam – die eine oder andere seiner Reitschülerinnen gar zu sehr anhimmelte. „Ihr seid mir zu albern.“

„Nicht doch, Alex“, bat Lissy rasch. „Es sind ja nur Dennis und Tobias, die heute so übermütig sind. Wir Mädchen sind wie üblich vernünftig.“

Doch dabei konnte sie ein Lächeln nicht ganz unterdrücken. So vernünftig waren sie nun auch wieder nicht.

„Ich versuche gar nicht erst euch zu ermahnen“, sagte Alexander Manglier. „Ihr seid erfahren genug um zu wissen, dass Übermut beim Reiten gefährlich ist und nur schaden kann. Aber deswegen bin ich nicht hier. Ich wollte euch fragen, ob ihr beim Hufschmied vorbeikommt.“

„Das können wir machen“, erwiderte Lissy. „Wir haben unsere heutige Route noch nicht festgelegt. Warum rufen Sie nicht an, Alex?“

„Weil bei Heinrich Hahnemann ständig besetzt ist“, erklärte er. „Wahrscheinlich hat der Hufschmied den

Hörer neben das Telefon gelegt oder seine Töchter führen Dauergespräche."

„Immer die Töchter!", lästerte Dennis. „Wir Männer würden so was nie machen."

„Nein, wir würden das Telefon höchstens für vierundzwanzig Stunden am Tag blockieren, aber nicht länger", fügte Tobias mit Unschuldsmiene hinzu.

Der Reitlehrer blickte resigniert zum Himmel hinauf und verabschiedete sich mit einer Geste, die wohl sagen sollte: Mit euch albernen Hühnern ist heute nicht zu reden!

Sie lachten nur und gingen nun alle zusammen in die Stallungen um die Sättel und das Zaumzeug zu holen. Danach bürstete Linda ihrem Wallach Toscan noch einmal den Rücken ab, obwohl sie es zuvor schon einmal getan hatte. Ihr war wichtig, dass sich nichts mehr zwischen Rücken und Sattel befand, was scheuern und ihren Liebling möglicherweise quälen konnte. Liebevoll strich sie ihm über den Hals.

„Wir werden einen schönen Tag haben, Toscan", sagte sie, bevor sie den Sattel auflegte. „Das Wetter könnte nicht besser sein und die Bewegung wird uns beiden gut tun."

Wenig später ritten Lissy und ihre Freunde vom Hof. Sie waren früh dran. Die meisten Mitglieder des Reiterclubs waren trotz des schönen Wetters noch nicht erschienen.

Friedrich begleitete die Gruppe bis zum Ende der Stallungen, wo Opa Riedmann auf dem Zaun des Paddocks saß, sich mit dem Rücken gegen die Stallmauer lehnte, die Sonne ins Gesicht scheinen ließ und einen Zigarillo rauchte. Während der Pyrenäenberghund sich neben ihm ins Gras sinken ließ, winkte der alte Mann ihnen zu.

„Es ist lange her, dass ich im Sattel gesessen habe“, sagte er, „aber bei so schönem Wetter wie heute hätte ich fast Lust euch zu begleiten.“

„Dann tu's doch, Opa“, forderte Lissy ihn auf.

Er schloss die Augen und antwortete: „Dazu bin ich viel zu faul“, schob sich den Zigarillo wieder zwischen die Lippen und paffte genüsslich.

„Fallen Sie nur nicht vom Zaun, Opa Riedmann!“, rief Dennis ihm zu. „Genau über Ihnen sitzt eine Schwalbe auf der Dachrinne. Die lässt gleich was fallen!“

„Lümmel!“, murmelte der alte Mann, schielte nach oben und rückte ein wenig zur Seite, konnte dadurch den Gefahrenbereich jedoch auch nicht verlassen. „Das hätte gerade noch gefehlt. Ich habe schon Ärger genug.“

„Du, Opa?“, staunte Lissy. „Wieso das denn?“

„Ach, ich habe deinem Vater einen Kunden vermittelt. Das hätte ich nicht tun sollen. Es hat einen gewaltigen Krach gegeben und ich soll schuld sein.“

Lissys Vater betrieb einen Autohandel und eine Autowerkstatt in der nahe gelegenen Kleinstadt. Es war ein Geschäft, bei dem es schon mal Schwierigkeiten geben konnte.

„Lasst euch nicht aufhalten“, sagte Albert Riedmann. „Genießt lieber den schönen Tag.“

„Genau das haben wir vor!“, bekräftigte Lissy und trieb Arcado zu einem leichten Trab an. Die anderen folgten ihr.

Sie ritten in die offene Heidelandschaft hinaus und blieben auf einem Reitweg, der direkt in das nächste Dorf führte. Heinrich Hahnemann, der Hufschmied, wohnte in einem hübschen, reetgedeckten Haus am Rande der Siedlung. Kletterrosen umrankten die Eingangspforte und die Vorderfront des Hauses.

Der Schmied arbeitete in seiner Werkstatt auf der

Rückseite des Hauses. Er war ein kleiner, drahtiger Mann mit kräftigen, schwieligen Händen und blauen Augen.

„Hallo, alle zusammen“, grüßte er, als er Lissy und ihre Freunde sah, die auf ihren Pferden das Haus umrundet hatten. „Kann ich was für euch tun?“

„Alexander Manglier bittet Sie bei uns vorbeizuschauen“, erwiderte Lissy. „Ich habe keine Ahnung, warum er Sie braucht, aber es sollte heute noch sein.“

„Er hat versucht Sie telefonisch zu erreichen“, fügte Tobias hinzu, „aber bei Ihnen ist ständig besetzt.“

„Ständig besetzt?“ Er verfärbte sich vor Ärger, legte das Werkzeug zur Seite, mit dem er gearbeitet hatte, und eine steile Unmutsfalte erschien auf seiner Stirn. „Das darf doch nicht wahr sein! Nachts ist sie in der Disco und am Tag hängt sie ständig am Telefon. Moment mal!“

Bevor sie ihn aufhalten konnten, eilte er ins Haus.

„War das nötig?“, herrschte Gertie Tobias an. „Jetzt gibt es Krach. Du meine Güte, was ist denn schon dabei, wenn man mal telefoniert?“

„Jetzt ist Christine bestimmt sauer auf uns“, überlegte Linda.

„Wer ist Christine?“, fragte Tobias.

„Seine Tochter“, antwortete Lissy. „Sie ist ausgesprochen hübsch. Bei der hast du für alle Zeiten sämtliche Sympathien verspielt!“

„Tut mir Leid“, sagte Tobias. Zerknirscht blickte er seine Freunde an. „Ich wollte keinen Ärger machen.“

„Sonst ist Hahnemann wirklich nett“, erklärte Lissy, „aber wenn seine Töchter zu lange telefonieren, beginnt es bei ihm zu kochen.“

Der Schmied kehrte zurück und noch immer war sein Gesicht von Ärger gezeichnet. Doch er war bemüht es sich nicht anmerken zu lassen. Er suchte nach Worten um von dem Disput abzulenken, den es zwischen ihm und seiner Tochter gegeben hatte, schien aber nicht zu wissen, was er sagen sollte. Da kamen ihm ein Mann und ein Junge gerade recht, die sich von der Straße her näherten. Sie führten ihre Pferde am Zügel. Der Ältere hatte braune Stoppelhaare. Er war etwa zwanzig Jahre alt. Der Junge war blond, sein Haar lang und reichte ihm bis tief in den Nacken. Er war mindestens sechs Jahre jünger als sein Begleiter. Sein Pferd, eine dunkle Hannoveraner Stute, lahmte auf der rechten Hinterhand.

„Hallo, Heinrich", sagte der Brünette, nachdem er lässig durch kurzes Anheben einer Hand gegrüßt hatte, „das Pferd meines Bruders hat ein Eisen verloren und jetzt lahmt es. Schlag mal ein neues Eisen an."

Er war klein, untersetzt und sehr kräftig. Fast schien es, als wollten seine schwellenden Muskeln das buntkarierte Hemd sprengen, das seinen Oberkörper eng umschloss. Seine dunklen Augen lagen tief in den Höhlen und seine Lippen waren dick und aufgeworfen. Er und sein Bruder trugen keine Reiterkappen und Lissy fiel auf, dass sie beide Sporen an ihren Stiefeln hatten. Unwillkürlich blickte sie auf die Flanken ihrer Pferde, konnte jedoch keine durch die Sporen bedingten Verletzungen erkennen.

Sein jüngerer Bruder war im Gegensatz zu ihm schlank, beinahe zierlich. Still stand er neben seinem Pferd und wich schüchtern den Blicken Lissys und ihrer Freunde aus.

Der Schmied zögerte. Eine Unmutsfalte erschien auf seiner Stirn und für einen kurzen Moment schien es so, als werde er den Brünetten und seinen Bruder abweisen. Dass er keine Sympathien für ihn empfand, war ihm deutlich anzusehen. Doch er gab nach und sah sich den hinteren Huf an. Danach ging er, noch immer schweigend, in die Werkstatt um sein Werkzeug zu holen. Lissy fand, dass der Hufschmied sich eigenartig verhielt – fast so, als habe er Angst vor dem brünetten Mann. Als er zurückkam, sah er ihn auch nicht an, sondern kümmerte sich ausschließlich um das Pferd.

„Kommt", forderte Lissy ihre Freunde auf. Die Spannung zwischen den beiden Männern war körperlich spürbar und sie wollte nicht in eine Auseinandersetzung verwickelt werden. „Wir reiten weiter."

Sie erinnerte den Schmied noch einmal daran, dass Alexander Manglier ihn im Reiterclub erwartete. Danach wollte sie Arcado zur Straße zurücklenken, doch nun ging der untersetzte Mann zu Toscan, hielt ihn am Zaumzeug fest und strich ihm langsam über Kopf und Hals. Er war ihr im Weg und solange er nicht zur Seite trat, kam sie nicht an ihm vorbei.

„Ein schönes Pferd", sagte er anerkennend zu Linda. Ein eigenartiges Lächeln umspielte seine Lippen und seine Augen schienen noch dunkler zu werden. „Es gefällt mir."

Linda blickte ihn an und dabei konnte sie nicht verbergen, wie unbehaglich sie sich fühlte. Ihr gefiel nicht, dass er Toscan fest hielt.

„Freut mich", erwiderte sie leise und trieb den Wallach behutsam an, doch er hielt ihn energisch fest und griff dem Holsteiner sogar ins Maul um sich die Zähne prüfend anzusehen.

„Warum hast du es denn so eilig?", fragte er. „Ich möchte doch nur mit dir reden. Du bist ebenso hübsch wie dein Pferd. Du gefällst mir. Warum steigst du nicht ab? Ich würde mich gern noch ein wenig mit dir über deinen Wallach unterhalten. Zum Beispiel über den Preis."

Linda blickte ihn schockiert an und brachte kein Wort heraus. Wie kam er dazu, so etwas zu sagen? Sie würde ihr Pferd nie und nimmer verkaufen.

Hahnemann ging zu ihm und legte ihm eine Hand auf die Schulter.

„Lass das Mädchen in Ruhe, Bodo", bat er ihn. „Linda ist nichts für dich."

„Ach, du meinst, das geht dich was an?", fragte der Brünette und dabei schob er die Hand des Schmieds von seiner Schulter. „Die Kleine interessiert mich. Sie ist doch hübsch. Oder nicht?"

„Hör auf mit dem Unsinn, Bodo!", ermahnte ihn der Schmied. „Oder willst du Ärger? Ich werde das Pferd deines Bruders nicht beschlagen, wenn du dich nicht ruhig verhältst."

„Darunter würde vor allem das Pferd leiden!", stellte er fest.

„Das ist der Grund, weshalb ich dir überhaupt helfen will", konterte Hahnemann. „Wenn das nicht wäre, würde ich dich zum Teufel jagen. Also gib endlich den Weg frei."

Der Brünette ließ Toscan los und trat einen Schritt zur Seite. Wieder erschien das eigenartige Lächeln auf seinen Lippen. Es wirkte ebenso drohend wie abstoßend.

„Ein hübsches Gesicht hat die Kleine", sagte er, wobei er Linda unverwandt ansah. „Es ist nur schade, dass sie die Nase so hoch trägt. Hoffentlich gibt ihr mal jemand eins drauf!"

Linda beachtete ihn nicht, trieb Toscan an und war froh, als sie die Straße erreichte.

„Ein unangenehmer Typ", sagte sie erleichtert zu Lissy und den anderen, während sie die Dorfstraße überquerten und in einen Reitweg einbogen. „Ich hoffe, er kommt uns nicht noch einmal in die Quere."

„Irgendetwas stimmt nicht mit dem", überlegte Tobias laut. „Dem möchte ich nicht im Dunkeln begegnen."

„Ich hatte den Eindruck, dass sich Hahnemann vor ihm

fürchtet", bemerkte Lissy. „Ich glaube, er war richtig froh, dass wir weggeritten sind."

Sie trieben ihre Pferde an um einen möglichst großen Abstand zu den beiden Brüdern zu gewinnen.

„Hoffentlich lässt sich Hahnemann Zeit mit dem Beschlagen", sagte Gertie, „sonst kommen die beiden noch hinter uns her."

„Das fehlt uns gerade noch", meinte Lissy. „Die könnten uns den ganzen Tag verderben."

„Und ob sie das könnten!", gab Linda ihr Recht. Elegant und leicht, wie es ihre Art war, saß sie im Sattel. „Wieso glaubt dieser hässliche Kerl eigentlich, dass ich Toscan verkaufen will? Das kommt für mich doch überhaupt nicht infrage."

Sie lenkten ihre Pferde in einen dichten Mischwald und trieben sie nun zu einem schnelleren Tempo an. Bald war die Begegnung mit Bodo und seinem Bruder vergessen und sie genossen nur noch den schönen Tag.

Geheimnisvolles Treiben

Es war genau drei Uhr in der Nacht von Freitag auf Samstag, als Linda Lissys Reiterclub erreichte. Sie näherte sich ihm von Südosten her mit dem Fahrrad, aber sie fuhr nicht wie sonst immer auf den Hof, sondern stellte das Rad etwa zweihundert Meter davon entfernt zwischen Holunderbüschen am Zaun einer Koppel ab. Dann ging sie zu Fuß weiter.

Der Mond schien hell und er kam immer wieder hinter den rasch dahinziehenden Wolken hervor, sodass sie gut sehen konnte.

Als sie sich dem Hof bis auf etwa hundert Meter genähert hatte, schlug Friedrich an. Der Pyrenäenberghund kam aus seiner Hundehütte hervor und lief bis zum Paddock, wo der Weg auf den Hof einmündete.

„Pssst“, machte Linda und als das nichts half, rief sie: „Sei still, Friedrich!“

Sie war aufgeregt und ihr Herz klopfte bis zum Hals. Nichts kam ihr ungelegener als das Bellen des Hundes. Doch dann hatte sie allen Grund aufzuatmen. Glücklicherweise erkannte der Pyrenäenberghund sie an der Stimme und er stellte das Bellen sogleich ein. Linda trat ein wenig zur Seite um nicht im hellen Mondlicht stehen zu bleiben und versteckte sich hinter einem Busch. Sie atmete einige Male tief durch um ruhiger zu werden, dann lockte sie leise pfeifend den Hund an.

Friedrich verließ den Heidehof normalerweise nicht und schon gar nicht während der Nacht. Doch er hatte sie erkannt und kam nun schwanzwedelnd näher.

„Hier bin ich, Friedrich“, flüsterte Linda und streckte die Hand aus. Der Pyrenäenberghund war groß und weiß und er hatte einen mächtigen Kopf. Als der Mond hinter den Wolken verschwand und der Hund sich ihr näherte, hätte man ihn tatsächlich für einen Löwen halten können.

„Na, alter Freund?“, begrüßte sie ihn und kraulte ihm die Ohren. „Du musst doch nicht so einen Lärm machen, wenn ich komme. Natürlich sollst du nachts alle Fremden vom Hof fern halten, aber mich kennst du doch.“

Er drückte sich stumm an sie und sie strich ihm einige Male mit der Hand über den Rücken. Dann ging sie mit ihm zusammen zum Heidehof zurück. Je näher sie ihm kam, desto langsamer und vorsichtiger ging sie, wobei sie auf die von Gras bewachsene Seite des Weges auswich, weil der Kies allzu laut unter ihren Füßen knirschte. Sie ging am Paddock vorbei und blieb an der Ecke der Stallungen stehen. Sie hatte sich nur vorübergehend beruhigt. Jetzt beschleunigte sich der Schlag ihres Herzens wieder und ihr wurde so warm, dass sie die oberen Knöpfe ihrer Bluse öffnete um freier atmen zu können.

Wenn mich jetzt jemand sieht, dachte sie, wie soll ich dann bloß erklären, dass ich hier bin?

Im Herrenhaus war alles dunkel. Lissy und ihre Eltern schliefen. Und auch im Personaltrakt des Herrenhauses, der durch einen gesonderten Eingang zu erreichen war, war alles dunkel. Im Clubhaus aber brannte Licht! Dort war noch jemand.

Sie ging leise an den Stallungen und dem sich anschließenden Fahrradschuppen entlang bis zu dem im Blockhausstil errichteten Clubhaus. Vorsichtig schob sie sich an der Wand entlang und dann blickte sie in eines der erleuchteten Fenster. Im Clubraum saßen Opa Riedmann, die Tierärztin Frau Dr. Lara Müllher und die ostfriesischen Pferdepfleger Otto und Willy an einem Tisch und spielten Skat!

Der Pyrenäenberghund knurrte leise und Linda streichelte rasch seinen Kopf.

„Sei bitte still, Friedrich“, wisperte sie. „Sie dürfen mich nicht hören!“

Lieschen, die graue Katze, schoss aus den Stallungen und eilte über den Hof zu den drei Eichen. Friedrich knurrte, als er sie sah, doch da Linda ihn am Halsband fest hielt, setzte er nicht nach. Die Katze verschwand im Schatten unter den Bäumen.

Leise zog sich Linda zurück, öffnete eine der Türen zu den Stallungen, schlüpfte hindurch und schloss sie leise hinter sich. Friedrich blickte sie durch den sich schließenden Türspalt an, versuchte jedoch nicht ihr zu folgen.

Sie schaltete eine Taschenlampe an und eilte zu der Box, in der Toscan stand. Der Wallach schnaubte leise, als sie sich ihm näherte. Er erkannte sie am Klang ihrer Schritte.

„Hallo, du“, flüsterte sie. „Tut mir Leid, dass ich dich mitten in der Nacht störe, aber es geht nicht anders.“

Sie schaltete die Taschenlampe aus, blieb bei Toscan stehen, legte ihm die Arme um den Hals und presste ihr Gesicht an ihn. Lange blieb sie so stehen und sog den Geruch ein, den das Pferd verströmte. Dann endlich löste sie sich von dem Wallach und eilte durch den Gang zwischen den Boxen der Pferde zur Sattelkammer. Das Mondlicht schien durch die Fenster und es war heller, als sie erwartet hatte, sodass sie die Taschenlampe nicht einzuschalten brauchte. Sie holte Sattel und Zaumzeug aus der Sattelkammer und kehrte zu Toscan zurück. Dann zögerte sie erneut, eilte noch einmal zu einer der Türen, öffnete sie vorsichtig und spähte hinaus. Als alles ruhig blieb, kehrte sie zu dem Wallach zurück, sattelte ihn und legte ihm das Zaumzeug an. Dann band sie ihm weiche Lappen um die Hufe, so wie sie es einmal in einem Western gesehen hatte, und führte ihn durch die Stallgasse bis zum äußersten Ende des Stalls, öffnete eine Tür und befand sich dann unmittelbar neben dem Paddock. Sie schloss die Tür sorgfältig hinter sich, streichelte noch einmal Friedrich, der neugierig zu ihr kam, und entfernte sich mit Toscan vom Hof.

Als sie das Gebüsch erreichte, in dem ihr Fahrrad versteckt war, nahm sie das Rad auf, das mit allerlei Gepäck beladen war, und versuchte es mit der Linken zu schieben, während sie mit der rechten Hand Toscan führte. Doch es gelang ihr nicht. Das Rad kippte um.

Erschrocken führte sie den Wallach zur Seite, band ihn zwischen zwei Büschen am Zaun fest und lud ihm nun das Gepäck auf, das sie mit dem Fahrrad mitgebracht hatte. Danach schob sie das Rad zwischen die Büsche, schloss es ab, stieg in den Sattel und trieb Toscan an.

Im leichten Trab entfernte sie sich vom Heidehof, bis sie schließlich einen Wald erreichte und in der Dunkelheit verschwand.

Sie hatte das Gefühl, dass eine gewaltige Last von ihr abgefallen war.

Wie jeden Morgen eilte Lissy auch an diesem Sonnabend zuerst in den Stall um Arcado zu begrüßen und zu versorgen. Erst danach ging sie ins Clubhaus, wo Opa Riedmann bereits in der Küche werkelte um sich auf den Ansturm der Gäste vorzubereiten, der früher oder später auch an diesem Tag erfolgen würde.

„Du kommst erst jetzt?“, begrüßte er seine Enkeltochter. „Ist wohl wieder spät geworden in der Disco, wie?“

Lissy ging darauf nicht ein, sondern hauchte ihm lediglich einen Kuss auf die Wange und verschwand in ihrem Büro um einige Kleinigkeiten zu erledigen. Danach fuhr sie mit dem Fahrrad ins Dorf und machte einige Besorgungen. Als sie zurückkehrte, stand ihr Großvater vor dem Clubhaus und wartete auf sie. Er blickte auf die Uhr. Es war kurz nach acht.

„Hast du Linda gesehen?“, fragte er. „Ihre Eltern haben schon zweimal angerufen. Könnte es sein, dass sie ausgeritten ist ohne uns Bescheid zu sagen?“

Lissy drückte ihm schweigend das Fahrrad in die Hand und rannte in den Stall um nachzusehen, ob Toscan da war. Langsam und nachdenklich kehrte sie zurück, drückte Opa Riedmann die Einkaufstüte in die Hand und brachte erst mal das Rad in den Schuppen.

„Das ist noch nie vorgekommen“, sagte sie anschließend, als sie wieder vor ihrem Großvater stand. „Linda ist tatsächlich ausgeritten, aber sie muss schon sehr, sehr früh gekommen sein. Seit wann bist du auf?“

„Seit sechs Uhr.“

Es war nicht ungewöhnlich, dass ihr Großvater so früh im Clubhaus war. Sie selbst stand gewöhnlich zur gleichen Zeit auf um nach Arcado zu sehen.

Sie hörte das Telefon klingeln und ging in ihr Büro. Frau Stellinger, Lindas Mutter, war am Apparat.

„Linda ist ausgeritten“, teilte Lissy ihr mit, als sie nach ihrer Tochter fragte. „In aller Herrgottsfrühe ist sie raus. Sie brauchen sich keine Sorgen um ihre Tochter zu machen. Ich breche gleich auf und suche nach ihr. Wir haben unsere Lieblingswege und irgendwo werde ich Linda schon finden.“

„Danke“, erwiderte Frau Stellinger. Sie hatte Schwierigkeiten sich am Telefon auszudrücken. Lissy kannte sie als lebhafte und durchaus sprachgewandte Frau, mit der man buchstäblich über alles reden konnte. Nahm sie jedoch einen Telefonhörer in die Hand, dann überfiel Lindas Mutter eine unerklärliche Hemmung und sie brachte nur wenig hervor und das zumeist auch nur stockend. „Ich rufe später wieder an.“

Lissy ging zu Arcado, führte ihn aus der Box und brachte ihn auf die Koppel. Er begann sofort herumzutoben. Mit federnden Schritten trabte er über die Koppel und wich plötzlich zur einen oder zur anderen Seite aus – so, als werde er durch irgendetwas erschreckt. Es war ein Spiel, das aus dem Bewegungsdrang nach der langen Nacht in der Box kam. Als der Hengst genug hatte, suchte er seinen Lieblingsplatz auf – eine kleine Senke – um sich genüsslich darin zu wälzen.

Lissy gab ihm fünfzehn Minuten Zeit sich auf der Koppel auszutoben. Dann holte sie ihn wieder herunter, bürstete ihm den Rücken ab, um ihn von Sand und Staub zu befreien, und legte ihm den Sattel auf.

Während die ersten Mitglieder des Clubs auf ihren Fahrrädern eintrafen, verließ Lissy den Hof auf dem südöstlichen Reitweg. Sie war sich ganz sicher, dass sie Linda sehr bald finden würde. Sie machte sich keine Gedanken um ihre beste Freundin. Bisher hatte sie sich buchstäblich blind mit ihr verstanden und sie war überzeugt, dass Linda ihr mit einem Wort erklären konnte, warum sie so früh aufgebrochen war ohne ihr etwas zu sagen.

Sie war noch nicht einmal zweihundert Meter weit gekommen, als sie ihre Meinung ändern musste.

Versteckt zwischen Büschen am Wegesrand entdeckte Lissy Lindas Fahrrad. Lissy schwang sich aus dem Sattel und sah sich das Rad an. Es war abgeschlossen.

Unwillkürlich sah sie sich um, konnte aber nichts entdecken. Verwundert legte sie eine Hand auf ihre Reitkappe, als könne sie dadurch ihre Gedankentätigkeit anregen.

Warum hatte Linda ihr Fahrrad hier in den Büschen abgestellt und nicht im Fahrradschuppen des Clubs, wo es viel besser und sicherer untergebracht war? Unwillkürlich musste Lissy den Kopf schütteln. Mit einem Mal verstand sie ihre beste Freundin nicht mehr.

Lissy überlegte nur kurz, dann band sie Arcado mit den Zügeln an den Gepäckträger, nahm das Fahrrad und schob es zum Heidehof zurück. Es war ein schwieriges Unterfangen, da das Hinterrad durch das Schloss blockiert wurde und der Hengst sich auch nicht so ohne weiteres führen ließ. Auf halbem Wege gab sie auf, löste Arcados Zügel vom Gepäckträger und band den Wallach an den Zaun der Koppel.

„Ich komme gleich zurück und hole dich, Arcado", versprach sie ihm. „Nur ein bisschen Geduld."

Sie erregte einiges Aufsehen, als sie mit dem Fahrrad auf den Hof kam, und mehrere Clubmitglieder eilten zu ihr, darunter auch Gertie und Dennis.

„Es ist Lindas Fahrrad", erklärte Lissy, bevor sie Fragen stellen konnten, und dann berichtete sie von dem Telefonanruf von Frau Stellinger und dem ungewöhnlich frühen Aufbruch Lindas.

Dennis nahm ihr das Rad ab und brachte es in den Fahrradschuppen. Als Lissy sich gerade entschlossen hatte Arcado zu holen, rief Opa Riedmann sie ins Clubhaus.

„Lindas Mutter", sagte er. „Sie ruft schon wieder an."

„Du meine Güte!", stöhnte Lissy. „Was soll ich ihr bloß sagen? Ich habe doch selber keine Ahnung, was mit Linda los ist."

„Wir sind nicht zu Hause", erklärte Frau Stellinger, als sich Lissy am Telefon gemeldet hatte. „Wir sind in Süddeutschland."

„Ach!", staunte Lissy. Bisher war sie noch gar nicht auf den Gedanken gekommen, dass Lindas Mutter nicht von zu Hause aus anrief.

„Wir haben schon einige Male bei uns zu Hause angerufen", brachte Frau Stellinger mit Mühe und einigem

Stottern heraus, „aber da ist Linda nicht und deshalb dachten wir ...“

„Sie war hier bei uns im Club und ist schon früh mit Toscan ausgeritten“, unterbrach Lissy sie, die kaum noch ertragen konnte, wie Lindas Mutter um Worte rang. „Das sagte ich Ihnen doch schon. Ich wollte gerade los um sie zu suchen.“

„Mit Toscan ist sie ausgeritten?“

„Ja, mit Toscan.“ Lissy lachte unwillkürlich. „Natürlich. Es ist ja ihr Pferd.“

„Nicht mehr“, stammelte Frau Stellinger. „Wir ... wir mussten Toscan verkaufen.“

Wo ist Linda?

Die Nachricht löste bei allen Clubmitgliedern blankes Entsetzen aus. Niemand konnte sich erklären, warum Lindas Eltern den Wallach verkauft hatten.

„Warum denn bloß?“ Gertie konnte die Tränen kaum zurückhalten. „Warum haben sie Linda so etwas Schlimmes angetan?“

„Hast du Frau Stellinger nicht danach gefragt?“, wollte Dennis wissen. Er stand im Kreis der Clubmitglieder vor dem Clubhaus. Immer mehr Jungen und Mädchen gesellten sich hinzu und jeder wollte wissen, was geschehen war.

„Am Telefon?“ Lissy schüttelte ratlos den Kopf. „Du kennst sie doch. Am Telefon bringt sie nur mit Mühe ein paar Worte heraus. Natürlich wollte ich wissen, warum sie Toscan verkauft und vor allem, ob sie es mit Linda besprochen haben, aber darauf ist sie gar nicht eingegangen. Sie hat nur gesagt, dass sie sich wieder meldet, dann hat sie aufgelegt.“

Während viele Clubmitglieder in ratloses Schweigen versanken, begannen andere wild zu spekulieren. Alle suchten nach einer Erklärung für das Verhalten von Lindas Eltern. Die meisten von ihnen kannten sie, da sie oft auf dem Heidehof gewesen waren um ihrer Tochter beim Reiten zuzusehen. Sie wussten, dass sie ein besonders gutes Verhältnis zu Linda hatten. Umso unerklärlicher erschien der Entschluss Toscan gegen Lindas Willen zu verkaufen.

„Eines ist mir jedenfalls klar“, sagte Gertie endlich. „Linda wollte sich das nicht gefallen lassen und ist kurzerhand mit Toscan ausgerissen. Sie hat ihn mitten in der Nacht aus dem Stall geholt und ist mit ihm weggeritten.“

„Das ist sicher", bestätigte Lissy. „Die Frage ist nur: Wo ist Linda jetzt?"

„Wir müssen sie suchen", schlug Dennis vor. Der Vierzehnjährige war eine Frohnatur, der oft einen oberflächlichen Eindruck machte, weil er meist nur Unsinn im Kopf hatte. Jetzt war er ungewöhnlich ernst. Er mochte Linda, obwohl er stets auch ein wenig eifersüchtig auf sie war. Als beste Freundin stand sie Lissy sehr nahe – so nahe, wie er der Präsidentin des Reiterclubs gern gestanden hätte. Doch das bedeutete nicht, dass er über ihr Verschwinden froh war. „Hat jemand eine Ahnung, wohin sie geritten sein könnte? Hat sie eine Tante oder eine Oma, bei der sie Zuflucht gesucht haben könnte? Oder gibt es sonst jemanden, zu dem sie möglicherweise geritten ist?"

Die Jungen und Mädchen um ihn herum blickten ihn achselzuckend an. Niemand hatte eine Idee, niemand wusste von jemandem, zu dem Linda mit Toscan geflüchtet sein könnte.

„Wir haben nur eine Möglichkeit", sagte Lissy schließlich. „Wir müssen ausschwärmen und Linda suchen."

„Aber wo?", fragte der vierzehnjährige Tobias. Sein Vater war Polizist. Durch ihn erhielt er häufig Einblick in Probleme der Polizeiarbeit. Er erkannte als Erster, dass sie keine Möglichkeit hatten gezielt nach der vermissten Linda zu suchen. Sie waren vor allem auf Glück angewiesen.

„Viele Möglichkeiten hat sie nicht", überlegte Lissy laut. „Sie hat kaum Geld, kann also nicht in irgendein Hotel gehen. Mit ihren dreizehn Jahren fiele sie zudem sofort auf. Außerdem kann sie auch Toscan nicht dort unterbringen. Und auf einem Reiterhof oder einem Gestüt wird sie sich auch nicht verstecken, weil jeder fragen wird, woher sie kommt."

„Also?“, fragte Dennis. „Wo kann sie dann noch unterkommen? Irgendwo muss sie doch bleiben.“

„Wohin würdest du gehen?“

„Ich?“ Er blickte Lissy unsicher an. „Vermutlich würde ich mich irgendwo im Wald verkriechen und dort bleiben, obwohl das natürlich keine Lösung wäre.“

„Weglaufen ist sowieso keine Lösung“, unterstrich Tobias.

„Das ist richtig. Aber mit reden kommen wir jetzt auch nicht weiter“, gab Lissy zu bedenken. „Es wird höchste Zeit, dass wir endlich mit der Suche anfangen. Ich schlage vor, dass wir ausschwärmen und in Gruppen von jeweils drei Reitern vor allem in den Wäldern nach Linda suchen. Wenn eine Gruppe sie findet, kann einer schnell hierher zurückreiten und Bescheid sagen, während die anderen beiden bei ihr bleiben.“

„Einverstanden“, stimmte Dennis zu.

„Ich nehme Friedrich mit“, kündigte Lissy an. „Vielleicht entdeckt er eine Spur.“

Nach kurzer Diskussion entschieden sich Dennis und Tobias mit ihr zu reiten, während sich Gertie einer anderen Gruppe anschließen wollte.

„Moment noch“, sagte Gertie, als sie schon mit der allgemeinen Suche beginnen wollten. „Weiß eigentlich jemand, wann Linda aufgebrochen ist?“

Ratlos blickten sie einander an. Die Frage konnte niemand beantworten.

„Du hast Recht“, entgegnete Lissy, die augenblicklich begriff, worauf Gertie hinauswollte. „Davon hängt natürlich ab, wie weit sich Linda inzwischen von hier entfernt hat. Es wäre sinnlos, sie in der Nähe von unserem Club zu suchen, wenn sie schon seit Stunden unterwegs ist.“

„Und genau das ist sie“, erklärte Dennis. „Sie hat sich Toscan mitten in der Nacht geholt. Sie musste so früh aufbrechen, weil, wie sie weiß, der Betrieb auf dem Hof oft schon um fünf Uhr beginnt."

„Dann ist sie jetzt schon sehr weit weg", stellte Lissy bestürzt fest. Allen wurde bewusst, dass sie unter diesen Umständen so gut wie keine Möglichkeit hatten Linda zu finden.

„Und was jetzt?", fragte Tobias. „Ich jedenfalls bin mit meiner Weisheit am Ende."

Zusammen mit anderen Kunden stand Bodo Hinkmann am Tresen der Bäckerei in seinem Heimatdorf und kaufte Brötchen ein. Als er aufblickte, machte er eine Entdeckung, die ihn förmlich elektrisierte: Nur etwa hundert Meter von der Bäckerei entfernt stand ein Pferd auf der Straße und ein elegant wirkendes Mädchen kam mit einer Einkaufstüte aus dem Krämerladen. Er erkannte es sofort. Es war das Mädchen, das ihm bei Heinrich Hahnemann aufgefallen war.

Linda – so hatte der Schmied sie genannt. Bodo beobachtete, wie sie auf ihr Pferd stieg, und am liebsten hätte er die Bäckerei sofort verlassen um zu ihr zu laufen. Doch er hatte seinen Einkauf noch nicht erledigt. Er musste noch warten, bis er an der Reihe war und bedient wurde. Voller Ungeduld begann er von einem Bein aufs andere zu treten, bis die Verkäuferin ihm die Tüte mit den Brötchen ausgehändigt und das Wechselgeld gegeben hatte. Dann verließ er mit einem freundlichen Gruß den Laden und ging zu seinem Fahrrad, das er davor abgestellt hatte.

Linda hatte das Dorf bereits verlassen. Sie bog hinter dem letzten Haus in einen Weg ein, der schon nach wenigen Metern in einen Wald führte.

Bodo stieg auf sein Fahrrad und radelte die Straße ruhig und scheinbar ohne Eile entlang, so wie er es an jedem

Morgen tat. Doch während er sonst am Dorfausgang geradeaus fuhr um der Landstraße zu folgen, bog er an diesem Morgen an genau jener Stelle ab, an der auch Linda das Dorf verlassen hatte. Deutlich konnte er die Hufabdrücke ihres Pferdes auf dem weichen Boden des Weges erkennen.

„Na, warte!", sagte er laut. Er wunderte sich, dass Linda sich so weit vom Heidehof entfernt hatte. Nach einem kurzen Blick auf seine Uhr errechnete er, dass sie schon seit mehreren Stunden unterwegs sein musste. Also war sie mitten in der Nacht aufgebrochen!, überlegte er. Wahrscheinlich gegen drei Uhr. Warum?

Genau das wollte er herausfinden. Linda sollte ihm Antwort geben. Um schneller voranzukommen trat er kräftig in die Pedale, doch der Boden auf dem Weg war weich und tief und er hatte Mühe überhaupt die Balance zu halten. Dennoch gelang es ihm aufzuholen. Als er den Wald erreichte, sah er Linda etwa zweihundert Meter vor sich. Arglos ritt sie tiefer in den Wald hinein.

Bodo lächelte zufrieden.

Er würde sie überraschen. Er würde so plötzlich vor ihr auftauchen, dass sie nicht mehr vor ihm flüchten konnte. Und wenn sich ihr Pferd erschreckt aufbäumte, sodass sie aus dem Sattel fiel, sollte es ihm recht sein.

Der Gedanke spornte ihn an. Als er schon glaubte es geschafft zu haben und er nur noch etwa hundert Meter von Linda entfernt war, verließ diese den Weg und ritt in den Wald hinein. Wenig später wurde ihm klar, dass sie keinem Weg folgte, sondern querfeldein ritt. Hätte er ein Mountainbike gehabt, hätte er ihr problemlos folgen können. Doch mit seinem einfachen Rad war das unmöglich. Also musste er es stehen lassen. Verärgert schob er es zwischen einige Büsche um es sorgfältig zu verstecken und lief zu Fuß hinter Linda her. Es dauerte nicht lange, bis er sie entdeckte. Sie drang mit Toscan in ein außerordentlich unübersichtliches Waldgebiet mit vielen jungen Tannen und dichten Büschen ein.

Ein eigenartiges Lächeln glitt über seine Lippen.

„Nur zu, Mädchen", sagte er leise. „Das kommt mir sehr entgegen!"

Vorsichtig schlich er hinter der ahnungslosen Linda her und nutzte dabei jede sich ihm bietende Deckung, damit sie ihn nicht sehen konnte, falls sie sich zufällig doch irgendwann einmal umdrehte. Zugleich bemühte er sich so leise wie möglich zu sein. Da Toscan im Schritt ging, gelang es ihm allmählich, sich näher und näher an sie heranzuschleichen, bis er kaum noch zwanzig Meter hinter Linda war.

An diesem Morgen – die Clubmitglieder wollten die Suche nach Linda schon abbrechen – bewies Lissy, dass sie zu Recht Präsidentin des Clubs war. Sie ergriff nicht nur die Initiative, sondern sie hatte auch die entscheidende Idee.

„Wir haben nur eine Möglichkeit", sagte sie zu den Jungen und Mädchen, in deren Kreis sie vor dem Clubhaus stand. „Wir müssen herumtelefonieren und überall fragen, ob jemand Linda gesehen hat. Irgendjemandem ist sie bestimmt aufgefallen, und wenn wir alle Telefone nutzen, die in der Nähe sind, müssten wir eigentlich bald zu einem Ergebnis kommen."

Sie ging mit den Jungen und Mädchen ins Clubhaus, wo eine große Karte der Umgebung an der Wand hing. Sie errechnete die Entfernung, die Linda aller Wahrscheinlichkeit nach in der Zwischenzeit zurückgelegt haben musste, dann teilte sie alle Mitglieder, die im näheren Umkreis des Heidehofs wohnten, ein und wies jedem von ihnen einen ganz bestimmten Abschnitt zu, sodass jeder wusste, in welchem Dorf und auf welchen Bauernhöfen er anrufen sollte.

„Eine generalstabsmäßige Arbeit, wie ich sie nicht hätte besser machen können", lobte Opa Riedmann sie, als alle Jungen und Mädchen eingeteilt waren und zu den Telefonen eilten.

„Erst wenn sie Erfolg hat, war sie auch gut genug", antwortete Lissy.

„Da bin ich ganz sicher", gab sich Albert Riedmann zuversichtlich. „So viel Mühe muss einfach belohnt werden!"

Mit einem wahren Feuereifer gingen Lissy und ihre Freunde an die Arbeit, doch die Hoffnung, dass sie schon bald eine Spur von Linda finden würden, mussten sie schnell begraben. Niemand schien das Mädchen gesehen zu haben.

„Es ist zum Verzweifeln", sagte Lissy, als ihr Großvater kurz in ihr Büro kam. „Ich habe schon tausend Leute angerufen, aber keiner von ihnen konnte mir eine Auskunft geben."

Sie wussten beide ganz genau, dass die genannte Zahl weit übertrieben war. Lissy wollte damit auch nur andeuten, dass sie bisher bereits mit sehr vielen Leuten gesprochen hatte.

„Linda kann sich doch nicht in Luft aufgelöst haben", entgegnete Opa Riedmann, während Lissy im Telefonbuch blätterte um die nächsten Telefonnummern zu ermitteln. Nach einer Weile ließ sie das Buch sinken und dachte nach. Sie hatte alle Telefonnummern in dem ihr zugeteilten Gebiet angerufen. Nun wollte sie das Gebiet weiter ausdehnen und in den noch weiter entfernten Dörfern nach Linda suchen. Doch plötzlich hatte sie eine Idee. Vielleicht war es falsch, davon auszugehen, dass ihre Freundin die Absicht gehabt hatte möglichst weit zu reiten um irgendwo in der Ferne einen Unterschlupf zu finden. Konnte es nicht sein, dass sie in der Nähe geblieben war um sich in einer Gegend zu verstecken, in der sie sich gut auskannte?

Lissy entschied sich dafür, in weniger weit entfernten Dörfern anzurufen. Als Erstes versuchte sie es beim Hufschmied. Heinrich Hahnemann fuhr viel in der Gegend herum und konnte sie gesehen haben. Doch bei ihm war besetzt. Sie wählte andere Nummern an.

„Vielleicht hat sie sich irgendwo Frühstück gekauft", sagte Lissy nach dem achten ergebnislosen Versuch. „Hier ist eine Bäckerei. Ich rufe mal an. Könnte ja sein, dass sie Appetit auf frische Brötchen hatte."

Eine Minute später richtete sie sich steil auf ihrem Stuhl auf und sie winkte Opa Riedmann aufgeregt zu, der das Büro verlassen wollte.

„Das könnte sie sein!", rief sie, nachdem sie den Hörer aufgelegt hatte. Sie lief in den Clubraum zur Landkarte und zeigte auf ein kleines Dorf, das darauf verzeichnet war. „Hier hat die Verkäuferin einer Bäckerei eine Reiterin gesehen, auf die die Beschreibung von Linda passt. Wir müssen sofort hin. Es ist nicht weit."

Während Albert Riedmann den Pferdepfleger Otto verständigte, der Lissy und ihre Freunde fahren sollte, rannte seine Enkeltochter zum Herrenhaus hinüber, wo Dennis und Tobias am Telefon hingen.

„Ihr könnt aufhören", teilte sie ihnen mit. „Ich glaube, wir haben Linda gefunden."

Keine zwei Minuten später fuhren sie mit dem Geländewagen vom Hof. Längst hatten die ostfriesischen Stallhelfer alles vorbereitet um sofort mit ihnen loszufahren. Sie hatten die Fahrräder auf dem Dachgepäckträger befestigt, sodass sie keine Zeit verloren. Friedrich, der Pyrenäenberghund, saß vorn im Wagen bei Lissy. Er legte ihr den Kopf auf den Schoss und blickte sie voller Dankbarkeit an, weil sie ihn mitgenommen hatte.

Während der Fahrt berichtete Lissy, was sie erfahren hatte.

„Die Verkäuferin einer Bäckerei hat beobachtet, dass ein Mädchen mit einem Pferd vor dem Krämerladen des Dorfes gehalten hat um sich etwas zu kaufen. Das kann nur Linda gewesen sein."

„Wann war das?", fragte Dennis.

„Vor ein paar Minuten", antwortete sie. „Wenn wir uns beeilen, finden wir sie."

„Hoffentlich", seufzte Tobias. „Ich bin schon ganz dumm im Kopf vom Telefonieren."

„Das kommt nicht vom Telefonieren", bemerkte Dennis freundlich lächelnd. „Das ist ein Geburtsfehler!"

Tobias boxte ihm freundschaftlich in die Seite.

„Von deinen Fehlern will ich lieber gar nicht erst reden", gab er ebenfalls scherzend zurück. „Das könnte allzu peinlich sein, vor allem, weil Lissy dabei ist!"

Er blickte sie an, doch sie lachte nicht über die Späße der Jungen, da sie in zu großer Sorge war. Immer wieder fragte sie sich, was in Linda gefahren war. Wohin wollte sie? Wollte sie sich wirklich irgendwo im Wald verstecken um ihr Pferd auf diese Weise in Sicherheit zu bringen?

In höchster Gefahr

Es knackte, als ein trockener Zweig unter den Füßen von Bodo Hinkmann zerbrach. Linda hörte es und drehte sich im Sattel um. Erschrocken stellte er sich hinter einen Baum und machte sich so schmal wie möglich.

Hatte sie ihn bemerkt?

Er wagte kaum zu atmen.

Angespannt horchte er. Linda verhielt sich ruhig. Er vernahm das Schnauben ihres Pferdes und das Knarren von Leder, jedoch keinen Hufschlag, kein Rascheln von Laub oder das Krachen von zerbrechenden Zweigen.

Er war überzeugt, dass Linda noch immer in seine Richtung blickte, deshalb wartete er. Ihm schien sicher, dass sie augenblicklich davongaloppieren und damit unerreichbar für ihn werden würde, wenn sie ihn sah.

„Ich kann warten, Mädchen", flüsterte er. „Du glaubst gar nicht, wie geduldig ich bin!"

Doch die Sekunden und Minuten verstrichen, ohne dass etwas geschah, und er überlegte bereits, ob er sie erreichen konnte, wenn er plötzlich hinter dem Baum hervorkam und auf sie zu lief.

Ausgeschlossen, sagte er sich dann. Mit einem Pferd ist sie zu schnell.

Endlich konnte er hören, wie die Hufe des Pferdes durch das Gras streiften und auf dem weichen Waldboden aufsetzten. Linda entfernte sich von ihm.

Dennoch blieb Bodo noch so lange hinter dem Baum stehen, bis er den Hufschlag kaum noch hören konnte. Dann ging er in die Hocke und spähte vorsichtig hinter dem Stamm hervor. Die Büsche und die jungen Bäume waren so dicht belaubt, dass er Linda und ihr Pferd nicht mehr sehen konnte.

Er rannte nun nicht hinter ihr her, sondern schlug sich zunächst seitlich ins Gebüsch, bis er in die Deckung von jungen Tannen kam. Dann bewegte er sich parallel zu ihr, bis er sie überholt hatte, schlug dann erneut einen Bogen und bewegte sich wieder auf sie zu. Er hörte, wie das Pferd schnaubte, und ließ sich auf den Boden sinken um auf allen vieren noch ein Stückchen voranzukriechen und dann unter einer Tanne hervor auf eine Schneise zu blicken.

Ein böses Lächeln glitt über seine Lippen. Linda näherte sich ihm, aber sie blickte nicht nach vorn, sondern nach hinten! Sie ahnte nicht, dass er sie überholt hatte.

Als sie nur noch wenige Meter von ihm entfernt war, sprang er auf und rannte laut schreiend auf sie und das Pferd zu. Toscan bäumte sich erschrocken auf und Linda wurde so überrascht, dass sie sich nicht im Sattel halten konnte. Sie stürzte auf den weichen Waldboden.

Albert Riedmann blickte fragend auf, als eine sportlich gekleidete Frau das Clubhaus betrat. Sie war klein und schlank, ihr Haar hatte erste graue Strähnen und scharfe Falten umrahmten ihren schmalen Mund. Sie zeugten von Enttäuschungen, aber auch von Willenskraft und Durchsetzungsvermögen.

„Kann ich etwas für Sie tun?“ Er schob den Kuchenteig zur Seite, den er geknetet hatte, und wusch sich die Hände. Er lächelte entschuldigend. „Ich bin hier so was wie das Mädchen für alles und im Moment gerade dabei, Kuchen für die Mädchen und Jungen zu backen.“

Die Besucherin ging nicht darauf ein, sondern hielt ihm einige Papiere entgegen.

„Ich bin hier um den Wallach Toscan abzuholen“, erklärte sie.

„Dann sind Sie diejenige, die ihn gekauft hat?“

„Sicher", antwortete sie und fügte forsch und aggressiv hinzu: „Sonst wäre ich ja wohl nicht hier. Also, wo ist das Pferd?"

Opa Riedmann dachte gar nicht daran, so mit sich umgehen zu lassen. Er kehrte zu seinem Kuchenteig zurück und begann schweigend ihn zu kneten.

Sichtlich verärgert über sein Verhalten ging die Dame auf ihn zu.

„Herr Stellinger, der Verkäufer des Pferdes, hat mir gesagt, dass der Wallach hier auf dem Heidehof ist", erklärte sie. „Dies ist doch Lissys Reiterclub, oder?"

Er nickte nur, blickte flüchtig auf, weil Alexander Manglier ins Clubhaus kam, und setzte seine Arbeit fort.

„Sehe ich richtig?", fragte der Reitlehrer. Freundlich lächelnd kam er auf die Frau zu und streckte ihr die Hand entgegen. „Marion! Ich dachte, du lebst jetzt in Spanien. Was führt dich zu uns?"

Grenzenlose Überraschung zeichnete sich in ihrem Gesicht ab. Ihre Lippen bewegten sich, doch sie brachte keinen Laut hervor. Ihr war anzusehen, dass sie Alexander Manglier kannte, aber ganz gewiss nicht damit gerechnet hatte, ihm hier zu begegnen. Seine zum Gruß ausgestreckte Hand bemerkte sie nicht.

Opa Riedmann fiel auf, dass ihre Hände zitterten, als sie nun die Papiere wieder aufnahm.

„Sie will Toscan abholen", erläuterte er und dabei fragte er sich, wer die Besucherin war und was Alexander Manglier mit ihr zu tun hatte. Der Reitlehrer blieb ruhig und gelassen.

„Toscan ist nicht hier", bemerkte er. „Wir sind gerade auf der Suche nach dem Pferd."

„Das glaube ich nicht", erregte sie sich. „Was wird hier gespielt? Ich habe das Pferd ordnungsgemäß gekauft und ich werde es mitnehmen."

„Wir würden es dir sofort geben“, erwiderte er, „wenn wir wüssten, wo es ist. Herr Stellinger hat es gegen den Willen seiner Tochter verkauft.“

„Das ist mir egal“, entgegnete sie. „Ich habe dafür bezahlt. Hier ist der Vertrag.“

„Den haben wir nun allmählich gesehen“, murmelte Opa Riedmann und rollte den Kuchenteig aus. „Den brauchen Sie uns nicht noch mal zu zeigen.“

„Linda Stellinger ist mit Toscan weggeritten“, erläuterte Alexander Manglier. „Mitten in der Nacht. Wir suchen sie überall in der Umgebung.“

Sie blickte ihn zweifelnd an, klemmte sich den Vertrag unter den Arm und ging zur Tür. „Ich komme in einer Stunde wieder“, erklärte sie, „und dann nehme ich Toscan mit.“

„Von mir aus.“ Alexander Manglier nahm sich eine Cola aus dem Kühlschrank und setzte sich auf einen Stuhl. „Ich kann nur hoffen, dass wir Linda bis dahin gefunden haben. Um das Mädchen mache ich mir ehrlich gesagt wesentlich mehr Sorgen als um das Pferd!“

Toscans Käuferin verließ das Clubhaus. Krachend fiel die Tür hinter ihr ins Schloss.

„Eine energische Dame, diese Marion“, kommentierte Opa Riedmann. „Kennst du sie, Alex?“

„Allerdings“, seufzte der Reitlehrer. Er öffnete die Coladose und trank einen Schluck. „Das kann man so sagen.“

„Sie war von der Rolle, als sie dich gesehen hat“, meinte der alte Mann. Er sprach zögernd, langsam und abwartend, weil er hoffte, dass der Reitlehrer ihm nähere Informationen über die Käuferin von Toscan geben würde. Doch er enttäuschte ihn.

„Das war sie wohl“, erwiderte er. „Ich habe allerdings auch nicht damit gerechnet, dass sie hier auftauchen würde. Ich habe sie schon seit Jahren nicht mehr gesehen."

„Wenn ich die Adresse auf dem Vertrag richtig entziffert habe, dann wohnt sie hier irgendwo in der Gegend", sagte Opa Riedmann.

„Auch das noch!" Alexander Manglier trank die Cola aus, warf die Dose in den Abfalleimer und verließ das Clubhaus ohne weitere Erklärungen. Enttäuscht sah Opa Riedmann ihm nach.

Die Verkäuferin der Bäckerei wies lebhaft auf das Dorfende. Zusammen mit Lissy stand sie vor dem Geschäft auf der Straße und beschrieb das Pferd, das sie gesehen hatte, so genau, dass Lissy nicht daran zweifelte, dass es Toscan gewesen war.

„Dort hinter dem letzten Haus ist sie nach rechts abgebogen und den Weg in den Wald hineingeritten", erklärte die junge Frau.

Lissy bedankte sich und kehrte zu Otto und den anderen in den Geländewagen zurück. Der Pferdepfleger lenkte das Fahrzeug bis an das Dorfende und dann in den Weg hinein, der zum Glück so breit war, dass sie ihm mit dem Wagen folgen konnten und nicht auf die Fahrräder angewiesen waren.

Aufgeregt zeigte Tobias nach vorn.

„Seht ihr – da sind Hufspuren!", rief er. „Linda war hier. Das ist eindeutig."

„Ein Reiter war hier", verbesserte Dennis ihn. „Ob es Linda war, muss sich erst zeigen."

„Schneller", drängte Lissy. „Wir müssen sie einholen."

Der Pferdepfleger beschleunigte, doch plötzlich verlor er die Spur.

„Sie ist hier irgendwo abgebogen", erkannte er, hielt an und legte den Rückwärtsgang ein. Bevor er anfahren konnte, war Lissy schon aus dem Wagen gesprungen. Friedrich folgte ihr. Sie lief ein Stück an dem Weg zurück und entdeckte eine Stelle, an der Linda ihn verlassen hatte und in den Wald hineingeritten war.

„Hier ist es!", rief sie den anderen zu und winkte sie aufgeregt heran.

Dennis hob Halt gebietend beide Hände. „Seid doch mal still", sagte er. „Ich glaube, ich habe etwas gehört."

Nun blieben alle stehen und horchten. „Tatsächlich", flüsterte Lissy. „Da schreit jemand. Es ist weit weg, aber ich habe es deutlich gehört."

„Das ist Linda!", erkannte Otto.

Erschrocken blickten sie sich an und dann rannten sie ohne ein weiteres Wort in den Wald hinein. Der Pyrenäenberghund bellte laut und sie alle riefen abwechselnd Lindas Namen, bis Dennis sie erneut aufforderte ruhig zu sein.

„Wenn wir durcheinander schreien, können wir nicht mehr hören, wo Linda ist", sagte er. „Bleibt stehen und verhaltet euch still!"

Sie folgten seiner Aufforderung und horchten.

Zunächst vernahmen sie nur den Gesang einiger Vögel, doch dann ertönten wieder die Schreie, die sie schon vorher vernommen hatten. Sie waren lauter als zuvor und sie schlossen daraus, dass sie Linda schon sehr viel näher waren.

Dennis zeigte die Richtung an und sie rannten weiter.

„Es genügt, wenn ich ab und zu rufe", rief er den anderen zu. „Und dann müssen wir hin und wieder stehen bleiben."

Friedrich bellte laut und wütend. Plötzlich löste er sich von der Seite Lissys und stürmte in die Büsche. Gleich darauf vernahmen sie laute Schreie Lindas, dann wieherte ein Pferd, Hufgetrappel ertönte, die Büsche teilten sich und Toscan brach daraus hervor, angetrieben von dem Reiter, der auf seinem Rücken saß. Nur wenige Meter von ihnen entfernt galoppierte er an ihnen vorbei. Dabei neigte sich der Reiter zur anderen Seite und wandte sein Gesicht ab, sodass sie ihn nicht erkennen konnten.

Bevor sie recht begreifen konnten, was geschah, war er auch schon mit Toscan zwischen Bäumen und Büschen verschwunden.

Sie rannten weiter und schon bald kam ihnen Linda entgegen. Sie hatte ihre Reitkappe verloren und das Haar hing ihr wirr ins Gesicht. Weinend stolperte sie ihnen entgegen, begleitet von Friedrich, und merklich erleichtert fiel sie Lissy schließlich in die Arme. Zitternd presste sie sich an sie.

„Bist du in Ordnung?“, fragte Lissy.

„Ja, ja ... mir ... ist nichts passiert“, stammelte Linda aufgelöst. „Es war so schrecklich. Er hat mich geschlagen und dann ... seid ihr gekommen.“

„Wer war es?“, fragte Dennis, als Linda sich ein wenig beruhigt hatte.

„Das wisst ihr nicht?“ Maßlos erstaunt blickte sie in die Runde. „Habt ihr ihn denn nicht erkannt? Es war Bodo Hinkmann!“

Ihre Antwort löste eine Reihe von Fragen aus. Vor allem Dennis, Tobias und Otto bedrängten Linda so sehr, dass Lissy schließlich dazwischenging und darum bat, Linda zunächst in Ruhe zu lassen, damit sie zu sich kommen und sich von ihrem Schock erholen konnte.

„Na klar“, stimmte Dennis zu. Verlegen lächelnd blickte er Linda an. „Tut mir Leid, aber wir sind alle so aufgeregt und wir haben uns große Sorgen um dich gemacht.“

Sie führten Linda zum Geländewagen.

„Was hast du dir eigentlich dabei gedacht?“, fragte

Tobias, als sie im Wagen saßen. „Warum bist du mit Toscan abgehauen?"

„Weil meine Eltern ihn verkauft haben", antwortete Linda leise. „Mein Vater hat in Süddeutschland eine Stelle angenommen und wird dort ein Versicherungsbüro eröffnen. Wir ziehen um, aber ich kann Toscan nicht mitnehmen, weil es dort keinen Stall und auch keinen Reiterclub für ihn gibt. Aber ich wollte mich nicht von Toscan trennen."

„Sie haben ihn verkauft ohne dir vorher etwas zu sagen?" Dennis schüttelte verständnislos den Kopf.

„Alles ging so schnell", entgegnete sie. „Erst in letzter Minute hatten sie es mir gesagt, nachdem sie lange versucht hatten einen Stall oder einen Club für Toscan zu finden. Und dann mussten sie ganz plötzlich abreisen um das Geschäft zu übernehmen. Ich sollte morgen nachkommen, aber das wollte ich nicht. Deshalb bin ich mit Toscan weggeritten. Aber ich weiß – es war keine gute Idee."

Die Stimme versagte ihr und Tränen rollten ihr über die Wangen.

Sie wollte ihr Pferd retten und hatte es nun doch verloren.

Zunächst hatte sie sich, ohne ein bestimmtes Ziel zu haben, immer weiter von Lissys Reiterclub entfernt. Doch dann waren ihr Bedenken gekommen und sie war umgekehrt um sich – genau wie Lissy vermutet hatte – in den ihr gut bekannten Wäldern zu verstecken.

„Was machen wir denn nun?", fragte Otto. Verlegen schlang der ostfriesische Pferdepfleger die Finger seiner viel zu groß geratenen Hände ineinander. „Ich meine, wir können diesem Burschen doch das Pferd nicht überlassen."

„Ich schlage vor, wir fahren als Erstes zu Heinrich

Hahnemann, dem Schmied. Er kennt diesen Bodo und weiß, wo er wohnt", erwiderte Tobias. „Danach bringen wir Linda zum Club, damit alle Bescheid wissen, dass sie zurück und in Sicherheit ist. Und dann suchen wir meinen Vater auf und erstatten Anzeige."

„Gut überlegt", lobte Lissy. „Genauso machen wir es."

Und dann beschrieb sie Otto den Weg zu Heinrich Hahnemann.

Der Schmied wusste, wo Bodo Hinkmann wohnte, und er gab die Adresse auch an. Lissy bedankte sich und brachte Linda nun zum Heidehof zurück, wo die meisten Jungen und Mädchen des Clubs mittlerweile eingetroffen waren. Linda war die Zuneigung und Freude peinlich, die sie ihr entgegenbrachten, und ihr war anzumerken, dass sie am liebsten mit sich und ihrem Kummer allein gewesen wäre. Doch das ließ Lissy nicht zu. Sie wusste, wie sehr sie unter dem Verlust von Toscan litt, und wollte eine weitere Kurzschlusshandlung ausschließen. Sie wollte nicht, dass ihre Freundin noch einmal weglief.

Tobias rief vom Clubhaus aus zu Hause an und wenig später kam sein Vater auf den Heidehof um die Anzeige gegen Bodo Hinkmann aufzunehmen.

Dazu zog er sich mit Linda, Lissy, Dennis und Tobias in das Clubbüro zurück. Alexander Manglier kam hinzu und setzte sich schweigend an den Schreibtisch. Während der Polizist noch schrieb, klingelte das Telefon und der Reitlehrer, der unmittelbar daneben saß, hob den Hörer ab und meldete sich.

„Lissys Reiterclub!" Die anderen achteten nicht auf ihn, doch nun pochte er mit den Knöcheln auf den Schreibtisch um sie auf sich aufmerksam zu machen. Gespannt blickten sie ihn an. „Ja, ich habe verstanden. Toscan ist bei dir. Damit ist der Vertrag erfüllt und du gibst dich zufrieden."

Er legte auf.

„Wer war das?“, fragte Lissy.

„Marion Hinkmann“, erwiderte er. „Die Mutter von Bodo. Sie hat Toscan gekauft. Heute war sie hier und wollte den Wallach holen. Jetzt hat sie ihn. Bodo hat ihn ihr gebracht.“

Ein Anschlag auf das Herrenhaus

Hauptwachtmeister Pangritz legte den Kugelschreiber zur Seite. „Ach, so ist das", sagte er. „Dieser junge Mann hat sich mit Gewalt geholt, was seiner Mutter gehört. Das ist natürlich etwas anderes."

„Aber Toscan ist mein Pferd!", rief Linda unter Tränen.

„Es tut mir wirklich Leid, Linda", erwiderte der Polizist, wobei ihm allzu viel Mitgefühl allerdings nicht anzumerken war, „aber das ist ein Irrtum. Deine Eltern haben das Pferd verkauft und die Eigentümerin hat das Recht es sich zu holen. Dass ihr Sohn dabei weit über das Ziel hinausgeschossen ist, können wir natürlich nicht hinnehmen. Es sieht jedoch so aus, dass er dir gar nichts tun, sondern dir nur das Pferd wegnehmen wollte. Als du dich dagegen gewehrt hast, ist er gewalttätig geworden. Stimmt das?"

Linda überlegte lange, bevor sie antwortete. Schließlich nickte sie.

„Ich glaube – ja. Ich habe gedacht, dass er es auf mich abgesehen hatte, aber da habe ich mich wohl geirrt."

Pangritz klappte sein Notizbuch zu.

„Du fährst morgen zu deinen Eltern. Ich werde mit dem Jungen reden. Danach sehen wir weiter. Einverstanden?"

„Einverstanden", stimmte sie zu. Niedergeschlagen ließ sie den Kopf sinken. Sie war sich klar darüber, dass nicht mehr rückgängig zu machen war, was geschehen war. Sie würde Toscan wohl nie wieder sehen.

Es wurde ein trauriger Tag, da alle wussten, dass Linda sich für immer von Lissys Reiterclub verabschieden musste. Lissy, ihre Freunde und viele andere aus dem Club blieben noch bis zum späten Nachmittag im Clubhaus um mit Linda zu reden, bis Marlen Riedmann schließlich kam, Lissys Mutter, um Linda ein letztes Mal zur Wohnung ihrer Eltern zu fahren, dort noch einen Koffer abzuholen und sie danach zur Bahn zu bringen. Inzwischen wartete Lissy schon auf dem Bahnsteig um sich von ihrer Freundin zu verabschieden und ihr tausend Eide zu schwören, dass sie möglichst oft miteinander telefonieren und sich in den Ferien immer besuchen wollten.

Als der Zug abfuhr, winkte Lissy noch lange – selbst dann noch, als sie Linda schon gar nicht mehr sehen konnte. Sie war sehr traurig, dass sie ihre beste Freundin verloren hatte. Mit keinem anderen aus dem Club hatte sie sich so gut verstanden wie mit ihr. Ihr Verlust hinterließ eine schmerzliche Lücke, die sich so bald nicht wieder schließen würde.

Ihre Mutter wollte sie und das Fahrrad mit dem Auto mitnehmen, doch Lissy entschied sich dafür, mit dem Rad nach Hause zu fahren. Das gab ihr Gelegenheit noch ein wenig nachzudenken. Nachdem sie Linda verloren hatte, wollte und konnte sie nicht so schnell wieder zum Alltagsgeschehen übergehen – so, als sei nichts geschehen.

Als sie den Reiterclub erreichte, fuhr ein Kleinlaster an ihr vorbei und hielt unter den drei Eichen in der Mitte des Hofes. Bodo Hinkmann stieg aus. Unangenehm grinsend stemmte er die Fäuste in die Hüften und blickte ihr entgegen, bis sie vor ihm hielt. In ihr sträubte sich alles gegen diesen Mann, der so brutal gegen Linda vorgegangen war.

„Was suchen Sie hier?“, fragte sie ihn und stellte das Fahrrad an einer der Eichen ab. „Sie sind hier nicht willkommen.“

„Guten Tag erst mal, Kleines“, grüßte er und das Lächeln auf seinen Lippen verstärkte sich. Er wirkte abstoßend auf sie. „Und bevor du dich noch weiter aufregst, will ich dir lieber sagen, dass ich Sattel und Zaumzeug von diesem Mädchen bringe, das mit Toscan in der Gegend herumgeritten ist."

„Und das Sie überfallen haben", ergänzte Lissy kühl. „Wir haben Hauptwachtmeister Pangritz alles erzählt und Anzeige gegen Sie erstattet. Sie werden von der Polizei hören."

„Von mir aus", entgegnete er und zuckte gleichgültig mit den Achseln. Er öffnete die Seitentür des Kleinlasters und nahm das Zaumzeug und den mit prall gefüllten Satteltaschen versehenen Sattel heraus um beides vor sich auf den Boden fallen zu lassen. „Das wär's dann wohl – oder hast du Lust heute Abend mit mir in die Disco zu gehen?"

„Lieber würde ich mir einen Finger abhacken", antwortete Lissy mühsam beherrscht. „Und jetzt verschwinden Sie bitte."

„Ach, hast du hier was zu sagen?"

„So ist es! Ich bin Präsidentin des Clubs und als solche übe ich das Hausrecht aus. Guten Tag!"

Er lachte selbstsicher. Lockend streckte er eine Hand aus, als sich Friedrich ihm näherte. Der Pyrenäenberghund kam neugierig heran und schnüffelte an der Hand. Er wedelte mit dem Schwanz. Offenbar haftete an der Hand der Geruch eines anderen Hundes. Der junge Mann beugte sich in seinen Wagen und nahm einige Hundesticks heraus, um sie Friedrich zu geben. Lissy wollte es verhindern, doch es war schon zu spät. Gierig schnappte der Hund nach den leckeren Streifen.

„Lassen Sie das, bitte", sagte sie. „Wir mögen es nicht, wenn der Hund von Fremden gefüttert wird."

Bodo Hinkmann zuckte gleichmütig mit den Schultern, stieg in den Kleinlaster und fuhr davon. Dabei schlug er jedoch nicht den kürzesten Weg zur Ausfahrt ein, sondern umrundete die drei Eichen in der Mitte des Hofes und verließ erst dann das Clubgelände.

Lissy nahm Sattel und Zaumzeug auf und trug beides in die Sattelkammer. Die Satteltaschen schnallte sie ab und brachte sie ins Clubhaus um sie im Büro abzulegen. Es würde keine leichte Aufgabe sein, Linda diese Dinge zu schicken, aber irgendwie würde sie auch das Problem schon lösen.

„Du solltest die Taschen auspacken", schlug Opa Riedmann vor. Er kam zu ihr ins Büro, setzte sich in eine Ecke und zündete sich ein Zigarillo an. „Vielleicht sind Lebensmittel drin. Irgendwas, das verderben kann."

Damit hatte er zweifelsohne Recht. Lissy folgte seinem Rat und förderte tatsächlich einige Dinge zutage, die rasch verbraucht werden mussten. Daneben fand sie einige kleine Dinge, auf die Linda bei ihrer Flucht nicht hatte verzichten wollen. Auch eine Brieftasche mit verschiedenen Ausweisen war dabei. Lissy kannte sie, weil Linda auch einige Fotos darin aufbewahrte, die sie sich öfter angesehen hatte. Sie stutzte und dann durchsuchte sie die Satteltaschen.

„Fehlt etwas?", fragte Opa Riedmann.

„Fotos", sagte Lissy, während sie an ihren Schreibtisch zurückkehrte um dort alles auszubreiten, was sie in der Brieftasche gefunden hatte. „Linda hatte immer Fotos von sich und von Toscan dabei. Einige Bilder sind da, aber es fehlen alle Fotos, auf denen Linda drauf ist."

„Sie wird sie mitgenommen haben."

„Aber, Opa!" Sie schüttelte vorwurfsvoll den Kopf. „Sie konnte die Fotos doch gar nicht herausnehmen, weil Bodo Hinkmann mit Toscan weggeritten ist und den Sattel jetzt eben erst zurückgebracht hat."

„Ach so!" Er nickte ungerührt. „Hast Recht, Mädchen. Aber dann ..."

Er richtete sich auf und rutschte bis an die äußerste Stuhlkante vor.

„Also, wenn das so ist, kann ja nur Bodo Hinkmann die Fotos herausgenommen haben", stellte er fest. Fragend blickte er sie an. „Richtig?"

„Genau das denke ich auch" bestätigte sie. „Und es stört mich gewaltig."

Stunden darauf rief Linda an um mitzuteilen, dass sie gut angekommen und nun bei ihren Eltern war. Lissy sprach sie sogleich auf die Fotos an und Linda bekräftigte, dass sie sie in der Brieftasche gehabt hatte.

„Bodo Hinkmann muss sie gestohlen haben", sagte sie empört, als Lissy ihr offenbarte, dass die Fotos verschwunden waren. „Niemand anderes kann es getan haben. Aber was will er damit?"

„Ich habe keine Ahnung, aber ich werde es herausfinden." Lissy schlug vor den Sattel und das Zaumzeug mit der Bahn zu schicken, doch Linda wollte, dass beides zunächst im Reiterclub blieb.

„Ich wüsste gar nicht, wohin damit", erklärte sie. „Wir haben nur eine kleine Wohnung und hier ist nirgendwo Platz." Traurig fügte sie hinzu: „Und vielleicht komme ich ja irgendwann zu euch zurück!"

Lissy versprach gut auf den Sattel und das Zaumzeug aufzupassen und beides im Club aufzubewahren. Nach dem Gespräch versuchte sie bei Heinrich Hahnemann anzurufen, doch bei dem Schmied war ständig besetzt.

„Christine telefoniert mal wieder", seufzte sie.

„Worum geht es denn?", fragte Opa Riedmann. „Was willst du von ihr?"

„Ich möchte bei Hinkmanns anrufen wegen der Fotos und ich hoffe, dass der Schmied mir die Telefonnummer geben oder mir wenigstens sagen kann, wo die Hinkmanns wohnen."

„Aber dazu brauchst du den Schmied doch nicht, Mädchen." Opa Riedmann lachte. „Marion Hinkmann hat mir den Vertrag immer wieder unter die Nase gehalten. Und da habe ich die Adresse gesehen."

Er nannte ihr das Dorf, sodass sie im Telefonbuch nachsehen konnte. Wenig später hatte sie die Telefonnummer und rief an. Marion Hinkmann meldete sich.

„Hinkmann!" Ihre Stimme klang weich und angenehm. Sie passte nicht zu der Frau, die Lissys Opa geschildert hatte.

„Frau Hinkmann, ich rufe nicht an um mich über die Art und Weise zu beschweren, in der Ihr Sohn Bodo das Pferd übernommen hat", erläuterte Lissy, nachdem sie ihren Namen genannt hatte. „Mir geht es einzig und allein um einige Fotos, die Bodo aus den Satteltaschen entwendet hat. Meine Freundin Linda besteht darauf, dass er sie augenblicklich zurückgibt."

„Ich kann mir nicht vorstellen, dass er die Fotos an sich genommen hat", erwiderte Bodos Mutter ausgesprochen freundlich und entgegenkommend. „Natürlich frage ich ihn, und sollte er sie doch haben, schicke ich sie per Eilboten. Bodo ist manchmal etwas grob und unhöflich. Ich weiß das und es ist mir unangenehm, aber eine allein stehende Frau hat es nicht leicht mit zwei großen Söhnen."

„Ja, das verstehe ich", sagte Lissy.

„Bodo meint es nicht so", beteuerte Marion Hinkmann. „Im Grunde seines Herzens ist er ein guter Junge. Wenn er die Fotos haben sollte, wird er sich dafür entschuldigen."

Lissy bedankte sich und legte den Hörer mit dem Gefühl auf, dass Frau Hinkmann wirklich alles tun würde, was ihr möglich war, um die Fotos an Linda zurückzugeben.

„Es wäre falsch, ihr böse zu sein, bloß weil sie Toscan gekauft hat“, sagte sie zu ihrem Großvater. „Sie kann ja nichts dafür, dass Herr Stellinger das Pferd verkauft hat ohne mit Linda darüber zu reden. Wenn man mir ein Pferd nicht aushändigt, das ich gekauft und bezahlt habe, würde ich auch so reagieren wie sie.“

„Richtig“, stimmte Albert Riedmann zu. „Man fühlt sich in so einer Situation angegriffen. Außerdem ist es ja leider so, dass man beim Pferdekauf ganz besonders aufpassen muss. Da gibt es genügend Typen, die im Trüben fischen. Trotzdem hätte sie ein bisschen netter zu mir sein können.“

„Nun sei man nicht gleich eingeschnappt, Opa!“ Lissy lachte. „Ich kann mir vorstellen, dass es recht komisch ausgesehen hat, wie du beim Kuchenteigkneten warst.“

Er drohte ihr scherzhaft eine Ohrfeige an und ging in den Clubraum.

Lissy wandte sich einem Berg von Papieren zu und erledigte ihre Aufgaben als Präsidentin des Reiterclubs. Als sie fertig war, eilte sie zum Abendbrotessen ins Herrenhaus.

Mit ihren Eltern gab es einiges zu besprechen, weil Reparaturen am Haus durchgeführt werden mussten und die Arbeiten auch den Betrieb auf dem Reiterhof beeinflussen würden. Danach war es zum Ausreiten schon fast zu spät.

Lissy holte Arcado aber dennoch aus der Box um ihm wenigstens ein bisschen Bewegung zu verschaffen. Sie ritt mit ihm aus, war jedoch schon nach etwas mehr als einer halben Stunde zurück.

Als sie danach ins Haus zu ihren Eltern ging, drängte sich Friedrich mit ihr durch die Tür.

Sie wollte ihn wieder auf den Hof hinausschicken, doch er blickte sie so treuherzig an, dass sie sich erweichen ließ und ihn mit ins Wohnzimmer nahm, wo ihre Eltern vor dem Fernsehapparat saßen.

Ihr Vater runzelte missbilligend die Stirn, erhob jedoch keinen Einspruch, weil der Fernsehkrimi gerade zu diesem Zeitpunkt so spannend war, dass ihm seine ganze Aufmerksamkeit galt.

Lissy setzte sich still in einen Sessel und Friedrich ließ sich zu ihren Füßen nieder, legte ihr den Kopf auf das Knie und ließ sich streicheln. Zunächst interessierte Lissy sich nicht für den Krimi, doch dann ließ sie sich von der spannenden Handlung gefangen nehmen und folgte dem Geschehen auf dem Bildschirm.

Als sich die Geschichte dem Ende näherte und sich eine überraschende Lösung abzeichnete, hob Friedrich plötzlich den Kopf und knurrte leise.

Lissy wurde daraufhin sofort aufmerksam. Sie vernahm Hufgetrappel von galoppierenden Pferden, das rasch dem Hof näher kam.

Während sie noch überlegte, welche Clubmitglieder so spät noch draußen sein konnten und sich zudem über alle Bestimmungen hinwegsetzten und im Galopp zu den Stallungen zurückkehrten, rasten die Reiter bis an das Herrenhaus heran.

Friedrich begann laut zu bellen und stürzte zu einem der Fenster.

Im selben Moment krachte es laut; die Scheibe zerbarst und Glassplitter flogen ins Wohnzimmer. Ein faustgroßer Stein polterte über den Boden und rollte bis vor den Fernseher.

Lissy sprang auf und rannte zum Fenster um hinauszusehen, doch die Steinwerfer waren weitergaloppiert. Nach ihrem Anschlag auf das Herrenhaus flüchteten sie auf den nördlich vom Heidehof wegführenden Reitweg und befanden sich schnell außer Sichtweite.

Rätselhafte Anschläge

„Bodo Hinkmann und sein Bruder sind es gewesen“, vermutete Dennis, als Lissy am nächsten Tag mit ihm, Tobias und Gertie über den nächtlichen Vorfall im Reitclub sprach. Sie ritten gemeinsam mit ihren Pferden an der Örtze entlang und näherten sich dem Gehöft von Heinrich Hahnemann.

„Das kann ich mir nun wirklich nicht vorstellen“, widersprach Gertie heftig. „Sie haben doch überhaupt keinen Grund! Warum sollten sie so etwas tun?“

„Gertie hat Recht“, sagte Lissy. „Abgesehen davon, dass wir ein wenig Ärger mit Bodo hatten, haben sie wirklich keinen Grund.“

„Wer kommt denn sonst infrage?“, wollte Tobias wissen. „Ich kenne niemanden, der einen Grund hätte so etwas zu tun.“

„Bloß weil diese Typen mit Pferden gekommen sind, muss es ja nicht unbedingt mit uns und dem Reiterclub zusammenhängen“, bemerkte Dennis. „Vielleicht richtet sich der Anschlag gar nicht gegen uns, sondern zum Beispiel gegen deinen Vater. Sagte Opa Riedmann nicht, dass er Ärger mit einem neuen Kunden seiner Autofirma hat?“

Sie sprachen nur noch kurz über die Steinwerfer vom Vorabend und waren sich dann einig, dass Dennis Recht hatte. Der Anschlag konnte sich nicht gegen Lissy oder den Reiterclub gerichtet, sondern musste mit anderen Dingen zu tun haben.

Vom Hof des Hufschmieds kam ihnen ein Mädchen auf dem Fahrrad winkend entgegen.

„Das ist Christine“, sagte Dennis. „Zieh den Kopf ein, Tobias. Die ist sauer auf dich, und wie ich gehört habe, sitzt ihr die Hand recht locker! Also bleib lieber im Sattel sitzen!“

Lissy und Gertie lachten über diese Bemerkung, denn so ganz Unrecht hatte Dennis nicht mit seiner Warnung.

Christine war sechzehn Jahre alt, schlank, sehr groß und ausgesprochen hübsch, doch sie neigte zum Jähzorn und beim Streit in der Schule rutschte ihr auch schon mal die Hand aus. Erst vor wenigen Tagen hatte sie in der Pause einem älteren Jungen eine Ohrfeige versetzt, weil sie sich durch ihn beleidigt gefühlt hatte.

Christine war heran und bremste nun so kräftig, dass sie mit dem Rad über den Boden rutschte. Erst kurz vor den Pferden kam sie zum Stehen.

„Gut, dass ich euch treffe“, sagte sie mit hochrotem Gesicht. „Wenn ihr mich noch einmal bei meinem Vater anschwärzt, könnt ihr was erleben!“

Lissy blickte sie verblüfft an.

„Ich habe keine Ahnung, wovon du redest.“

„Stell dich nicht dümmer, als du bist“, fauchte Christine sie an. Sie glaubte ihr nicht und zog noch nicht einmal in Erwägung, dass sie die Wahrheit sagte. „Sonst gibt es was hinter die Löffel!“

Damit lenkte sie ihr Fahrrad herum und fuhr zum Haus zurück.

„Was ist denn in die gefahren?“, fragte Dennis erstaunt.

„Sie ist sauer auf uns, weil ihr Vater sie angepfiffen hat“, vermutete Tobias. „Erinnert ihr euch? Wir haben ihm gesagt, dass bei ihm das Telefon dauernd besetzt ist. Daraufhin hat er Krach geschlagen und das nimmt sie uns übel.“

„Nicht wir haben es ihm gesagt, sondern du hast es getan“, verbesserte Dennis ihn. „Also solltest du christlich sein und ihr deine Wange hinhalten, damit sie dir eine kleben kann!“

„In diesem Fall bin ich lieber unchristlich“, erwiderte Tobias und rieb sich die Wange, als spüre er schon die Hand von Christine.

„Die spinnt“, war Lissys einziger Kommentar. Sie tat den Zwischenfall als unwichtig ab und wandte sich einem anderen Thema zu.

Als sie später zum Heidehof zurückkehrten, hatte der Glaser eine neue Scheibe eingesetzt und niemand sprach mehr über den Zwischenfall. Spät am Abend allerdings fühlte sich Lissy an ihn erinnert. Das war, als Friedrich abermals versuchte mit ihr ins Haus zu schlüpfen. Es hatte zu regnen begonnen und der Pyrenäenberghund hatte auf dem Hof herumgetollt. Sein Fell war nass, und seine Pfoten waren schmutzig. Lissy hatte den Eindruck, dass er sich einen Spaß daraus gemacht hatte, durch sämtliche Pfützen auf dem Hof zu laufen. Sie hielt ihn am Halsband fest und zog ihn mit sanfter Gewalt zurück.

„Nein, mein Lieber“, sagte sie und streichelte ihm schmunzelnd den Kopf. „Ich verstehe, dass du bei diesem Wetter keine Lust hast draußen zu bleiben und dass du es in der Wohnstube gemütlicher findest, aber heute kommst du nicht rein. Du sollst schließlich aufpassen, und wenn wieder Steinwerfer kommen, wirst du ihnen den Spaß verderben und sie vertreiben. Also geh zu deiner Hütte!“

Er entfernte sich einige Schritte von ihr, blieb dann mitten in einer Pfütze stehen, ließ den Kopf tief hängen und blickte sie mit traurigen Augen an, sodass es ihr fast das Herz brach.

„Sieh mich nicht so an!“, rief sie ihm zu. „Ich kann es ja auch nicht ändern!“

Er schüttelte sich, sodass die Tropfen aus seinem Fell spritzten, und trottete langsam davon.

Lissy eilte in ihr Zimmer hinauf um sich umzuziehen.

Als sie aus dem Fenster blickte, sah sie Friedrich in seiner Hütte liegen.

„Na also", sagte sie. „Da hast du es doch auch ganz gemütlich."

Es regnete nun immer stärker und die Zahl der Pfützen auf dem Hof nahm rasch zu. Otto stapfte in hohen Gummistiefeln und einer Regenjacke über den Hof. Der Regen schien ihm nichts auszumachen, denn er nahm sich Zeit in aller Ruhe zu prüfen, ob in den Stallungen alles in Ordnung war und alle Türen gut verschlossen waren.

Daran musste Lissy denken, als sie mitten in der Nacht aufwachte. Hufgetrappel und das Bellen Friedrichs hatten sie aufgeweckt. Es war dunkel in ihrem Zimmer und sie brauchte ein paar Sekunden um zu sich zu kommen und zu begreifen, dass sie nicht träumte.

Es waren Pferde auf dem Hof!

Sie sprang aus dem Bett und eilte zum Fenster. Im Licht der Lampen am Dach der Stallungen erkannte sie mehrere Pferde, die verstört hin und her liefen, und deutlich sah sie, dass eine der Stalltüren offen war. Es regnete noch immer.

Sie zog sich im Eiltempo ihre Jeans an, streifte sich ein Sweatshirt über und stieg in die bereitstehenden Gummistiefel. Dann rannte sie die Treppe hinunter und auf den Hof hinaus. Sie bemerkte sofort, dass nicht nur eine Stalltür offen stand, sondern dass alle Türen offen waren. Mehr als zehn Pferde hatten den Stall verlassen, aber nicht alle wollten draußen bleiben. Einige zog es zurück in den Stall und ins Trockene.

Von der nördlichen Seite des Hauses her kamen Otto, der Pferdepfleger, und Alexander Manglier angelaufen.

„Um Himmels willen, wer hat die Pferde rausgelassen?", rief der Ostfriese und begann sofort die Tiere in den Stall zurückzutreiben.

Lissy entdeckte Arcado an der Ausfahrt zur Bundesstraße. Friedrich war bei ihm und beide machten Anstalten den Hof zu verlassen. Sie rannte durch den Regen zu ihnen hin. Der Hengst hörte ihre Schritte und wurde plötzlich schneller.

„Ruhig, Arcado!“, rief sie ihm zu. „Ganz ruhig. Nicht weglaufen!“

Sie ging nun vorsichtig weiter, holte rasch auf und packte ihn mit entschlossenem Griff am Stallhalfter. Danach ließ er sich willig in seine Box zurückführen. Mittlerweile hatten auch Otto und der Reitlehrer einige Pferde in den Stall gebracht. Lissy half ihnen die übrigen zu holen.

Erst als alle eingefangenen Pferde wieder in ihren Boxen waren, stellte Alexander Manglier fest, dass zwei Tiere fehlten.

„Oasis und Trolla haben den Hof verlassen“, sagte er. „Wir müssen sie suchen.“

Otto fluchte leise. Es war bereits nach zwei Uhr und es regnete immer noch. Es zog ihn zurück in sein Bett, doch es half nichts. Die Pferde konnten nicht draußen bleiben. Er lief ins Haus und kehrte gleich mit Taschenlampen zurück. Lissy hatte in der Zwischenzeit angefangen Arcado trockenzureiben, eilte nun aber mit den beiden Männern auf den Hof hinaus um die Suche aufzunehmen. Nach kurzer Beratung kamen sie überein, dass es nicht nötig war, noch jemanden zu wecken und an der Suche zu beteiligen, dann trennten sie sich: Otto lief in Richtung Bundesstraße, Alexander Manglier wandte sich nach Norden und Lissy folgte dem nach Südosten führenden Reitweg, um die vermissten Pferde dort zu suchen.

Während sie durch die Dunkelheit lief und ihr der Regen übers Gesicht rann, fragte sie sich, wer die Pferde aus den Boxen geholt hatte. Irgendjemand hatte die sorgfältig verschlossenen Türen geöffnet und dann ein Pferd nach dem anderen aus dem Stall getrieben.

„Das müssen mehrere gewesen sein", sagte sie laut. „Einer allein hätte das nicht geschafft – jedenfalls nicht in so kurzer Zeit."

Plötzlich leuchteten die Augen eines Pferdes vor ihr auf: Oasis! Der Wallach stand unter einem Baum, wo er ein bisschen Schutz vor dem Regen fand. Er bewegte sich nicht von der Stelle, bis Lissy bei ihm war und ihn am Stallhalfter ergriff.

„Wie schade, dass du nicht sprechen kannst", seufzte sie, während sie ihn zum Heidehof zurückführte. „Du könntest mir erzählen, wer dich aus dem warmen Stall geholt hat."

Auch Alexander Manglier war erfolgreich gewesen. Er hatte Trolla, eine etwas schreckhafte Hannoveraner Stute, nur wenige Schritte vom Clubhaus entfernt auf dem nach Nordosten führenden Reitweg gefunden.

„Es ist warm im Stall und es zieht nicht", bemerkte der Reitlehrer. Er gähnte, dann blickte er demonstrativ auf die Uhr. Es zog auch ihn ins Bett zurück. „Deshalb müssen wir die Pferde nicht unbedingt abtrocknen. Sie sind ja nicht sehr nass geworden."

„Ich mach's trotzdem", erwiderte Otto. „Es dauert ja nicht lange."

„Und ich helfe dir dabei", entschied Lissy.

„Dann kann ich mich wohl nicht ausschließen", sagte Manglier. Gähnend holte er sich einige Lappen um die Pferde damit abzureiben.

„Ich möchte wissen, wer das gemacht hat", grübelte Otto, dem die Arbeit rasch von der Hand ging. „Und vor allem, warum."

„Ich kann es mir auch nicht erklären", gestand Lissy. „Für mich ergibt das keinen Sinn."

In diesem Moment krachte es laut, dann bebte der Boden unter ihren Füßen. Zugleich verspürten sie eine Druckwelle.

„Da ist was explodiert!“, rief Otto und rannte auf den Hof. Alexander Manglier und Lissy folgten ihm. Schon als sie Tür erreichten, sahen sie einen hellen Lichtschein im Herrenhaus und dann blieb der Reitlehrer so abrupt stehen, dass Lissy gegen ihn prallte.

„Mein Auto!“, stammelte er fassungslos und rannte nun ebenso plötzlich weiter, wie er zuvor stehen geblieben war.

Das Fahrzeug des Reitlehrers stand nur wenige Schritte vom Herrenhaus entfernt am Personaleingang. Flammen schlugen aus seinem Inneren und breiteten sich schnell über den ganzen Wagen aus. Der Regen richtete nichts gegen das Feuer aus.

Otto, der vorausgeeilt war, stürzte mit einem Feuerlöscher in der Hand aus dem Haus und versuchte die Flammen zu ersticken. Doch es war schon zu spät um noch irgendetwas zu retten. Alexander Manglier zog ihn vom Fahrzeug weg.

„Der Benzintank ist noch halb voll!“, schrie er. „Wenn er explodiert, wird's gefährlich.“

Christine Hahnemann fand, dass es eigentlich noch viel zu früh war nach Hause zu fahren. Es war erst kurz nach zwei Uhr und sie wäre gern noch etwas länger geblieben. Doch in dieser Nacht war die Disco ausgesprochen spärlich besucht; das hatte sich auch nachhaltig auf die Stimmung ausgewirkt. Nur deshalb hatte sie sich entschlossen früher als sonst nach Haus zu fahren.

Als sie von der Bushaltestelle nach Hause ging, bemerkte sie einen Feuerschein in der Ferne. Beunruhigt blieb sie stehen und blickte angestrengt in die Dunkelheit.

Sekunden später war ihr klar, was der Feuerschein zu bedeuten hatte:

Es war Feuer ausgebrochen auf dem Heidehof von Lissys Reiterclub!

Sie lief nun schneller – in der Absicht die Feuerwehr zu alarmieren. Kurz bevor sie ihr Elternhaus erreichte, vernahm sie Hufgetrappel und sie blieb erneut stehen. Verwundert fragte sie sich, wieso hier mitten in der Nacht Pferde herumliefen, und glaubte zunächst, dass die Tiere irgendwo aus einer Koppel ausgebrochen waren. Um ihnen auszuweichen trat sie einige Schritte zur Seite und stellte sich neben einen Baum. Gegen den plötzlich heller werdenden Feuerschein konnte sie Pferde ausmachen, die sich rasch näherten. Erst dann entdeckte sie die Reiter.

Instinktiv zog sie sich noch weiter zurück und verhielt sich still. Sie spürte, dass es besser war, wenn niemand auf sie aufmerksam wurde.

Das Geräusch der prasselnden Flammen, der Lärm und die Rufe hatten endlich auch die anderen Bewohner des Hauses aufgeweckt. Nun erschienen Willy, Ottos Zwillingsbruder, Karsten Sievers, der Pferdewirt, und seine Tochter Melanie, Lissys Eltern und ihr Großvater. Die Männer rollten in aller Eile Wasserschläuche aus, schlossen sie an und bespritzten damit die Wände des Herrenhauses und des Blockhauses, die beide durch das Feuer gefährdet waren. Danach griffen sie nach den Feuerlöschern um bereit zu sein, falls die Flammen auf die Gebäude übergreifen sollten.

„Wir müssen die Feuerwehr verständigen!“, rief Karsten Sievers.

„Das hat Christine Hahnemann schon getan“, teilte Lissys Mutter den Männern mit. „Sie hat eben angerufen um zu fragen, was hier los ist. Ich habe ihr gesagt, dass sie die Feuerwehr alarmieren soll."

Sie ließen das Auto ausbrennen, da sie das Feuer mit ihren Mitteln ohnehin nicht löschen konnten. Wie erwartet explodierte das Benzin und eine gewaltige Stichflamme schoss in die Höhe.

„Das ist kein Dummejungenstreich mehr", sagte Thorsten Riedmann zornig. Lissys Vater hatte sich nie besonders für den Reiterhof und das Gestüt interessiert. Nun aber, da der ganze Hof durch das Feuer gefährdet wurde, geriet sein Blut in Wallung. „Wir können von Glück reden, dass es geregnet hat, sonst hätte es eine Katastrophe gegeben."

„Gehst du denn davon aus, dass jemand das Auto angezündet hat?", fragte Lissy.

„Das ist für mich absolut sicher", erwiderte er, während er sich mit den anderen bemühte das Feuer in Grenzen zu halten. „Aus welchem Grund sonst sollte es mitten in der Nacht in Flammen aufgehen? Wahrscheinlich werden wir die Reste eines Benzinkanisters im Wagen finden, wenn das Feuer gelöscht ist."

Er behielt Recht. Als Hauptwachtmeister Pangritz einige Stunden später erschien und den Wagen untersuchte, fand er einen eindeutigen Beweis dafür, dass jemand Feuer gelegt hatte: die Reste eines kleinen Benzinkanisters.

Ein Brief von Linda

Mehr noch als am Tag zuvor setzte das allgemeine Rätselraten ein. Niemand aus dem Club konnte sich die Anschläge erklären, und so sehr man auch überlegte, man fand kein Motiv.

„Der ganze Hof hätte abbrennen können“, stellte Lissy fest, nachdem sie mit ihren Freunden über die nächtlichen Zwischenfälle gesprochen hatte. „Das wussten auch die Täter. Und sie sind das Risiko eingegangen. Für so was kommt niemand in Frage, der sich über irgendeine Kleinigkeit geärgert hat.“

„Damit meinst du Bodo Hinkmann“, sagte Dennis.

„Allerdings“, erwiderte sie. „Oder Christine Hahnemann, die wegen der Telefongeschichte sauer auf uns ist. Wegen solcher Kleinigkeiten bringt niemand einen ganzen Hof in Gefahr. Es muss jemand anderes sein. Vielleicht wirklich jemand, der mit meinem Vater zu tun hat.“

„Aber einer, der ein Herz für Pferde hat“, bemerkte Tobias. Die anderen blickten ihn überrascht an.

„Wie kommst du denn darauf?“, fragte Dennis verblüfft.

„Er hat die Pferde vorher aus dem Stall gelassen, damit sie weglaufen können, falls der Stall Feuer fängt.“

Es war eine Überlegung, der sie sich nicht verschließen konnten, die es ihnen aber auch nicht leichter machte, den Täter zu finden.

Der Postbote kam und brachte einen Brief von Linda. Er war an Lissy adressiert, aber er interessierte alle, die im Clubhaus waren und davon erfuhren.

„Lies doch mal vor“, verlangte Tobias. „Oder stehen nur Geheimnisse drin?“

Lissy überflog die Zeilen um sicher zu sein, dass sie

nicht versehentlich etwas vorlas, das nur für sie bestimmt war.

„Nein“, entgegnete sie dann. „Ihr könnt alle wissen, was Linda schreibt. Sie ist sehr unglücklich. Wir fehlen ihr sehr und vor allem vermisst sie Toscan.“

Sie las den ganzen Brief vor, in dem Linda von ihrer Reise schrieb und von der für sie enttäuschenden neuen Heimat. Sie ließ Grüße an alle Clubmitglieder ausrichten und erkundigte sich nach dem einen oder anderen – so, als ob sie schon viele Wochen fort sei. Schließlich schrieb sie voller Wehmut von ihrer Sehnsucht nach ihrem geliebten Toscan und sie bat Lissy und ihre Freunde doch einmal nach ihm zu sehen, möglichst ein paar Fotos von ihm zu machen und sie ihr zu schicken.

Der Brief rief auf der einen Seite Freude bei den Jungen und Mädchen hervor, die Linda alle kannten und mochten, auf der anderen Seite machte er sie aber auch traurig. Sie alle spürten, wie sehr Linda Lissys Reiterclub liebte und nun vermisste, und obwohl Linda es nicht offen aussprach, merkte doch jeder, dass sie ihrem neuen Zuhause am liebsten sofort wieder den Rücken gekehrt hätte und zurückgekommen wäre.

„Ich reite auf jeden Fall zu den Hinkmanns“, erklärte Lissy, als sie endlich mit Gertie, Tobias und Dennis allein war. „Ich werde die Fotos von Toscan machen, sie Linda schicken und ihr einen langen Brief schreiben, wie gut Toscan es jetzt hat.“

„Glaubst du wirklich, dass er es gut hat?“, fragte Dennis skeptisch.

„Davon bin ich fest überzeugt“, erwiderte sie. „Hast du gesehen, wie Bodo Hinkmann im Sattel gesessen hat?“

„Natürlich habe ich das“, betonte er und dann erhellte sich sein Gesicht. Er hatte begriffen, was sie meinte. „Ja, du hast Recht: Bodo ist mir äußerst unsympathisch, aber er ist ein ganz ausgezeichneter Reiter. Daran gibt es überhaupt keinen Zweifel."

„Er trägt Sporen", bemerkte Lissy, „aber er benutzt sie nicht. Das hat er gar nicht nötig. Er weiß genau, wie man ein Pferd behandeln muss, und deshalb glaube ich, dass Toscan es bei ihm und seiner Mutter gut hat."

„Vielleicht hast du ja Recht", lenkte Dennis ein. „Wenn du willst, komme ich mit. Ich möchte auch sehen, wie es Toscan geht."

Auch für Gertie und Tobias war es selbstverständlich, dass sie Lissy begleiteten. Sie trafen die nötigen Vorbereitungen und ritten schon wenig später los.

Bis zum Hof der Familie Hinkmann waren sie mehr als eine Stunde unterwegs. Er lag hinter dichten Tannen- und Mischwäldern abseits der viel befahrenen Landstraßen und war nicht leicht zu finden. Als sie das Dorf erreichten, zu dem der Hof gehörte, ging Dennis in einen Gasthof um sich danach zu erkundigen.

„Wir müssen ein kleines Stück zurückreiten", teilte er den anderen anschließend mit.

Schon nach wenigen Minuten konnten sie eine versteckt in einem Wald liegende Koppel erreichen, auf der mehrere Pferde weideten. Sie war zu der schmalen, asphaltierten Straße hin offen, während sie auf allen anderen Seiten von hohen Bäumen und dichtem Buschwerk umgeben war.

„Dahinten ist Toscan!", rief Gertie begeistert. „Wir haben ihn schon gefunden."

Tatsächlich befand sich der Wallach unter den Pferden auf der Koppel. Er hielt sich abseits von den anderen und stand etwa fünfzig Meter vom Weg entfernt im Schatten von weit über den Zaun hinausreichenden Zweigen einer Buche.

Lissy und ihre Freunde stiegen aus dem Sattel und

versuchten den Wallach anzulocken, doch Toscan reagierte nicht. Er blieb unter der Buche stehen und schien sie nicht zu bemerken.

„Wir müssen zu ihm hin, wenn wir ihn fotografieren wollen“, stellte Lissy fest.

„Ich habe eben einen schmalen Weg gesehen, der in den Wald führt“, sagte Tobias. „Vielleicht kommen wir zu Toscan, wenn wir ihm folgen.“

„Wir werden es zumindest versuchen“, entschied Lissy und wartete die Zustimmung der anderen gar nicht erst ab. „Ich möchte jedenfalls nicht über die Koppel gehen. Wer weiß, wie die Hinkmanns darauf reagieren, wenn sie es sehen. Wir mögen es ja auch nicht, wenn die Leute bei uns einfach auf die Koppeln laufen.“

Sie ritten auf dem schmalen Weg in den Wald hinein, der auf den ersten Metern parallel zur Koppel verlief, sich dann jedoch von ihr entfernte. Nach einer kurzen Konferenz entschlossen sich Lissy und ihre Freunde die Pferde an die Bäume zu binden und das letzte Stück zu Fuß durch den Wald zu laufen. Schon nach wenigen Schritten konnten sie Toscan sehen. Er hob den Kopf und spitzte die Ohren.

„Toscan, alter Junge!“, rief Dennis. „Erkennst du uns endlich?“

Der Wallach blieb zunächst stehen, wandte ihnen jedoch den Kopf zu und beobachtete sie, bis sie den Zaun erreicht hatten. Erst dann kam er zu ihnen und streckte ihnen den Kopf entgegen.

„Er kennt uns“, freute sich Gertie.

„Aber er geht so eigenartig“, bemerkte Lissy.

„Er ist verletzt!“, rief Dennis erschrocken. „Er hat sich an den hinteren Hufen verletzt. Seht doch!“

Tatsächlich hatte der Wallach eine blutige Wunde an der rechten Hinterhand. Dicht über dem Huf war die

Haut aufgeplatzt und sie war an beiden Beinen geschwollen.

Lissy kletterte kurzerhand über den Zaun um Toscan zu untersuchen, doch sie konnte nicht mehr feststellen, als dass er verletzt war.

„Armer Junge“, sagte sie tröstend zu ihm. „Das sieht ja aus, als hättest du versucht über einen Zaun oder ein Gatter zu springen. Wolltest du ausreißen um zu uns zurückzulaufen?“

Mittlerweile waren auch die anderen durch den Zaun geklettert. Sie streichelten den Wallach und sprachen beruhigend auf ihn ein. Sie hatten das Gefühl, dass Toscan sich darüber freute.

Lissy machte einige Fotos von ihnen und dem Pferd, wählte die Ausschnitte dabei jedoch so, dass die Verletzungen an der Hinterhand nicht zu sehen waren. Sie wollte nicht, dass Linda sich Sorgen machte. Jedes Pferd konnte sich mal verletzen. Wichtig war allein, dass die Wunden behandelt wurden, und Lissy war überzeugt, dass dies in diesem Fall auch so sein würde.

„Die Wunden heilen schnell, wenn sie behandelt werden“, sagte sie. „Das werden die Hinkmanns schon machen.“

„Bist du sicher?“, fragte Gertie. „Die Wunde sieht nicht so aus, als wäre sie gerade eben erst entstanden. Das Blut ist verkrustet. Es muss also schon eine Weile her sein, dass Toscan sich die Verletzung zugezogen hat. Entweder haben die Hinkmanns es noch nicht bemerkt oder es ist ihnen egal.“

Ihre Worte riefen den heftigen Protest der anderen hervor. Keiner von ihnen konnte sich vorstellen, dass die Hinkmanns der Verletzung gleichgültig gegenüberstanden. Es konnte nur so sein, dass sie ihnen noch nicht aufgefallen war.

Plötzlich löste sich Dennis von den anderen. Wortlos ging er weiter auf die Koppel hinaus und zu einigen anderen Pferden. Sie beobachteten ihn argwöhnisch, ließen ihn auf etwa zehn Meter herankommen, schreckten dann auf und entfernten sich von ihm. Dies passierte mehrmals. Dennis war erfahren genug im Umgang mit Pferden um zu wissen, dass er nichts erzwingen konnte, deshalb kehrte er zu Lissy, Gertie und Tobias zurück.

„Nichts zu machen", sagte er. „Sie mögen es nicht, wenn man ihnen zu nahe kommt."

„Dann lass sie doch in Ruhe", empfahl Gertie.

„Das habe ich ja getan", erwiderte er. „Ich wollte mir ihre Beine mal ansehen. Besonders die hinteren."

„Wozu das denn?", fragte Tobias. „Du glaubst doch nicht, dass sie ebenfalls verletzt sind?"

„Genau das wollte ich wissen", antwortete Dennis ernst. Angestrengt spähte er zu den anderen Pferden hinüber. „Aber ich komme nicht nahe genug an sie heran um Genaueres erkennen zu können. Ich wollte einfach wissen, ob sie auch verletzt sind."

Lissy, Tobias und Gertie blickten ihn erstaunt an.

„Du meinst, sie könnten auch ..." Gertie verstummte betroffen.

„Ich weiß es nicht", entgegnete Dennis zögernd. Er blickte auf die Koppel hinaus und beobachtete die anderen Pferde, entdeckte jedoch nichts Ungewöhnliches. „Es war nur so ein Gedanke. Ich möchte noch nichts dazu sagen, weil ich mich vielleicht irre, und es wäre schlecht, einen unberechtigten Verdacht auszusprechen."

„Da stimme ich dir zu", sagte Lissy. „Was jetzt? Wie geht es weiter?"

„Als Erstes sollten wir diese Koppel verlassen", schlug er vor. „Es ist nicht nötig, dass Bodo Hinkmann uns hier überrascht. Und dann möchte ich mir gern mal den Hof ansehen – aber unauffällig. Die Hinkmanns brauchen uns nicht zu sehen."

„Das klingt zwar alles höchst geheimnisvoll", stellte Lissy mit einem leisen Lächeln fest, „aber ich habe nichts dagegen."

Sie kehrten mit ihren Pferden zum Asphaltweg zurück, als Bodo Hinkmann plötzlich auf einem Fahrrad auftauchte. Nicht weniger überrascht als sie, hielt er mitten auf der Straße an und versperrte ihnen den Weg. Als Gertie an ihm vorbeizukommen versuchte, schob er ihr sein Rad demonstrativ in den Weg.

„Was macht ihr denn hier?", fragte er.

„Wir wollen die Fotos holen", erwiderte Lissy spontan. „Die aus den Satteltaschen."

„Ach so, die Fotos", antwortete er so langsam und gedehnt, dass Lissy den Eindruck gewann, dass er Zeit gewinnen wollte. „Also, die habe ich in einen Briefumschlag gesteckt und an den Club abgeschickt. Gerade heute."

Lissy glaubte ihm kein Wort. Aber immerhin hatte er zugegeben, dass er die Fotos hatte, und so konnte sie hoffen, dass er sie tatsächlich zurückgeben würde.

„Habt ihr das Schild unten an der Straße nicht gesehen?", fragte er. „Dies ist ein Privatweg. Er endet auf unserem Hof. Wir mögen keine unangemeldeten Besucher und ihr habt hier schon gar nichts zu suchen. Also verschwindet."

„Meine Freundin will die Fotos unbedingt wiederhaben", sagte Lissy. „Ich kann dir nur raten sie herauszugeben."

Bodo Hinkmann ging nicht darauf ein. Mit einer unmissverständlichen Geste gab er ihnen zu verstehen, dass sie den Privatweg nun verlassen sollten, und sie fügten sich. Der asphaltierte Weg mündete auf eine Bundesstraße, aber dort gab es kein Schild oder irgendeinen anderen Hinweis darauf, dass es sich um einen Privatweg handelte. Bodo Hinkmann hatte sie angelogen. Die Frage war nur, weshalb.

Sie überquerten die Bundesstraße und folgten einem breiten Feldweg. Als sie etwa dreißig Meter weit gekommen waren, drehte Tobias sich um. Er sah gerade noch, wie der Geländewagen von Lissys Vater in den angeblichen Privatweg einbog, aber am Steuer saß nicht Thorsten Riedmann, sondern Alexander Manglier, der Reitlehrer.

Verbotenes Training

„Was will Alexander bei den Hinkmanns?“, fragte Lissy, als Tobias ihr von seiner Beobachtung erzählt hatte. „Bist du sicher, dass er es war?“

„Völlig sicher“, betonte er. „Aber ich habe keine Ahnung, was er dort macht.“

„Wir könnten doch hinreiten und uns das ansehen“, schlug Dennis spontan vor.

Genauso spontan lehnte Lissy diesen Vorschlag ab. „Auf keinen Fall können wir das. Eben erst hat Bodo uns von dort vertrieben. Wenn er uns noch einmal dort erwischt, gibt es Ärger.“

„Also gut“, lenkte Dennis ein, „dann lassen wir die Pferde hier und gehen zu Fuß. Es ist ja nicht weit bis zum Hof.“

Diesem Vorschlag stimmten Tobias und Lissy sofort zu, während Gertie zögerte.

„Einer muss bei den Pferden bleiben“, gab sie zu bedenken. „Das kann ich ja machen.“

„Wir beeilen uns“, versprach Dennis, der ebenso wie die anderen froh über dieses Angebot war. Er verspürte wenig Lust bei den Pferden zu bleiben und untätig darauf zu warten, dass seine Freunde zurückkehrten. Es war immerhin möglich, dass sie aufregende Abenteuer erlebten, und da wollte er unbedingt dabei sein. „Wir sind ganz bestimmt in ein paar Minuten zurück.“

Sie führten die Pferde noch etwa hundert Meter weiter von der Bundesstraße weg zu einer kleinen Lichtung, wo es saftiges Gras und schmackhafte Kräuter gab, und ließen Gertie dann mit den Pferden allein. Danach eilten sie zur Bundesstraße, überquerten sie und folgten dann dem angeblichen Privatweg. Als sie an der Koppel vorbei waren, auf der Toscan stand, kamen sie zu einer Wegbiegung.

Jetzt konnten sie auch den Geländewagen sehen. Er stand keine fünfzig Meter von ihnen entfernt vor einer geschlossenen Schranke. Alexander Manglier hatte die Fahrertür geöffnet und war ausgestiegen.

Vor ihm stand Bodo Hinkmann und redete sichtlich erregt auf Alexander ein. Dabei stieß Bodo dem Reitlehrer immer wieder die Hände gegen die Brust und drängte ihn auf diese Weise zum Wagen zurück.

Überraschenderweise setzte sich Alexander Manglier nicht zur Wehr, sondern nahm die Gewalttätigkeit widerstandslos hin.

„Ich glaube, Alexander braucht Hilfe“, flüsterte Dennis leise. „Das sieht ja fast nach einer Prügelei aus!“

Bodo stieß den Reitlehrer nun energisch in den Geländewagen und schlug die Tür zu. Dann drohte er ihm mit der Faust.

Wieder reagierte Alexander Manglier nicht. Er ließ lediglich den Motor an und fuhr rückwärts in eine kleine Einbuchtung um umdrehen zu können.

„Kommt zur Seite“, bat Lissy rasch. „Alex braucht uns nicht zu sehen, sonst denkt er noch, dass wir ihm nachspionieren.“

„Was wir ja auch tun!“, bemerkte Dennis spöttisch, während sie sich hinter ein paar Büsche zurückzogen. Kaum waren sie in Deckung gegangen, als der Reitlehrer an ihnen vorbeifuhr.

„Ich möchte wissen, was er hier wollte“, überlegte Tobias und sah dem Fahrzeug nach, bis es hinter der nächsten Kurve verschwunden war. „Ob er glaubt, dass die Hinkmanns irgendetwas mit dem Feuer zu tun haben?“

Sie kehrten auf die Straße zurück und beobachteten

nun, dass Bodo Hinkmann zu einem hinter hohen Bäumen liegenden Hof ging.

„Los, weiter", forderte Lissy. „Oder wollt ihr auch den Rückzug antreten?"

„Auf keinen Fall!", protestierte Dennis. „Ich habe einen ganz bestimmten Verdacht und ich möchte herausfinden, ob er berechtigt ist. Kommt!"

Vorsichtig folgten sie dem Asphaltweg. Sie waren darauf vorbereitet, augenblicklich in Deckung zu gehen, falls Bodo Hinkmann erneut auftauchen sollte.

Der Hof bestand aus einem aus roten Backsteinen errichteten Haupthaus, zwei kleineren Gebäuden und einer großen grauen Halle, die aus Kunststoffplatten errichtet worden war. Daneben befand sich eine Koppel, auf der eine Reihe von Hindernissen aufgebaut war. Hier drehten Bodo Hinkmann und sein Bruder Alf mit zwei Pferden ihre Runden. Sie bewegten die Pferde im lockeren Trab um sie aufzuwärmen und ließen sie nur hin und wieder über ein kleines Hindernis gehen. Ihre Mutter kam mit einem weiteren Pferd aus der Halle. Bei ihr war ein lebhafter, heller Mischlingshund.

„Der Hund könnte unangenehm für uns werden", stellte Tobias beunruhigt fest, während sie sich weiter dem Hof näherten. Sie verließen den Asphaltweg und suchten die Deckung von Bäumen und Büschen, sodass sie vom Hof her möglichst nicht zu sehen waren. „Wir dürfen nicht noch näher herangehen oder er bemerkt uns und dann gibt es Krach."

„Ich kann nicht sagen, dass ich irgendetwas Ungewöhnliches finde", merkte Lissy leise an, nachdem sie hinter einigen niedrigen Büschen stehen geblieben war und minutenlang schweigend beobachtet hatte, was auf der Koppel geschah. „So sieht es bei vielen Bauern hier in der Gegend aus. Sie haben eine kleine Pferdezucht, bilden die Pferde selber aus und betreiben darüber hinaus Handel mit ihnen."

Frau Hinkmann ritt nun ebenfalls einige Runden um das Pferd zu lockern, bevor sie die ersten, kleinen Hindernisse anging. Auch der Verlauf dieser Übungen verlief so, wie es in Lissys Reiterclub nicht anders gewesen wäre.

„Wir vergeuden nur unsere Zeit", sagte Tobias. Ungeduldig trat er von einem Bein aufs andere. Es war schon spät und ihm war eingefallen, dass er seinem Vater fest versprochen hatte rechtzeitig zum Abendbrot wieder zu Hause zu sein. „Hier passiert nichts. Wir sollten uns auf den Rückweg machen."

„Abwarten", erwiderte Dennis. „Nur nicht so ungeduldig. Gleich gehen sie die höheren Hindernisse an."

„Auch das reißt mich nicht vom Sockel", entgegnete Tobias. „Alle drei sind sehr gute Reiter. Das ist nicht zu übersehen. Aber ich habe auch schon andere gute Reiter über hohe Hindernisse springen sehen."

Doch Dennis und Lissy wollten ihren Beobachtungsposten noch nicht verlassen und so blieb auch Tobias. Und dann musste er feststellen, dass sich Geduld durchaus bezahlt machen konnte.

Frau Hinkmann gab ihren Söhnen ein Zeichen und rief ihnen etwas zu. Die beiden stiegen ab, führten ihre Pferde an den Rand der Koppel und bauten sich zu beiden Seiten eines Hindernisses auf. Als ihre Mutter sich ihm näherte, nahmen sie eine Stange auf, die auf dem Boden gelegen hatte. In diesem Augenblick wurde Tobias schlagartig bewusst, was geschehen würde. „Das darf doch nicht wahr sein!", stieß er empört hervor.

Frau Hinkmann sprang mit ihrem Pferd über das Hindernis. Gleichzeitig rissen Bodo und Alf die Stange hoch und hielten sie so, dass das Pferd mit den Hinterbeinen dagegenschlug. Es krachte laut.

„Sie barren!", schnaubte Dennis empört. „Als ich die Verletzungen von Toscan sah, habe ich mir genau das gedacht. Sie schlagen den Pferden mit dem Balken gegen die Hinterläufe und fügen ihnen dabei absichtlich Schmerzen zu, damit sie die Beine höher nehmen und höher springen!"

Wieder übersprang Frau Hinkmann das Hindernis und wieder krachte es so laut, dass Lissy und ihre beiden Freunde erschrocken zusammenfuhren. Sie waren sprachlos vor Entsetzen und Empörung. Sie konnten nicht begreifen, dass Menschen so etwas tun konnten. Pferde waren doch keine lebenden Sportgeräte, die man mit brutalen Mitteln auf Hochleistung trimmen durfte! Pferde waren Freunde!

Dennis musste Lissy am Arm fest halten, damit sie nicht loslief. Er konnte spüren, dass sie sofort zu den Hinkmanns stürmen und das grausame Spiel unterbinden wollte.

„Bleib hier, Lissy. Das bringt nichts", flüsterte er eindringlich. „Im schlimmsten Fall verprügeln sie uns, aber sie hören nicht auf damit, solange wir sie nicht dazu zwingen."

„Wie können wir sie zwingen?", zischte Lissy. Sie zuckte zusammen, als der Balken abermals gegen die Beine des gequälten Pferdes schlug.

„Wozu hast du einen Fotoapparat dabei?", fragte er. „Mach Fotos, wenn die beiden mit dem Balken schlagen! Die Bilder sind der beste Beweis für den Tierarzt und nur er kann diesem Treiben ein Ende machen!"

„Das ist die Hölle für die Pferde", erregte sich Tobias, während Lissy die Kamera hob und genau in dem Moment den Auslöser drückte, als Bodo und sein Bruder erneut mit dem Balken gegen die Beine des springenden Pferdes schlugen.

Als sie das nächste Foto machen wollte, verweigerte das Pferd, doch gleich darauf konnte Frau Hinkmann es erneut zum Springen bringen. Dieses Mal verzichteten die beiden Brüder darauf, es zu barren, um seinen Gehorsam nicht auch noch zu bestrafen. Doch schon wenig später konnte Lissy weitere Aufnahmen machen.

Nun bestieg Bodo Hinkmann eines der anderen Pferde. Seine Mutter war abgestiegen und rieb die hinteren Beine des Tieres mit einer Flüssigkeit aus einer Flasche ein. Danach stellte sie sich mit Alf an das Hindernis um mit ihm zusammen den Balken gegen die Beine des springenden Pferdes zu schlagen.

„Das ist wirklich der Gipfel", sagte Dennis zornig. „Ist euch klar, was sie da gemacht hat? Sie hat die Beine mit einem Mittel eingerieben, das sie besonders schmerzempfindlich macht! Es genügt ihr nicht, mit dem Balken zu barren, es muss dem Pferd auch noch besonders wehtun, damit es die Beine höher nimmt."

„Das genügt", sagte Lissy schließlich, nachdem sie einige weitere Bilder aufgenommen hatte und der Film zu Ende war. „Lasst uns verschwinden. Das sind Kriminelle. Wenn die uns sehen und merken, dass wir Fotos gemacht haben, dann wird's gefährlich."

Auch die beiden Jungen hielten es nun für das Beste, den Rückzug anzutreten. Vorsichtig entfernten sie sich von der Koppel und dem Hof, bis sie sicher sein konnten, dass sie nicht gesehen wurden. Dann liefen sie auf dem Asphaltweg zur Bundesstraße zurück und eilten zu Gertie und ihren Pferden um ihr zu erzählen, was sie beobachtet hatten.

„Wir reiten nach Hause", verkündete Lissy. „Ich muss den Film zum Entwickeln geben und dann werden wir mit Frau Dr. Müllher sprechen. Sie weiß bestimmt, was wir tun müssen um dieser Frau das Handwerk zu legen.

So darf man Pferde nicht quälen und Leute wie die Hinkmanns haben in unserem Sport nichts verloren."

„Ich kann mir denken, wie das läuft", grübelte Dennis laut, als sie auf dem Heimweg waren. „Sie züchtet Pferde und kauft geeignete Springpferde hinzu um sie auf ihrem Hof in dieser Weise auszubilden. Wenn sie die Pferde verkauft, sind natürlich keine Spuren der Misshandlungen mehr an den Beinen zu sehen und die Käufer sind beeindruckt, weil die Pferde so hoch springen. Das bedeutet, dass sie besonders gute Preise beim Verkauf erzielt."

„Wir müssen Toscan da rausholen", sagte Lissy energisch. „Ich weiß noch nicht, wie wir das machen können, aber wir müssen es tun. Irgendwie. Wir dürfen nicht zulassen, dass er gequält wird."

Gertie, Dennis und Tobias stimmten ihr vorbehaltlos zu und während sie zum Heidehof zurückritten, dachten sie darüber nach, was sie unternehmen konnten.

„Die einfachste Möglichkeit ist natürlich Toscan zu kaufen", sagte Dennis. „Leider fehlt uns dazu das Geld."

„Dann müssen wir es uns beschaffen!", rief Lissy. „Irgendwie bringen wir den Kaufpreis zusammen. Wir könnten eine große Sammelaktion starten oder einen Flohmarkt veranstalten. Irgendetwas wird uns schon einfallen. Aber es muss schnell gehen. Je früher wir Toscan zurückkaufen, desto besser. Ich werde nachher gleich bei Frau Hinkmann anrufen und fragen, zu welchem Preis sie Toscan an uns verkauft."

„Und was sagen wir Linda?", fragte Gertie, nachdem sie eine Weile geschwiegen und darüber nachgedacht hatten, wie sie das nötige Geld für den Kauf von Toscan zusammenbringen konnten. „Wenn sie anruft, können wir ihr doch nicht erzählen, was die Hinkmanns mit Toscan machen!"

„Aber wir können ihr auch nicht vorlügen, dass Toscan

es bei den Hinkmanns gut getroffen hat", gab Lissy zu bedenken. „Ich kann nur hoffen, dass Linda so bald nicht anruft. Ich wüsste wirklich nicht, was ich ihr sagen soll."

Als sie den Hof erreichten, sahen sie Christine, die Tochter des Hufschmieds, und Alexander Manglier bei dem ausgebrannten Wrack des Autos stehen. Die beiden bemerkten sie und kamen ihnen entgegen.

„Hallo", sagte der Reitlehrer. „Ich habe interessante Nachrichten für euch. Christine hat letzte Nacht eine wichtige Beobachtung gemacht."

„Und ich dachte schon, dass sie jetzt handgreiflich werden will wegen der Telefongeschichte", scherzte Tobias und hielt bewusst Abstand.

Christine lachte. „Das ist längst vergessen, Tobias." Während sie von den Pferden stiegen, fuhr sie fort: „Letzte Nacht kam ich gerade von der Disco, da sah ich den Feuerschein. Zwei Reiter preschten an unserem Haus vorbei. Sie hatten es ziemlich eilig."

„Christine hat sie eindeutig erkannt: Es waren Bodo und Alf Hinkmann", ergänzte Alexander Manglier. „Aber die Tatsache, dass sie in dieser Nacht an Christines Elternhaus vorbeigeritten sind, beweist natürlich noch lange nicht, dass sie das Feuer gelegt haben."

„Sie glauben, die beiden haben das Auto angezündet?", hakte Lissy nach. „Aber warum sollten sie das tun? Sie haben doch überhaupt keinen Grund dazu."

„Nein, den haben sie nicht", bestätigte Manglier, „aber sie bilden sich ein ihn zu haben. Es wird höchste Zeit, dass ich euch erzähle, dass es eine Verbindung zwischen mir und den Hinkmanns gibt."

„Eine Verbindung zwischen Ihnen, Alex, und dieser Familie?", staunte Lissy. „Welche?"

„Ich war mit Marion Hinkmann verheiratet."

Ein unerwarteter Besuch

„Sie waren mit Marion Hinkmann verheiratet?“, fragte Dennis ungläubig. „Das haut mich glatt um. Ich habe nicht gewußt, dass Sie überhaupt schon mal verheiratet waren, Alex.“

„Für mich war es die erste und bisher einzige Ehe“, antwortete der Reitlehrer, „für meine Exfrau die zweite. Sie hat Alf und Bodo mit in die Ehe gebracht. Unsere Ehe hielt noch nicht einmal ein halbes Jahr und dann habe ich die Scheidung eingereicht. Ich habe mich von Marion unter anderem deshalb getrennt, weil mir ihre Art, mit Pferden umzugehen, missfiel. Sie quälte sie. Nun, das alles ist vor fast zehn Jahren geschehen. Und vor einigen Tagen habe ich meine Exfrau hier im Clubhaus wieder getroffen. Ich wusste überhaupt nicht, dass sie mit ihren Söhnen hier in der Nähe vom Heidehof lebt. Bodo und Alf sind jetzt offenbar der Überzeugung sich an mir rächen zu müssen. Weshalb, weiß ich nicht. Möglicherweise fühlen sie sich von mir im Stich gelassen. Doch dazu haben sie keinen Grund. Ich habe alle meine Verpflichtungen erfüllt.“

„Ich verstehe.“ Lissy erzählte dem Reitlehrer nun von ihrem heimlichen Besuch auf dem Hinkmann-Hof und von ihren Beobachtungen dort. „Wir haben Sie mit Bodo Hinkmann gesehen“, schloss sie.

„Ich habe ihm auf den Kopf zu gesagt, dass er meinen Wagen angezündet hat“, entgegnete er. „Das hat ihn wütend gemacht. Natürlich hat er alles geleugnet, aber ich bin mehr denn je davon überzeugt, dass er es war. Leider kann ich es ihm nicht beweisen.“

Lissy brach das Gespräch mit dem Hinweis ab, dass sie sich um ihre Pferde kümmern mussten. Sie dankte Christine für ihre Aussage und bat sie noch ein bisschen zu bleiben.

„Wir sollten später noch einmal miteinander reden", schlug Alexander Manglier vor. „Wenn Marion noch immer die Pferde barrt ... Das ist eine verbotene Trainingsmethode. Und es ist Tierquälerei. Genau aus diesem Grund habe ich mich damals von ihr getrennt."

Eine halbe Stunde später hatten Lissy, Gertie, Dennis und Tobias ihre Pferde versorgt und betraten das Clubhaus, wo Alexander Manglier mit Christine und Opa Riedmann an einem Tisch saß. Lissy ging sofort in ihr Büro.

Marion Hinkmann meldete sich schon beim zweiten Läuten.

„Guten Tag, Frau Hinkmann", sagte Lissy höflich und kam sofort auf ihr Anliegen zu sprechen. „Unsere Clubmitglieder möchten Toscan gern zurückkaufen. Sie lieben das Pferd und möchten nicht darauf verzichten. Geht das?"

„Alles geht", antwortete Alexander Mangliers Exfrau freundlich und verständnisvoll.

Doch Lissy ließ sich nicht täuschen. Sie wusste, dass Marion Hinkmann weder freundlich noch verständnisvoll war, sondern ausschließlich ihre Geschäftsinteressen verfolgte. „Wir können das heute noch erledigen, wenn du willst."

Und dann nannte sie den Preis, den sie für den Wallach haben wollte. Er war so hoch, dass es Lissy die Sprache verschlug.

„Immerhin wird Toscan bei mir zu einem hervorragenden Springpferd ausgebildet", erläuterte Marion Hinkmann. „Und das kostet natürlich etwas. Ich habe erst zweimal mit ihm trainiert, aber er hat schon erstaunliche Fortschritte gemacht."

„Danke“, sagte Lissy mühsam beherrscht. Am liebsten hätte sie Bodos Mutter angefahren und ihr eröffnet, dass sie ihre verbotenen Trainingsmethoden kannte. Doch das brachte ihr nichts ein. „Ich melde mich wieder“, sagte sie und legte auf.

Enttäuscht blieb sie auf ihrem Stuhl sitzen. Sie wusste, dass sie eine derart hohe Summe, wie Frau Hinkmann sie verlangte, bei einer Sammelaktion, einem Flohmarkt oder bei einer sportlichen Veranstaltung mit zahlenden Zuschauern niemals aufbringen konnte.

Schließlich erhob sich Lissy und ging in den Clubraum, wo Dennis gerade lauthals Mutmaßungen anstellte, wer den Stein ins Fenster des Herrenhauses geworfen haben könnte.

„Ich gehe davon aus, dass es Bodo und Alf waren“, antwortete der Reitlehrer. „Sie wussten von ihrer Mutter, dass ich hier in Lissys Reiterclub tätig bin, aber sie wussten nicht, wo ich wohne. Also warfen sie einfach irgendein Fenster ein. Vermutlich wollten sie Terror ausüben um mich auf diese Weise von meinem Arbeitsplatz zu vertreiben.“

„Dann müssen wir davon ausgehen, dass sie noch mehr unternehmen“, meldete sich Lissy zu Wort. „Sie geben sich bestimmt nicht mit dem zufrieden, was sie bisher angestellt haben.“

„Genau das hat Bodo zu mir gesagt, als ich heute Nachmittag bei ihm war“, eröffnete Alexander Manglier ihnen. „Ich habe ihn aufgefordert solche Aktionen zu unterlassen, aber er hat mir Prügel angedroht und angekündigt, dass noch mehr passiert. Damit hat er zugleich zugegeben, dass er mit den Vorfällen zu tun hat.“

Die Tür öffnete sich und eine Besucherin kam herein. Ihr Auftauchen überraschte alle, sodass die Gespräche im Clubraum augenblicklich verstummten.

Lissy sprang als Erste auf, stieß einen Schrei aus und fiel Linda um den Hals. Sie konnte kaum glauben, dass es wirklich ihre Freundin war, die vor ihr stand.

„Wo kommst du her, Linda?", rief sie aufgeregt. „Wie ist das möglich, dass du hier bist? Wir haben doch heute noch miteinander telefoniert und da warst du doch noch in ... wie heißt diese Stadt noch ...?"

Linda lachte und drückte sich voller Herzlichkeit an sie. „Vergiss diese blöde Stadt", erwiderte sie. „Es ist das langweiligste Nest, das ich je kennen gelernt habe."

Und dann konnte sie eine ganze Weile nicht mit Lissy sprechen, weil alle anderen Clubmitglieder im Raum sich um sie drängten um sie zu begrüßen und mit Fragen zu bestürmen. Auch Alexander Manglier, Opa Riedmann und Christine wollten wissen, weshalb Linda hier war.

Schließlich hob sie lachend die Hände. „Hört auf", rief sie, „und lasst mich erklären! Mein Vater ist einem Betrüger aufgesessen. Heute Morgen, als er sein Büro aufsuchen wollte, ist die Bombe geplatzt: kein Büro, ein falscher Makler und eine Menge Geld futsch. Mein Vater war stinksauer. So wütend, dass wir sofort unsere Siebensachen gepackt haben und zurückgefahren sind. Zum Glück hatte er den Mietvertrag für die neue Wohnung noch nicht unterschrieben. Und aus dem Hotel auszuziehen war kein Problem. Ein Glück, dass wir die Wohnung hier noch haben. Das ist zwar alles schlimm für meine Eltern, aber ich finde es toll. Außerdem hat Paps mir versprochen, dass wir morgen zu Frau Hinkmann fahren und Toscan zurückkaufen!"

Betretenes Schweigen im Clubhaus folgte ihren Worten, denn mittlerweile wussten alle, was Toscan widerfahren war. Dennis, Gertie und Tobias hatten es allen erzählt. Linda hatte gehofft dank ihrer Jubelbotschaft nur lachende Mienen zu sehen. Sie irrte sich.

„Was ist los?“, fragte Linda aufgeschreckt. „Stimmt was nicht mit Toscan?“

„Komm, setz dich zu uns an den Tisch“, bat Dennis. „Wir müssen dir was erzählen.“

Linda wurde blass und setzte sich wortlos. Nervös griff sie nach einem leeren Glas und drehte es in den Händen. „Was ist passiert? Sagt es mir doch endlich! Was ist mit Toscan? Ist er ...“

„Ganz ruhig“, bat Lissy. „Toscan geht es den Umständen entsprechend gut. Leider wird er gar nicht gut behandelt, sodass wir schon überlegt haben ihn zurückzukaufen. Ich habe vorhin gerade mit Frau Hinkmann gesprochen. Leider verlangt sie einen horrenden Preis für Toscan.“ Und dann erzählte sie von ihren Erlebnissen und Beobachtungen am Nachmittag.

Linda traten die Tränen in die Augen, als sie hörte, dass Toscan gequält worden war und Platzwunden und Schwellungen an den Beinen hatte.

Plötzlich erschrak Lissy. „Die Fotos!“, rief sie. „Ich muss sie zum Entwickeln geben. Wie spät ist es?“

„Zu spät“, antwortete Alexander Manglier. „Die Geschäfte sind schon geschlossen. Du musst bis morgen warten.“

„In der großen Pause laufe ich zum Fotogeschäft hinüber“, kündigte Lissy an. „Zu dumm, dass ich das vergessen habe. Nun haben wir einen Tag verloren.“

„Ich kann nicht bis morgen warten“, sagte Linda, die sehr entschlossen wirkte. „Noch heute fahre ich mit meinem Vater zu Frau Hinkmann und verlange von ihr Toscan zurück. Keinen einzigen Tag darf er länger bei dieser ... dieser Bestie bleiben. Ich will nicht, dass sie ihn barrt und ihm die Beine kaputtschlägt – bloß, damit er ein bisschen höher springt und sie mehr Geld für ihn verlangen kann.“

Dennis wollte ihr den Besuch bei Marion Hinkmann ausreden. Doch weder mit scherzhaften Bemerkungen noch mit ernsthaften Ermahnungen konnte er Linda umstimmen. Auch Lissy, Alexander Manglier und Opa Riedmann hatten keinen Erfolg.

„Ich weiß, dass ihr alle Toscan helfen möchtet", entgegnete Linda. „Und auch ich möchte dieser Frau das Handwerk legen, aber ich lasse nicht zu, dass Toscan bei ihr bleibt und leidet."

„Sie kann dir Toscan gar nicht geben", stellte Lissy ruhig fest.

„Und warum nicht?" Linda blickte sie überrascht an.

„Überlege doch mal", bat Lissy. „Toscan ist verletzt. Man kann die Spuren des verbotenen Barrens deutlich sehen. Frau Hinkmann weiß das und sie kann sich an vier Fingern ausrechnen, dass du den Tierarzt verständigst. Das kann sie nicht zulassen, weil dann ihr ganzer Betrieb auffliegt."

„Damit ist es sowieso zu Ende", erwiderte Linda, die nicht einlenken wollte und nach wie vor entschlossen war ihren geliebten Wallach so schnell wie möglich zurückzukaufen. „Wir müssen sogar dafür sorgen, dass Frau Hinkmann das Handwerk gelegt wird."

„Richtig", stimmte Alexander Manglier zu. „Aber wir müssen vorsichtig sein. Marion ist eine kluge und raffinierte Frau. Und sie ist es gewohnt, sehr schnell zu handeln. Wenn sie merkt, dass wir ihr auf die Spur gekommen sind und ihrem Betrieb Gefahr droht, dann verkauft sie ihre Pferde sofort – und zwar an Leute, die es nicht die Bohne interessiert, ob die Tiere Verletzungen vom Barren an den Beinen haben. Und wer weiß, wohin die Pferde dann gehen? Wenn sie Toscan weiter verkauft, findest du ihn vielleicht nie wieder."

Das war eine Überlegung, die Linda überzeugte, ihre

Sorge um Toscan jedoch noch verstärkte. Verzweifelt blickte sie in die Runde. „Und was mache ich nun?“

„Dein Vater sollte bei Frau Hinkmann anrufen und ihr sagen, dass er Toscan zurückkaufen möchte“, schlug Lissy vor. „Sie wird ihn vertrösten um ein paar Tage Aufschub zu gewinnen, damit Toscans Wunden heilen können. Aber sie weiß, dass er Interesse hat, und damit verhindern wir, dass sie sich an andere Käufer wendet.“

Sie diskutierten noch eine Weile über den Rückkauf von Toscan und dabei wurde der Wallach mehr und mehr zu einer Art Gefangenen für sie, den es zu befreien galt. Am Ende waren sie sich alle einig darin, dass sie nicht überstürzt gegen Marion Hinkmann vorgehen durften, sondern sich jeden Schritt genau überlegen mussten.

In dieser Nacht hielten die beiden Pferdepfleger Otto und Willy sowie Alexander Manglier Wache um einen weiteren Anschlag auf den Hof zu verhindern. Doch nichts geschah. Alles blieb ruhig. Auch in der darauf folgenden Nacht sicherten die drei den Hof, aber auch dann ließen sich Bodo Hinkmann und sein Bruder Alf nicht blicken.

Voller Ungeduld sah Lissy dem Zeitpunkt entgegen, an dem sie die Fotos abholen konnte. Als es endlich so weit war, sahen sie und ihre Freunde sich die Bilder gleich im Laden an. Einige der Aufnahmen waren missglückt, doch die meisten waren gestochen scharf und zeigten deutlich, wie die Pferde gepeinigt wurden.

„Das sind eindeutige Beweise!“, jubelte Tobias. „Mein Vater wäre total happy, wenn er bei seiner Polizeiarbeit immer solches Material zur Verfügung hätte.“

Auch Alexander Manglier war des Lobes voll, als er die Fotos sah. „Damit legen wir Marion das Handwerk“, prophezeite er. „Sicherlich gibt das auch für mich wieder eine Menge Ärger, aber solche Trainingsmethoden haben in unserem Sport nun mal nichts zu suchen, und wer das nicht begreifen will, dem muss man es gewaltsam beibringen."

Als Frau Dr. Müllher zufällig im Club auftauchte und hörte, was auf dem Hinkmannhof geschah, war sie derselben Meinung und erklärte sich sofort bereit mitzukommen.

Lissy, Gertie, Tobias, Dennis und Alexander Manglier waren schon auf dem Weg zum Geländewagen, als Linda aufgeregt winkend aus dem Clubhaus stürmte.

„Keine Angst", lachte Dennis. „Wir hätten dich nicht vergessen. Wir hätten auf dich gewartet."

„Mein Vater hat gerade angerufen", berichtete sie. „Er hat mit Frau Hinkmann telefoniert und ihr noch einmal gesagt, dass er Toscan kaufen will. Sie will jetzt sogar das Doppelte von dem, was sie uns bezahlt hat."

Lissy und ihre Freunde sahen sich nur wortlos an.

Danach stiegen sie in den Geländewagen. Frau Dr. Müllher zog es vor, ihren eigenen Wagen zu benutzen.

Den Weg zum Hinkmannhof versperrte ihnen die Schranke, sodass sie das letzte Stück bis zu dem Anwesen zu Fuß gehen mussten.

Frau Hinkmann war gerade mit ihren beiden Söhnen dabei, einige Pferde in die Ställe zu bringen. Sie übergab Bodo die Zügel ihres Pferdes und kam ihren Besuchern entgegen.

„Was kann ich für Sie tun?", fragte sie, wobei sie sich freundlich lächelnd an Frau Dr. Müllher wandte und alle anderen ignorierte.

„Wir sind hier, weil wir Toscan kaufen wollen", sagte Linda, bevor die Tierärztin etwas erwidern konnte. Dann stellte sie sich kurz vor.

„Du kannst den Wallach gleich mitnehmen, wenn du

das Geld mithast, Linda", erwiderte Frau Hinkmann. „Den Preis kennst du ja."

„So weit sind wir noch nicht", fiel ihr Frau Dr. Müllher energisch ins Wort. Sie war eine lebenslustige Frau, die einen eher harmlosen Eindruck machte, aber sie konnte sehr hart sein, wenn Tiere gequält wurden. In solchen Fällen kannte sie keine Nachsicht. „Wer ich bin, das wissen Sie, Frau Hinkmann. Ich habe den Kreistierarzt verständigt und mit dem Reiterverband gesprochen. In wenigen Minuten werden noch einige Damen und Herren kommen und sich Ihre Pferde ansehen."

Frau Hinkmann wurde blass und die scharfen Falten um ihren Mund wurden noch tiefer. „Wieso? Was soll das?"

Lissy reichte ihr schweigend die Fotos, die sie gemacht hatte. Die Bilder verfehlten ihre Wirkung nicht. Marion Hinkmann sank in sich zusammen und ihr Gesicht wurde kalkweiß. Sie wusste, dass sie verloren hatte.

„Muss ich Ihnen noch erklären, welche Folgen das hat?", fragte Frau Dr. Müllher. Alexander Mangliers Exfrau schüttelte stumm den Kopf und gab Lissy die Fotos zurück.

„Und jetzt will ich Toscan", sagte Linda entschlossen. „Und ich bezahle nicht mehr dafür, als Sie an meinen Vater bezahlt haben. Eigentlich müsste ich Ihnen noch Geld abziehen, weil Sie Toscan verletzt haben."

Erst jetzt kamen Bodo und Alf langsam und zögernd heran. Die ganze Zeit über hatten sie stumm verfolgt, was geschah.

Lissy ging ihnen entgegen und reichte ihnen die Fotos.

„Du liebst doch Fotos, nicht wahr?", wandte sie sich an Bodo. „Hier habe ich ein paar für dich."

Hasserfüllt blickte er sie an, wagte jedoch nicht etwas gegen sie zu unternehmen. Er nahm die Fotos entgegen und blickte sie nur kurz an, dann ließ er sie wortlos zu Boden fallen.

„Ich bin einverstanden", erklärte Marion Hinkmann Linda in diesem Augenblick. „Du kannst Toscan gleich mitnehmen. Alles andere regeln wir später. Du hast ja genügend Zeugen, die bestätigen können, dass wir uns geeinigt haben."

Linda stieß einen Jubelschrei aus und dann rannte sie an Bodo und Alf vorbei zu den Stallungen. Sie riss die Tür auf, stürzte in den Stall und hatte Sekunden später ihren geliebten Toscan gefunden. Als Lissy, die ihr gefolgt war, neben sie trat, hing sie an dem Hals des Wallachs, der glücklich schnaubte, umarmte ihn voller Freude und versprach ihm, dass sie sich nie mehr von ihm trennen werde.

„Komm", drängte Lissy. „Lass uns verschwinden, bevor die Hinkmann es sich anders überlegt."

Linda zögerte keine Sekunde. Sie nahm Toscan am Stallhalfter und führte ihn aus dem Stall. Lissy half ihr auf den Rücken des Wallachs.

„Wir sehen uns im Reiterclub!", rief Linda ihr mit einem strahlenden Lächeln zu und dann trieb sie Toscan an. Der Wallach warf den Kopf freudig in die Höhe und trabte vom Hof – so, als wüsste er genau, dass alle Qualen für ihn ein Ende hatten.

„Du kannst dich darauf verlassen, dass wir dir und Toscan einen ganz tollen Empfang bereiten, Linda!", rief Lissy ihr hinterher und dann jubelte sie zusammen mit ihren Freunden, bis Linda hinter der nächsten Kurve verschwunden war.

Marion Hinkmann zog sich mit ihren Söhnen still ins Bauernhaus zurück. Sie wussten, dass sie endgültig ausgespielt hatten.

Viel Wirbel um Roy

Ein neues Clubmitglied

„Bist du die Lissy?“

Lissy, die gerade dabei war, Arcado die Hufe auszukratzen, drehte sich um. Ein Mädchen in ihrem Alter mit langen blonden Locken lehnte sich über die Boxtür.

„Ja, das bin ich“, antwortete Lissy und legte den Hufkratzer zur Seite. Sie klopfte ihrem Hengst zärtlich auf den Widerrist und ging auf das Mädchen zu.

Es reichte ihr die Hand. „Grüß Gott, Lissy! Ich bin Janina.“ Das Mädchen sprach mit einem leichten Akzent. Dabei rollte sie das R und krächzte das CH tief im Hals. Das hörte sich lustig an.

„Hallo, Janina! Kommst du aus der Schweiz?“, fragte Lissy lächelnd.

Janina verzog das Gesicht. „Da gebe ich mir so viel Mühe hochdeutsch zu reden, aber alle sagen sofort: Du kommst bestimmt aus der Schweiz.“

Lissy lachte. „Was ist schlimm daran? Ich finde, es hört sich süß an.“ Sie schaute Janina aufmerksam an. Janina trug alte Jeans und einen dicken Pullover, dazu hohe Gummistiefel.

„Was kann ich denn für dich tun?“, fragte Lissy freundlich.

„Also“, begann Janina verlegen, „ich muss unbedingt mit Pferden arbeiten. Ich bin seit drei Wochen in Deutschland und habe in der Zeit noch kein Pferd gestriegelt, noch keinen Stall gereinigt und kein Pferd gefüttert. Ich werde bald verrückt. Totale Entzugserscheinungen habe ich. Gestern hat meine Mutter von eurem Club gehört und hat mich nun zu euch geschickt. Sie meinte, sonst würde sie noch wahnsinnig mit mir.“

Lissy schmunzelte. „Das kann ich gut verstehen“, meinte sie. „Ich könnte es auch keine drei Wochen ohne Pferde aushalten."

„Gut, dass du das auch so siehst!", freute sich Janina. „Alle Leute, die ich kenne, wundern sich, was ich an diesen riesigen Viechern finde." Sie sah Arcado liebevoll an, Arcado dagegen schaute äußerst misstrauisch drein. Er mochte es nicht, von jemand anderem als von Lissy berührt zu werden.

„Ich habe eben einen Jungen getroffen und er hat mir gesagt, ich soll dich mal fragen, ob ich ein bisschen helfen kann. Er erklärte mir, du wärst die Präsidentin hier."

„Präsidentin klingt so hochtrabend", lächelte Lissy. „Aber ich leite diesen Club. Meine Eltern und ich wohnen dort in dem großen Haus am Reitstall. Meinem Vater gehört das Gestüt. Na ja, und weil ich so ein riesiges Glück hatte neben den Pferden geboren zu werden, habe ich den Reiterclub übernommen."

Über Janinas Gesicht huschte ein trauriges Lächeln. „Ich hatte auch das Glück mit Pferden aufzuwachsen", erzählte sie. „Mein Großvater besitzt eine Landwirtschaft mit Pferden. Schon als kleines Kind habe ich mich um die Tiere gekümmert." Ihr Gesicht verdüsterte sich. „Umso trauriger war ich, als meine Eltern beschlossen nach Deutschland zu gehen. Ich habe tagelang geheult, als ihr Entschluss feststand."

Lissy sah sie mitleidig an. Sie konnte sich nie und nimmer vorstellen sich von ihrem Club und den Pferden zu trennen.

„Hattest du ein eigenes Pferd?", wollte sie wissen.

Janina schluckte. Tränen traten in ihre Augen. Sie wischte sie schnell fort. Sie kannte Lissy doch gar nicht. Wie konnte sie dann vor ihr weinen?

Lissy merkte, dass Janina sehr traurig geworden war, und legte tröstend eine Hand auf ihre Schulter.

„Du musst dich nicht schämen, wenn dir die Tränen kommen“, sagte sie leise. „Ich würde es auch nicht aushalten, wenn ich mich von meinem Hengst Arcado trennen müsste.“

Janina zog ein Taschentuch aus ihrer Jeans und schnäuzte sich heftig. Dann lächelte sie verlegen. „Mein Pferd heißt Roy. Es ist kein Rassepferd. Ein Mischling, weißt du. Ein Wald- und Wiesenpferd. Aber ich habe es total lieb.“

Lissy nickte. Das verstand sie gut.

„Gibt es keine Möglichkeit, es nach Deutschland zu holen?“, fragte sie teilnahmsvoll.

Janina seufzte. „Doch, natürlich! Aber es ist furchtbar teuer. Der Transport, der Zoll, das kostet eine ganz schöne Stange Geld.“

Lissy legte die Stirn in Falten. „Du kannst dir hier bei uns etwas verdienen“, überlegte sie. „Fürs Stallausmisten und alle möglichen Arbeiten gibt es Geld. Viele verdienen sich damit die Reitstunden. Aber du kannst dir das Geld auch auszahlen lassen. Es ist allerdings nicht die Welt.“

Janina starrte Lissy mit großen Augen an. Dann kullerten ein paar Tränen über ihr Gesicht.

„Wahnsinn!“, flüsterte sie. „Das ist ja irre! Riesig! Super! So was hätte ich mir in meinen kühnsten Träumen nicht vorgestellt.“ Sie klopfte Lissy vor Freude kräftig auf die Schulter. „Du bist wirklich eine tolle Präsidentin!“, lachte sie.

Dennis’ blonder Schopf schaute aus der Nachbarbox.

„Du solltest nicht so übertreiben!“, kicherte er. „Lissy wird sonst noch eingebildet.“

Lissy griff nach dem Hufkratzer. „Dennis Klikkow!“, rief sie. „Du scheinst um Schläge zu betteln!“

Dennis lachte laut und lief, so schnell er konnte, aus dem Reitstall.

„Du bist Janina aus der Schweiz, nicht wahr?“ Alexander Manglier, der Reitlehrer, reichte Janina die Hand. „Ich habe schon viel von dir gehört. Du scheinst die gute Seele des Reiterclubs geworden zu sein. Die anderen erzählen, du würdest vor keiner Arbeit zurückschrecken.“

„Ach, geh! Das ist wirklich übertrieben.“ Janina wurde rot. Vor Aufregung rollte sie das R noch ein bisschen stärker als sonst. „Aber ich tu, was ich kann. Und ich mache es gerne.“

Herr Manglier sah sie aufmerksam an. Janina wich seinem Blick aus. Dieser Reitlehrer sah einfach zu gut aus. Sie musste sich ganz schön konzentrieren um nicht anzufangen zu stottern.

„Hast du denn Lust mal wieder ein bisschen zu reiten?“, fragte Alexander Manglier lächelnd.

Janina schluckte. „Eigentlich schon. Aber ich spare das Geld, das ich verdiene, für mein Pferd. Ich will es aus der Schweiz nach Deutschland holen.“

Der Reitlehrer nickte verständnisvoll. Die Liebe, mit der Janina von ihrem Pferd sprach, rührte ihn.

„Ich habe nicht gesagt, dass du für die Reitstunden bezahlen musst“, erklärte er freundlich. „Du kannst gerne ein Pferd satteln und mit zur Reitstunde kommen. Wir haben immer Pferde, die bewegt werden müssen. Die warten geradezu auf dich.“

Janina sah ihn nun doch an, mit weit aufgerissenen Augen. Dann senkte sie schnell den Blick. „Da ist noch ein Problem“, meinte sie leise. „Sie denken bestimmt, dass ich gut reite, weil ich ein eigenes Pferd habe. Aber das ist gar nicht so. Ich habe nie richtigen Reitunterricht gehabt, weil meine Eltern dafür kein Geld hatten. Ich bin einfach nur so auf meinem Roy durch die Gegend geritten. Meist ohne Sattel und so.“

„Umso wichtiger, dass du mit in die Reitstunde

kommst", lächelte Herr Manglier. „Dann setzt du dich in Zukunft keiner Gefahr mehr aus, wenn du allein ins Gelände gehst."

Janina hatte glühend rote Wangen, als sie mit der gutmütigen Rapunzel, einem alten Schulpferd, durch die Reithalle trabte. Sie ritt tatsächlich keinen besonders guten Stil. Schnelle Tempi schien sie nicht gewohnt zu sein. Trotzdem gab sie sich große Mühe mit den anderen mitzuhalten und lernte schnell.

Lissy, Dennis, Gertie und Linda lehnten an der Wand und sahen der Abteilung zu, wie sie langsam durch die Halle schritt.

„Janinas Augen glänzen so hell, dass wir gar kein Licht mehr brauchen", meinte Dennis lächelnd.

Lissy nickte. „Wenn ich gewusst hätte, dass sie so glücklich über das Reiten ist, hätte ich es ihr schon viel früher angeboten."

„Wie viel Geld hat sie für den Transport ihres Pferdes schon zusammen?", erkundigte sich Linda.

Lissy zuckte die Achseln. „Ich weiß nicht", antwortete sie. „Aber ich glaube nicht, dass es schon reicht. So viel verdient man mit der Pferdepflege auch nicht."

„Sie hat mir erzählt, dass sie morgens Zeitungen austrägt", wusste Gertie zu berichten.

„Und als heute die Putzfrau für das Clubhaus ausfiel, war sie auch sofort zur Stelle", erzählte Lissy.

Nun schwiegen alle und sahen zu, wie Janina versuchte zu galoppieren.

„Kreuzgalopp!", rief Alexander Manglier. „Sitz still und halt die Hände ruhig!"

Janina ließ für einen Moment ihr Pferd am langen Zügel gehen, nahm die Hände hoch und wischte sie an ihrem Sweatshirt ab.

„Möchtest du eine Pause machen?“, erkundigte sich der Reitlehrer rücksichtsvoll.

Janina sah ihn erschrocken an und griff schnell wieder nach dem Zügel. Dabei schüttelte sie energisch den Kopf. So eine dumme Frage! Sie wäre noch stundenlang weitergeritten.

Die vier Zuschauer lachten. Es war schön zu sehen, dass Janina so glücklich war. Wie sehr würde sie sich erst freuen, wenn Roy, ihr Pferd, auf dem Heidehof eintraf.

„Hey, Leute, hört mal! Ich habe eine Idee, wie wir Janina helfen können“, flüsterte Lissy plötzlich den anderen zu. „Treffen wir uns heute Abend im Clubhaus zu einer geheimen Sitzung?“

Die anderen nickten und zwinkerten sich verschwörerisch zu.

Viele Clubmitglieder waren zur Sitzung ins Clubhaus gekommen und doch war es möglich gewesen, Janina nichts von dem Treffen zu erzählen. Alle hatten gewartet, bis sie aus dem Stall kam, sich im Clubraum umzog, sich verabschiedete und schließlich und endlich mit dem Fahrrad davonfuhr.

„Endlich!“, seufzte Dennis. „Ich dachte schon, sie arbeitet bis Mitternacht.“

„Also, schieß los, Lissy! Was hast du für einen Vorschlag?“

Lissy lächelte geheimnisvoll. „Da ist doch dieses Turnier in Hamburg“, begann sie. „Einige von uns haben, glaube ich, schon daran teilgenommen.“

„Das, bei dem es immer so tolle Preisgelder gibt?“ Kais Augen leuchteten. Er wusste schon, worauf Lissy hinauswollte.

„Genau das.“ Lissy nickte. „Ich dachte, wenn so viele von uns wie möglich daran teilnehmen, könnten wir die

Preisgelder zusammenlegen und für den Transport von Janinas Pferd verwenden."

„Das ist die Idee!" Gertie schnippte mit den Fingern. „Ich reite Dressur. Die silberne Schleife und das Preisgeld habe ich damit sicher."

„Florian und Sibylle können voltigieren. Stefanie auch. Und Lissy und ich nehmen am Springen teil." Dennis war ganz aus dem Häuschen.

„Gibt's auch Westernreiten?", fragte Bernd jetzt.

„Klar."

„Dann bin ich dabei."

„Und Vielseitigkeitsrennen auch."

„Das wird ein Spaß."

„Vielleicht können wir ja auch die Quadrille vom Sommer aufführen. Da gibt's bestimmt 'ne Extraprämie."

Nun redeten alle durcheinander. Lissys Vorschlag hatte eingeschlagen wie eine Bombe. Nur Melanie saß in der Ecke und sah verärgert aus.

„Ich möchte mal wissen, ob ihr euch für mich auch so ein Bein ausreißen würdet", brummte sie.

Die anderen hielten im Reden inne und sahen sie erstaunt an. Melanie war nicht sehr beliebt im Club. Sie verstand es immer wieder, mit arroganten Bemerkungen andere auf die Palme zu bringen.

„Aber Mella! Natürlich würden wir dir beistehen, wenn du deinen Araberschimmel aus Marokko holen würdest", versicherte Dennis grinsend.

Die anderen lachten verschmitzt. Sie wussten, dass Dennis damit Melanies wunden Punkt getroffen hatte. Sie besaß nämlich kein eigenes Pferd und das machte ihr oft zu schaffen.

Lissy spürte, wie sehr Dennis Melanie verletzt hatte. Verärgert winkte sie ab.

„Ich finde diese Bemerkung wirklich etwas daneben,

Dennis“, schimpfte sie. Dann wandte sie sich Melanie zu. „Du weißt, dass wir für jedes Clubmitglied hier bei uns eintreten“, sagte sie freundlich. „Wenn jemand in Not ist, sind wir doch alle zur Stelle.“

Melanie schien nur auf eine solche Bemerkung gewartet zu haben. „Dann kann ich euch ja sagen, dass ich mir schon seit langem Chaps wünsche“, erwiderte sie spitz. „Und zwar schwarze aus weichem Leder.“ Sie sah sich um und schien sich darüber zu freuen, dass es den anderen offensichtlich die Sprache verschlagen hatte. „Ich habe Größe 36“, fuhr sie ungerührt fort.

Lissy schnappte nach Luft. Es war typisch Melanie, dass sie die Gutmütigkeit anderer sofort auszunutzen verstand. Hilfesuchend sah sie Dennis an. Der grinste nur, als wollte er sagen: Siehst du, ich wusste, dass Melanie eine doofe Ziege ist!

Laut sagte er: „Dann kann ich ja auch mal was loswerden. Ich wünsche mir schon seit langem einen Galgen, möglichst aus stabiler Eiche, damit ich diese Melanie endlich zum Schweigen bringen kann.“

Alle brachen in schallendes Gelächter aus.

Melanie lief hochrot an. Wütend sprang sie auf. „Das finde ich ... also, das finde ich ...“ Sie schnappte hörbar nach Luft.

„Sprich dich aus, Melanie“, kicherte Linda.

„Ihr seid gemein!“, stieß Melanie hervor. „Darum sage ich euch auch, dass ich bei diesem blöden Turnier nicht mitmache. Ich sehe es nicht ein, dass ich meine Knochen für andere hinhalten soll.“

„Aber wir müssen unsere Ohren mal wieder für dein Gekeife hinhalten!“, seufzte Chris.

Melanie kochte vor Wut. Sie stürzte zur Tür.

Lissy wollte hinter ihr herlaufen, aber Dennis hielt sie am Ärmel fest.

„Lass sie doch laufen, Lissy“, meinte er. „Sie würde beim Turnier sowieso keinen Blumentopf gewinnen.“

Die Clubmitglieder lachten. Resigniert ließ Lissy sich auf ihren Stuhl zurückfallen. Insgeheim gab sie Dennis Recht. Melanie würde zwar viel Geschrei machen, letztendlich aber doch kein Preisgeld einbringen.

Herzlich willkommen, Roy!

Zufrieden saßen Linda, Lissy, Dennis und Gertie in Alexander Mangliers Auto und ließen sich nach Hause fahren. Im Anhänger hinter dem Geländewagen waren Arcado und Blitz verstaut. Sie waren müde vom Turnier und leisteten beim Transport keinen Widerstand. Für Arcado war das eine Seltenheit, denn er hasste das Fahren im Transporter.

Weitere Turnierteilnehmer des Reiterclubs saßen in anderen Wagen, ihre Pferde standen in verschiedenen Transportern. In einem großen Konvoi waren die Clubmitglieder nach Hamburg gefahren, genauso kehrten sie nach Hause zurück.

Das Hamburger Turnier war ein voller Erfolg für Lissys Reiterclub gewesen. Alle Teilnehmer hatten sich außerordentlich gut darauf vorbereitet. Bei ihrem Durchgang hatten sie alles gegeben, was sie konnten. Viele Pokale, Schleifen und Prämien hatten sie als Lohn für die Anstrengung bekommen.

„Das Preisgeld wird bestimmt für den Transport des Pferdes reichen“, freute sich Gertie. „Janina wird in Ohnmacht fallen, wenn ihr Pferd plötzlich auf dem Heidehof herummarschiert.“

„Ich kann es kaum erwarten, ihr Pferd bei uns zu haben“, meinte Linda. „Janina ist so ein lieber Mensch. Sie ist sofort zur Stelle, wenn man sie braucht. Ich möchte auch mal was Gutes für sie tun.“

„Mir geht es genauso“, nickte Lissy. „Gestern zum Beispiel hat Rapunzel eine Kolik bekommen. Da ist Janina stundenlang mit der Stute durch den Hof gegangen, bis Frau Dr. Müllher endlich eintraf. Immer wenn ich sie fragte, ob ich sie ablösen sollte, meinte sie, sie könnte das noch stundenlang machen. Dabei hat sie mit einer Engelsgeduld auf Rapunzel eingeredet. Die Stute hat ihr das Leben zu verdanken."

„Vielleicht sollten wir morgen, wenn Janina im Stall hilft, heimlich zu ihrer Mutter fahren und sie in unsere Pläne einweihen", schlug Dennis vor. „Frau Paroli muss uns helfen diesen Roy zu bekommen."

„Gute Idee", pflichtete Gertie ihm bei. „Morgen Nachmittag ist Janina mit Sicherheit im Reitstall. Dann können wir uns unbemerkt davonschleichen."

Janinas Mutter schlug die Hände über dem Kopf zusammen, als sie die vier Clubmitglieder vor der Haustür stehen sah.

„Was wollt ihr? Roy zu euch holen?" Frau Paroli kam aus dem Staunen nicht mehr heraus. „Das gibt's doch nicht. So viel Nächstenliebe!" Verstohlen wischte sie sich mit dem Handrücken über die Augen. „Ich weiß gar nicht, was ich dazu sagen soll. Also ... vielleicht kommt ihr erst mal rein. Mögt ihr Apfelsaft? Ich habe auch gerade einen Kuchen gebacken."

Die Freunde traten ins Wohnzimmer der Familie Paroli und machten es sich bequem. Gut gelaunt erzählten sie Frau Paroli von ihrem Plan. Janinas Mutter schüttelte immer wieder erstaunt den Kopf.

„Das ist ja wirklich nicht zu fassen", sagte sie verwirrt. Plötzlich war sie ganz still und dachte nach. Ihr schienen Zweifel an der Aktion gekommen zu sein. „Ich weiß nicht, ob Roy zu euch passen würde", meinte sie schließlich zögernd. „Roy ist kein Rassepferd. Er ist so ein Hüne, keine bestimmte Rasse. Bis jetzt wurde er überwiegend in der Landwirtschaft eingesetzt."

Lissy winkte ab. „Wir haben für alle Pferde Platz", erklärte sie. „Nicht nur für Rassepferde. Wichtig ist, dass das Pferd und sein Reiter sich bei uns eingliedern und sich wohl fühlen."

Frau Paroli lächelte. „Wohl fühlen wird sich Roy mit Sicherheit. Mindestens so wie Janina. Ach, Kinder, was bin ich froh, dass es euch gibt! Janina ist ein völlig neuer Mensch geworden, seit sie bei euch ist. So glücklich habe ich sie selbst in der Schweiz nicht gesehen."

„Wir mögen sie auch!", rief Linda fröhlich.

Frau Paroli klatschte unternehmungslustig in die Hände. „Also los! Versuchen wir Roy zu bekommen. Und ich schwöre euch, Janina erfährt kein Sterbenswort von mir."

Es dauerte fast zwei Wochen, dann waren endlich alle Formalitäten erledigt. Roy durfte geholt werden.

Heimlich machten sich Janinas Vater und Carsten Sievers, der Pferdewirt, mit einem Geländewagen und einem Pferdeanhänger auf den langen Weg in die Schweiz. Die Clubmitglieder blieben zurück und warteten ungeduldig auf ihr Wiedereintreffen.

Janina ahnte nichts von der ganzen Aktion. Sie arbeitete immer unermüdlich im Stall, stand jedem im Notfall zur Seite und packte auch bei der schlimmsten Dreckarbeit mit an.

„Meine Güte, ich kann kaum erwarten, dass sie endlich aus der Schweiz wiederkommen", flüsterte Gertie Lissy zu. Die beiden lehnten nebeneinander an der Koppel und sahen den Pferden zu, die sich auf der Weide austobten. Es wurde allmählich zu kalt für die Pferde, doch Lissy und Gertie gönnten ihren Tieren einen Tobenachmittag auf der Wiese, bevor der Winter endgültig Einzug hielt.

„Ich bin auch ungeduldig", antwortete Lissy leise. „Ich bin mir sicher, dass Janina vor Freude anfängt zu schreien. Sie redet so oft von ihrem Roy. Bestimmt liebt sie ihn über alles." Sie nagte an der Unterlippe und dachte an

Arcado. Sie liebte ihren Hengst ebenfalls über alles und konnte sich ein Leben ohne ihn nicht mehr vorstellen. „Ich habe immer Angst, Janina könnte gerade nicht da sein, wenn die beiden Männer mit Roy ankommen", überlegte sie weiter. Unruhig strich sie sich eine Strähne ihres rotblonden Haares aus dem Gesicht. Dann sah sie Gertie unsicher an.

Ihre Freundin lachte nur. „Das ist schon ziemlich unwahrscheinlich", meinte sie. „Janina ist doch von morgens bis abends im Club."

Lissy lächelte erleichtert. „Du hast Recht. Ich sollte mir nicht immer so viele unnütze Sorgen machen."

In diesem Moment hörten die beiden Mädchen einen leisen Pfiff. Sie drehten sich um und bemerkten Dennis, der ihnen ein geheimnisvolles Zeichen machte. Da sahen sie selbst, dass der Geländewagen mit dem Pferdeanhänger um die Ecke bog.

„Sie sind da!", jubelte Gertie.

Nun liefen auch die anderen Clubmitglieder zusammen. Jeder wollte dabei sein, wenn Janina ihr Pferd empfing.

Der Geländewagen hielt. Carsten Sievers und Herr Paroli stiegen aus. Der Pferdewirt lächelte ein wenig schief.

„Alles in Ordnung", brummte er den Mitgliedern zu. „Wir haben ihn."

Dabei sah er niemanden an. Die Mitglieder kannten das von ihm. Sievers war ein Mann mit Hemmungen, der kaum einen Satz reden konnte ohne sich verlegen die Hände zu reiben. Nur wenn er über Pferde sprach, konnte er aus sich herausgehen. Dann konnte er alle ansehen und sogar temperamentvolle Reden schwingen. Die Aufmerksamkeit aber, die er nun erhielt, war ihm peinlich. Da zog er sich lieber wieder in sein Schneckenhaus zurück.

In diesem Moment steckte Janina ihren Kopf aus der Stalltür.

„Darf man mal wissen, warum ihr hier alle so in Reih und Glied steht?", fragte das blonde Mädchen und sah die anderen Clubmitglieder verwundert an.

Lissy sah aus den Augenwinkeln, wie sich Herr Paroli in einer Nische des Hauses versteckte. Das war eine gute Idee. Janina hätte sich bestimmt gewundert, wenn sie ihren Vater hier gesehen hätte.

„Gut, dass du kommst!", rief Lissy. „Wir haben ein neues Pferd bekommen. Wäre schön, wenn du uns hilfst, es aus dem Anhänger zu holen."

„Gerne." Janina war völlig ahnungslos. Sie ging auf den Transporter zu und öffnete die Tür. Dann zog sie die Rampe heraus. Dennis half ihr dabei. Noch war Janina so beschäftigt, dass sie keinen Blick auf das Pferd geworfen hatte. Sie setzte die Rampe auf den Boden und wartete, bis Dennis das Gleiche auf der anderen Seite tat. Endlich hob sie langsam ihren Kopf und sah auf. Die Clubmitglieder hielten vor Spannung die Luft an.

„Komm, mein Guter!", sagte Janina leise. Dabei sah sie das Pferd zum ersten Mal an. Ihre Augen wurden riesengroß, ihr Unterkiefer klappte herunter. Fassungslos starrte sie den Wallach an, der nun langsam und ruhig die Rampe herunterkam.

„Aber das ist ja ... Das ist ja ..." Janina presste ihre Hand gegen den Mund um nicht laut aufzuschreien.

„Roy!", flüsterte sie dann. „Das ist doch nicht wahr!"

Roy schien Janina nun ebenfalls zu erkennen. Er wieherte leise. Janina trat auf ihn zu und drückte ihr Gesicht an seinen Hals. Ein Schluchzen schüttelte ihren Körper. Für einen Moment stand sie bewegungslos da und schien lediglich Roys Geruch einzuatmen. Dann löste sie sich langsam und drehte sich zu Lissy um.

„Das ... ist doch ... ein Traum“, stammelte sie langsam. „Das ... ist einfach nicht wahr ... Ich glaube, ich sitze im falschen Film. Lissy, hast du ...“

„Wir alle“, antwortete Lissy lächelnd.

„Wahnsinn! Wirklich sagenhaft. Ihr seid ... Ich weiß gar nicht, was ich sagen soll. Ihr seid total lieb. O Roy! Ich kann gar nicht glauben, dass ich dich wiederhabe.“

Janina fiel ihrem Pferd um den Hals und schluchzte laut. Die anderen verfolgten die Szene mit Rührung. Roy schien sich ebenfalls zu freuen. Er gab leise zärtliche Laute von sich und stieß mit seinem Kopf gegen Janinas Schulter. Janina streichelte liebevoll seine Nüstern.

Nun kam auch Herr Paroli aus seinem Versteck. Lachend ging er auf Janina zu.

„Na, Nina? Ist die Überraschung gelungen?“

Janina sah ihren Vater irritiert an. Dann lief sie zu ihm und küsste ihn stürmisch. „Papa!“, rief sie. „Ich kann nicht glauben, dass Roy wirklich hier ist.“ Sie ging zu ihrem Pferd zurück und streichelte es wieder. „Es ist wundervoll“, sagte sie leise. „Ich habe dich so furchtbar vermisst.“

Sie schniefte laut, wischte sich dann mit einer energischen Armbewegung die Tränen aus den Augen. Dann klopfte sie Roy auf den kräftigen Hals. „Ich weiß, dass es dir hier gefallen wird, mein Bester.“

Sie drehte sich zu den anderen um und gab die Sicht auf Roy frei, der nun vor dem Hof des Reiterclubs stand.

„Sagt selbst! Ist das nicht ein wundervolles Pferd?“, fragte sie glücklich.

Erst jetzt hatten die anderen die Möglichkeit den Neuzugang eingehend zu betrachten. Roy war ein schweres großes Pferd mit einem kurzen Körper, einem kräftigen Nacken, einer breiten Brust und kurzen, mit Behang versehenen Beinen. Sein Kopf war groß und breit. Eine Schönheit war er wirklich nicht.

Die Clubmitglieder schwiegen. Roys riesige und voluminöse Gestalt verblüffte alle. Keiner brachte es übers Herz zu sagen, dass er hässlich war, aber es mochte auch niemand eine so dicke Lüge auftischen und behaupten, das Pferd sei hübsch.

„Ist es ein Kaltblüter?", fragte Dennis in das Schweigen, das beklemmend und peinlich wirkte.

Janina nickte. „Aber ja. Ich habe euch doch erzählt, dass er in der Landwirtschaft eingesetzt wurde. Aber man kann auch prima auf ihm reiten. Er ist absolut lieb und gutmütig. Auch wenn er einen erst einmal wegen seiner Größe in Angst und Schrecken versetzt."

„Das kann ich mir vorstellen", beeilte sich Lissy hastig zu sagen. „Er hat sehr liebe Augen. Ich kann mir denken, dass er unendlich gutmütig ist."

Janina schien nicht zu bemerken, dass die übrigen Clubmitglieder ihren Roy mit Befremden ansahen. Liebevoll streichelte sie ihm immer wieder über die Nüstern. Dann barg sie ihr Gesicht erneut in seinem weichen Fell am Hals.

Dennis schielte zu Lissy hinüber. Auch die anderen Clubmitglieder sahen Lissy erwartungsvoll an. Es war ihnen unangenehm, dass sich der allseits gepriesene Roy als großer, trampeliger Kaltblüter erwies, der mit den schönen Reit- und Turnierpferden des Clubs nicht konkurrieren konnte.

„Vielleicht bringst du deinen Roy erst einmal in seine Box", schlug Lissy vor und wünschte sich sehnlichst, dass Janina nicht mitbekam, wie einige ihren Roy mit abschätzigen Blicken taxierten. „Dann kann er sich gleich bei uns eingewöhnen."

„Gute Idee!", lachte Janina. „Au Mann, ich bin ja so wahnsinnig glücklich! Ich danke euch allen für das, was ihr für mich getan habt. Ich hätte das nie ..." Sie brach ab und räusperte sich laut. Dann schien sie ihre Fassung wiedergewonnen zu haben. „Also, ich hätte das nie gedacht. Es ist wahnsinnig lieb von euch."

Bernd ging nun auf Janina zu und klopfte ihr liebevoll auf die Schulter. „Du musst uns nicht danken", sagte er freundlich. „Du hast so viel für uns getan, dass wir das endlich einmal gutmachen wollten."

Janina kämpfte mit den Tränen. Um ihre Lippen zuckte es. „Danke", flüsterte sie kaum hörbar.

„Nun komm erst mal in die Box", erinnerte Lissy sie. „Sonst fangen wir noch alle vor Rührung an zu weinen."

„Du hast Recht", nickte Janina und war froh abgelenkt zu werden.

„Bist du sicher, dass die Box groß genug ist?", flüsterte Dennis Lissy zu. „Wir sollten besser eine Trennwand herausnehmen."

Lissy sah ihn mahnend an und legte ihren Finger auf die Lippen. Sie wollte nicht, dass Janina erfuhr, was die anderen von ihrem Pferd dachten.

Janina führte Roy in den Stall. Als sie die Stallgasse entlangging, sah sie über einer der hinteren Boxen ein großes Schild prangen. ‚Roy' stand darauf. Um die Box herum hatten die Clubmitglieder einen Kranz gewunden, in dem ein Schild mit der Aufschrift „Herzlich willkommen!" prangte.

„So ein Empfang!", strahlte Janina. „Was sagst du dazu, Roy? Ich finde jedenfalls, dass dies der schönste Tag in meinem Leben ist."

Langsam und gutmütig

Alexander Mangliers Augenbrauen schnellten in die Höhe, als Janina mit ihrem Roy in die Reithalle ritt. Roy schritt mit seinen dicken Beinen hinter den anderen Pferden her. Er wechselte durch die lange Bahn, schritt durch den Zirkel, wechselte von der rechten auf die linke Hand. Auf Mangliers Kommando hin begann er auch zu traben. Nur als es an den Galopp ging, weigerte er sich standhaft zu gehorchen. In ruhigem Arbeitstrab durchquerte er die Halle.

Der Reitlehrer lächelte. Er hatte noch nie einen Kaltblüter in der Reitstunde gehabt und es gefiel ihm, dass der Wallach so gutmütig vor sich hin trottete. Janina dagegen war es peinlich, dass Roy mit dem Tempo der anderen nicht mithielt. Verärgert versuchte sie Roy anzutreiben, doch der ließ sich durch nichts aus der Ruhe bringen.

Janina sah den Reitlehrer verlegen an. „Er galoppiert nicht!“, rief sie.

Alexander Manglier winkte ab. „Mach dir nichts draus“, beruhigte er sie. „Es wird einiges geben, das er nicht so kann wie die anderen. Er ist halt ein Kaltblüter. Kaltblüter sind typische Schrittpferde. Sie können zwar auch traben oder galoppieren, bringen aber wenig Schub aus der Hinterhand und ermüden schnell. Lass ihn darum in Ruhe, wenn er nicht mag.“

Janina lächelte verkrampft. Dann ritt sie in großem Abstand hinter der Abteilung her. Die anderen ritten immer wieder an ihr vorbei.

Inzwischen baute der Reitlehrer in der Mitte der Halle ein Hindernis auf.

„Ich lass euch heute mal wieder springen“, erklärte er.

„Aber denkt daran: Ihr nehmt das Hindernis im Trab. Es ist nicht besonders hoch."

Alle hielten ihre Pferde an.

„Gabi beginnt", ordnete Alexander Manglier an. „Ruhig antraben."

Gabi hatte Mühe ihr Pferd in gleichmäßigem Trab zu halten. Es begann zu galoppieren und setzte hoch über das Hindernis.

Alexander Manglier schüttelte den Kopf. „Nicht so!", knurrte er. „Ich habe Trab gesagt. Wenn Feeling zu schnell wird, musst du ihn mit einer halben Parade zurücknehmen. Versuch's noch einmal."

Gabi ritt erneut auf das Hindernis zu. Wieder fiel Feeling in den Galopp.

„Mach eine Parade!", kommandierte der Reitlehrer das Mädchen.

Gabi zog die Zügel enger und gab dann wieder nach. Feeling sprang elegant über das Hindernis.

„Gut gemacht!", lobte Alexander Manglier. „Der Nächste."

Jens war an der Reihe. Er sprang mit Schwung über das Hindernis. Ihm folgte Stefan. Dann kam Kirstin.

„Das ist genug", sagte der Reitlehrer, als alle gesprungen waren. Lediglich Janina stand noch in der Mitte der Reithalle.

„Und ich?", fragte sie verwundert.

Alexander Manglier schmunzelte. „Das wird nicht klappen", meinte er. „Mit einem Kaltblüter springen zu üben ist so, als wenn man einem Fisch das Fliegen beibringen will."

Janina wurde rot. Sie ärgerte sich.

„Mit einem Kaltblüter kann man nicht ..." Das war alles, was sie in den letzten Tagen immer wieder hatte hören müssen.

„Woher wollen Sie denn das so genau wissen?“, fuhr sie den Reitlehrer an. „Haben Sie schon so viele Kaltblüter unterrichtet?“

„Ehrlich gesagt, nein“, gab Alexander Manglier zu.

„Na bitte!“, triumphierte Janina. „Darum springe ich jetzt. Und wenn Roy der erste Kaltblüter der Welt ist, der Springen lernt.“

„Janina“, begann der Reitlehrer unsicher. „Du weißt doch, dass dein Pferd ganz andere Qualitäten hat.“

„Und die werden Sie gleich kennen lernen“, entgegnete Janina und biss sich auf die Lippen. Sie war schon häufiger mit Pferden gesprungen und kannte die Technik. Aber sie war unsicher, ob Roy tatsächlich in der Lage war zu springen.

„Ich glaube nicht, dass Roy dieses Hindernis nehmen kann“, meinte Alexander Manglier. „Aber ich will dich nicht ausschließen. Doch sei bitte so vernünftig und wähle zunächst ein kleines Hindernis.“

Janina nickte dankbar. Der Reitlehrer nahm die oberste Stange des Hindernisses ab. Er musterte Roy lange und nahm noch eine weitere Stange ab.

Janina verzog beleidigt das Gesicht.

„Das ist ja Babykram!“, schimpfte sie.

Alexander Manglier seufzte. „Soll ich dir noch einmal erzählen, dass Kaltblüter keinen Schub in der Hinterhand haben ...“

„Ja, ja.“ Janina winkte ab. Dann trabte sie an. In ruhigem Tempo ritt Roy an und nahm das Hindernis ins Visier. Als er zögerte, gab Janina mit aller Kraft Schenkeldruck. Trotzdem bremste Roy vor dem Hindernis und blieb einfach stehen. Janina sah unglücklich zu dem Reitlehrer hinüber.

Alexander Manglier kratzte sich am Kopf. „Hör auf, Janina!“, bat er. „Roy ist nicht dazu da ...“

Aber Janina hörte nicht. Sie ritt einen Kreis und führte Roy erneut auf das Hindernis zu. Energisch trieb sie ihn an. Roy trabte auf das Hindernis zu, schien es sich aber im letzten Moment anders zu überlegen und versuchte den Sprung zu verweigern. Dabei rutschte er ein Stück auf der Hinterhand weiter und stürzte krachend in das Hindernis hinein.

Stefan kicherte. Auch Gabi konnte sich ein Grinsen nicht verkneifen.

„Möchte wissen, was daran lustig ist!", fuhr Janina die beiden an.

Als sie erneut einen Kreis ritt, stellte sich Alexander Manglier ihr in den Weg.

„Wir nehmen ein Bodenrick", schlug er vor. „Sozusagen als Gehorsamkeitsarbeit." Er ging nach nebenan und kam wenig später mit einem Bodenrick zurück. Das stellte er neben das Hindernis.

Mit großer Konzentration lenkte Janina ihren Roy darüber.

„Gut!", lobte der Reitlehrer sie und klatschte. Janina strich ihrem Roy liebevoll über den Hals. Dann lächelte sie den anderen triumphierend zu.

„Lissy?" Dennis platzte aufgeregt in den Clubraum und hielt Lissy einen Zettel entgegen. „Hast du schon gelesen?"

„Was ist das?"

„Die Teilnehmerliste für das Dressurturnier in Holstein."

„Aha." Lissy sah Dennis verwundert an. Sie verstand seine Aufregung nicht. Es gab fast jeden Tag eine Teilnehmerliste für irgendein Turnier, ein Treffen mit einem anderen Club, eine Wanderfahrt oder sonst etwas. Lissy pflegte diese Listen immer am schwarzen Brett im Stall auszuhängen und nach Anzahl der Teilnehmer zu entscheiden, ob die Treffen stattfanden oder nicht.

„Aha? Du sagst einfach ‚aha'?" Dennis sah sie fassungslos an.

Lissy lehnte sich in ihrem Schreibtischstuhl zurück.

„Dennis! Sag mir bitte, was los ist! Warum regst du dich so auf?"

„Hier!" Dennis hielt Lissy die Teilnehmerliste vor die Nase. „Lies mal, wer sich eingetragen hat."

Lissy legte den Zettel auf ihre Schreibtischunterlage.

„Gertie, Janina, Bernd, Carsten, Heidi, Stefan ..."

„Fällt dir nichts auf?"

„Was denn?" Lissy kapierte immer noch nichts. Sie begann noch einmal: „Gertie, Janina ..."

„Stopp!", rief Dennis.

„Janina", wiederholte Lissy. Dann stutzte sie. „Sie will doch wohl nicht ..."

„Bingo!"

„Du meinst, Janina will das Dressurturnier mit Roy reiten?" Lissy zog verwundert ihre Augenbrauen hoch.

Dennis grinste. „Au Mann, sie hat's geschnallt!", lachte er. „Und ich brauchte nur eine halbe Stunde meines Lebens dafür zu opfern."

Lissy konnte über seinen Witz überhaupt nicht lachen.

„Meinst du wirklich, Janina will ihren Kaltblüter reiten?", fragte sie noch einmal. „Das ist doch nicht möglich."

„Ich habe sie gefragt", berichtete Dennis.

„Sie hat doch überhaupt keine Chance mit ihm."

Dennis nickte. „Das sehe ich genauso", meinte er. „Dieser trampelige Gaul macht alles Mögliche, nur keinen Trab, keinen Galopp, keinen Rückwärtsgang, nichts. Nichts außer Schritttempo. Und das ebenfalls nicht besonders elegant."

„Aber wie kann Janina ihn dann mit zum Turnier nehmen? Merkt sie nicht, dass das für Roy eine Nummer zu groß ist?“

Dennis zuckte die Achseln. „So blind kann sie doch nicht sein. Selbst wenn sie glaubt, ihr Pferd sei das schönste der Welt, muss sie sehen, dass es bestimmte Gangarten nicht beherrscht.“

Lissy dachte nach. „Ich rede mal mit ihr darüber“, beschloss sie. „Ich bin mir sicher, dass Janina sich bis jetzt nicht so viele Gedanken um das Turnier gemacht hat. Vielleicht hat sie es einfach als Freundschaftstreffen mit dem Holstein-Club gesehen.“

„Freundschaftstreffen!“ Dennis lachte verächtlich. „Wenn sie wüsste, dass wir ausgerechnet mit diesem arroganten Club auf Kriegsfuß stehen. Für die Holsteiner wäre es wirklich Wasser auf die Mühlen, wenn jemand mit so einem Elefanten wie Roy zum Treffen käme. Ich sehe schon, wie sie die Nase rümpfen. ‚Lissys Reiterclub ist wohl ein Club der Ackergäule geworden‘, werden sie sagen.“

Lissy winkte ab. „Ich finde, das kann uns egal sein. Schließlich haben wir schon oft eine gute Figur gegen den Club gemacht. Aber wir müssen Janina schützen. Die Mitglieder vom Holstein-Club bringen es fertig, sie laut auszulachen. Und ich kann mir vorstellen, dass das ein schwerer Schlag für Janina wäre.“

„Du hast Recht“, pflichtete Dennis ihr bei. „So habe ich das noch gar nicht gesehen. Los, komm! Wir sollten mit ihr über die Teilnahme reden.“

Lissy zögerte. Die Aufgabe, die ihr bevorstand, war ihr unangenehm. Sie hatte Janina sehr ins Herz geschlossen und mochte das Mädchen nicht kränken.

„Was ist? Kneifst du doch?“, erkundigte sich Dennis schmunzelnd.

Lissy seufzte. „Am liebsten schon“, gab sie zu.

„Soll ich’s übernehmen es ihr zu sagen?“, fragte Dennis bereitwillig.

Erschrocken schüttelte Lissy den Kopf. Sie wusste schließlich, dass Dennis manchmal alles andere als taktvoll war.

„Überlass das bloß mir!“, warnte sie ihren Freund.

Dennis lachte spöttisch. „Wenn du unbedingt willst ...“

Lissy fand Janina in Roys Stall. Sie war gerade dabei, sein Fell zu striegeln. Dann schlug sie den Staub aus der Kardätsche zu einem O auf dem Steinboden der Stallgasse. ‚Ro‘ stand nun dort. Janina striegelte weiter und klopfte den Anfang eines Y als Staub auf die Stallgasse.

„Ich schreibe Roys Namen“, erklärte sie, als Lissy sie verwundert betrachtete.

„Da hätte ich bei Arcado ja eine Menge zu tun“, erwiderte Lissy lächelnd.

Janina nickte. Dann arbeitete sie mit aller Kraft weiter, um das braune Fell ihres Wallachs zum Glänzen zu bringen.

„Janina“, begann Lissy unsicher. „Wir müssen mal mit dir reden.“

„Klar“, nickte Janina. „Ich hoffe, es stört euch nicht, wenn ich dabei weiterarbeite. Ich muss nämlich gleich in die Reitstunde.“

„Natürlich nicht“, sagte Lissy schnell. In Wirklichkeit aber störte es sie schon, dass Janina mit Feuereifer weiterstriegelte und sie nicht ansah. Hätte sie in Lissys Gesicht geblickt, wäre ihr wahrscheinlich aufgefallen, dass Lissy verlegen nach Worten suchte.

„Es geht um das Turnier in Holstein.“

„Ach das. Was ist damit? Fällt es aus?“

„Das nicht gerade.“ Lissy druckste herum.

Janina merkte es nicht. „Kannst du mir wohl mal die weiche Bürste da vorne geben?", fragte sie. „Ich will Roy endlich mal wieder den Kopf bürsten. Er mag das nicht besonders gern."

Lissy sah sich irritiert nach der Bürste um. Aber Dennis war schneller. Er bückte sich danach und reichte sie Janina.

Sie griff zärtlich in Roys Mähne und versuchte seinen Kopf zu bürsten. Roy setzte alles daran zu entkommen. Immer wieder schlug er mit dem Kopf.

„Roy! Hab dich doch nicht so!", schimpfte Janina. „Du bist doch gleich fertig."

„Ich habe auf die Teilnehmerliste gesehen und ...", versuchte Lissy es weiter, aber sie brach ab, als Roy rückwärts ausweichen wollte. Schnell trat sie einen Schritt zur Seite.

„Kannst du ihn mal fest halten?", bat Janina. Lissy seufzte leise. Dieses Gespräch hatte sie sich anders vorgestellt. Sie griff Roy mit der einen Hand am Halfter, mit der anderen schlang sie ihren Arm um den Hals des Pferdes. Aber Roy war stark. Mit seinem kurzen, kräftigen Nacken versuchte er sich gegen das Mädchen zur Wehr zu setzen.

„Hey, Dennis, du kannst auch mal mit anfassen!", brummte Lissy. „Sonst schleudert uns dieser Tarzan noch unter die Decke."

Janina lachte. „Ja, Tarzan wäre der bessere Name für ihn. Er besitzt wirklich Bärenkräfte."

Dennis knurrte eine unwillige Antwort, hängte sich dann aber ebenfalls an den Hals des Pferdes. Nun schien Roy seinen Widerstand aufzugeben. Ganz still stand er da und ließ sein Gesicht bürsten, als gäbe es nichts Schöneres auf der Welt.

„Wenn ihr schon mal hier seid, könnt ihr mir auch beim

Auftrensen helfen", schlug Janina vor. „Einen Augenblick, ja? Ich hole eben Sattel und Trense."

Sie drehte sich um und eilte in die Sattelkammer.

Dennis und Lissy hielten weiterhin den Kopf des Kaltblüters fest. Dennis schaute Lissy fragend an.

„Meinst du, du bringst es heute noch, es ihr zu sagen?"

Lissy seufzte. „Ich glaube, ich versuche es besser morgen", antwortete sie leise.

„Vielleicht überlässt du es doch lieber mir", kicherte Dennis.

„Untersteh dich!", zischte Lissy.

Da kam Janina auch schon wieder in den Stall zurück.

„Danke, dass ihr mir so helft", freute sie sich.

Der Lauscher an der Wand ...

Dennis wurde schlagartig bewusst, dass Lissy und er allein im Stall waren. Vorsichtig versuchte er ein bisschen näher an sie heranzurücken. Er mochte sie schon so lange, aber sie wich all seinen Annäherungsversuchen stets mit freundlichem Lächeln aus. Vielleicht ergab sich heute endlich eine Möglichkeit ihr zu sagen, wie gern er sie mochte.

„Lissy, weißt du eigentlich ...“, begann er und legte dabei seinen Arm betont lässig an die Boxtür.

Lissy kniff ihre grünen Augen zusammen und sah Dennis an.

„Was weiß ich, Dennis?“

Er suchte verlegen nach den richtigen Worten.

„Natürlich hast du schon lange gemerkt ...“, begann er aufs Neue.

Dann zuckte er plötzlich zusammen. Jemand knabberte an seinem Ärmel. Erschrocken sah Dennis an der Boxtür hoch und bemerkte erst jetzt, dass er an Arcados Tür lehnte.

„Ach, du bist's, Arcado!“, sagte er sichtlich genervt. Das Gespräch schien schwerer, als Dennis gedacht hatte. Er räusperte sich leise. „Lissy, dein Pferd mag dich sehr gern“, startete er einen dritten Versuch. „Und ob du's glaubst oder nicht, mir geht es ähnlich. Ich ...“

Er brach ab. Lissys Hengst hatte die Ohren nach hinten gelegt und beobachtete Dennis misstrauisch. Der lachte.

„Hee, hee, alter Freund!“, versuchte er den Braunen zu beruhigen. „Ich tue ihr schon nichts. Aber lass du mich dann auch in Ruhe, ja?“

Vorsichtshalber zog er aber doch seinen Arm fort. Er war schon einmal von Arcado gebissen worden, als er versucht hatte das Pferd für Lissy zu satteln. Seitdem ging er dem Hengst lieber aus dem Weg.

„Lissy, ich …“

Wieder brach Dennis ab. Arcado wieherte leise und scharrte ungeduldig mit den Vorderhufen. Dabei sah er Lissy an. Dann warf er seinen Kopf nach hinten, als winke er Lissy zu sich.

Lissy lachte. Sie drehte sich zu Arcado um und strich ihm liebevoll über die Nüstern.

„Ist ja gut, mein Schatz“, sagte sie beruhigend.

Arcado schnupperte an Lissys Schulter. Dann rieb er seinen Kopf an ihrem. Lissy schlang ihre Arme um seinen Hals.

„Ich geb's auf“, murmelte Dennis. Er betrachtete die beiden eifersüchtig.

„Ich bin auch noch da!“, knurrte er leise.

Lissy tat, als höre sie seine Worte nicht. Sie blies ihren warmen Atem in Arcados Nüstern. Das mochte der Hengst besonders gern.

„Und wer küsst mich?“, brummte Dennis. „Ich warte schon so lange auf eine Märchenfee, die mich von meinen Qualen erlöst.“ Verärgert trat er gegen das Holz der Boxtür. Da tönten Schritte über den Hof. „Oh, da kommt sie ja“, lächelte Dennis. Mit Genugtuung stellte er fest, dass sich Lissy verblüfft umdrehte. Es schien ihm, als sähe sie ein wenig eifersüchtig aus.

Jemand betrat den Reitstall. Die Schritte bewegten sich auf Dennis und Lissy zu. Beide warteten gespannt auf die vermeintliche Märchenfee.

„Au nein! Melanie!“ Dennis unterdrückte nur mühsam ein Stöhnen und lehnte sich gegen die Boxtür. Erst als Arcado von der anderen Seite energisch dagegentrat, richtete er sich erschrocken wieder auf.

Lissy kicherte. Die Nervensäge Melanie war nicht gerade eine Bilderbuch-Märchenfee, die jedes Herz zum Schmelzen brachte.

„Da seid ihr ja!“, tönte sie.

Obwohl Melanie die Tochter des Pferdewirts und mit Pferden aufgewachsen war, bewegte sie sich im Reitstall genauso polternd wie im Haus oder in der Schule.

Die Pferde sahen verwirrt aus ihren Boxen. Einige traten unruhig gegen die Boxtüren.

„Brüll doch noch lauter!“, schlug Dennis vor. „Dann können wir gleich eine Messlatte aufstellen und feststellen, wie hoch ein Pferd aus dem Stand springt.“

Lissy lachte.

Melanie ignorierte die Kritik. Immerhin drehte sie ihre Stimme um einige Phonstärken leiser. „Habt ihr schon gesehen, dass sich Janina für das Holstein-Turnier eingetragen hat?“, wollte sie wissen.

„Ja, und?“ Lissy ahnte, was jetzt kommen würde. Trotzdem stellte sie sich unwissend. Dennis und sie tauschten einen besorgten Blick.

„Ja, wisst ihr denn nicht, was das zu bedeuten hat?“ Melanie setzte ihr besorgtestes Gesicht auf.

„Na, was denn?“, fragte Dennis provozierend.

Melanie sah ihn fassungslos an. „Mit diesem Ackergaul Roy wird sie uns total blamieren!“, rief sie mit schriller Stimme. „Stellt euch mal vor, wenn sie mit ihm zur Dressur reitet. O nein, welch eine Blamage für Lissys Reiterclub!“

„Eine größere Blamage als du kann sie auch nicht bieten“, stichelte Dennis.

„Wenn ich bloß wüsste, wo meine Gerte geblieben ist!“, wunderte sich Janina. „Ich habe sie doch eben noch in der Hand gehabt.“ Suchend sah sie sich im Hof um.

„Vorhin habe ich dich mit der Gerte in den Stall gehen

sehen", erwiderte Stefan. „Du hast sie bestimmt dort liegen lassen."

Janina lachte. „Ich werde alt", meinte sie.

„Das ist eher die Aufregung vor der Reitstunde", tröstete Gertie sie. „Das geht mir auch immer so."

„Wirklich?" Janina sah sie überrascht an. Alles konnte sie sich vorstellen, nur nicht, dass Gertie, die so gut reiten konnte, ebenfalls aufgeregt war.

„Ich hole die Gerte eben!", rief sie, klopfte ihrem Roy zärtlich auf den Widerrist und machte sich auf den Weg zurück in den Stall.

Unterwegs dachte sie darüber nach, warum sie beim Reiten immer noch so schrecklich aufgeregt war. Vielleicht lag es daran, dass sie das Gefühl hatte, die anderen machten sich über sie lustig. Wahrscheinlich bildete sie sich alles nur ein, aber sie glaubte die anderen kichern zu hören, sobald sie mit Roy in die Reithalle einritt. Gut, sie wusste, Roy konnte beim Unterricht nicht so mitmachen wie die tollen Turnierpferde, trotzdem tat es ihr weh, wenn ihr Pferd das Galoppieren verweigerte und hartnäckig immer wieder in den Trab zurückfiel. Manchmal schämte sie sich dafür, ein Kaltblutpferd zu besitzen. Gleichzeitig tat ihr dieser Gedanke weh. Ihr Roy hatte sie bis jetzt mit Liebe und Treue durchs Leben begleitet. Als sie klein gewesen war, hatte er sie auf seinem breiten Rücken über den Hof reiten lassen und hatte geholfen die Felder der Großeltern zu bewirtschaften. Mit großer Anstrengung hatte er die landwirtschaftlichen Maschinen über die Felder gezogen. Selbst bei Regen oder großer Hitze war er zuverlässig zur Stelle gewesen. Und später, wenn sie mal traurig war, hatte sie sich auf seinen Rücken geschwungen und sich von ihm über die Felder und Wiesen tragen lassen. Mit ihm hatte sie wunderschöne Plätze und Gegenden entdeckt: Den kleinen See am Fuß der Alpen. Oder den hohen Kirschbaum auf dem Feld. Irgendwie hatte sie es Roy zu verdanken, dass sie immer wieder auf die Beine gekommen war, auch wenn sie noch so traurig gewesen war.

Wie war Janina glücklich gewesen, als sie ihr Pferd aus dem Turnieranhänger hatte steigen sehen! Sie hatte geglaubt, sie könne nie wieder so glücklich werden. Heute fragte sie sich manchmal, ob hier der richtige Platz für Roy war. Zwischen all den Turnierpferden im Reitstall schien er nicht glücklich zu sein.

Alexander Manglier machte ihr immer wieder Mut zur Reitstunde zu kommen. Er forderte sie auf Roy so anzunehmen, wie er war, und ihn nicht zu Dingen zu zwingen, die er nicht zu leisten vermochte. So konnte sie über die spöttisch grinsenden Gesichter der anderen Reiter und Reiterinnen der Abteilung hinwegsehen.

Die Aufregung kam jedoch immer wieder, wenn die Reitstunden anstanden. Dann musste sie einige Male vorher zur Toilette, war beim Satteln schrecklich nervös und vergaß immer häufiger wichtige Dinge vor dem Reiten zu tun. Letztes Mal hatte sie sogar vergessen Roy nachzusatteln. In hohem Bogen war sie aus dem Sattel geflogen, direkt vor Alexander Mangliers Füße. Vor Scham wäre sie beinahe im Boden versunken. Aber der Reitlehrer hatte es mit Fassung getragen.

Wie schön, dass Gertie ihr gesagt hatte, dass sie ebenfalls aufgeregt war. Es war ein Trost zu wissen, dass es ihr auch nicht anders ging.

„Ich finde es nicht schön, dass du so gemein von Roy redest“, sagte Lissy gerade zu Melanie und vergaß dabei, dass sie und Dennis noch vor einer Stunde genauso geredet hatten.

„Dass ich wie rede?“, fuhr Melanie sie an. „Ich kann

doch wohl von einem Ackergaul sagen, dass er ein Ackergaul ist." Vor Wut bekam sie einen roten Kopf. „Oder muss ich Roy als Pferd bezeichnen?"

„Nur wenn du selbst als Mädchen und nicht als Zimtzicke bezeichnet werden willst", konterte Dennis ungerührt.

Melanie ignorierte ihn geflissentlich. Sie hatte es aufgegeben, sich mit Dennis zu unterhalten. Wann immer er konnte, verpasste er ihr einen Schlag unter die Gürtellinie.

Janina, die gerade den Stall betreten und ihre Reitgerte entdeckt hatte, blieb auf der Stelle stehen und lauschte. Der Name ihres Pferdes war soeben gefallen. Konnte es sein, dass dort jemand über sie redete?

Sie hob ihre Gerte auf und versteckte sich leise in einer leeren Box. Natürlich wollte sie nicht lauschen, aber die Stimme dieses Mädchens hatte so verächtlich geklungen.

„Bitte, Lissy! Du musst Janina von dem Turnier abhalten!", versuchte Melanie erneut Lissy zu überzeugen. „Du weißt doch, wie die Leute aus dem Holstein-Club sind. Sie werden sich wochenlang über uns lustig machen. Wenn sie Janinas Elefanten sehen, werden sie ..."

„Ich weiß, ich weiß", winkte Lissy ab. „Ich habe selbst schon über das Problem nachgedacht."

Janina lehnte bewegungslos an der Wand. Ihr Gesicht war kalkweiß geworden. Einen „Elefanten" hatte Melanie ihren Roy genannt. Das tat so weh, dass Janina kaum noch in der Lage war ruhig zu atmen.

„Und warum tust du nichts?", fuhr Melanie sie an.

„Was regst du dich so auf?", verteidigte Dennis nun Lissy. Obwohl er selbst Ungeduld mit Lissys Vorgehensweise gezeigt hatte, konnte er es auf keinen Fall akzeptieren, dass Melanie sie angriff. „Du tust so, als hinge die Existenz unseres Clubs von diesem Turnier ab. Aber das ist Quatsch. Ob da nun einer auf einem trampeligen Tier reitet oder ein Trampel auf einem Turnierpferd sitzt, das kann unserem guten Ruf nichts anhaben."

Melanie schluckte. Sie wusste, dass Dennis sie mit dem Trampel gemeint hatte.

Janina in der leeren Box schluckte ebenfalls, denn sie wusste, dass Roy das trampelige Tier war, von dem Dennis gesprochen hatte.

Dennis schaffte es häufig, von einem Fettnäpfchen ins andere zu treten. Manchmal schien ihm dies sogar Spaß zu machen. Wenn er aber gewusst hätte, dass Janina seine Worte hören würde, hätte er sich selbstverständlich zurückgehalten.

Lissy seufzte. „Nun streitet euch nicht wieder!", versuchte sie zu vermitteln. „Ich verspreche euch, ich werde mit Janina über das Turnier reden. Für sie selbst muss es ja auch entmutigend sein, wenn sie mit diesem riesigen Pferd durch die Halle schreitet. Soviel ich weiß, schafft Roy kein Hindernis."

„Und ein schnelleres Tempo als Schritt bringt er auch nicht", meinte Melanie boshaft.

„Warum meldet sie sich bloß zu dem Turnier?", wunderte sich Lissy. „Ich würde den Teufel tun statt mich so einer Blamage auszusetzen."

„Vielleicht will sie allen Leuten zeigen, dass auch ein Kaltblutpferd solche Sachen schaffen kann."

„Aber er kann das doch gar nicht." Lissy schüttelte den Kopf. Janinas Verhaltensweise war ihr unbegreiflich.

Sie klopfte ihrem braunen Hengst zum Abschied auf den Hals. Dann schickte sie sich an zu gehen.

„Vielleicht erwische ich Janina gleich nach der Reitstunde", murmelte sie. „Dann werde ich in Ruhe mit ihr reden."

Sie ging die Stallgasse entlang.

„Lissy!", rief Dennis ihr nach. „Mach's taktvoll!"

„Na klar!" Lissy nickte.

Als sie an der Box vorbeikam, in der Janina sich versteckt hielt, trat Janina heraus. Lissy zuckte zusammen. Ihre Augen wurden groß, ihr Gesicht färbte sich rot.

Janina dagegen war immer noch kalkweiß. Ihre Unterlippe zitterte ein wenig.

„Du brauchst es mir nicht taktvoll beizubringen", sagte sie leise. „Ich habe schon verstanden."

Lissy stand da wie angewurzelt. Ratlos starrte sie Janina an.

„Janina", flüsterte sie. „Ich wollte nicht ..." Sie brach ab. Sie hatte keine Entschuldigung für das, was geschehen war.

Dennis und Melanie kamen verstört auf die beiden zu. Verlegen sahen sie Janina an. Dennis schämte sich, dass er mal wieder so schnoddrig dahergeredet hatte.

Die Stille, die nun eintrat, wirkte bedrückend. Lissy wünschte sich nichts sehnlicher als ein kleines Mauseloch in der Stallgasse, in das sie hineinschlüpfen konnte.

Schließlich warf Melanie ihre langen blonden Haare zurück und sah Janina herausfordernd an.

„Na ja, jetzt weißt du's also!", schnappte sie. „Wir finden es nicht so gut, wenn du ..."

„Schon verstanden!", zischte Janina zurück. Sie schlug mit der Gerte gegen ihre Reitstiefel, dass es knallte.

Lissy zuckte zusammen. Sie konnte sich denken, dass Janina am liebsten ihnen allen einen Schlag versetzt hätte.

Janina biss sich auf die Lippe.

„Ehrlich gesagt, hätte ich nicht gedacht ...", begann sie. Ihre Augen irrten umher und versuchten irgendwo Halt zu finden. „Ich hätte nie gedacht ... Gerade von dir, Lissy. Du hast immer so verständnisvoll getan." Ihre Stimme zitterte. Man konnte sehen, wie ihre Schlagader am Hals pulsierte. Verzweifelt suchte Janina nach Worten. Aber ihr fiel nichts ein, was sie hätte sagen können. Darum drehte sie sich um und rannte aus der Halle.

Lissy und Dennis sahen ihr fassungslos nach.

„Hundert Punkte!“, brummte Dennis. „Das war genau das, was wir nicht machen wollten. Wir wollten Janina doch alles behutsam beibringen.“

Lissy schlug die Hände vor das heiße Gesicht. „Ich schäme mich so“, flüsterte sie.

Melanie sah verwundert von einem zum anderen.

„Ich weiß nicht, was ihr habt“, meinte sie. „Irgendwie musste sie doch die Wahrheit erfahren. Ist zwar nicht so schön, wenn es auf diese Weise geschieht, aber immer noch besser als gar nicht.“

Lissy blitzte Melanie wütend an.

„Weißt du, was dir fehlt?“, schrie sie. „Du weißt nicht, dass es Momente gibt, in denen man mal seine Klappe hält!“

Dann drehte sie sich um und lief aus dem Reitstall. Dennis folgte ihr.

Janina ist fort

Blind vor Tränen kehrte Janina in den Hof zurück, in dem sie Roy an einem Ring angebunden hatte. Eilig machte sie ihn los.

„Da bist du ja", hörte sie eine freundliche Stimme hinter sich. „Ich habe schon auf dich gewartet. Ich dachte, wenn wir zusammen in die Reitstunde reiten, sind wir nur halb so aufgeregt."

Verwirrt drehte sich Janina um. Gertie stand hinter ihr. Sie hatte ihre Stute Flox ebenfalls an einen Ring gebunden und band sie jetzt los.

Janina schluckte. Die freundlichen Worte brachten ihre Tränen zum Fließen.

„Janina?", fragte Gertie erschrocken. „Was hast du denn? Du musst doch nicht weinen, nur weil wir jetzt Reitstunde haben. Herr Manglier ist total nett, auch wenn er manchmal etwas brummig ist. Daran musst du dich gewöhnen. Und wenn dein Pferd nicht springen lernt oder ..."

Janina stieß einen zischenden Laut aus und schluchzte laut auf. Gertie betrachtete das Mädchen verwirrt. Sie verstand nicht, was in ihr vorging.

Langsam ging sie zu Janina hinüber.

„Janina", sagte sie leise. „Was hast du denn?" Sie legte ihre Hand auf Janinas Schulter. „Kann ich dir helfen?", fragte sie liebevoll.

Mit einer heftigen Armbewegung stieß Janina den Arm zurück. Sie stieg in den Sattel, trieb Roy mit einer heftigen Fußbewegung an und ritt an Gertie vorbei aus dem Hof. Gertie starrte ihr fassungslos nach.

In diesem Moment kam Lissy aus dem Reitstall gestürzt. Ihr folgten Dennis und Melanie.

„Hast du Janina gesehen?“, wandte sich Lissy an Gertie.

Gertie nickte. „Da.“ Sie zeigte auf Janina, die gerade auf den Reiterweg abbog.

„Janina!“, rief Lissy laut. „Komm doch zurück! Lass uns in Ruhe über alles reden!“

Janina warf ihre blonden Locken nach hinten und drehte sich nicht einmal um.

Betroffen schlug Lissy ihre Hand vor den Mund. „O Gott!“, murmelte sie.

Dennis sah seine Freundin mitleidig an. So fassungslos hatte er Lissy schon lange nicht mehr erlebt.

„Lissy“, sagte er leise. „Vielleicht tut ihr das Ausreiten ganz gut. Wenn sie nachher zurückkommt, haben wir alle einen klaren Kopf und können noch einmal in aller Ruhe miteinander reden.“

„Du hast Recht“, nickte Lissy. Sie war sehr niedergeschlagen.

„Könnt ihr mir mal sagen, was geschehen ist?“, wollte Gertie wissen.

„Am liebsten nicht“, antwortete Dennis bedrückt. „Dazu ist die Geschichte viel zu übel.“

Aber dann erzählte er sie Gertie doch. Sie hörte aufmerksam zu. Hin und wieder schüttelte sie entsetzt den Kopf. Manchmal sagte sie auch „Au Mist“ oder „So was Blödes“.

Als Lissy und Dennis geendet hatten, schwiegen alle. Sogar Melanie wagte es nicht, ihre Meinung zum Thema Roy zu sagen. Es fiel ihr zwar schwer, sich zurückzuhalten, aber sie fürchtete sich davor, von Dennis eine wütende Bemerkung ins Gesicht geschleudert zu bekommen.

„Ich kann mir vorstellen, dass Janina der Ausritt auf Roy gut tut“, meinte Gertie schließlich. „Und danach sprecht ihr noch einmal mit ihr.“

„Das werden wir auf alle Fälle tun“, versicherte Lissy.

„Ehrensache, dass ich mich bei ihr für meine Worte entschuldige."

Janina ritt in ruhigem Schritt über die Felder. Der Wind blies ihr ins Gesicht. Am Himmel brauten sich dicke Wolken zusammen. Janina trieb Roy an, sodass er nach einigen Widerständen schließlich doch in gleichmäßigen Trab fiel.

Das Mädchen überquerte einige abgemähte Getreidefelder. Dann ritt sie durch einen Wald. Der Wind rüttelte an den Zweigen. Ein paar Äste fielen herunter, die dünnen Baumkronen bewegten sich heftig hin und her. Janina beeilte sich den Wald zu durchqueren.

Es tat gut, den Wind im Gesicht zu spüren. Janina hatte das Gefühl, er blies alle trüben Gedanken fort. Sie war so sehr damit beschäftigt, gegen den immer stärker werdenden Wind anzureiten, dass sie fast den Streit mit Lissy vergaß.

Roys Hufe schlugen auf den harten Boden. Mit zurückgelegten Ohren arbeitete er gegen den Wind an. Janinas Hände waren kalt. Sie bereute es, so schnell und unüberlegt aufgebrochen zu sein. Ohne Jacke und Handschuhe fror sie. Ihre Hände waren bereits so steif gefroren, dass sie kaum noch wusste, wie sie die Zügel halten sollte. Trotzdem ritt sie immer weiter über die Felder. Sie wusste nicht, wohin sie reiten sollte, konnte sich aber auch nicht überwinden ihren Roy zu wenden und zurückzureiten. Wohin sollte sie auch gehen? Für Roy war eben nirgendwo mehr Platz. Lissys Reiterclub war etwas für Turnierpferde. Für schöne, eigens gezüchtete Hannoveraner. Für ein Kaltblutpferd war dort kein Platz. Auch die Teilnahme eines Kaltblüters an einem Turnier war allen peinlich. Wie konnte sie nur so blind gewesen sein, dass sie das nicht gesehen hatte?

Eine harte Windböe blies Janina ins Gesicht. Erschrocken spannte sie ihre Muskeln an. Über ihrem Kopf ballten sich dunkle Wolken zusammen.

Wie besessen ritt Janina weiter. Sie hatte bald keine Ahnung mehr, wo sie sich befand. Trotzdem trieb eine unbestimmte Angst sie immer weiter.

Lissy stand schon seit einer geschlagenen Stunde mitten im Hof und starrte unentwegt auf den Himmel. Dunkle Wolken ballten sich zusammen. Ein starker Sturm war aufgekommen.

„Lissy! Kommst du zum Tee?"

Der alte Herr Riedmann, Lissys Großvater, streckte seinen Kopf aus dem Clubhaus.

„Ja, gleich!" Lissy schaute erneut zum Himmel. Was sich dort oben zusammenbraute, sah nicht gerade gemütlich aus. Wehe dem, der jetzt nicht zu Hause war!

Unruhig trat Lissy von einem Bein aufs andere. Janina war seit fast zwei Stunden weg. Das musste nichts bedeuten. Sie konnte zu einem benachbarten Hof, zum Gestüt, zum Campingplatz oder anderen Häusern in der Nachbarschaft geritten sein. Trotzdem machte Lissy der Gedanke an Janina unruhig. Sie fühlte sich einfach schuldig daran, dass Janina weggeritten war.

„Lissy!" Opa Riedmann rief schon zum zweiten Mal. „Der Tee wird kalt."

„Ich komme!"

Zögernd betrat Lissy das Clubhaus. Einige Clubmitglieder saßen in fröhlicher Runde zusammen bei Tee und Keksen. An einem Tisch in der Ecke hockten Gertie und Dennis. Sie sahen niedergeschlagen aus.

„Ist sie noch nicht da?", fragte Dennis unruhig. Dabei brauchte er Lissy nur anzusehen. Die Antwort stand in ihrem Gesicht geschrieben.

Mit einem unglücklichen Seufzer ließ sich Lissy neben ihm auf den Stuhl fallen.

„Nein“, brachte sie mühsam hervor.

Gertie warf einen Blick aus dem Fenster. „Ist ein ganz schöner Sturm draußen“, bemerkte sie leise.

Dennis folgte ihrem Blick. Auch er fühlte sich für Janina verantwortlich. Nur wegen ihm war sie weggeritten. Warum musste er auch immer so unüberlegt daherreden? Bedrückt sah er zu Lissy hinüber, die in ihrem Teeglas rührte und dabei in die braune Flüssigkeit starrte, als ob sie darin die Lösung des Problems Janina finden könnte.

Zögernd sah Lissy auf. Sie blickte zwar in Dennis' Gesicht, aber er hatte das unangenehme Gefühl, dass sie durch ihn hindurchschaute.

„Ich fühle mich verdammt schuldig an der Sache“, murmelte sie.

„Quatsch!“, widersprach Dennis heftig. „Wenn jemand schuld ist, dann Melanie oder ich. Wir haben wirklich nicht besonders nett über Roy geredet. Kein Wunder, dass sich Janina auf und davon gemacht hat.“

Der Wind heulte um das Haus. Die Fensterläden des Clubhauses klapperten.

Gertie sah auf die Uhr. „Zwei Stunden ist sie nun schon fort“, stellte sie fest. „Es wird bald dunkel.“

Mit einem Ruck schob Lissy ihr Teeglas zur Seite. „Ich gehe sie suchen“, sagte sie kurz entschlossen.

Erschrocken sah Dennis aus dem Fenster. „Bei dem Sturm? Du bist ja bescheuert!“

„Dann bin ich eben bescheuert. Immer noch besser als hier langsam, aber sicher verrückt zu werden.“ Lissy stand auf.

Gertie und Dennis sahen sie erschrocken an. „Wenn du gehst, komme ich mit“, erwiderte Dennis sofort. „Und wenn ich es nur tue, um dir dort draußen ein Grab zu schaufeln."

„Ich bin auch dabei!", rief Gertie.

Sie war eigentlich eher ein ängstlicher Typ, aber sie konnte absolut zäh sein, wenn es darum ging, schwierige Aufgaben zu bewältigen.

„Nein, Gertie! Du auf gar keinen Fall!", entgegnete Lissy. Doch sie brauchte Gertie nur anzusehen um zu wissen, dass es zwecklos war, sie von ihrem Vorhaben abbringen zu wollen. Die Freundin hatte diesen entschlossenen Zug um den Mund, der keinen Widerspruch duldete.

„Darf ich wissen, was ihr vorhabt?", ließ sich Opa Riedmann da vernehmen. Mit besorgtem Blick sah er die drei Freunde an. Er ahnte, dass sie etwas planten, das nicht ungefährlich war.

„Nichts, Opa", versuchte Lissy ihn zu beruhigen.

Herr Riedmann legte den Kopf schief und musterte seine Enkelin misstrauisch.

„Das glaube ich dir nicht", meinte er. „Ihr seht aus, als ob ihr ausreiten wolltet."

Die drei warfen sich einen verschwörerischen Blick zu. Dennis räusperte sich. „Stimmt, Herr Riedmann", sagte er schnell. „Wir wollen uns mal kräftig vom Wind durchpusten lassen. Aber erzählen Sie es nicht weiter, ja?"

Opa Riedmann hatte für solche Abenteuerritte Verständnis. Er selbst hatte als Jugendlicher so manchen gefährlichen und waghalsigen Ritt unternommen. Verständnisvoll zwinkerte er den dreien zu.

„Dann macht, dass ihr wegkommt!", brummte er. „Aber lasst mich nicht zu lange wie auf heißen Kohlen sitzen. Sagen wir mal, in spätestens einer Stunde ..."

Lissy ging auf ihn zu, umarmte ihn und küsste ihn auf die faltige Wange.

„Klar, Opa!", unterbrach sie ihn.

„Also dann: Viel Glück!" Herr Riedmann nickte allen zu und hielt seine Faust hoch, in die er seinen Daumen eingegraben hatte. „Hals- und Beinbruch!"

Als Lissy, Dennis und Gertie ins Freie traten, wurde Dennis die Holztür, die zum Clubhaus führte, aus der Hand gerissen und gegen die Wand geschleudert. Dann schlug sie mit einem lauten Knall zu.

„Himmel, ist das ein Sturm!", murmelte Gertie erschrocken.

„Wahnsinn, jetzt auszureiten!", bemerkte Dennis. Es war ein letzter schwacher Versuch, Lissy und Gertie zur Umkehr zu bewegen.

Doch Lissy achtete gar nicht auf seine Worte. Sie zog die Kapuze ihres Sweatshirts über den Kopf und lief in gebückter Haltung über den Hof zum Reitstall hinüber. Gertie folgte ihr wortlos.

Dennis starrte den beiden fassungslos hinterher. Ein harter Windstoß drückte ihn gegen die Holzwand des Clubhauses. Nur mit Mühe gelang es ihm, seinen Körper gegen den Wind anzustemmen. Hastig folgte er den beiden Mädchen in den Reitstall.

Gertie und Lissy waren bereits dabei, Flox und Arcado zu satteln und aufzutrensen.

„Also, wenn ihr meine Meinung hören wollt: Es ist absoluter Leichtsinn, wenn wir versuchen bei diesem Sturm jemanden zu suchen", schimpfte Dennis. „Ich glaube auch nicht, dass Janina so verrückt ist jetzt durch die Gegend zu reiten. Wahrscheinlich hat sie längst ..."

„Gertie! Hilfst du mir beim Auftrensen?", wandte sich Lissy an ihre Freundin. „Arcado spielt mal wieder den Dickkopf."

„Klar." Gertie war sofort bei ihr.

„Hört ihr mir überhaupt zu?“, fragte Dennis gereizt.

Lissy schüttelte den Kopf. „Nein!“, antwortete sie. „Denn du erzählst ja doch keine Neuigkeiten. Dass es leichtsinnig ist, durch den Sturm zu reiten, wissen wir auch.“

„Aber wir haben nun mal nicht viele Möglichkeiten“, fuhr Gertie fort. „Entweder warten, und das haben wir zwei Stunden lang getan, oder suchen gehen.“

Dennis seufzte. „Warum sind Mädchen bloß immer so dickköpfig?“

„Damit du etwas hast, über das du dich ärgern kannst“, entgegnete Lissy ungerührt.

Mit langsamen Schritten ging Dennis in die Sattelkammer hinüber um das Zaumzeug für Blitz zu holen.

Ein schreckliches Unwetter

Der Regen kam wie aus heiterem Himmel. Gerade als Janina zum Himmel schaute und mit Schrecken bemerkte, dass sich die dunklen Wolken immer dichter aufeinander zubewegten, begann es auch schon, wie aus Kübeln zu regnen. Der Himmel schien eine Schleuse zu öffnen und alles Wasser auf die Erde zu schütten. Janina hatte kaum Zeit einmal durchzuatmen, da war sie auch schon nass bis auf die Haut. Und als sie ihr Pferd gewendet hatte, troff sie bereits von Kopf bis Fuß.

Janina schluckte. Sie musste unbedingt einen Unterschlupf finden. Hastig versuchte sie Roy anzutreiben und zum nächsten Wald zu lenken, aber der Wallach ließ sich wie immer nicht aus der Ruhe bringen. Er war es gewohnt, bei Wind und Wetter draußen zu arbeiten. Warum sollte er also Grund haben in Panik zu geraten, nur weil es gerade regnete? Verdutzt zog er den Kopf etwas tiefer zwischen die Beine und schritt gemächlich auf den kleinen Buchenhain zu.

Als er endlich angekommen war, sprang Janina aus dem Sattel und versuchte zwischen den Bäumen Schutz zu finden. Dabei zog sie Roy am Halfter mit sich. Aber er interessierte sich mehr für die Wiese vor dem Hain als für das Regendach aus Buchenblättern.

„Roy, komm doch hierher!“, rief Janina verzweifelt.

Das Regenwasser lief ihr aus den Haaren. Ihr Sweatshirt und ihre Jeans klebten am Körper und in den Stiefeln schien das Wasser zu stehen.

Roy wandte nur unwillig den Kopf und trabte hinter Janina her in den Buchenwald. Obwohl Janina kaum noch aus den Augen gucken konnte, achtete sie darauf, ob hier giftige Pflanzen wuchsen, die Roy eventuell das Leben kosten konnten. Sie entdeckte ein paar Herbstzeitlosen und Schöllkraut und führte Roy darum ein Stück weiter in den Hain hinein. Es war schwierig, ihn zu führen. In all den niedrigen Ästen verfing er sich immer wieder.

Endlich fand Janina eine Stelle, an der die beiden gut und geschützt stehen konnten. Erleichtert lehnte sie sich gegen den harten Stamm einer Buche und atmete tief ein und aus. Sie troff immer noch von Kopf bis Fuß. Unglücklich nahm Janina eine Haarsträhne nach der anderen zwischen ihre Finger und wrang sie aus.

Roy hatte es sich auf einem Standbein bequem gemacht und döste. Der Regen schien ihm wenig auszumachen.

Janina sah zum Himmel hinauf. Die Wolken hingen immer noch tief. Es sah nicht so aus, als ob sich das Wetter so schnell ändern würde.

Sie seufzte leise. Sie hätte viel darum gegeben, jetzt bei den anderen in Lissys Clubraum zu sitzen und einen Tee zu trinken. Janina schüttelte den Kopf. Es war dumm von ihr gewesen, einfach wegzulaufen. Na gut, die anderen hatten hässlich über ihr Pferd geredet. Aber war das ein Grund gewesen, so mir nichts, dir nichts fortzureiten? Sie hatte doch gesehen, dass es Lissy Leid getan hatte, dass sie, Janina, das Gespräch mitangehört hatte. Mit weit aufgerissenen Augen und glühenden Wangen hatte Lissy vor ihr gestanden.

Janina dachte nach. „Elefant“ hatte Melanie Roy genannt. Ein Trampeltier, das nur im Schritttempo ging und alle Hindernisse riss. Janina spürte, wie sich ihre Kehle zusammenschnürte. Die beleidigenden Worte taten immer noch weh. Roy war eben anders als die Turnierpferde in Lissys Reiterclub. Er gehörte einfach nicht dazu.

Janina schluckte. Sie spürte, wie Tränen in ihre Augen traten und langsam die Wangen herunterliefen. Angenehm warm fühlten sie sich neben den kalten Regentropfen an. Janina streckte ihre Zungenspitze heraus und ließ die salzigen Tränen auf die Zunge laufen.

Sie wusste, in Lissys Reiterclub mochte sie nicht bleiben. Auch wenn die meisten Mitglieder sie nett empfangen hatten und lieb zu ihr waren: Ihr Pferd gehörte nicht dorthin. Und wenn ihr Pferd nicht dableiben konnte, wollte Janina es auch nicht.

„Mist! Jetzt fängt es auch noch an zu regnen! Ich werd noch verrückt." Gertie zog die Kapuze ihres Anoraks über ihre Haare. Auch Lissy krempelte ihre Kapuze aus ihrem Kragen.

„Das ist ungerecht!", beschwerte sich Dennis, der eine Lederjacke trug. „Wenn ich keine Kapuze habe, dürft ihr eure auch nicht aufsetzen. Sonst werde ich unglücklich."

Lissy und Gertie achteten nicht auf seinen Einwand. Doch der Regen kam mit einer solchen Heftigkeit, dass selbst die Kapuze keinen Schutz bot.

„Da drüben ist eine kleine Blockhütte!", rief Lissy. „Los, lasst uns dort Unterschlupf suchen." Die drei Freunde wendeten ihre Pferde und ritten auf die Hütte zu. Als sie näher kamen, bemerkten sie, dass es sich dabei um einen Stall handelte, der nicht mehr genutzt wurde.

„Besser als nichts", meinte Dennis. Er sprang vom Pferd und führte Blitz hinein. Gertie und Lissy folgten seinem Beispiel.

„Schaut mal! Hier sind sogar Balken an der Decke!", stellte Lissy fest. „Da können wir die Pferde anbinden."

„Tolle Idee." Gertie führte Flox zu einem Ring und band sie fest. Dann nahm sie ihren Sattel ab und versuchte ihn mit einem Tempotuch trockenzureiben.

„Das ist wieder typisch Gertie!", lachte Dennis. „Statt nachzusehen, ob sie selbst noch eine trockene Faser am Körper hat, trocknet sie ihr Pferd ab."

Lissy sah Dennis triumphierend an. „Und weißt du, was ich tue?", fragte sie.

Dennis tat, als ob er scharf nachdenke. „Du putzt mein Pferd", grinste er dann.

„Fast richtig", erwiderte Lissy kichernd. „Ich putze meins. Aber erst, nachdem ich dir den Mund gestopft habe."

„Willst du damit sagen, dass du mich küssen willst?", rief Dennis lachend und baute sich vor ihr auf. Auffordernd streckte er Lissy sein Gesicht entgegen und formte seine Lippen zu einem Kussmund.

Lissy bückte sich, hob etwas Heu auf und warf es ihm ins Gesicht.

„Igitt!" Dennis fuchtelte mit den Armen um das Heu loszuwerden. „Lissylein, so viel Gemeinheit hätte ich dir gar nicht zugetraut! Aber ich wusste ja immer, Mädchen sind grausam."

Gertie sah die beiden Kampfhähne belustigt an. Dann wurden ihre Augen groß.

„Hey, hier liegt ja Heu!", rief sie begeistert. „Dann muss ich Flox ja gar nicht mit einem Tempotuch abreiben. Und ihr werft damit in der Gegend herum."

„Ich werfe ja gar nicht", verteidigte sich Dennis. „Du musst dich bei Lissy beschweren."

Lissy kicherte. Dann ging sie zu Arcado, nahm ihm den Sattel ab und rieb ihn mit Heu trocken. Dennis folgte ihrem Beispiel.

Eine halbe Stunde später saßen die drei neben ihren Pferden im Heu und starrten vor sich hin. Der Regen hatte nicht nachgelassen. Es wurde allmählich dunkel.

„Ich komme mir vor wie Maria und Josef!", brummte Dennis.

Lissy und Gertie schwiegen. Ihnen war nicht nach Scherzen zumute. Ihre Kleidung war nass und sie froren.

Die Dunkelheit brach an, der Regen ließ nicht nach und von Janina war nach wie vor keine Spur zu sehen.

„Hoffentlich ist Janina nichts geschehen", sagte Lissy mit belegter Stimme.

„Bestimmt nicht!", versuchte Dennis sie zu beruhigen. „Die sitzt sicherlich bei Opa Riedmann im Clubraum und lässt sich einen heißen Tee servieren."

Aber Janina saß nicht im Clubraum, auch wenn sie alles darum gegeben hätte, jetzt dort zu sein. Sie stand immer noch in dem Buchenwäldchen und starrte durch die Baumkronen in den Himmel. Die Wolken hingen immer noch tief, es regnete ohne Unterlass und allmählich brach die Dunkelheit herein.

Die Blätter des Hains hielten dem Regenwasser schon lange nicht mehr stand. Der Regen tropfte immer wieder auf Janina herunter.

Plötzlich zuckte sie zusammen. In der Ferne hörte sie ein leises Donnergrollen. Ein Gewitter nahte. Das durfte doch nicht wahr sein! Die Wolken wurden vom Sturm über den Himmel getrieben, doch von Westen her kamen andere, noch dunklere heran.

Von Eichen sollst du weichen, Buchen sollst du suchen!, fiel ihr der Spruch ihres Großvaters ein. Doch sie wusste, dass die alte Bauernregel nicht richtig war. Bei Gewitter war es im Wald gefährlich, egal, ob man unter einer Buche oder unter einer Eiche stand. Sie musste hier weg, so schnell wie möglich.

Janina huschte zu Roy hinüber.

„Roy, wir müssen weiter! Es gibt ein Gewitter", sagte sie.

Roy erwachte aus seinen Träumen und sah sie freundlich an. Seine aufmerksamen dunklen Augen gaben Janina Kraft. Sie war sehr froh nicht allein zu sein.

„Komm!“, sagte sie leise.

Gehorsam setzte sich Roy in Bewegung. Er schien Janinas Angst zu spüren und war diesmal sehr aufmerksam, um möglichst rasch aus dem Hain herauszukommen ohne sich im Geäst zu verfangen.

Als Janina auf der Wiese stand, stieg sie auf Roys Rücken und trieb ihn an. Roy verstand und fiel ausnahmsweise in einen schnellen Trab.

Ziellos irrte Janina in der Gegend umher. Sie versuchte tapfer ihre aufkommende Panik zu unterdrücken. Ihr Bauernhof in der Schweiz fiel ihr ein. Wenn es ein Gewitter gegeben hatte, hatten ihre Großeltern immer angstvoll am Tisch gesessen und gebetet.

Für einen Bauern stellte ein Gewitter eine große Gefahr dar. Parolis Hof lag einsam zwischen den Bergen. Das mit Holzschindeln gedeckte Haus hätte bei einem Blitzeinschlag lichterloh gebrannt.

Die Kindheitserinnerungen beunruhigten Janina noch mehr. Sie hatte schon als kleines Mädchen gelernt, dass man einem Gewitter gegenüber machtlos war. So fühlte sie sich in dieser kargen Heidelandschaft nun ebenfalls klein und hilflos.

Der Donner grollte lauter und die Abstände zwischen den einzelnen Blitzen und dem folgenden Donner wurden kleiner. Janina konnte in den Zeiten dazwischen gerade noch bis fünf zählen.

„Roy, mach doch bitte, bitte schneller!“, flehte Janina und drückte ihrem Pferd die Absätze in die Seite. O Wunder! Roy machte einen Satz und begann zu galoppieren. Janina war so überrascht, dass sie beinahe aus dem Sattel geflogen wäre. Nur mit Mühe gelang es ihr, sich zu halten. Liebevoll klopfte sie Roy auf den Hals, während sie sich weiter von ihm über die schmalen Wege tragen ließ.

Wieder blitzte es grell. Fast gleichzeitig erklang ein lautes Donnergrollen.

Janina erschrak. Sie hatte das Gefühl den Blitz fast spüren zu können.

„Lauf, Roy! Bitte beeil dich!“, rief sie aufgeregt.

Roy galoppierte weiter. Janina duckte sich hinter seinem breiten Hals um dem entgegenkommenden Regen auszuweichen.

Das weiße Haus inmitten der Felder erschien Janina erst wie eine Fata Morgana. Sie kniff die Augen zusammen und blinzelte. Dann strich sie die Regentropfen von den Wimpern und schaute noch einmal. Tatsächlich war vor ihr ein kleiner Bauernhof aufgetaucht. Es war nicht nötig, Roy in diese Richtung zu lenken. Das Pferd lief von selbst auf den Hof zu. Vor den Stalltüren hielt Roy an und sah sich um.

Janina zögerte einen Augenblick. Konnte sie denn einfach bei fremden Leuten klingeln und um Hilfe bitten? Ein greller Blitz und ein lauter Donnerschlag fast zur gleichen Zeit nahmen ihr die Entscheidung ab. Janina erschrak so sehr, dass sie, so schnell sie konnte, vom Pferd sprang und zur Haustür lief. Sie hielt Roy am Zügel fest und drückte auf die Klingel.

Schnelle Schritte kamen näher. Dann wurde eine Haustür geöffnet und eine Frau schaute Janina überrascht an.

„Ach du meine Güte!“, rief sie. „Dich hat wohl dieses Unwetter überrascht?“

Janina nickte. Sie war froh, dass die Frau einen sympathischen Eindruck machte.

„Bitte entschuldigen Sie die Störung“, sagte sie höflich. „Ich wollte nur fragen, ob ich mich hier mit meinem Pferd unterstellen kann, bis das Gewitter vorbei ist.“

Die Frau nickte. „Selbstverständlich.“ Sie sah nun Roy

an. „Das ist ja ... Meine Güte, dein Pferd sieht aus wie unser alter Franz. Das gibt's doch nicht!"

Sie drehte sich um und rief durchs Treppenhaus: „Steffen! Steeeffen!"

Ein Wuschelkopf erschien am oberen Treppengeländer. Im Hintergrund hörte man Musik aus einem Zimmer dröhnen.

„Was ist los?"

„Guck mal, wer hier ist!"

Der Wuschelkopf stieg neugierig die Stufen herunter und sah Janina aufmerksam an.

„Eine nasse Katze!", lachte er. Dann wurden seine Augen groß. Überrascht musterte er ihr Pferd.

„Du lieber Himmel!", murmelte er fassungslos. „Sieht ja aus wie Franz."

„Habe ich auch gedacht", nickte Steffens Mutter.

Steffen drehte sich zu Janina um. „Du bleibst doch bei uns, ja?", bat er sie. „Meine Mutter gibt dir eine trockene Jeans und einen Pullover von mir. Dann trinkst du erst mal einen heißen Tee. In der Zwischenzeit versorge ich dein Pferd. Meinst du, er mag es, einen Platz im Kuhstall zu bekommen?"

Janina wusste auch nicht genau, warum, aber plötzlich traten Tränen in ihre Augen.

„Ich bin mir ganz sicher, dass er das sehr gerne mag", flüsterte sie. „Bei uns zu Hause hatte er auch einen Platz im Kuhstall. Er verträgt sich gut mit Kühen."

Die sympathische Frau legte ihren Arm um Janina.

„Komm herein! Ich bin Frau Kaiser", sagte sie freundlich. „Ich versichere dir, dass Steffen dein Pferd gut versorgt."

„Danke."

Janina zögerte einen Moment lang Roy an den Jungen, der nur wenig älter war als sie selbst, weiterzugeben, aber er sah den Wallach mit so viel Liebe an, dass sie ihm schließlich die Zügel reichte. Dann folgte sie der Frau in den Hausflur.

„Am besten, du duschst heiß", schlug Frau Kaiser ihr vor und zeigte auf eine Tür. „Ich gebe dir ein paar Sachen von Steffen rein."

„Vielen Dank", antwortete Janina gerührt.

Sie betrat das Badezimmer, zog ihre nassen Sachen aus, stellte die heiße Dusche an und genoss es, dass endlich einmal ein Strahl heißes Wasser auf ihren Rücken prasselte. Anschließend trocknete sie sich ab und zog die Sachen an, die die Frau ihr hereingereicht hatte. Ihre eigene nasse Kleidung wrang sie aus und legte sie über die Heizung. Dann trat sie aus dem Badezimmer und ging zu Frau Kaiser in die Küche hinüber. Die schenkte ihr sofort heißen Tee ein.

„Da bist du ja", sagte sie freundlich. „Setz dich doch hier an den Tisch."

„Ich würde gerne erst einmal zu Roy hinübergehen", meinte Janina verlegen.

Frau Kaiser nickte. „Natürlich! Steffen wird sich freuen mit dir über Pferde plaudern zu können. Wir hatten viele Jahre lang ein Kaltblutpferd. Es hat uns in der Landwirtschaft geholfen und später, als es alt wurde, haben wir es gepflegt um ihm für seine Hilfe zu danken. Steffen hat es sehr geliebt. Vor zwei Jahren ist es gestorben. Das war ein trauriger Tag."

Janina schluckte. „Das kann ich mir vorstellen", meinte sie mitfühlend.

Mit gierigen Schlucken trank sie den heißen Tee. Er tat gut. Im Nu fühlte sich Janina wieder warm.

„Danke! Das hat wirklich gut getan", lächelte sie und stellte die Teetasse auf den Küchentisch zurück. Dann machte sie sich auf den Weg in den Stall.

Hilfe!

„Wann hört dieses Gewitter endlich auf?"

Gertie hielt sich die Ohren zu. Sie hörte den Donnerschlag trotzdem. Er glich einer Explosion.

Auch Dennis und Lissy machten besorgte Gesichter. Schon seit einer halben Stunde saßen sie hier in diesem brüchigen Stall und warteten darauf, dass das Gewitter sich legte. Aber bis jetzt schien es eher ständig schlimmer zu werden. Die Abstände zwischen Blitz und Donnerschlag hatten sich verringert. Inzwischen lagen gerade zwei Sekunden dazwischen.

„Ich habe so furchtbare Angst vor Gewittern", gestand Gertie.

Lissy nickte. „Ich auch", gab sie zu.

Dennis schwieg. Er schämte sich zu erzählen, dass er sich ebenfalls vor Gewittern fürchtete. Besonders, wenn man dabei in so einem kleinen Stall in der Einöde saß.

Auch Arcado, Blitz und Flox bewegten sich unruhig hin und her. Die drei Freunde hatten sie an einem Dachbalken festgebunden und das mochten die Pferde nicht sehr gerne. Blitz scharrte mit den Hufen, Arcado warf den Kopf ständig nach hinten und Flox wieherte immer wieder laut.

Gertie stand auf. „Ruhig, meine Guten!", sagte sie. „Macht uns nicht noch nervöser." Sie wandte sich ihren Freunden zu. „Ich glaube, ich binde sie los. Vielleicht werden sie dann ruhiger." Langsam ging sie auf die Pferde zu und streichelte sie nacheinander. Dann löste sie die Zügel aus dem Ring und ließ die Pferde frei. Arcado scharrte mit den Hufen und warf seine dunkle Mähne nach hinten. Er war kaum zu beruhigen.

„Arcado!", rief Lissy und stand ebenfalls auf. „Was ist

denn, mein Schatz? Ich verspreche dir, es ist bald vorbei." Sie drehte sich um, um zu ihrem Pferd zu gehen.

In diesem Moment passierte es. Es blitzte hell, direkt darauf krachte es. Ein schriller Schrei ertönte. Gertie sah, wie die Pferde aus der Hütte stürzten. Sie griff nach Flox' Zügel, doch die Stute blieb nicht stehen, sondern zog sie hinter sich her. Und dann krachte es noch einmal. Holz knarrte und knallte. Holzsplitter flogen durch die Luft, Staub wirbelte auf. Dann war alles still. Gertie brauchte einen Moment, bis sie begreifen konnte, dass etwas Schreckliches geschehen war.

„Lissy! Dennis! O Gott!" Gertie schlug ihre Hände vors Gesicht. Mit weit aufgerissenen Augen schaute sie durch die Finger hindurch. Ein großer Eichenbaum war vom Blitz getroffen worden und auf den Stall gefallen. Er hatte die eine Hälfte der Hütte zum Einsturz gebracht. Gertie, Arcado, Blitz und Flox standen im Freien. Wie durch ein Wunder war ihnen nichts geschehen.

Sie waren mit dem Schrecken davongekommen. Wiehernd stiegen die Pferde in die Höhe und schnaubten aufgeregt.

Jetzt kam Leben in Gertie. Sie stürzte auf die drei Hannoveraner zu, redete mit beruhigenden Worten auf die Pferde ein und führte eines nach dem anderen zu einem Baum. Mit zitternden Händen versuchte sie sie festzubinden. Arcado machte es ihr besonders schwer. Er stieg wiehernd in die Höhe und schnaubte. Gertie konnte sich denken, dass er sich Sorgen um Lissy machte.

Sie selbst wagte kaum an die Freunde zu denken, die irgendwo unter den Trümmern begraben sein mussten. Trotzdem zwang sie sich systematisch vorzugehen und einen Schritt nach dem anderen zu machen. Die Pferde mussten fort, damit sie bei der Rettungsaktion nicht stören konnten. Darum musste sie sie zunächst anbinden.

Arcado stieg wieder und versuchte nach Gertie zu schnappen. Gertie nahm all ihren Mut zusammen. Sie schlug Arcado mit der Faust auf die Nase. Dann zog sie ihn mit aller Kraft mit sich. Dabei ignorierte sie sein wütendes Schnauben. Arcado versuchte sich zu wehren, doch die Angst verlieh Gertie unsagbare Kräfte. Es gelang ihr, Arcado mit sich zu schleppen und an den Baum zu binden.

Schließlich drehte sie sich zu der eingestürzten Hütte um. Sie erschauerte bei dem Gedanken, dass ihre beiden Freunde unter den Trümmern begraben waren.

„Lissy! Dennis! O bitte, sagt etwas!", rief sie angstvoll. In fieberhafter Anstrengung rannte sie um die eingestürzte Hütte herum. „Dennis! Lissy!" Gerties Stimme überschlug sich fast.

Ihr Herz stand für einen Moment still, als sie eine Hand unter einem Teil des zusammengestürzten Daches herausragen sah. Sofort hockte sie sich neben die Hand.

„Dennis?" Gerties Herz schlug bis zum Hals. „Oh, mein Gott!"

Dennis' Hand bewegte sich. Sofort machte Gertie sich daran, ein paar Dachlatten und Ziegelsteine zur Seite zu räumen. Nun sah sie Dennis vor sich liegen. Seine Beine waren von ein paar Balken eingeklemmt.

„Dennis!" Gertie schrie auf vor Angst. Wie eine Verrückte rüttelte sie an Dennis' Oberkörper. Da schlug Dennis die Augen auf. Für einen Moment sah er Gertie verwundert an.

„Was ist geschehen?", fragte er und versuchte sich aufzurichten. „Au! Meine Beine!" Er stöhnte laut.

„Der Blitz ist in einen Baum eingeschlagen!", schluchzte Gertie. „Der Baum ist auf den Stall gestürzt und hat euch unter sich begraben."

Dennis' Augen weiteten sich. „Uns?" Er versuchte

wieder sich aufzurichten. Es gelang ihm nicht. Stöhnend ließ er sich auf den Boden zurücksinken. „Wo ist Lissy?“, keuchte er.

Gertie wagte nicht zu antworten. Tränen liefen über ihr Gesicht. „Ich weiß nicht“, weinte sie.

„Dann such sie doch, verdammt noch mal!“

Gertie sprang auf. Voller Panik lief sie um die Hütte herum und zog und zerrte an ein paar Brettern und Balken. Da sah sie Lissy schließlich unter einem großen Brett liegen. Sie war von den herabstürzenden Balken am Kopf verletzt worden. Mit blassem Gesicht und blutender Platzwunde lag sie neben ein paar Ziegelsteinen, die Augen geschlossen, den Mund leicht geöffnet.

„Ich habe sie!“ Gertie war kreidebleich im Gesicht.

Dennis richtete sich abermals ein wenig auf und versuchte einen Blick auf die Gestalt zu werfen, die dort reglos am Boden lag.

„Was ist mit ihr?“, fragte er gespannt. „Ist sie tot?“

Gertie presste ihre Hände auf ihren Mund. Der Gedanke war zu schrecklich. Zitternd hockte sie sich neben Lissy, griff nach ihrem Handgelenk und fühlte den Pulsschlag ihrer Freundin. Dann atmete sie auf. „Sie ist okay!“, sagte sie.

Auch Dennis atmete tief aus. „Kann sie dann nicht mal freundlich Guten Abend sagen?“, versuchte er zu witzeln.

„Ach, Dennis!“ Gertie schluchzte. „Es ist alles so schrecklich! Was mache ich bloß?“

Dennis wollte überspielen, dass Lissys Verletzung ihn sehr beunruhigte.

„Sag mal, Gertie, kannst du nicht ein wenig in dieser Hütte aufräumen?“, ulkte er weiter. „Auf meinen Beinen liegt nämlich ein Balken und das sieht verdammt noch mal nicht besonders ordentlich aus.“

Gertie schossen wieder die Tränen in die Augen.

„Ich habe es schon versucht, Dennis", sagte sie leise. „Aber auf den Trümmern, die dich einklemmen, liegt der Baumstamm. Und der ist zu schwer."

„Darum kann ich mich so schwer bewegen", brummte Dennis.

Gertie hatte keine Lust auf seine makaberen Sprüche einzugehen. Sie wusste, es wurde Zeit, so schnell wie möglich Hilfe zu holen.

„Dennis", fragte sie darum mit zitternder Stimme, „kann ich dich hier mit Lissy allein lassen?"

„Selbst wenn nicht, ich wette, du nimmst mich trotzdem nicht mit", knurrte Dennis mit Blick auf den dicken Balken, der seine Beine eingeklemmt hatte.

„Ich nehme Flox mit", ignorierte Gertie seine flapsige Bemerkung. „Ich reite jetzt los und versuche von irgendwo Hilfe zu holen. Ist das okay?"

Dennis lächelte kläglich. Er war sehr froh, dass Gertie und den Pferden nichts geschehen war. Sie war die Einzige, die Lissy und ihm helfen konnte.

„Ich muss sagen, die Idee ist nicht übel", meinte er anerkennend.

Gertie sprang auf, ging zu ihrem Pferd hinüber und band es vom Baum los. Arcado und Blitz wieherten leise. Gertie nahm sich nicht die Zeit ihnen beruhigend zuzureden. Die Angst um Lissy schnürte ihr die Kehle zu.

„Tschau, Dennis!", rief sie ihm zu. Es fiel ihr schwer, die beiden verletzten Freunde zurückzulassen, aber sie hatte keine Wahl.

„Viel Glück, Gertie!" Dennis winkte ihr mit der unverletzten Hand zu. Dann ließ er sich wieder erschöpft auf den Boden zurücksinken.

Arcado wieherte wütend. Schnaubend warf er den Kopf zurück und stampfte mit den Hufen auf den Boden. Er hasste es, an diesem Baum stehen zu müssen, während

Flox in die Freiheit reiten durfte. Es beunruhigte ihn auch, Lissy nicht mehr sehen zu können. Irgendwie schien er zu spüren, dass ein Unglück geschehen war.

Dennis stöhnte. „Ach Arcado, beruhige dich!“, sagte er bedrückt. „Lissy ist schon okay.“ Hoffentlich, fügte er in Gedanken hinzu. Die Sorge um Lissy drückte bleischwer auf sein Herz.

Ob es das Wiehern ihres Pferdes war, das Lissy zu sich kommen ließ? Vielleicht kam es auch daher, dass Dennis es sich so sehr wünschte. Jedenfalls war ein leises Stöhnen von ihr zu hören.

Dennis spitzte die Ohren und hielt die Luft an.

„Lissy?“, fragte er atemlos.

Das Stöhnen wurde lauter.

„Lissy! Bist du okay?“

Dennis hörte, wie sie sich bewegte.

„Was ist passiert?“, fragte Lissy mit schwacher Stimme.

„O Lissy!“ Dennis liefen ein paar Tränen über das Gesicht.

„Was ist los?“, fragte Lissy wieder. „Warum liege ich hier? Was ist mit meinem Bein? Dennis, was ist geschehen?“

Dennis lächelte erleichtert.

„Du hast eine wunderschöne Stimme, Lissy!“, sagte er leise.

„Franz war kein schönes Pferd. Aber er war halt immer da. Ich kannte ihn sozusagen von klein an. Ich wette, er hat sogar in meinen Kinderwagen geschaut, wenn mich meine Mutter auf den Hof stellte.“

Steffen stand neben Roy im Kuhstall und streichelte den Wallach unaufhörlich. Janina saß auf einem Ballen Heu und hörte zu. Sie konnte sich nicht erinnern, wann sie sich zuletzt so wohl gefühlt hatte. Dieser Geruch nach

Kühen, die umherlaufenden Hühner, das leise Summen der Milchanlage – das alles erinnerte sie so sehr an zu Hause, dass sie nur die Augen zu schließen brauchte um ihren Großvater und ihre Großmutter vor sich zu sehen, wie sie langsam und gelassen über den Hof schlurften.

Auch Roy schien die Atmosphäre im Stall zu genießen. Er schnupperte mit aufmerksamem Gesicht an einer Kuh herum. Dabei hatte er die Ohren gespitzt und drehte sie immer wieder, als lausche er jedem Geräusch, das er hier vernehmen konnte.

„Ich habe mich auch nie damit beschäftigt, ob Roy ein schönes oder ein hässliches, ein kleines oder ein großes, ein Vollblut-, Halbblut- oder Kaltblutpferd ist. Er war so, wie er war, und so hatte ich ihn lieb. Erst als ich ihn in Lissys Reitclub unterstellte ..." Janina stockte. Die Erinnerungen an das Gespräch, das sie belauscht hatte, taten wieder weh.

„... da hast du ihn mit den Turnierpferden verglichen, was?", führte Steffen ihren Satz zu Ende.

Janina nickte. „Ja, genau. Ich wollte plötzlich, dass er so wird wie die Pferde der anderen. Lissys Hengst zum Beispiel kann unheimlich gut springen."

„Ich kenne sie", erzählte Steffen. „Ich gehe auch manchmal zu ihr zum Reiten, wenn mich die Sehnsucht nach einem Pferd überkommt."

Janina schluckte. Es fiel ihr schwer weiterzusprechen. Sie schämte sich für das, was sie mit Roy gemacht hatte.

„Ich wollte, dass Roy so wird wie Arcado und die anderen Pferde", fuhr sie fort. „Darum habe ich versucht ihm Springen beizubringen und mit ihm ein paar Dressurübungen durchzuführen."

Steffen lachte. „Wenn ich mir unseren Franz bei einer Piaffe vorstelle ... Nicht zu glauben."

Janina seufzte leise. „Roy ging es ähnlich, er sah bestimmt aus wie ein Elefant im Porzellanladen …" Sie verstummte. „Elefant" hatte Melanie Roy genannt. Jetzt redete sie schon selber so.

„Kann ich mir vorstellen." Steffen streichelte Roy noch immer. Er sah das Tier zärtlich an. Janina war froh darüber. Ein warmes Gefühl durchströmte sie. Schon lange hatte sie keinen Menschen mehr getroffen, der Roy so viel Liebe entgegenbrachte wie dieser fremde Junge.

„Aber das Schlimmste kommt noch", berichtete sie weiter. „Ich habe Roy für ein Turnier angemeldet. Ausgerechnet gegen den größten Konkurrenten Holstein. Und dabei habe ich mir noch nicht mal was gedacht." Sie schlug sich mit der flachen Hand gegen die Stirn.

Steffen drehte sich zu ihr um. Er lächelte sie aufmunternd an.

„Und was ist passiert?", fragte er teilnahmsvoll.

Janina schluckte. Es tat so gut, jemanden zu haben, der sie verstand.

„Hinter meinem Rücken sind die anderen über mich hergezogen", erzählte sie weiter. „Trampel und Elefant haben sie Roy genannt. Da ist es mir wirklich wie Schuppen von den Augen gefallen."

Sie schwieg. Die Erinnerungen taten immer noch weh.

Steffen klopfte Roy noch einmal auf den Hals und flüsterte ihm ein paar freundliche Worte ins Ohr. Dann setzte er sich zu Janina auf den Heuballen.

„Soll ich dir mal die Geschichte erzählen, wie ich unseren alten Franz zu einem Pferderennen angemeldet habe?", fragte er.

Janina sah Steffen überrascht an. Dann lachte sie los.

„Ist nicht wahr!", prustete sie.

„Aber doch!", kicherte Steffen. „Und ich war mir sicher, dass er den ersten Platz belegen würde."

Janina bog sich vor Lachen. Steffen lachte lauthals mit.

Banges Warten

Die Wege waren vom Regen aufgeweicht und matschig. Gertie musste Flox immer wieder im Schritt gehen lassen. Hin und wieder musste sie sogar absteigen und ihre Stute führen. Dabei hatte sich die Angst um Dennis und Lissy wie ein eiserner Panzer um ihr Herz gelegt. Gertie war kaum in der Lage ruhig zu atmen. Obwohl ihre Stute müde war, trieb sie sie immer wieder vorwärts. Unaufhörlich prasselte der Regen auf sie nieder und vermischte sich auf ihrem Gesicht mit ihren Tränen. Wenn sie nicht bald Hilfe fand, würden sie und ihr Pferd womöglich einen Schwächeanfall erleiden.

Als Gertie über einen Hügel ritt, sah sie ein kleines Bauernhaus vor sich liegen. Sie fuhr sich über die Augen, als traue sie ihnen nicht. Aber der Hof lag weiterhin dort und sah dabei so anheimelnd und gemütlich aus, dass Gertie beinahe vor Erleichterung aufgeschrien hätte.

Hastig steuerte sie mit Flox auf den Hof zu.

„Steffen, hör mal!“ Janina legte den Finger auf den Mund.

Steffen brach mitten im Satz ab und lauschte. „Ich höre Hufgetrappel“, sagte er. „Heute scheinen eine Menge Reiter unterwegs zu sein.“

Er lachte und stand auf. Janina folgte ihm neugierig. Als Steffen die Stalltür öffnete, sahen sie mit Erstaunen, wie eine junge Reiterin direkt auf sie zugaloppierte. Im letzten Moment parierte sie ihr Pferd und sprang ab.

„Hast du nicht mehr alle Tassen im Schrank?“, fuhr Steffen sie an. „Du kommst hier auf den Hof geschossen, als wärst du allein auf der Welt. Schon mal gehört, dass hier Menschen und Tiere leben, die du mit deinem Verhalten in Gefahr bringst?“

Janina drängte sich an Steffen vorbei nach draußen um die leichtsinnige Reiterin zu betrachten. Als Erstes erkannte sie Flox, die Hannoveraner Fuchsstute. Dann fiel ihr Blick auf Gertie, die leichenblass und klitschnass neben ihrer Stute stand und nach Luft schnappte.

„Gertie!“, rief Janina überrascht. „Was machst du denn hier?“

Gertie strich sich das nasse Haar aus dem Gesicht und sah Janina fassungslos an.

„Janina!“, schrie sie dann. „Janina! Ich hätte nie gedacht ...“

Sie schwankte. Steffen stürzte auf sie zu und griff ihr unter die Arme. In diesem Moment sank Gertie auch schon in sich zusammen.

„Um Himmels willen! Was ist geschehen?“, rief Janina tief erschrocken.

„Na, was wohl? Sie hat einen Schwächeanfall. Wir müssen sie sofort ins Haus bringen.“ Steffen hielt Gertie immer noch angestrengt unter den Armen fest. „Hol schnell meine Mutter!“

Janina drehte sich um um zum Haus zu stürzen, aber da war Steffens Mutter auch schon neben ihr.

„Wer ist das denn?“, rief sie erschrocken.

„Eine Freundin. Sie ist direkt auf uns zugeritten und dann in Ohnmacht gefallen.“

„Armes Kind! Vielleicht hatte sie so große Angst vor dem Gewitter. Manche Menschen erleiden vor Angst einen Schwächeanfall.“

„Hilf mir, Mama! Dann können wir sie ins Haus bringen“, schlug Steffen vor.

„Ich kümmere mich um Flox“, meinte Janina. „Mensch, wie sich Roy freuen wird, wenn er die Stute wieder sieht!“

Sie fasste Flox am Halfter und führte sie in den Stall.

„Du bist vielleicht nass", murmelte sie. „Ich werde dich erst mal trockenreiben, damit du dich nicht erkältest."

Roy, der inzwischen Freundschaft mit den Kühen geschlossen hatte, freute sich tatsächlich Flox zu sehen. Er wieherte leise und stupste die Stute freundschaftlich an. Aber Flox war zu erschöpft die liebevollen Gesten zu erwidern. Müde ließ sie es über sich ergehen, dass Janina sie trockenrieb.

Die Stalltür öffnete sich und Steffen trat ein. Er sah sehr besorgt aus.

„Kannst du wohl mal für einen Augenblick kommen?", fragte er.

Janina nickte. „Klar. Was gibt's?"

Steffen zögerte. „Deine Freundin redet so ein krauses Zeug von einem Unfall. Ich weiß nicht, was sie sagen will, aber sie scheint sehr beunruhigt. Vielleicht ist es besser, wenn du mit ihr redest."

„Aber natürlich", erwiderte Janina sofort. Unruhig sah sie Steffen an. „Es wird doch wohl nichts auf dem Heidehof geschehen sein?"

Steffen zuckte die Achseln. „Ich weiß nicht", murmelte er. „Unheimlich ist es schon. Sie dreht sich immerzu herum und wirbelt mit den Armen durch die Luft. Manchmal weint sie auch."

„Ich gehe sofort zu ihr."

„Und ich reibe die Stute weiter trocken."

Mit großen Schritten stürzte Janina zum Wohnhaus hinüber. Als sie das Wohnzimmer betrat, konnte sie Gertie schon schluchzen hören.

„... furchtbar! Ein riesiger Baum ... Hilfe!" Gertie bäumte sich auf und sah Steffens Mutter mit großen Augen an. Dann ließ sie sich wieder ins Kissen fallen.

Frau Kaiser strich ihr über das Gesicht. „Ist ja gut, Kind", sagte sie leise. „Du musst dich jetzt beruhigen."

Aber Gertie fand keine Ruhe. „Hilfe!“, rief sie wieder. Dann formte sie ihre Lippen mit Bedacht. „Lissy ... braucht ... Hilfe!“, sagte sie langsam und schleppend.

Janina lief ein Schauer über den Rücken. Mit einem Satz war sie bei Gertie und hockte sich vor das braune Ledersofa, auf dem das Mädchen lag.

„Gertie!“, rief sie. „Was ist geschehen? Bitte sag es mir!“

Gertie warf ihren Kopf hin und her. Ihre Augen ließ sie dabei geschlossen.

„Gertie!“ Janina schrie fast. „Bitte komm zu dir! Was ist geschehen? Sag doch!“

Gertie wurde plötzlich ganz ruhig. Ihr Atem ging flach. Janina biss sich auf die Lippe. Diese Situation war nicht auszuhalten.

„Ich glaube, eine Freundin von mir ist in Gefahr“, sagte sie aufgeregt zu Steffens Mutter. „Gertie erwähnte den Namen Lissy. Es kann sein, dass sie mit Lissy einen Ausritt gemacht hat und Lissy etwas zugestoßen ist.“

In diesem Moment schlug Gertie die Augen auf.

„Gertie!“ Janina schossen die Tränen in die Augen. „Was ist passiert?“

Gertie brauchte ein paar Sekunden um sich zu sammeln. Ihr Blick glitt suchend durch den Raum. Dann sah sie wieder Janina an.

„Janina!“, flüsterte sie. „Wo bin ich?“

Janina ergriff ihre Hand. „In Sicherheit, Gertie. Was ist geschehen?“

Gertie stöhnte leise. Sie schien sich nur mühsam zu erinnern. Dann richtete sie sich ruckartig auf.

„Lissy und Dennis sind in Gefahr!“, rief sie atemlos. „Sie sind in einem Stall von Trümmern eingeklemmt.“ Gertie überlegte fieberhaft. Man konnte geradezu sehen, wie ihr Gehirn auf Hochtouren arbeitete. „Ein Baum ist auf den Stall gestürzt und hat Lissy und Dennis ..." Sie sprach nicht weiter. Die Wahrheit tat zu weh.

Janina schlug ihre Hand vor den Mund. „O Gott!", stieß sie hervor.

Steffens Mutter war mit einem Sprung am Telefon. „Wir müssen die Feuerwehr alarmieren!", rief sie. „Kannst du beschreiben, wo die Hütte liegt?"

Wieder dachte Gertie näch. „Oberhalb Ihres Hauses, ein paar Kilometer nördlich von hier."

„Noch hinter dem kleinen Wäldchen?"

„Ja, noch ein ganzes Stück dahinter."

Frau Kaiser wählte die Nummer der Feuerwehr. Janina und Gertie hörten zu, wie sie einen Rettungswagen der Feuerwehr und einen Bergungstrupp anforderte. Dann kehrte sie zu Gertie zurück und strich dem Mädchen liebevoll über den Arm.

„Die Feuerwehr wird bald hier sein", meinte sie. „Mach du inzwischen die Augen zu und ruh dich aus. Du hast so viel geleistet. Jetzt werden andere deine Freunde retten."

Dankbar sah Gertie sie an. Sie nickte schwach und schloss die Augen. Frau Kaiser deckte sie mit einer Decke zu. Dann stand sie auf und trat zum Fenster.

„Hoffentlich kommen sie bald", murmelte sie.

Janina hielt es im Wohnzimmer nicht mehr aus. „Haben Sie eine Regenjacke für mich?", wollte sie wissen. „Ich möchte bei den Rettungsarbeiten dabei sein."

„Aber natürlich", antwortete Steffens Mutter.

„Hey, Lissy! Bist du noch da?" Dennis bemühte sich seiner Stimme einen fröhlichen Klang zu geben. Seiner Meinung nach lagen sie schon seit Ewigkeiten hier. Ständig hatte der Regen auf sie eingeprasselt. Dennis' Bein schmerzte höllisch. Trotzdem versuchte er alles zu unternehmen um Lissy Mut zu machen. Sie hatte in der letzten

Stunde unheimlich abgebaut. Sie war kaum noch in der Lage zu sprechen. Auch jetzt gab sie keine Antwort. Das beunruhigte Dennis zutiefst.

„Lissy!“, rief er nun lauter.

Ein leises Stöhnen war die Antwort.

„Bist du okay?“ Dennis fand die Frage selbst blödsinnig. Natürlich war Lissy nicht okay. Genauso wenig wie er. Sein rechtes Bein schmerzte wie verrückt und der Druck der Bretter auf seinen Unterleib war fast nicht mehr zu ertragen. Aber Dennis hatte es aufgegeben, an den Balken herumzuschieben. Es gelang ihm doch nicht, sich zu befreien.

„Lissy?“, fragte Dennis abermals.

Lissy seufzte. „Ich bin okay, Dennis“, murmelte sie. „Jedenfalls, wenn man von meinen Beinen und meinem Bauch absieht. Und höllische Kopfschmerzen habe ich auch.“

Dennis biss die Zähne zusammen. Lissys Kopfschmerzen bereiteten ihm große Sorgen. Sie hatte mit Sicherheit eine Gehirnerschütterung.

„Meinst du, Gertie schafft es, Hilfe zu holen?“, wollte Lissy wissen.

„Aber logo!“, tat Dennis optimistisch. In Wirklichkeit beunruhigte es ihn, so lange nichts mehr von ihr gehört zu haben.

„Vielleicht ist sie beim Reiten verunglückt“, befürchtete Lissy. „Sie war bestimmt bestürzt über den Unfall. Und wenn sie in Panik ist, kann sie manchmal richtig kopflos werden.“

„Ach was, sie wird bestimmt schon lange irgendwo angekommen sein und den Rettungsdienst alarmiert haben“, beeilte sich Dennis zu sagen.

„Und warum kommt dann keiner um uns zu helfen?“, wollte Lissy wissen.

Darauf wusste auch Dennis keine Antwort mehr. Still lagen die beiden unter den Trümmern und lauschten in die Dunkelheit. Aber außer dem Prasseln des Regens war nichts zu hören.

„Ich bin froh, dass wenigstens die Pferde ruhig sind", meinte Dennis in die Stille. „Als Arcado vorhin so rumgewirbelt ist, hatte ich schon Angst, er verfängt sich in seinem Halfter."

„Und ich erst!", seufzte Lissy. „Dann hätten wir tatenlos mit ansehen müssen, wie er sich verletzt. Nicht auszudenken!"

Wieder schwiegen beide. Dennis zerbrach sich den Kopf, worüber er reden sollte. Er hatte große Angst, Lissy könne bewusstlos werden.

„Ich möchte wissen, wo Janina ist", sagte er schließlich. „Sicherlich hat sie irgendwo ein warmes Plätzchen gefunden und würde sich wundern, wenn sie hörte, dass wir ihr gefolgt sind."

„Du hast Recht", erwiderte Lissy. Ihre Stimme klang schuldbewusst. „Es tut mir Leid, dass ich euch zu dieser Tour überredet habe. Es ist alles meine Schuld. Wenn du dir ein Bein gebrochen hast, wenn Gertie gestürzt ist, wenn Arcado sich verletzt ..."

Sie schluchzte leise auf.

Dennis traten Schweißperlen auf die Stirn. Er hatte beim besten Willen nicht gewollt Lissy mit seiner Bemerkung ein schlechtes Gewissen zu machen. Es ärgerte ihn furchtbar, dass er die Folgen seiner Äußerung nicht bedacht hatte. Schließlich hätte er sich denken können, dass Lissy wieder alle Schuld auf sich nahm.

„Hey, Lissy! Hörst du bitte sofort auf dir die Schuld in die Schuhe zu schieben!", schimpfte er. „Wir sind alle alt genug um die Verantwortung für unser Handeln selbst zu übernehmen. Du hast uns schließlich nicht auf diesen

Ausflug mitgeschleift, sondern wir haben uns aus freien Stücken dafür entschieden. Wir hatten ja alle ein schlechtes Gewissen, weil wir Janina vergrault hatten."

Lissy atmete schwer. „Lieb von dir, dass du das so siehst", murmelte sie.

Wieder lagen beide still und lauschten in die Dunkelheit. Der Regen hatte nachgelassen. Nur noch leichter Nieselregen ging auf sie nieder.

„Lissy", begann Dennis wieder.

Ein leises Brummen war die Antwort.

„Lissy, bist du noch wach?" Dennis spürte, wie ihm die Angst den Rücken hinaufkroch. Er verfluchte die Tatsache, dass er sich nicht bewegen konnte. Zu gerne wäre er zu Lissy hinübergegangen und hätte ihr die Hand gehalten.

„Lissy!" Dennis rief lauter.

„Ja?" Ihre Stimme klang gepresst.

„Bitte bleib wach!"

„Aber natürlich." Lissy war kaum noch zu verstehen.

Wieder war es eine Weile still.

„Lissy, bist du noch da?", fragte Dennis erneut.

Lissy gab keine Antwort.

Dennis rief lauter, immer lauter, aber Lissy meldete sich nicht.

„Verflucht noch mal!", jammerte Dennis. „Schlaf doch nicht ein, Lissylein! Bitte, bitte, bleib wach!"

Von Lissy war kein Laut mehr zu hören.

Dramatische Rettung

Janina stand am Fenster und sah hinaus. Sie wartete so sehnsüchtig auf den Krankenwagen, dass er eigentlich schon hätte auftauchen müssen, nur weil sie es sich so sehr wünschte.

Steffen trat ins Wohnzimmer und stellte sich hinter Janina. „Noch immer kein Krankenwagen in Sicht?“, fragte er leise.

Janina schüttelte den Kopf. „Ich werde gleich verrückt, wenn er nicht bald eintrifft.“

„Bei dem Wetter haben sie es bestimmt schwer, zu uns durchzukommen.“

Dann schwiegen beide und starrten unaufhörlich auf den regennassen Hof. Janinas Gedanken wanderten zu Lissy und Dennis. Hoffentlich hielten die Freunde tapfer durch.

„Da kommt er!“ Steffen deutete nach draußen.

Janina hörte nun auch das Martinshorn der Feuerwehr. Dann sah sie einen Feuerwehrwagen auf den Hof fahren.

„Los!“, rief Janina und rannte nach draußen auf den Wagen zu.

Steffen folgte ihr.

Vom Brüllen des Martinshorns wurde auch Gertie wach, die bis jetzt geschlafen hatte. Hastig richtete sie sich auf.

„Du bleibst schön liegen!“, ordnete Frau Kaiser an.

Gertie schüttelte energisch den Kopf. „Ich muss mitfahren!“, widersprach sie. „Die anderen finden die Hütte doch nicht.“

Noch ehe Frau Kaiser etwas sagen konnte, war Gertie nach draußen gelaufen.

„Nehmt mich mit!“, rief sie laut.

Der Rettungswagen hielt. Eine Tür öffnete sich.

„Los, steig ein!“, rief Steffen hastig.

„Das ist doch Wahnsinn!“, murmelte Frau Kaiser. „Das Mädchen holt sich ja den Tod.“ Aber als sie merkte, dass Gertie sich nicht von ihrem Tun abhalten ließ, lief Frau Kaiser schnell ins Haus, schnappte sich einen warmen Anorak und brachte ihn Gertie zum Wagen.

„Viel Glück!“, rief sie. „Und alles Gute!“

In einem Feuerwehrwagen war bis jetzt noch keiner der drei gefahren. Sie registrierten mit Erleichterung, dass der Wagen alle möglichen Dinge bot, um Verletzte zu bergen.

„Da müssen wir entlangfahren!“, rief Gertie und wies auf einen schmalen Feldweg, der sich zu einem Wäldchen hochschlängelte.

„Auch das noch!“, brummte der Fahrer. „Enger geht's wohl nicht.“

Er beschleunigte vorsichtig und steuerte den Wagen den Berg hinauf.

„Ganz schön glitschig“, bemerkte sein Kollege.

„Jetzt geht es da weiter.“

Gertie wies mit dem Finger nach rechts. Der Weg war nun relativ breit, dafür aber völlig aufgeweicht.

„Ach, du lieber Himmel!“ Der Feuerwehrmann schüttelte bedenklich den Kopf. „Schätze, dabei kriegen wir Ärger ...“

Er hatte den Satz kaum ausgesprochen, da geriet der Feuerwehrwagen ins Rutschen. Gertie, Janina und Steffen schrien leise auf. Der Wagen drehte sich und rutschte auf eine Böschung zu. Der Fahrer riss das Steuer herum, aber es half ihm nichts. Der Feuerwehrwagen schleuderte die kleine Böschung hinunter und blieb schräg am Hang liegen.

„Verflucht!“, tobte der Fahrer.

„Auch das noch!“, schimpfte sein Kollege.

Sie stiegen aus dem Wagen. Steffen, Janina und Gertie folgten ihnen. Die Feuerwehrleute besahen sich den Schaden und fachsimpelten, was zu tun sei.

Janina sah zu Gertie hinüber. Ihr Gesicht und ihre Lippen waren kalkweiß.

„Ich halte das nicht mehr aus!“, flüsterte sie. „Dennis und Lissy sind eingeklemmt und die überlegen, ob sie das Auto jetzt bergen lassen. Wenn ich daran denke, dass die beiden nun schon fast zwei Stunden dort liegen ...“

Gertie schlug die Hände vors Gesicht. Steffen sah Janina ratlos an. Die hatte plötzlich eine Idee. „Ich hole Roy“, meinte sie. „Vielleicht kann der uns helfen.“

„So ein Quatsch!“, versuchte Gertie sie von ihrem Entschluss abzubringen. „Wir brauchen stabiles Werkzeug, wenn wir die Trümmer zur Seite schaffen wollen.“

Aber Janina hörte gar nicht auf ihren Einwand. Sie drehte sich auf der Stelle um und rannte zum Hof der Kaisers zurück.

Nun kam Leben in Steffen, schnell lief er hinter Janina her. „Wenn schon, dann wir beide!“, rief er ihr zu. Atemlos erreichten sie den Hof. Während Steffen seiner Mutter kurz erklärte, was geschehen war, holte Janina Roy aus dem Stall.

„Reiten wir zu zweit?“, fragte Steffen aufgeregt.

Janina nickte.

Gerade hatte Steffen aufsteigen wollen, da fiel ihm etwas ein.

„Warte einen Moment!“, rief er. Er rannte in den Stall zurück und kam mit einem Geschirr und verschiedenen Ketten und Seilen zurück.

Janina lächelte ihn an. Sie war so froh endlich etwas anderes tun zu können, als nur zu warten.

Die Feuerwehrleute machten große Augen, als Janina und Steffen an ihnen vorbeiritten. „Hey, das ist die

Lösung!“, rief der einer der beiden. „Und für die Bergung der Verletzten haben wir den Rettungshubschrauber angefunkt.“

„Endlich mal einer, der weiß, was zu tun ist“, brummte Steffen.

Gertie sah sehr unglücklich aus, weil sie nicht mitkommen konnte um den Verletzten zu helfen. Für sie blieb nichts anderes zu tun als zu Frau Kaiser zurückzukehren und dort zu warten.

Janina und Steffen ritten in ruhigem Schritt den Berg hinauf. Der Weg wurde nun so matschig, dass sie absteigen mussten, um Roy nicht zu sehr zu belasten. Janina führte ihr Pferd, während Steffen das Geschirr, die Ketten und die Seile schleppte. Beide schwiegen und hingen ihren Gedanken nach.

„Jetzt können wir wieder reiten“, meinte Steffen nach einer Weile.

Sie stiegen auf und der geduldige Roy setzte sich erneut in Bewegung.

„Schau mal, da oben kreist der Rettungshubschrauber!“

Steffen zeigte in die Luft. Nun sah auch Janina, dass der Hubschrauber an einer Stelle in der Luft stillzustehen schien. Plötzlich senkte er sich.

Janina versuchte Roy anzutreiben, doch der Wallach ließ sich nicht aus der Ruhe bringen. Langsam trottete er weiter. Als die Hütte in Sicht kam, unter der Lissy und Dennis begraben lagen, hielt Janina den langsamen Schritt ihres Pferdes nicht mehr aus. Sie stieg ab und lief voraus. Das schien Roy als Herausforderung zu sehen, denn er versuchte mit ihrem Tempo mitzuhalten. So kamen Steffen, Janina und Roy fast genau in dem Moment an, als auch zwei Feuerwehrleute aus dem Hubschrauber stiegen.

„Hallo, ihr beiden! Ihr seid unsere tatkräftige Hilfe,

was?“, tönte einer der beiden Männer laut und blickte mit spöttischem Gesicht auf Roy.

Janina ignorierte seine Bemerkung. Hastig drückte sie dem Mann Roys Zügel in die Hand. Dann rannte sie um die Trümmer der Hütte herum.

„Lissy! Dennis!“, schrie sie.

Dennis richtete sich auf und winkte. „Ich bin hier“, sagte er mit schwacher Stimme.

„Oh, Dennis!“ Janina war sofort bei ihm. „Wie geht's dir?“

„Na ja! Meine Beine waren schon mal lebendiger“, witzelte Dennis kraftlos.

Janina sah auf die Trümmer, unter denen sie verborgen waren. „Au Mann, das sieht aber übel aus!“, sagte sie leise. „Wie konntet ihr denn bei dem Wetter ausreiten? Das war doch total leichtsinnig.“

„Wir haben nach einem Mädchen gesucht, das sich aus dem Staub gemacht hatte“, murmelte Dennis.

Janina erschrak. Dennis, Gertie und Lissy waren in Not geraten, weil sie sich auf die Suche nach ihr gemacht hatten?

„Wo ist Lissy?“, mischte sich Steffen ein.

„Sie müsste dort drüben liegen“, antwortete Dennis.

Nun waren auch die Feuerwehrleute zur Stelle.

„Das Mädchen ist bewusstlos“, bemerkte der eine. „Und verletzt ist sie dazu.“

„Also los! Wir beginnen mit den Bergungsarbeiten.“

Die Männer fassten einige Trümmer an und schleppten sie zur Seite. Doch bei den dicken Baumstämmen stießen sie schnell an ihre Grenzen.

„Wie sollen wir denn diesen dicken Balken wegbekommen?“, rief der zweite Feuerwehrmann ratlos. „Das geht doch nur mit einem Auto.“

Steffen und Janina genügte ein Blick. Dann ging Janina

zu Roy und legte ihm das Geschirr an. Steffen band währenddessen eine Kette und ein Seil um den Baumstamm, der auf den Holzplatten lastete, unter denen Lissy lag.

Nun verstanden die Feuerwehrleute.

„Mann, das ist ja 'ne Superidee!", rief einer der beiden. Sofort war er zur Stelle um Steffen zu helfen. Schnell waren Seil und Kette an Roys Geschirr gebunden. Janina trat neben Roy, fasste ihn am Zügel und zog ihn mit sich.

„Komm, mein Guter!", sprach sie ihm gut zu.

Roy setzte sich langsam und ruhig in Bewegung. Das Seil spannte sich, knarrte lange. Die Helfer hielten die Luft an. Roy trat auf der Stelle, zog aber dabei mit aller Kraft.

„Ja, der Stamm bewegt sich!", rief Steffen. Janina klopfte ihrem Wallach auf den breiten Hals. „Komm, mach weiter, mein gutes Pferd!"

Roy schwitzte. Aber er ließ nicht locker. Der Baumstamm bewegte sich. Es gelang Roy, ihn ein Stück weiter zu ziehen.

„Frei!", rief Steffen erleichtert. „Lissy ist frei." So schnell er und die anderen Helfer konnten, räumten sie die Balken und Holzbretter fort, die Lissy noch bedeckten. Dann rannten die beiden Männer zu dem Hubschrauber um die Trage zu holen.

Janina warf einen Blick auf die ohnmächtige Lissy. Ihr Bein war seltsam vom Körper abgespreizt. Das sah nach einem bösen Bruch aus.

Janina wandte sich ab. Lissys Aussehen schnürte ihr die Kehle zu.

Steffen saß schon neben Dennis.

„Jetzt bist du an der Reihe", meinte er. Dennis versuchte zu grinsen.

„Nett von dir", brummte er. „Ich muss mich nämlich

dringend an meinem Fuß kratzen.“ Steffen sah ihn verwirrt an. Mit so coolen Sprüchen hatte er in dieser Situation nicht gerechnet.

„Lass dich nicht bluffen“, mischte sich Janina ein. „Wenn Dennis solche Sprüche klopft, geht es ihm meistens ziemlich dreckig.“

Die Feuerwehrmänner hatten Lissy inzwischen in den Hubschrauber verfrachtet. Nun kamen sie zu Dennis und seilten den Baumstamm an, der ihn einklemmte. Wieder nahm Janina Roy am Zügel und führte ihn langsam voran. Roy schwitzte. Trotzdem trottete er unaufhörlich vorwärts.

„Ja, geschafft!“ Steffen schrie fast vor Erleichterung.

„Nicht so laut!“, fuhr einer der Männer ihn an. „Sonst wird das Pferd noch nervös.“

Aber Roy kam gar nicht auf die Idee aufgeregt zu werden. In aller Seelenruhe zog er den Baumstamm so lange weiter, bis Janina ihm befahl stehen zu bleiben.

„Gut gemacht, mein Schatz!“, flüsterte sie ihm ins Ohr.

Der Feuerwehrmann nickte. „Ein Klassepferd!“, lobte er. „Das könnten wir gut für unsere Arbeit brauchen. Absolut konzentriert und ruhig.“

Janina traten vor Glück die Tränen in die Augen. So viel Lob hatte Roy schon lange nicht mehr erhalten.

„Kannst du aufstehen?“, wandte sich Steffen an Dennis.

Der schüttelte den Kopf. Er suchte nach einem lockeren Spruch, aber ihm fiel keiner ein. Die Angst, vielleicht gelähmt zu sein, machte sich in seinem Kopf breit. Er hatte weder Gefühl in den Beinen noch in den Füßen. Das war sehr unheimlich.

Die Feuerwehrleute betteten ihn ebenfalls auf eine Trage und schoben ihn in den Hubschrauber.

„Dann nichts wie los!“, rief der eine.

Sie winkten Janina und Steffen noch einmal zu. Dann verschwanden sie im Hubschrauber und starteten wenig später. Janina und Steffen sahen dem rasch davonfliegenden Hubschrauber hinterher.

„Viel Glück, Lissy und Dennis!“, sagte Janina leise. Da hörten sie hinter sich ein leises Wiehern. Die beiden schraken zusammen.

„Hört sich nach Pferden an“, bemerkte Steffen.

„Na klar! Arcado und Blitz müssten ja noch hier sein.“ Janina sah sich unruhig um. „Schau mal! Dort stehen sie an den Baum gebunden.“

„Ach, du meine Güte! Wie sollen wir die denn nach Hause bringen?“ Steffen war ein unsicherer Reiter. Die Aussicht auf einem Turnierpferd in der Gegend herumzugaloppieren, machte ihm Angst.

„Keine Sorge. Ich nehme die beiden. Auf einem reite ich, das andere werde ich als Handpferd mitnehmen“, sagte Janina.

Steffen atmete erleichtert auf. „Und ich kümmere mich um Roy“, bot er an.

Es war nicht so einfach, Blitz und Arcado zum Mitgehen zu überreden. Beide Pferde waren klatschnass und erschöpft. Arcado duldete es dazu nicht einmal, dass Janina ihn anfasste.

„Du bist ein Teufel, Arcado!“, schimpfte Janina, als der Hengst stieg, während sie versuchte Blitz vom Baum loszubinden.

Natürlich wurde auch Blitz unruhig. Er wieherte ebenfalls. Janina gelang es, beide Pferde vom Baum zu lösen. Während sie Arcado mit der rechten Hand festhielt, stieg sie auf Blitz auf. Wieder ging Arcado in die Höhe. Blitz versuchte davonzustürmen, aber Janina nahm ihn streng zurück.

„Das fehlte noch, dass wir nun auch noch verunglücken“, meinte sie besorgt. „Aber Lissys Pferd ist eine echte Bestie. Es lässt sich nur von Lissy anfassen.“

„Dann wird es sich wohl für eine Weile umgewöhnen müssen“, brummte Steffen verärgert. „Lissy sah nicht so aus, als ob sie morgen wieder auf ihrem Pferd sitzen könnte.“

Arcado riss am Zügel und wieherte. Ungeduldig warf er den Kopf nach hinten.

Steffen sah, dass Janina kaum in der Lage war den wilden Hengst zu bändigen. Darum stieg er von Roy ab, ging auf Arcado zu und fasste ihn um den Hals.

Arcado wieherte böse.

„Soll ich dir mal was sagen, du Teufel?“, flüsterte Steffen ihm ins Ohr. „Wenn du nicht parierst, lassen wir dich einfach hier stehen. Und dann wird's dir morgen ziemlich schlecht gehen, glaub mir!“

War es die Schärfe der Worte, die Arcado zu Verstand brachte? Jedenfalls beruhigte sich der Hengst tatsächlich und ließ sich willig wie ein Schäfchen zu Kaisers Hof zurückbringen.

„Warum nicht gleich so?“, sagte Steffen zufrieden.

Endlich wieder zu Hause!

Lissy richtete sich, so gut sie konnte, im Krankenbett auf. Dazu musste sie sich an der dreieckigen Haltevorrichtung hochziehen, die über ihrem Bett angebracht war. Ihr rechtes Bein steckte bis zum Oberschenkel in Gips, das andere war verbunden. Außerdem klebte ein großes Pflaster auf ihrer Stirn.

„Herein!“, rief sie und ließ sich erschöpft ins Bett zurückfallen.

Dennis humpelte ins Krankenzimmer. Er sah auch ziemlich mitgenommen aus, war aber längst nicht so lädiert wie Lissy. Seine beiden Beine waren verbunden. Ansonsten war er mit leichten Quetschungen davongekommen.

„Hi, Lissy!“, sagte er. „Ich wollte mal hören, wie's dir heute geht.“

„Na, wie schon? Bescheiden.“ Lissy versuchte zu lächeln. Es gelang ihr nicht. Sie hatte ganz schön daran zu knacken, dass sie eine Weile im Krankenhaus liegen musste. Der Arzt hatte ihr jede Bewegung strengstens untersagt.

Dennis ließ sich auf den Stuhl neben Lissys Bett fallen. Er besuchte seine Freundin jeden Tag und es tat ihm schrecklich Leid, dass es sie so schwer erwischt hatte.

Lissy bekam viel Besuch. Ihre Eltern und ihr Großvater kamen regelmäßig zu ihr, dann der Reitlehrer und die Leute vom Club. Sogar Carsten Sievers, der Pferdewirt, hatte sich schon sehen lassen. Auch wenn er nicht viel mehr als einen Satz über seine Lippen gebracht hatte, hatte sich Lissy sehr über seinen Besuch gefreut. Er war auch derjenige gewesen, der ihr ein Foto von ihrem Arcado mitgebracht hatte. Das stand nun auf dem Nachttisch. Lissy hatte so die Möglichkeit ihren Hengst jederzeit anzusehen.

Nun musterte sie Dennis interessiert. „Du hast eine gute Nachricht bekommen, nicht wahr?“, fragte sie.

Dennis sah sie überrascht an. Dann nickte er, halb erfreut, halb verlegen.

„Ich darf morgen nach Hause“, erzählte er leise.

Lissy schluckte. Eigentlich hätte sie sich mit Dennis freuen müssen, denn der konnte es ebenfalls kaum erwarten, zu seinem Pferd zurückzukommen. Aber Lissy war sehr traurig darüber, dass sie nun allein im Krankenhaus zurückblieb.

Dennis verstand ihren Kummer. „Wegen dir tut es mir furchtbar Leid“, sagte er. „Wenn ich könnte, würde ich das Gipsbein mit dir tauschen. Ich weiß ja, wie schwer es für dich ist, dein Pferd nicht zu sehen. Und auch für die Leute vom Club wird es eine Strapaze sein, Arcado zu versorgen.“

Lissy nickte. Sie sah blass und bedrückt aus. „Gestern waren meine Eltern hier. Mein Vater meinte, Arcado sei total traurig, weil ich nicht da bin. Der Einzige, den er an sich ranlässt, ist Alexander. Der darf ihn ausreiten und füttern. Ansonsten ist Arcado noch dickköpfiger als sonst.“

„Ich werde mich um ihn kümmern“, versprach Dennis. „Und ich sorge dafür, dass ihm die Starallüren ausgetrieben werden.“

Lissy seufzte. „Ich freue mich, dass du nach Hause darfst“, murmelte sie. „Aber du wirst mir fehlen. Ohne dich kann ich das Ganze hier noch viel weniger aushalten.“

Dennis machte große Augen. „Hört sich fast so an, als ob du mich magst“, kicherte er.

Lissy grinste. „Bild dir bloß nichts ein!“

In diesem Moment ging die Tür auf und eine Delegation in Weiß betrat das Zimmer.

„Auweh! Ich bin geblendet. Chefarztvisite", spottete Dennis.

„Psst!", zischte Lissy. „Sonst schmeißen sie dich raus."

Dennis schaffte es tatsächlich, sein loses Mundwerk zu halten, obwohl es ihm sehr schwer fiel.

„Hier haben wir Elisabeth Riedmann", stellte der Stationsarzt Lissy den anderen Ärzten vor. „Unfall. Bruch des linken Unterschenkels. Dazu leichte Schädelfraktur und Quetschungen am rechten Oberschenkel."

Die Blicke der Ärzte trafen nur die Bettdecke. Lissy sahen sie nicht an.

Lissy dagegen fand schon, dass sie mehr Worte wert war als die Tatsache, dass sie einen Bruch des linken Unterschenkels hatte. Sie fand zum Beispiel, dass die Ärzte dringend erfahren mussten, dass sie ein Pferd besaß, das ohne sie nicht gut zurechtkam. Sie räusperte sich.

„Ich habe mal 'ne Frage", unterbrach sie die Ärzte. „Wann komme ich nach Hause?"

Alle sahen Lissy nun verblüfft an.

„Was hat sie gesagt?", wandte sich der Chefarzt verwirrt an den Stationsarzt.

Der lachte. „Sie scheint es bei uns nicht besonders schön zu finden."

„Doch, doch", murmelte Lissy. „Ist ganz okay hier. Aber ich werde zu Hause gebraucht." Ihre Stimme versagte. Lissy holte tief Luft. „Ich habe nämlich ein Pferd", begann sie. „Es lässt sich von niemandem außer mir anfassen."

„Ach nein!", seufzte der Chefarzt. „Ein Pferd hat sie. Deine Gesundheit ist aber wichtiger."

Der Oberarzt aber lächelte. „Du bist die Lissy vom Heidehof, nicht wahr?", fragte er. „Meine Tochter ist bei euch im Club. Sie hat mir viel von euch erzählt. Christine heißt sie."

„Ach, Christine." Lissy dachte an das schmale, dunkelhaarige Mädchen, das anfangs so viel Angst vor Pferden gehabt hatte. Sie war froh, dass sie sich so intensiv um Christine gekümmert hatte. Diese Beziehung kam ihr jetzt vielleicht zugute.

„Bitte schicken Sie Lissy doch nach Hause", bettelte nun auch Dennis. „Sie wird doch erst wieder gesund, wenn sie Stallgeruch um sich hat."

Der Chefarzt wandte sich Dennis zu.

„Was verstehst du denn davon?", knurrte er gereizt. „Wir müssen die Entlassung doch verantworten können. Und wie die Sache im Moment aussieht ..."

Lissy merkte, dass es nicht gut war, den Chefarzt zu verärgern. Verzweifelt überlegte sie, wie sie es anstellen konnte, ihn auf ihre Seite zu ziehen.

„Ich bekäme zu Hause eine großartige Pflege", versuchte sie es mit stichhaltigen Argumenten. „Meine Mutter hat schon mindestens zwei Erste-Hilfe-Kurse besucht. Sie würde mich mit Begeisterung im Rollstuhl über den Hof schieben."

Der Chefarzt musterte Lissy nun freundlicher.

Sie spürte, dass sie auf dem richtigen Dampfer war. Darum fuhr sie fort von ihrem Zuhause zu schwärmen und erzählte begeistert von Opa Riedmann, dem sie eine Krankenpflegerausbildung andichtete.

Der Chefarzt wiegte bedächtig den Kopf. Dann sah er den Oberarzt unsicher an. Der grinste.

„Ich kenne diese Sorte Mädchen", lachte er. „Sie geben nicht eher Ruhe, als bis sie wieder auf ihrem Pferd sitzen können."

Der Chefarzt schnappte nach Luft. „Auf ihrem Pferd!", rief er entsetzt. „Ich höre wohl nicht richtig!"

Zwei Wochen lang schaffte es der Chefarzt, gegenüber Lissys Betteleien, endlich nach Hause zu dürfen, standhaft zu bleiben. Dann gab er auf. „Zwischen Mensch und Pferd muss es eine Beziehung geben, die man als normaler Mensch nicht nachvollziehen kann“, meinte er, als er Lissy zum Abschied die Hand gab.

Lissy bemühte sich zu lächeln. Freundlich bedankte sie sich bei ihm für seine Hilfe. Dann ließ sie sich von ihrer Mutter in einem Rollstuhl zum Auto fahren.

Das Pflaster des Bürgersteigs war holprig. Lissys Bein tat höllisch weh. Lissy verkniff sich aber tapfer jedes Stöhnen. Sie wollte nicht, dass ihre Mutter es bereute, sie aus dem Krankenhaus abgeholt zu haben.

Mit zusammengebissenen Zähnen ließ sie sich ins Auto tragen. Dann sah sie ungeduldig aus dem Fenster.

Als die Mutter die Bundesstraße entlangfuhr, die in Richtung Heidehof führte, rutschte Lissy auf der Rückbank hin und her.

„Mama, kannst du nicht ein bisschen schneller fahren?“, murmelte sie nervös.

Frau Riedmann lachte. „Wenn du das Strafmandat bezahlst.“

Endlich sah Lissy den Heidehof hinter dem Campingplatz auftauchen.

„Juhu, wir sind da!“, rief sie begeistert. Und ihre Schmerzen im Bein waren fast vergessen. Viele Clubmitglieder standen im Hof und warteten auf Lissy. Als sie die Wagentür öffnete, setzte ein lauter Chor ein:

„Herzlich willkommen, schön, dass du da bist!
Wir haben uns schon so auf dich gefreut!
Herzlich willkommen, schön, dass du da bist!
Wann gibt's schon mal einen Tag so wie heut?“

Lissy traten die Tränen in die Augen. Sie schniefte und schaute verlegen zu Dennis hinüber, der die rührende

Szene mit einem Strahlen beobachtete. Nun ging er auf Lissy zu und überreichte ihr einen großen Blumenstrauß.

„Liebe Lissy!", begann er feierlich. „Heute ist für uns alle ..."

Lissy kicherte. „Ach, Dennis, du bist zu süß!", sagte sie, zog ihn zu sich herunter und gab ihm einen Kuss auf die Nasenspitze.

Dennis war derartig verdattert, dass er Lissy verblüfft anstarrte. Nun fehlten ihm tatsächlich die Worte.

Lissy fasste ihn am Handgelenk und zog seinen Kopf wieder zu sich herunter. „Kannst du mir wohl mal in meinen Rolli helfen?", flüsterte sie ihm ins Ohr. „Ich muss unbedingt in den Stall."

Dennis stöhnte. „Und ich dachte, du küsst mich noch einmal!", zischte er. „Aber du scheinst dich eher nach Arcado zu sehnen."

Lissy zwinkerte verführerisch mit ihren grünen Augen. „Sei nicht sauer, Dennis!", bat sie. „Aber Arcado habe ich nun schon fast vier Wochen nicht mehr gesehen."

„Schon okay!" Dennis zog den Rollstuhl aus dem Kofferraum des Wagens und klappte ihn auf. Dann half er Lissy sich hineinzusetzen.

Dennis und Linda schoben den Rollstuhl über den Hof. Gertie öffnete die Tür zum Pferdestall und sah zu, wie Lissy hineingeschoben wurde.

Lissys Herz schlug bis zum Hals. Als sie den Geruch nach Mist und Pferden in die Nase bekam, war sie nahe davor zu weinen. Immer näher kam die Boxtür, hinter der sich Arcado befand. Lissys Herz klopfte in diesem Moment zum Zerspringen. Die Sehnsucht nach ihrem Pferd nahm ihr fast die Luft.

Arcado schien zu ahnen, dass etwas Besonderes passierte. Er streckte seinen Kopf aus der Boxtür und sah hinaus. Für einen Moment schienen seine Augen groß zu werden.

Dann stieß er ein leises Wiehern aus, das Lissy die Tränen in die Augen trieb.

„Arcado!“, rief sie. „Arcado, mein Schatz!“

Dennis beeilte sich Lissy in die Box zu schieben. Das war nicht so einfach, denn der Mist verfing sich immer wieder in den Rädern des Rollstuhls.

Sowohl Arcado als auch Lissy schien die Prozedur zu langsam zu gehen. Arcado beugte sich vor, Lissy streckte sich ihm erwartungsvoll entgegen – und fiel aus ihrem Rollstuhl. Mit einem Plumps landete sie im Heu.

Dennis machte ein erschrockenes Gesicht. „Lissy, hast du dir wehgetan?“, rief er aufgeregt.

Aber Lissy lachte nur. Liebevoll sah sie zu, wie Arcado seinen Hals zu ihr herunterbeugte. Dann schlang sie ihre Arme um ihn und drückte ihr Gesicht in sein Fell.

Immer wieder umarmte sie ihren Hengst. Auch Arcado schien glücklich zu sein. Er stieß leise und zärtliche Laute aus.

Nach einer Weile löste sich Lissy von ihm. Unglücklich sah sie sich zu den anderen Clubmitgliedern um.

„Wenn ich bloß schon wieder auf ihm reiten könnte!“, seufzte sie.

„Du kannst dir gar nicht vorstellen, wie sehr wir uns das wünschen“, hörte Lissy nun die Stimme des Reitlehrers. „Es ist eine wahre Plage, ihn ausreiten zu müssen.“

„Das müsste doch für dich eine tolle Herausforderung sein“, lachte Lissy und reichte Alexander Manglier die Hand.

„Tag, Lissy“, begrüßte er sie lächelnd. „Schön, dass du wieder da bist.“ Seine dunklen Augen sahen sie freundlich an. „Es war ein komisches Gefühl, keine Präsidentin zu haben“, fügte er hinzu.

Lissy winkte ab. „Ach was. Ich weiß, dass ihr das prima geschafft habt.“

Sie stand langsam auf. Dennis half ihr sich in den Rollstuhl zu setzen.

„Kann ich die anderen Pferde begrüßen?“, fragte Lissy erwartungsvoll.

Dennis nickte. „Aber sicher.“

Er führte den Rollstuhl in die Stallgasse zurück. Lissy beugte sich vor und begrüßte ein Pferd nach dem anderen.

„Hallo, Rapunzel! Hallo, Max! Tag, Blitz!“ Sie stutzte, als sie am Ende der Stallgasse ankamen. „Nanu? Wo ist denn Roy?“, wollte sie wissen.

Alexander Manglier kratzte sich verlegen am Kopf. „Das ist eine längere Geschichte. Roy hat uns verlassen. Janina hat sich entschlossen ihn auf dem Hof unterzustellen, auf dem sie Unterschlupf gesucht hatte, als sie auf der Flucht vor dem Gewitter war.“

„Oh!“ Lissy sah überrascht aus. Für einen Augenblick dachte sie nach. „Ich kann Janina verstehen“, meinte sie dann. „Roy wird sich dort bestimmt wohler fühlen. Aber ich bin traurig, dass sie nicht mehr hier ist.“

Dennis schüttelte den Kopf. „Das ist nicht so“, erwiderte er. „Sie kommt weiterhin zum Reitunterricht zu uns. Allerdings will sie Rapunzel reiten. Damit sie auch mal das Springen lernt.“

Lissy und Janina sahen sich am nächsten Tag. Janina kam auf Lissy zugerannt und nahm sie fest in die Arme.

„Lissy! Ich bin so froh dich wieder zu sehen.“

„Und ich erst!“ Lissy drückte Janina so fest an sich, wie es ihr Rollstuhl zuließ. „Ich habe dir bis jetzt noch gar nicht gedankt. Dir und deinem guten Roy.“ Sie legte den Kopf schief. „Ich war ganz traurig Roy nicht hier zu sehen“, erzählte sie. „Ich hätte ihm so gerne ein paar Möhren gebracht.“

„Das kannst du doch jederzeit machen, wenn du gesund bist“, meinte Janina lächelnd. „Dann machen wir gemeinsam einen Ausflug zum Bauernhof. Du wirst erstaunt sein, wie glücklich Roy dort ist.“

Lissy rutschte aufgeregt in ihrem Rollstuhl hin und her. „Wenn ich Ausflug höre, werde ich ganz unruhig“, brummte sie. „Am liebsten würde ich sofort losreiten.“

Janina runzelte die Stirn. „Aber nie wieder bei Gewitter.“

Lissy nickte. „Nie wieder“, versprach sie.

Ereignisreiche Schnitzeljagd

Nächtliche Diebe

Als Lissy feststellte, dass Friedrich, ihr Pyrenäenhund, wie tot in seinem Zwinger lag, ahnte sie sofort, dass die Pferde des Reiterclubs in Gefahr waren.

Voller Sorge um ihren treuen Gefährten betrat sie den Zwinger und kniete sich neben ihn, um ihm behutsam mit der Hand über den Kopf zu fahren. Friedrich reagierte nicht, und sie überlegte verzweifelt, was sie tun sollte.

Sie blickte zu den Stallungen hinüber, in denen die Pferde des Reiterclubs untergebracht waren, doch die Sonne war noch nicht aufgegangen, und es war so dunkel, dass sie kaum etwas erkennen konnte. Immerhin entdeckte sie, dass durch einige der Ritzen an den Türen und Fensterluken Licht schimmerte.

Jemand war im Stall!

Lissy sprang auf und eilte zu den Stallungen hinüber. In diesem Moment dachte sie nur an ihre geliebten Pferde. An der Tür zögerte sie kurz, dann trat sie entschlossen ein. Sie würde sich jedem in den Weg stellen, der nicht zum Club gehörte.

Ihr Gefühl hatte sie nicht getrogen:

Zwei junge Männer standen mit zwei Pferden auf dem Gang zwischen den Boxen. Ihre Absicht war klar: Diebstahl! Die beiden hatten die Pferde aufgezäumt und gesattelt und waren im Begriff, sie aus dem Stall zu führen.

Überrascht fuhren sie herum, als Lissy so plötzlich vor ihnen auftauchte. Einer von ihnen war dick, blond und hatte kurze Stoppelhaare, der andere hatte schwarze, lockige Haare, die ihm fast bis auf die Schultern reichten.

„Was geht hier vor?“, rief Lissy und trat den beiden Männern entgegen.

Die Eindringlinge antworteten nicht. Sie stießen die Stalltür auf und führten die Pferde hinaus. Vergeblich versuchte Lissy, sie aufzuhalten. Doch die Pferde waren zwischen ihr und den Männern, und sie konnte nicht viel tun. In ihrer Not packte sie eines der Pferde beim Schweif, konnte es dadurch jedoch nicht zurückhalten. Immer noch wortlos, schwangen sich die beiden Männer in die Sättel, trieben die Pferde an und galoppierten quer über den Hof.

„Diebe!“, rief Lissy und lief unwillkürlich hinterher. „Haltet sie auf! Diebe!“

Hilflos musste sie zusehen, wie die Reiter in der Dunkelheit verschwanden. Schließlich blieb sie stehen, überlegte kurz und rannte dann zum Herrenhaus hinüber, in dem nicht nur ihre Eltern, sondern auch ihr Großvater und einige der Angestellten des Gestüts schliefen. Die Wohnung ihrer Eltern befand sich in den unteren Räumen, während Lissy im Obergeschoss zwei kleine Zimmer hatte.

Als sie sich dem Schlafzimmer ihrer Eltern näherte, kam ihr Vater ihr bereits entgegen.

„Diebe!“, rief Lissy außer sich. Ihr Atem flog, da sie so schnell gelaufen war. „Zwei Männer haben Sierra und Bora gestohlen und Friedrich vergiftet!“

Thorsten Riedmannn, Lissys Vater, war ein ruhiger und kluger Mann, der in der nahen Kreisstadt einen Autohandel besaß. Pferde interessierten ihn nur am Rande, und er ritt äußerst selten. Der Pferdeliebe seiner Tochter brachte er nur wenig Verständnis entgegen, doch er wusste, dass es sich bei Sierra und Bora um besonders wertvolle Stuten handelte. Sie gehörten zwei Clubmitgliedern, die sie vor etwa einem Jahr gekauft hatten. An diese beiden Pferde knüpfte der Reiterclub besonders hohe Erwartungen, da mit ihnen eine leistungsfähige Wettkampfmannschaft für die Springturniere aufgebaut werden sollte. Ihr Verlust war außerordentlich schmerzlich für Lissy und ihre Freunde.

„Verständige Willy und Otto", antwortete Lissys Vater. „Sie sollen sich um Friedrich kümmern und Frau Doktor Müllher anrufen. Ich wecke Sievers und Manglier. Sie werden mir helfen, die Burschen zu verfolgen."

„Bin schon unterwegs, Papi", rief Lissy und lief davon, um die Pferdepfleger aus den Betten zu trommeln.

Die beiden wohnten ebenso wie einige andere Angestellte im Herrenhaus, hatten jedoch einen separaten Eingang. Der Wohntrakt der Riedmanns war von ihrem getrennt.

Lissy musste sich nicht die Mühe machen, die Zwillinge zu wecken. Kaum hatte sie gegen ihre Tür getrommelt, kamen die beiden auch schon angekleidet auf den Flur. Sie waren einander so ähnlich, dass sie kaum voneinander zu unterscheiden waren. Sie waren beide groß und schlank und hatten ungemein große Hände und Füße und weizenblonde, kurz geschorene Haare.

„Was ist mit den Pferden?", fragte Otto. In seinen ansonsten makellos blauen Augen hatte er ein paar braune Pigmente, die wie Einsträusel aussahen. Nur daran konnte Lissy ihn von seinem Bruder Willy unterscheiden.

„Zwei Männer haben Sierra und Bora gestohlen", berichtete sie. „Ich konnte sie nicht aufhalten. Und sie haben Friedrich vergiftet. Ihr müsst euch unbedingt um ihn kümmern. Bitte ruft Frau Dr. Müllher an. Sie muss kommen."

„Mitten in der Nacht?", fragte Otto.

Lissy griff sich mit beiden Händen an den Kopf. „Willst du etwa bis morgen früh warten? Es kommt auf jede Minute an. Friedrich braucht Hilfe, oder er stirbt."

„Also gut", erwiderte Otto. „Ich rufe an, aber die

Müllher wünscht mich zum Teufel, wenn ich sie mitten in der Nacht aus dem Bett hole."

„Gib mir die Schuld", riet ihm Lissy, während sie zu den Stallungen zurückeilte. „Mir macht das nichts aus."

Sie holte ihren Hannoveraner Hengst Arcado aus der Box und sattelte ihn, und sie war noch nicht fertig, als ihr Vater mit Karsten Sievers, dem Pferdewirt, und Alexander Manglier kam. In aller Eile sattelten die Männer ihre Pferde, und dann jagten alle vier in die Nacht hinaus.

Die Pferdediebe hatten einen beträchtlichen Vorsprung gewonnen. Zum Glück schickte die aufgehende Sonne erste Lichtstrahlen über das Land. Auf den weichen Feldwegen zeichneten sich die Spuren der Pferde immer deutlicher ab.

In der Nähe des Heidehofs führte eine Bundesstraße vorbei. So lag die Vermutung nahe, dass die Diebe sich dorthin gewendet hatten, um die Pferde irgendwo am Rande der Straße auf einen Transporter zu verladen und mit ihnen zu verschwinden. Lissy fürchtete, dass die Spuren auf dem Asphaltband der Straße enden würden, weil die Reiter der Straße gefolgt waren. Doch sie irrte sich. Die Spur setzte sich auf der gegenüberliegenden Seite der Straße fort und führte über einen schmalen Weg in den Wald hinein.

„Vielleicht schaffen wir es ja noch!", rief Alexander Manglier. Der gut aussehende Reitlehrer war der Schwarm der weiblichen Clubmitglieder. Er war ein ruhiger, ausgeglichener Mann mit dunklen Haaren, braunen Augen und sportlicher Figur. Jetzt bot er allerdings ein Bild, das vermutlich viele seiner Verehrerinnen enttäuscht hätte: Das Haar hing ihm wirr in die Stirn, und sein Hemd sah aus, als habe er darin geschlafen.

Als Lissy die Straße überquert hatte, trieb sie Arcado stärker an. Im Wald war es noch dunkel, und sie konnte nur wenig sehen, doch sie kannte sich so gut aus, dass sie dem Reitweg auch mit geschlossenen Augen gefolgt wäre. Und Arcado konnte im Dunkeln ohnehin besser sehen als sie.

„Da drüben steht ein Auto!“, rief Karsten Sievers plötzlich. „Ich habe ein rotes Licht gesehen!“

Der Pferdewirt hatte gewöhnlich Schwierigkeiten, sich zu äußern. Häufig stotterte er oder sprach so leise, dass er kaum zu verstehen war. Wenn es jedoch um Pferde ging, war er wie verwandelt. So auch jetzt. Da die Chancen, die Pferde retten zu können, gestiegen waren, legte er alle Hemmungen ab, die ihn sonst einengten. „Nach rechts“, befahl er. „Wir müssen über die Lichtung!“

Er galoppierte an Lissy vorbei, jagte über eine Lichtung hinweg und verschwand in einem dunklen Reitweg. In diesem Moment sahen auch die anderen die Rücklichter eines Fahrzeugs durch das Unterholz schimmern.

Lissy, ihr Vater und Alexander Manglier folgten Sievers, und wenig später konnten sie deutlich einen Geländewagen mit einem Pferdeanhänger erkennen. Die beiden gestohlenen Pferde standen hinter dem Fahrzeug.

Als die Diebe erkannten, dass sie die Pferde nicht mehr entführen konnten, schlossen sie hastig die Ladeluke des Transporters, sprangen in den Geländewagen und fuhren mit aufheulendem Motor davon.

Sievers kam zu spät. Er konnte die Diebe nicht mehr aufhalten. Doch ihm genügte, dass er sie vertrieben hatte. Er sprang aus dem Sattel und packte die beiden Pferde an den Zügeln, so als bestünde auch jetzt noch die Gefahr, dass sie gestohlen wurden.

Während auch Thorsten Riedmann und der Reitlehrer des Clubs ihre Pferde zügelten, folgte Lissy dem Geländewagen, der auf dem holprigen Feldweg nicht sehr schnell fahren konnte. Enttäuscht stellte sie fest, dass sie die mit Schmutz überdeckte Zulassungsnummer des Geländewagens nicht erkennen konnte, auch als sie näher kam nicht.

Lissy holte dank Arcado rasch auf, und als das Gespann eine Schotterstraße erreichte, die eine höhere Geschwindigkeit erlaubte, war sie gleichauf mit ihm.

Das Fenster auf der Fahrerseite öffnete sich, einer der Diebe streckte drohend eine Faust heraus. Für einen Moment sah Lissy sein Gesicht – sie war sicher, dass sie es nicht vergessen würde.

Da sie einsah, dass sie nichts mehr erreichen konnte, nahm sie Arcado zurück und ließ das Gespann davonfahren. Zornig folgte sie dem Wagen mit ihren Blicken, bis er hinter einer Wegbiegung verschwand.

„Die kommen wieder“, sagte ihr Vater, als sie ihn wenig später erreichte. Zusammen mit Manglier, dem Pferdewirt und den beiden geretteten Pferden kam er aus dem Wald. „Ich wette, jetzt geht es erst richtig los!“

Ungerechte Vorwürfe

„Ich reite schon voraus!", rief Lissy ihrem Vater zu, der gemächlich mit den beiden geretteten Pferden, dem Reitlehrer und Karsten Sievers aus dem Wald kam. „Ich muss wissen, was mit Friedrich los ist."

Ihr Vater hob den Arm, um ihr zu verstehen zu geben, dass er einverstanden war, und sie trieb Arcado an. Sie war einerseits sehr froh über ihren Erfolg, aber andererseits bedrückt wegen des ungewöhnlichen Vorfalls und weil ihnen die Diebe unerkannt entkommen waren. Zudem quälte sie die Sorge um den Pyrenäenhund. War er vergiftet worden?

Als sie den Reiterhof erreichte, atmete sie erleichtert auf. Frau Dr. Müllher war bei Friedrich. Die Tierärztin kniete neben ihm und untersuchte ihn gerade. Otto und Willy, die beiden Pferdepfleger, standen vornübergebeugt neben ihr und beobachteten jeden ihrer Handgriffe.

Lissy glitt aus dem Sattel, band Arcado an einen Ring an der Stallmauer und eilte zum Zwinger.

„Wie geht es Friedrich?", fragte sie atemlos. „Wird er wieder gesund?"

„Guten Morgen", erwiderte die Tierärztin leise. Das schmale Gesicht der liebenswerten 50-Jährigen mit der etwas zu groß geratenen Nase und graublauen Augen war von Müdigkeit gezeichnet.

Lissy verstand den Verweis. Bei aller Sorge um den Hund musste so viel Höflichkeit sein, dass Zeit für einen Gruß blieb.

„Guten Morgen", antwortete sie beschämt. „Tut mir Leid, dass wir Sie mitten in der Nacht herausholen mussten, aber Friedrich ..."

Der Pyrenäenhund vernahm ihre Stimme. Mühsam

hob er den Kopf und blickte sie mit halb geschlossenen Augen an. Sie sank neben ihm auf die Knie und streichelte ihn.

„Er wird sich rasch erholen", erklärte die Tierärztin. „Ich vermute, dass die Diebe ihm ein leichtes Betäubungsmittel gegeben haben. Es wird ihm sicher nicht schaden."

Sie erhob sich und packte die Sachen zusammen, die sie für die Untersuchung benötigt hatte.

„Ich habe ihm eine Spritze gegeben. Du wirst sehen, in spätestens einer Stunde ist er wieder putzmunter und kann eure Besucher erschrecken."

Lissy atmete erleichtert auf. Und dann lachte sie. Wer Friedrich nicht kannte, konnte schon erschrecken, denn er war mächtig wie ein Löwe. Der nicht sehr große Kopf erinnerte an den Kopf eines Bären. Das langhaarige Fell war schneeweiß. Die Clubmitglieder kannten ihn und wussten, dass sie keine Angst vor ihm zu haben brauchten. Der Pyrenäenhund war ein gutmütiges und kinderliebes Tier, das es sich sogar gefallen ließ, wenn kleinere Kinder auf ihm ritten.

Lissy wischte sich verstohlen eine Träne aus dem Augenwinkel, denn erst jetzt wurde ihr bewusst, was der Verlust des Hundes für sie bedeutet hätte.

„Danke, Frau Dr. Müllher", sagte sie. „Es ist sehr nett, dass Sie zu uns herausgekommen sind."

Die Tierärztin lachte. „Hoffentlich höre ich das auch noch von dir, wenn ich dir meine Rechnung geschickt habe."

Lissy antwortete mit einem kleinen Lächeln. Sie wusste, dass die Rechnung nicht sehr hoch ausfallen würde. Lara Müllher übte ihren Beruf in erster Linie aus Liebe zu den Tieren aus und nicht, um Geld zu verdienen. Lissy wusste sehr wohl, dass es auch Tierärzte gab, die zuerst an ihr Honorar und dann erst an die Tiere dachten. Frau Dr. Müllher gehörte ganz sicher nicht zu ihnen.

„Ich hoffe, dass die Täter gefasst werden", sagte die Tierärztin. „Du erstattest doch Anzeige?"

„Ich weiß nicht, ob das Sinn hat", erwiderte Lissy. Sie war unsicher. „Ich habe die beiden im Stall gesehen, und ich würde sie wieder erkennen, aber ich kann der Polizei keinen Hinweis geben."

„Aber du weißt, wie die beiden aussehen", bemerkte Otto. Tastend fuhr er sich mit den Händen über die kurz geschorenen Haare, so als wolle er prüfen, ob es ein paar Haare tatsächlich wagten, über die anderen hinauszuwachsen.

„Sicher", antwortete Lissy „Sie sind etwa 18 Jahre alt. Der eine war dick, blond und hatte kurze Stoppelhaare, der andere war grobschlächtig und hatte dunkle, lange Haare. Mehr kann ich nicht sagen."

„Du solltest dennoch mit der Polizei sprechen", riet ihr Dr. Müllher „Vielleicht haben die Pferdediebe auch schon woanders ihr Unwesen getrieben, und es liegen entsprechende Angaben vor. Oft genügt ein zusätzlicher, kleiner Hinweis, um solche Leute der Tat zu überführen. Dir könnte etwas am Geländewagen oder am Transporter aufgefallen sein, oder die Polizei kann anhand der Reifenspuren etwas erkennen. Geh hin! Verbrechern wie diesen muss man das Handwerk legen."

Das überzeugte Lissy. Sie versprach, noch an diesem Morgen zur nächsten Polizeistation zu fahren.

„Ich habe zwar wahnsinnig viel zu tun, weil wir am Sonntag eine Schnitzeljagd veranstalten wollen und ich noch einiges vorzubereiten habe, aber gut. Ich werde meine Aussage machen."

Plötzlich schreckte sie der Trommelwirbel von rasendem Hufschlag auf, und bevor sie noch recht wussten, was geschah, galoppierten Sierra und Bora auf den Hof. Die beiden Pferde jagten auf die Stallungen zu, wurden erst unmittelbar vor der Stalltür langsamer und trabten dann in den Stall hinein.

Sekunden später trafen Karsten Sievers, Alexander Manglier und Lissys Vater ein.

„Was ist passiert?“, fragte Lissy, als die drei Männer aus den Sätteln stiegen.

„Dumme Frage“, erwiderte der Pferdewirt ärgerlich. „Das hast du doch gesehen. Die beiden Stuten spielten verrückt, als sie merkten, dass es zurück in den Stall ging.“

„Wir haben damit nicht gerechnet“, sagte Alexander Manglier, der ebenfalls verstimmt war. „Hannelore und Evchen haben uns nie gesagt, dass ihre Pferde diese Unart haben.“

„Die Pferde waren plötzlich nicht mehr zu halten. Sie rissen sich los und galoppierten davon“, ergänzte Lissys Vater. „Ich hoffe, sie sind im Stall und es ist nichts passiert.“

„Sie sind eben in den Stall gelaufen“, bestätigte Lissy.

„Ich muss ein ernstes Wort mit den beiden Mädchen reden“, bemerkte Karsten Sievers. „So was darf man Pferden nicht durchgehen lassen.“ Er vergrub die Hände in den Hosentaschen und stapfte zum Stall hinüber.

Frau Dr. Müllher folgte Sievers, mit dem sie noch einiges zu besprechen hatte, und nun kamen auch Marlen Riedmann und die übrigen Angestellten des Gestüts auf den Hof heraus, um nach dem Grund der Unruhe zu fragen.

Als sich Lissys Mutter über Friedrich beugte, richtete sich der Hund schwerfällig auf. Die Vorderläufe knickten ihm weg, und er sank wieder zu Boden, gab jedoch nicht auf und schaffte es schließlich, auf die Beine zu kommen. Lissy stützte ihn behutsam, damit er sich halten konnte.

„Es ist überstanden, Mami“, sagte sie. „Bald ist Friedrich wieder ganz der Alte.“

Lissy hatte dunkelblondes Haar mit einem leicht rötlichen Ton. Jetzt im Frühjahr war das Haar noch dunkel, doch es würde im Verlauf des Sommers heller werden, wenn sie sich viel im Freien und in der Sonne aufhielt. Obwohl erst 15 Jahre alt, war sie Präsidentin des Reiterclubs mit der ganzen Verantwortung, die damit verbunden war. Geschäftliche Belange allerdings wurden weitgehend von ihrer Mutter übernommen. Lissy, die eigentlich Elisabeth-Jenny hieß, beschränkte sich auf die Dinge, die sie abwickeln konnte. Sie organisierte den Betrieb des Reiterclubs, kümmerte sich um die Mitglieder, führte sportliche Veranstaltungen durch und sorgte vor allem für die Pferde des Clubs, und das bedeutete nicht nur, dass sie Futter beschaffte und die Ställe überwachte, sondern dass sie die Pferde auch betreute. Immer wieder kam es vor, dass einige Pferde falsch behandelt wurden und dass sie sich daraufhin auf ihre Art wehrten oder dass es Spannungen zwischen den Clubmitgliedern wegen der Pferde gab, sodass sie schlichtend eingreifen musste.

Pferde waren ihre große Liebe, und wenn ihre Mutter nicht aufgepasst hätte, dann hätte sie die Schule wohl arg vernachlässigt und sich nur noch mit den Pferden beschäftigt. Darüber hinaus achtete Marlen Riedmann aber auch darauf, dass Lissy mit der ganzen Organisation des Reiterclubs nicht überfordert wurde.

„Gut“, lobte sie ihre Tochter. „Dann solltest du jetzt wieder ins Bett gehen und noch ein wenig schlafen. Es ist kurz nach fünf Uhr, und Frühstück gibt es erst um sieben.“

„Ich bin aber nicht müde, Mami“, protestierte Lissy.

„Nein, jetzt nicht“, lachte Marlen Riedmann, „aber um sieben Uhr fallen dir die Augen zu. Und spätestens um acht sind Hannelore und Evchen hier. Du wirst ihnen erzählen müssen, was mit ihren Pferden passiert ist. Und dann musst du noch zur Polizei, und mit den Vorbereitungen für die Schnitzeljagd hast du auch alle Hände voll zu tun. Also – ab ins Bett!"

Lissy sah ein, dass ihre Mutter Recht hatte, und sie beugte sich dem Befehl. Um sieben Uhr allerdings erschien sie frisch und ausgeschlafen in dem Esszimmer, das sich der Küche anschloss und eine Verbindung zwischen dem Teil des Herrenhauses bildete, in dem die Riedmanns wohnten, und jenem, in dem Karsten Sievers mit seiner Tochter Melanie, Alexander Manglier, Otto, Willy und einige Angestellte des Gestüts ihre Räume hatten. Der Raum konnte sowohl von der Küche als auch von dem Trakt der Angestellten her betreten werden. Wie jeden Morgen hatte Marlen Riedmann ein Frühstücksbüfett aufgebaut, an dem sich jeder nach Belieben bedienen konnte. Am Tisch saßen der Pferdewirt mit Melanie, seiner 13-Jährigen Tochter, der Reitlehrer und die beiden Pferdepfleger. Sie nickten Lissy zu, als sie sich zu ihnen setzte.

„Wir sind uns einig, dass die Pferdediebe sich gut bei uns ausgekannt haben müssen", sagte Manglier zu ihr. „Sie wussten, wie sie sich Friedrich nähern mussten, ohne dass er anschlägt, und ihnen war bekannt, wie es im Stall aussieht."

„Vor allem wussten sie, welche Pferde sie nehmen müssen", fügte Sievers mit stockender Stimme hinzu. Er rang um jedes Wort. „Nur Arcado ist wertvoller als Sierra und Bora."

„Ich bin froh, dass sie Arcado nicht genommen haben", erwiderte Lissy. „Wer weiß, vielleicht hatten sie Schwierigkeiten, die beiden Pferde in den Wagen zu bringen, und haben deshalb so viel Zeit verloren, dass wir sie einholen konnten. Bei Arcado hätte es besser geklappt. Er hat keine Angst vor dem Transporter."

Nachdem sie verabredet hatten, wann sie zur Polizei fahren wollten, eilte Lissy auf den Hof hinaus. Sie wollte ihren Hengst Arcado aus der Box holen, um ihn auf die Weide zu bringen.

Hannelore und Evchen, zwei 14-Jährige Mädchen aus der nahen Kleinstadt, kamen ihr mit ihren Fahrrädern entgegen. Behutsam, aber immer noch nicht vorsichtig genug, erzählte Lissy ihnen, was vorgefallen war.

„Wie bitte?" Evchen Schürger blickte Lissy entsetzt an. Die Nachricht von den nächtlichen Ereignissen traf sie wie ein Schock, und Tränen schossen ihr in die Augen. „Diebe waren hier und haben Sierra und Bora geholt?"

„Ausgerechnet unsere Pferde?" Auch Hannelore Ketlar konnte die Tränen nicht zurückhalten. Sie stellte ihr Fahrrad am Clubhaus ab, das im Blockhausstil errichtet worden war.

Die beiden Mädchen waren fröhlich und ausgelassen gewesen, als sie Lissy begrüßt hatten. Nun war ihre gute Laune verflogen, da ihnen klar geworden war, wie knapp ihre Lieblinge einem ungewissen Schicksal entgangen waren. Die Tränen versiegten jedoch schnell.

„Aber wieso?", fragte Hannelore verwirrt. Sie fuhr sich mit dem Handrücken über die Augen. „So was ist doch noch nie vorgekommen."

„Und weshalb ausgerechnet Bora und Sierra?", wollte Evchen wissen. Sie war ein großes, schlankes Mädchen, das ein wenig ungelenk wirkte. Im Sattel machte sie jedoch eine ausgezeichnete Figur.

Fragen über Fragen stürzten auf Lissy ein, von denen sie jedoch nur wenige beantworten konnte. Abwehrend hob sie die Hände.

„Lasst mich leben", rief sie lachend. „Ich weiß doch

auch nicht mehr! Wichtig ist, dass wir eure Pferde gerettet haben. Jetzt können wir nur hoffen, dass die Diebe nicht noch einmal kommen und nachholen, was ihnen heute nicht geglückt ist."

„Das darf nicht passieren", sagte Hannelore. „Ich passe auf. Und wenn ich Nacht für Nacht bei Sierra schlafen muss."

„Wir müssen eine Alarmanlage einbauen", forderte Evchen aufgebracht und gestikulierte dabei heftig mit den Händen. „Und wir müssen einen Wachdienst einrichten. Rund um die Uhr. Tag und Nacht."

„Richtig", pflichtete Hannelore ihr bei. Sie war ein kleines, dunkelhaariges Mädchen mit einem vollen, runden Gesicht und temperamentvoll blitzenden braunen Augen. „Ich liebe Sierra und lasse nicht zu, dass sie in Gefahr gerät."

„Nun mal langsam", bat Lissy. „Wir haben schließlich alles getan, was in unserer Macht stand, um Sierra und Bora zu retten."

„Das ist ja wohl auch das Mindeste", erwiderte Hannelore überraschend heftig. „Wir können erwarten, dass unsere Pferde hier in Sicherheit sind. Wenn nicht, müssen wir sie in einem anderen Club unterstellen."

„Wir haben die besten Pferde der Welt", schwärmte Evchen. Das war sicherlich übertrieben. Richtig aber war, dass die Hannoveraner Stuten Bora und Sierra überdurchschnittliche Pferde waren. „Und wir wollen sie behalten."

Die beiden Mädchen fassten sich bei den Händen, als suchten sie Trost und Stärke beieinander, und wollten zu den Stallungen zu Sierra und Bora gehen, doch Karsten Sievers trat ihnen entgegen und hielt sie auf.

„Mit euch habe ich noch ein Wörtchen zu reden", sagte er streng. Er berichtete, wie Sierra und Bora sich auf dem Rückweg zum Stall verhalten hatten. „So was ist einfach unmöglich, und eigentlich hätte Lissy euch schon längst erklären müssen, dass wir eine solche Unart nicht dulden, aber eure Präsidentin kümmert sich ja nicht um solche Dinge."

Lissy hörte es, und ihr stockte der Atem. Wie kam Sievers dazu, ihr Vorwürfe zu machen? Sie hatte nicht gewusst, dass Sierra und Bora diese Eigenarten hatten.

„Ich weiß nicht, was Sie mit unseren Pferden angestellt haben", erwiderte Evchen erstaunlich selbstbewusst. „Bei uns tun Sierra und Bora so was jedenfalls nicht. Wir können mit ihnen umgehen."

Damit ließen die beiden Mädchen den Pferdewirt stehen und eilten zu den Stallungen.

Sievers blickte Lissy empört an, bekam von ihr jedoch keine Unterstützung. Schließlich hatte er ihr gerade vorher einen Seitenhieb versetzt, der nicht so leicht zu verschmerzen war. Zudem war es ungerecht. Lissy nahm ihr Amt und ihre Pflichten als Präsidentin des Reiterclubs sehr ernst und erledigte alle damit verbundenen Aufgaben gewissenhaft.

Der Pferdewirt merkte, dass er zu weit gegangen war, brachte es jedoch nicht fertig, sich bei Lissy zu entschuldigen. Ein verlegenes Lächeln glitt über sein wettergegerbtes Gesicht.

„Ist doch wahr!", murmelte er, wandte sich ab und stapfte zum Herrenhaus hinüber.

Nach und nach trafen weitere Clubmitglieder ein. Sie gesellten sich zu Lissy, und einer erzählte dem anderen, was sich ereignet hatte. Eine Zeit lang drehte sich das Gespräch ausschließlich um die Diebe, wandte sich dann jedoch bald dem Thema zu, das alle interessierte – der für den nächsten Tag geplanten Schnitzeljagd.

Als sich die Aufregung gelegt hatte, zog sich Lissy in ihr Büro zurück, das sich in dem blockhausartigen Clubhaus befand. Mehr noch als der Tadel des Pferdewirts hatte sie der Vorwurf mangelnder Sorgfalt getroffen, den Hannelore und Evchen ihr gegenüber erhoben hatten. Die Liebe zu den Pferden verband alle, die zum Reiterclub gehörten, Kinder, Jugendliche und Erwachsene, aber kaum jemand war so um die Pferde besorgt wie sie. Während fast alle sich ausschließlich um ihr Pferd oder um die Pferde kümmerten, die ihnen der Club zur Verfügung stellte, war sie für alle Pferde da, ohne Ausnahme, und das Wohlergehen des alten und kranken Wallachs Peter, der nun bald das Gnadenbrot erhalten sollte, lag ihr ebenso am Herzen wie das Schicksal ihres Hengstes Arcado oder das der edelsten Pferde aus dem Gestüt. Ihr den Vorwurf zu machen, sie achte nicht genügend auf die Sicherheit der Pferde, war ungerecht und tat weh. Doch sie konnte den Schmerz von Hannelore und Evchen verstehen. Sie selbst hätte ja bestimmt auch nicht anders reagiert, wenn Arcado das Opfer des Anschlags gewesen wäre.

Bedrohlicher Anruf

„Guten Morgen, Opa“, grüßte Lissy, als sie den Clubraum betrat, in dem ihr Großvater Albert Riedmann sich auf die Besucher des Tages vorbereitete. Er war die gute Seele des Clubhauses. Hier erledigte er nicht nur viele Schreibarbeiten für Lissy, sondern betrieb auch eine kleine Kantine, in der die Besucher des Gestüts Getränke, allerlei Süßigkeiten, Würstchen und Brötchen und Reiterausrüstung kaufen konnten. An Turniertagen pflegte er vor dem Blockhaus einen Grillstand aufzubauen, wobei nie deutlich wurde, ob er es zu seinem eigenen Vergnügen tat – da er dabei stets von jugendlichen und erwachsenen Reitern umlagert und in Gespräche verwickelt wurde – oder ob es ihm darauf ankam, der Reiterwelt zu beweisen, dass es niemand verstand, Würstchen und Steaks so perfekt zuzubereiten wie er.

„Nanu? Was ist dir über die Leber gelaufen?“, fragte er und stellte eine Platte mit belegten Broten ab, die er für seine Gäste vorbereitet hatte. „Du siehst aus, als hätte ich dir einen sauren Hering unter deine Marmeladenbrote geschmuggelt.“

Lissy versuchte, ihn mit einem Scherz abzulenken. „Hast du?“

Doch Opa Riedmann ließ sich nichts vormachen.

Er folgte Lissy ins Büro, und als sie hinter dem Schreibtisch Platz nahm, setzte er sich ihr gegenüber. Ernst blickte er sie an. „Falls dir jemand Vorwürfe gemacht hat, muss ich dir sagen, dass sie unberechtigt sind“, sagte er. „So etwas wie heute Nacht kannst du nicht verhindern.“

„Evchen Schürger hat verlangt, dass wir eine Alarmanlage einbauen!“

„Unsinn!“ Er winkte gelassen ab und zündete sich einen

seiner geliebten Zigarillos an. Er hatte halblange weiße Haare und braune, tiefgründige Augen, die stets zu lächeln schienen. „Eine Alarmanlage, die alle Gebäude umfassend schützt, ist viel zu teuer für uns. Außerdem – wie soll das funktionieren? Einige Reiter holen ihre Pferde schon im Morgengrauen aus den Boxen, um mit ihnen auszureiten, bevor sie zur Arbeit oder in die Schule gehen, andere reiten bis spät in den Abend hinein. Wann soll die Anlage ein- oder ausgeschaltet werden? Und wer soll das machen?“ Er schüttelte energisch den Kopf. „Nein, das geht nicht.“

Zu diesem Schluss war Lissy auch schon gekommen, aber es tat ihr gut, noch einmal von ihrem Großvater zu hören, weshalb eine Alarmanlage nicht in Frage kam.

Das Telefon klingelte. Lissy nahm den Hörer ab und meldete sich: „Riedmann, Lissys Reiterclub!“

„Spreche ich mit Lissy?“, fragte eine rau klingende, männliche Stimme.

„Ja, genau!“

„Na gut, dann hör mal zu, Lissy.“ Die Stimme wurde ein wenig lauter und eindringlicher. „Du bist uns heute in die Quere gekommen, und das gefällt uns gar nicht.“

„Die Pferdediebe!“, rief sie erschrocken und sah Opa Riedmann entsetzt an.

„Ist mir egal, wie du uns nennst“, klang es aus dem Hörer. „Wir hatten die beiden Pferde bereits, aber du musstest uns stören. Dabei sollte dir doch ganz egal sein, dass zwei Pferde verschwinden. Das bezahlt ja die Versicherung. Aber du musstest uns ärgern. Und dafür wirst du bezahlen. Wir kommen wieder. Aber dann holen wir uns nicht nur zwei Pferde, sondern drei. Arcado wird dabei sein. Das verspreche ich dir!“ Danach legte er auf.

„Was ist denn, Lissy?“, erkundigte sich Opa Riedmann besorgt. „Ist dir nicht gut?“

„Die Pferdediebe kommen wieder“, entgegnete sie mit tonloser Stimme. „Und sie wollen Arcado mitnehmen. Sie glauben, dass es uns ganz egal ist, wenn sie ein paar Pferde klauen, weil die Versicherung ja doch alles bezahlen muss.“

„Ich verstehe“, sagte der alte Mann. „Für die kommt es nicht darauf an, was sie klauen. Ein Motorrad, ein Autoradio oder ein Pferd. Dabei besteht für sie überhaupt kein Unterschied. Dass wir unsere Pferde lieben, dass die Pferde unsere Freunde sind, von denen wir uns nicht so ohne weiteres trennen, ist ihnen überhaupt nicht bewusst.“

„Papi hat also Recht gehabt“, stellte Lissy fest. Sie kämpfte gegen die in ihr aufkommende Panik an. „Diese Kerle haben vor wiederzukommen.“ Verzweifelt blickte sie ihren Großvater an.

„Was können wir dagegen tun, Opa? Wir können doch nicht warten, bis sie hier aufkreuzen und uns unsere Pferde stehlen. Und was wollen sie damit?“

Hartwig Kehrein ließ die Tür der Telefonzelle, von der aus er angerufen hatte, zufrieden zufallen. Dann überquerte er gemächlich die Dorfstraße und stieg in den Geländewagen, der auf der gegenüberliegenden Seite parkte, in dem sein Freund Hein Thor bereits auf ihn wartete und ungeduldig an seiner Zigarette zog.

„Voll getroffen“, verkündete Kehrein und grinste. Er war klein und rundlich. Über der niedrigen Stirn trug er so kurz geschorene Haare, dass er von einem Skinhead kaum mehr als einen Millimeter entfernt war. „Als ich ihr sagte, dass wir wiederkommen und ihren geliebten Arcado mitnehmen, war Totenstille am Telefon.“

Laut lachend, startete er den Motor des Wagens, um ihn gemächlich durch die stille Straße des Heidedorfs rollen zu lassen, das nur wenige Kilometer von Lissys Reiterclub entfernt war.

Hein Thor kurbelte das Seitenfenster herunter und warf hustend seinen Zigarettenstummel hinaus. „Damit haben wir unser Problem noch nicht gelöst", stellte er klar. „Max wartet auf uns, und er will zwei Pferde. Wenn wir ihm die nicht bringen, macht er uns die Hölle heiß. Er könnte uns sogar den Geländewagen wegnehmen. Schließlich hat er ihn bezahlt, und wenn wir unsere Schulden nicht bald bei ihm abzahlen, macht er das auch."

„Weiß ich doch!", fuhr Kehrein ihn ärgerlich an. Sie hatten das Heidedorf verlassen, und er fuhr nun schneller. „Verdammt noch mal, wenn die Ladeluke nicht geklemmt hätte, wären die beiden Gäule nach einer Minute im Transporter gewesen, und die vom Club hätten uns nie und nimmer eingeholt."

Er blickte seinen Freund wütend an. „Muss ich noch einmal betonen, dass du dafür verantwortlich bist? Du solltest die Luke in Ordnung bringen. Aber du hast gepfuscht!"

Hein Thor blickte zerknirscht zum Seitenfenster hinaus. Er wusste, dass ihr Plan an seiner Nachlässigkeit gescheitert war. Er war nun mal kein Mann, der präzise und sorgfältig arbeitete. Nach seiner Erfahrung genügte in den meisten Fällen eine oberflächliche Reparatur. Dass es dabei hin und wieder zu Pannen kam, nahm er gleichmütig hin. Für ihn waren sie kein Grund, sich zu ändern.

„Und jetzt?", fragte er, nachdem sie eine halbe Stunde lang schweigend durch die Heidelandschaft gefahren waren.

Kehrein bog in einen Waldweg ab.

„Wir holen uns zwei andere Pferde", entschied er. „Die bringen wenigstens 800 Mark. Das ist besser als gar nichts.

Und dann machen wir wahr, was ich Lissy Riedmann angedroht habe! Vielleicht schon morgen."

Er hielt an, überprüfte die Ladeluke des Transporters und stellte die Scharniere mit einem Schraubenzieher so ein, dass sie sich mühelos öffnen und schließen ließen. Thor sah teilnahmslos zu. Erst als Kehrein sicher war, dass die Ladeluke einwandfrei funktionierte, fuhr er weiter. Als Thor sich eine Zigarette anstecken wollte, stieß er ihn ärgerlich an und befahl: „Jetzt nicht!"

„Wieso nicht?"

Kehrein deutete mit seinen schlanken Händen, an denen er mehrere Ringe trug, nach vorn.

„Da sind Pferde", erklärte er. Sie ließen den Wald hinter sich, und er hielt am Rande einer Koppel, auf der sechs Pferde grasten. „Und weit und breit ist niemand zu sehen."

Hein Thor blickte auf seine Armbanduhr. Er war etwas größer als Kehrein und hatte dunkle, lange Haare. Er war genauso alt wie sein Freund, hatte jedoch noch keinen Führerschein und musste daher Kehrein das Fahren überlassen.

„Es ist schon nach zehn Uhr", meldete er Bedenken an. „Hier kann jeden Moment jemand auftauchen."

„Na und? Woher sollen die wissen, dass die Pferde nicht uns gehören? Los. Ran an die Arbeit! Die Leute haben selber Schuld, wenn sie ihre Pferde unbeaufsichtigt auf der Weide lassen."

Die beiden stiegen aus und öffneten die Luke des Transporters. Hartwig Kehrein trat an den Zaun der Koppel und lockte die Pferde an. Als sie kamen, reichte er ihnen Mohrrüben und kleine Naschereien, während Hein Thor mit Stallhalftern in den Händen den günstigsten Moment abwartete, um sie den beiden Pferden blitzschnell anzulegen. Danach stiegen die beiden Diebe über den Zaun, führten die Pferde zum nahe gelegenen Gatter und verließen die Koppel. Sekunden später war es geschehen. Die Pferde waren im Wagen, und Kehrein fuhr auf die nahe gelegene Bundesstraße zurück. Als er die nach Süden führende Autobahn erreichte, blickten die beiden Männer sich lachend an.

„Nun kannst du dir eine Zigarette anstecken", sagte Kehrein großmütig. „Mann, dir zittern ja die Hände! Dabei haben wir nicht mehr getan als heute Nacht auch. Nur dass es diesmal geklappt hat!"

„Mit einem Unterschied", gab Hein Thor zurück. Er steckte sich eine Zigarette an, und dann sog er den blauen Rauch gierig ein. „Bei diesen Pferden hatten wir niemanden, der uns Tipps gab. Beim Reiterclub wussten wir schließlich genau, wie alles läuft. Hier nicht."

„Das ist allerdings richtig", räumte Kehrein ein.

„Die Leute werden ganz schön doof gucken, wenn sie zur Koppel kommen und ihre Pferde sind nicht mehr da."

Kehrein lachte. „Na und? Was geht mich das an? Es ist schließlich ihre Schuld, wenn sie ihre Pferde unbeaufsichtigt auf der Koppel lassen."

Nach zwei Stunden verließen sie die Autobahn und folgten einer Bundesstraße bis zu einem Gebäude am Rande einer kleinen Ortschaft. Als sie anhielten und ausstiegen, kam ein untersetzter Mann aus dem Haus. Er trug ein blau gestreiftes Hemd, Gummistiefel und eine blutbeschmierte Schlachterschürze.

„Hallo, Max", sagte Kehrein.

Offene Fragen

„Du bist die Einzige, der ich es gesagt habe“, gestand Lissy, als sie mit Linda das Büro verließ. „Sonst weiß nur noch mein Opa, dass die Diebe angerufen und gedroht haben. Bitte, erzähle es niemandem. Das gibt nur unnötige Unruhe.“

„Klar“, versprach Linda. Sie war 13 Jahre alt und damit zwei Jahre jünger als Lissy, aber dennoch enger mit ihr befreundet als alle anderen Mädchen des Clubs. Sie hatte ein etwas rundliches Gesicht mit Grübchen in den Wangen und braune Haare, die sie locker zu Seitenschwänzchen zusammengebunden hatte. Linda war bei den Clubmitgliedern beliebt, weil sie ein ausgleichendes Wesen hatte und wie sonst kaum jemand mit Pferden umgehen konnte. „Aber was unternehmen wir gegen diese Verbrecher?“

„Ich fahre gleich mit meinem Vater, Sievers und Alex zur Polizei“, erwiderte Lissy. „Mehr können wir nicht tun. Natürlich müssen wir die Augen aufhalten.“

Linda Stellinger blieb stehen und blickte zu Friedrich hinüber. Der Pyrenäenhund lag mitten auf dem Hof und ließ sich mit stoischer Ruhe von zwei kleinen Mädchen streicheln, obwohl sie in ihrer kindlichen Unbeholfenheit sicherlich ein wenig rauer mit ihm umgingen, als ihm lieb war.

„Weißt du, was mich wundert?“, fragte Linda und gab sich die Antwort gleich selbst. „Dass es diesen Dieben gelungen ist, Friedrich zu betäuben, ohne dass er Laut gegeben hat. Wie haben sie das gemacht? Normalerweise schlägt er doch sofort an, wenn sich nachts jemand auf dem Hof herumtreibt, den er nicht kennt.“

„Genau darüber denke ich die ganze Zeit schon nach.“

Lissy biss sich auf die Lippen, und ihre Stirn umwölkte sich.

„Ob es jemanden bei uns gibt, der den Dieben geholfen hat?“, überlegte Linda laut.

„Das will ich nicht hoffen“, seufzte Lissy „Und ich kann es mir auch nicht vorstellen. Wir sind doch alle Pferdefreunde, oder etwa nicht?“ Dagegen gab es nichts zu sagen. Die Liebe zu den Pferden bildete das gemeinsame Band zwischen den Clubmitgliedern, allen Feriengästen, die zu Besuch kamen, und allen, die auf dem Heidehof lebten.

Auf dem Hof ging es inzwischen recht lebhaft zu. Einige der Clubmitglieder hatten die Pferde aus den Stallungen geholt, aufgezäumt und gesattelt und ritten mit ihnen in die Heidelandschaft hinaus, während andere mit ihren Pferden auf dem Abreiteplatz an unterschiedlich hohen Hindernissen trainierten, Dressurübungen auf dem Paddock machten, ihr Pferd longierten oder damit beschäftigt waren, die Boxen auszumisten, das Sattelzeug zu pflegen oder die Pferde vor den Stallungen zu bürsten und zu striegeln.

Lissy und Linda gingen in den Stall zu Lissys Hengst Arcado und zu Toscan, Lindas Wallach, die in nebeneinander liegenden Boxen untergebracht waren.

Als Lissy Arcados Box betrat, stubste der Hannoveraner sie freundschaftlich mit der Nase an und ließ sich den Hals klopfen und den Nacken kraulen. Er liebte die Art, wie Lissy ihn liebkoste. Sie drückte ihm die Fingerspitzen fest gegen die Schulter und ließ sie sanft kreisen. Danach umarmte sie ihn und presste sich an ihn. Sie wollte ihm damit zum einen das Gefühl der Sicherheit geben, zum anderen aber suchte sie auch seine Nähe, um ein wenig ihre Ängste abzubauen, die sie seit der telefonischen Drohung verfolgten.

„Du musst noch ein wenig Geduld haben", bat sie Arcado, während Linda sich in die Box ihres Holsteiner Wallachs begab. „Ich kann noch nicht mit dir ausreiten. Ich muss erst noch zur Polizei."

Sie blieb einige Minuten bei ihm und sprach leise auf ihn ein. Als sie seine Box verlassen wollte, streckte er ihr den Kopf entgegen, um sie aufzuhalten. Lissy blies ihm lachend sanft in die Nüstern, eine freundschaftliche Geste, die der Hengst besonders mochte. Danach wollte er ihr folgen, doch sie drängte ihn zurück und schloss die Tür der Box.

Die paar Minuten mit ihrem Pferd hatten Lissy gut getan.

„Hey!", rief Dennis Klickow, der unbemerkt in den Stall gekommen war. „Was ist denn hier für eine Stimmung? Ist irgendwas nicht in Ordnung?" Er trug einen Tirolerhut mit langer Feder, unter der er die Fülle seiner weizenblonden Locken jedoch nicht ganz verstecken konnte. Bevor Lissy es verhindern konnte, zog er sie an sich und drückte sie.

„Kann ich dich irgendwie trösten?"

Sie zog ihm lachend den Hut ins Gesicht und befreite sich aus seinen Armen. Dann lief sie zu den Boxen, in denen Sierra und Bora untergebracht waren. Die beiden Stuten waren nur durch zwei Eisenstangen voneinander getrennt. Hannelore und Evchen waren in den Boxen und beschäftigten sich mit den Pferden. Peggy und Meggy, zwei Mädchen, die als Feriengäste zum Reiterclub gekommen waren, leisteten ihnen Gesellschaft.

„Hallo", grüßte Peggy, als sie Lissy und Dennis sah. „Ich habe gehört, dass heute Nacht hier einiges los war."

„Es ist alles gut gegangen", erwiderte Lissy „Ich bin wirklich sehr froh darüber."

„Wir auch", seufzte Meggy. Sie war genau wie ihre

Freundin Peggy 17 Jahre alt und hatte brünettes, schulterlanges Haar, das ein hübsches Gesicht mit großen, dunklen Augen und sehr kräftigen Augenbrauen einrahmte.

„Na klar!", bekräftigte Peggy, die etwas kleiner war als ihre Freundin und kastanienbraune, kurze Haare hatte.

„Wir haben die ganze Zeit überlegt, was wir tun können, um so was künftig zu verhindern", erklärte Evchen und strich sich eine blonde Strähne aus der Stirn, „aber wir sind zu keinem Ergebnis gekommen."

„Wir können doch nicht ständig bei unseren Pferden bleiben!" Hannelore blickte so unglücklich drein, als habe sie ihre geliebte Sierra bereits verloren. Nachdenklich strich sie der Stute mit der Bürste über den Rücken, obwohl sich sicherlich kein einziges Staubkörnchen mehr im Fell verbarg.

„Wenn ihr so viel Angst um eure Pferde habt, warum verkauft ihr sie dann nicht?", fragte Peggy. Sie hieß eigentlich Patrizia, doch niemand nannte sie so.

„Verkaufen?", riefen Hannelore und Evchen wie aus einem Mund.

„Warum denn nicht?" Peggy zuckte die Achseln. „Bevor ich mich wegen meines Pferdes verrückt mache, weil irgendjemand es mir stehlen will, verkaufe ich es lieber und kaufe mir ein anderes, für das der andere sich nicht interessiert. Ist doch logisch."

„Für dich vielleicht", fuhr Evchen sie temperamentvoll an, „aber nicht für mich. Ich liebe Bora, und ich gebe sie niemals her!"

„Man kann auch übertreiben", meinte Peggy.

„Sierra ist mein Freund", sagte Hannelore scharf und abweisend. „Und einen Freund verkauft man nicht. Und dazu stehe ich, und ob du dafür Verständnis hast oder nicht, ist mir völlig gleich."

Peggy hob abwehrend die Hände. „Schon gut!", rief sie. „Ich habe es ja nur gut gemeint."

Evchen war augenblicklich versöhnt. „Das weiß ich doch. Ich bin sicher, dass du Pferde ebenso liebst wie wir alle."

„Reden wir lieber von morgen", schlug Dennis vor. „Wir haben noch immer nicht festgelegt, wie wir die Mannschaften für die Schnitzeljagd einteilen wollen."

„Eine gute Idee!" Mit leuchtenden Augen blickte Meggy zu ihm auf. Dennis war außerordentlich beliebt bei den Mädchen des Clubs, vor allem, wenn es um Wettkämpfe ging. Er war eine Frohnatur, dem buchstäblich alles in den Schoß fiel, wo andere hart arbeiten mussten. Auf fast allen Turnieren, die von Lissys Reiterclub oder von den Vereinen in der Umgebung veranstaltet wurden, war er unter den ersten fünf zu finden. Daher war es nicht verwunderlich, dass viele hofften, ihn in ihrer Mannschaft zu haben.

„Hast du dich schon entschieden, Dennis?", erkundigte sich Meggy.

„Ich kann das nicht allein bestimmen", erwiderte er. „Wir müssen abwarten, was die anderen Mitglieder der Wettkampfleitung sagen. Wahrscheinlich werden die Mannschaften ausgelost, und dann weiß niemand, wer mit wem reitet."

Enttäuscht wandte Meggy sich ab und ging zur Stalltür. „Dann eben nicht!"

„Aber ich habe doch nicht abgelehnt, Meggy!", rief Dennis hinter ihr her. „Ich weiß ja gar nicht, ob ich mit dir in eine Mannschaft gehen kann."

„Gib dir keine Mühe! Ich habe schon verstanden", versetzte sie und verließ, gefolgt von Peggy, den Stall.

„Tja", spöttelte Linda, als die beiden draußen waren, „so ist das, wenn man so beliebt ist wie du, Dennis."

„Mach dich nur über mich lustig!“, stöhnte er. „Was sollte ich denn machen? Wenn ich zugesagt hätte …“

„… hättest du nicht mehr mit Lissy in einer Mannschaft reiten können“, ergänzte Evchen. „Und das ist dir tausendmal lieber.“

Die Mädchen lachten, und Dennis nahm seinen Hut, zerknüllte ihn in gespielter Wut und stopfte ihn sich in die Tasche.

„Ich werde mich beim Vorstand beschweren“, erklärte er, „weil ich als männliches Mitglied ständig den Bosheiten der überwiegend weiblichen Mitglieder ausgeliefert bin.“

Die Mädchen lachten. Sie wussten, dass er es nicht ernst meinte und dass er sich in seiner Rolle keineswegs unwohl fühlte. Außerdem gehörte er zum Vorstand, sodass er die angedrohte Beschwerde an sich selbst hätte richten müssen.

„Scherz beiseite“, sagte Lissy, als sich alle wieder ein wenig beruhigt hatten. „Es wird Zeit, dass wir klare Verhältnisse schaffen. Wir müssen die Mannschaften einteilen, und das werden wir machen, sobald ich von der Polizei zurück bin.“

Die Diebe melden sich

Als Lissy von der Polizeiwache zurückkehrte, lief sie sofort ins Clubbüro, wo sich bereits Dennis, Linda, Gertie, Tobias, Alexander Manglier, der Reitlehrer, und Lissys Mutter Marlen eingefunden hatten und die letzten Vorbereitungen für die anstehende Schnitzeljagd trafen. Sie hatten sich für eine Auslosung der Mannschaften entschieden.

Nachdem Lissy kurz von dem Besuch auf der Polizeiwache und dem Gespräch mit Wachtmeister Pangritz berichtet hatte, gingen alle zusammen in den Clubraum, wo die Auslosung für den morgigen Tag stattfinden sollte.

Nicht alle Teilnehmer an der Schnitzeljagd hatten Platz gefunden, viele drängten sich an den offenen Fenstern, um von draußen zu verfolgen, welche Mannschaften zusammengelost wurden.

Lissys Mutter, das Organisationstalent des Gestüts, übernahm die Verlosung.

„Wir bilden mehrere Mannschaften mit jeweils fünf Reitern", erklärte sie. „Jeder Reiter bekommt eine Farbpalette in einer bestimmten Farbe, damit auch alle wissen, wer zu welcher Mannschaft gehört. Wir haben verschiedene in der Mannschaftsfarbe gekennzeichnete Routen ausgearbeitet, die abgeritten werden müssen. Dabei kommt es nicht darauf an, die Strecken möglichst schnell zu bewältigen, sondern die richtigen Wege zu wählen. Unterwegs werdet ihr überall auf Kampfrichter und auf Helfer treffen, die jedoch nicht immer als solche zu erkennen sein werden. Sie werden euch Hinweise geben, euch beurteilen und – falls ihr Fehler macht – mit Strafpunkten belegen. Sieger ist die Mannschaft mit den meisten Pluspunkten."

„Mir hat man noch nie Minuspunkte verpasst", behauptete Dennis. Er hatte seinen Hut inzwischen wieder aus der Hosentasche hervorgeholt, zurechtgebogen und über die blonden Locken gestülpt. „Könnte ich also gleich den Lorbeerkranz haben? Ich gewinne ja doch!"

Mit seinen Worten löste er allgemeines Gelächter aus. Die Clubmitglieder kannten ihn zur Genüge und wussten, wie er es meinte.

„Ich werde dem Kampfgericht empfehlen, dir gleich einen Minuspunkt zu verpassen", erwiderte Marlen Riedmann im gleichen Ton und griff dabei in den Pokal, in dem die Lose lagen. Voller Spannung verfolgten Clubmitglieder und Feriengäste, welche Mannschaften sich aus der Verlosung ergaben. Minuten später stand fest, dass Lissy, Peggy, Dennis, Linda und Evchen eine Mannschaft bildeten.

„Ich hoffe, ihr seid alle zufrieden!", rief Lissys Mutter, als alle Mannschaften ausgelost waren. „Bevor ihr euch dazu äußert, möchte ich euch jedoch sagen, was es alles zu gewinnen gibt. Es lohnt sich mal wieder. Die Siegermannschaft fährt für ein wunderschönes Wochenende nach Wien zu den berühmten Lipizzanern der Spanischen Hofreitschule! Darüber hinaus gibt es natürlich auch für die zweiten und dritten Plätze schöne Preise zu gewinnen."

Sie erntete begeisterten Beifall. Nur Melanie Sievers, die Tochter des Pferdewirts, schien enttäuscht zu sein. Lissy fiel auf, dass sie sich zurückzog, während die anderen noch aufgeregt über den bevorstehenden Wettkampf und die Aussicht redeten, dabei einen Preis zu gewinnen. Melanie schien sich keine Gewinnchancen auszurechnen, aber das überraschte Lissy nicht. Die 13-Jährige Melanie war eine Außenseiterin, der es nie so recht gelingen wollte, sich einem Freundeskreis anzuschließen. Lissy hatte immer wieder versucht, ihr zu helfen, war dabei jedoch nicht sehr erfolgreich gewesen.

Sie kehrte ins Büro zurück, um die Liste mit den ausgelosten Mannschaften in den Computer zu geben und danach für die Teilnehmer auszudrucken. Als sie fertig war und das Büro verließ, prallte sie mit Evchen zusammen, die unmittelbar vor der Tür stand und das Büro gerade betreten wollte. Ihre Augen schwammen vor Tränen, und sie war so aufgewühlt, dass sie kaum reden konnte.

„Du ... du musst ... in den Stall kommen", stammelte sie. „Du musst dir ansehen, was ... sie mit Bora und Sierra gemacht haben."

Lissy war so erschrocken, dass sie nichts zu antworten wusste. Über der Arbeit für den Club hatte sie vergessen, dass die beiden Pferde von Evchen und Hannelore bedroht wurden, und jäh erinnerte sie sich daran, dass auch Arcado in Gefahr war. Wortlos ergriff sie Evchens Hand und rannte mit dem Mädchen aus dem Clubhaus und über den Hof in die Stallungen. Eine Gruppe von Jungen und Mädchen umringte die Boxen der beiden Stuten, machte ihnen aber bereitwillig Platz, damit sie zu den Pferden gehen konnten.

Hannelore lehnte sich an einen Holzpfeiler und verdeckte das Gesicht mit den Händen.

„Was ist passiert?", fragte Lissy, erwartete jedoch keine Antwort. Sie konnte bereits sehen, was geschehen war. Irgendjemand hatte Sierra und Bora die Schweife um etwa die Hälfte gestutzt. Die abgeschnittenen Haare lagen im Stroh.

„Weißt du, was das bedeutet?", schluchzte Evchen auf. „Die Diebe waren hier – während wir im Clubhaus waren! Sie sind einfach in den Stall gekommen und haben das getan!" Sie konnte nicht mehr weitersprechen.

„Hat irgendjemand etwas beobachtet?“, erkundigte sich Lissy mit ernster Miene. „Ist euch etwas aufgefallen?“

Niemand antwortete. Die Jungen und Mädchen blickten sie nur betreten an, und jeder von ihnen stellte sich wohl die gleiche Frage:

Wer spielt ein derart grausames Spiel mit uns?

Nur Melanie bildete eine Ausnahme. Sie stand etwas abseits vor der Box von Blitz, dem Wallach, der Dennis gehörte.

„Nun heult doch nicht gleich“, sagte sie, während sie näher kam. „So schlimm ist es wirklich nicht, wenn den Pferden ein paar Haare fehlen. Die wachsen nach.“

„Es geht nicht um die Haare!“, schrie Evchen sie empört an. „Begreifst du nicht. Irgendjemand will uns die Pferde wegnehmen! Das ist es, was mich fertig macht. Du verstehst das natürlich nicht. Du hast ja nicht einmal ein eigenes Pferd, sondern reitest heute mit diesem und morgen mit jenem Pferd, bloß weil du dir einbildest, vielseitig sein zu müssen!“

„Wer wirklich etwas von Pferden verstehen will“, gab Melanie schnippisch zurück, „darf sich nicht nur auf ein Pferd beschränken. Kein Wunder, dass euch die Pferde weglaufen, wenn es zurück in den Stall geht! Aber das wirst du nie kapieren!“ Damit drehte sie sich um und stolzierte aus dem Stall.

„So macht man sich Freunde!“, spottete Dennis. Tröstend wandte er sich Hannelore und Evchen zu und versprach ihnen, ganz besonders gut auf ihre Pferde aufzupassen.

„Vielleicht solltet ihr morgen nicht mitreiten“, schlug Peggy vor. Im Dunkel des Stalls schien ihr schmales Gesicht alle weichen Linien verloren zu haben. Es wirkte noch härter als sonst, zumal das kastanienbraune Haar in dem ungünstigen Licht der Lampen fast schwarz erschien.

„Hier im Stall sind Sierra und Bora sicher. Vorausgesetzt, dass ihr bei ihnen bleibt."

„Das finde ich auch", stimmte ihre Freundin Meggy zu. „Bei der Schnitzeljagd werden wir Pausen einlegen, bei denen die Pferde vielleicht nicht immer unter Aufsicht sind. Ich würde das Risiko nicht eingehen."

Hilfesuchend wandte sich Evchen an die Präsidentin des Clubs. „Was meinst du, Lissy?", fragte sie. „Was soll ich tun?"

Lissy überlegte nicht lange. „Reite bei der Schnitzeljagd mit. Dabei werden die Pferde nicht eine einzige Sekunde allein sein. Das verspreche ich dir!"

„Wie du willst", sagte Peggy, hakte ihre Freundin unter und verließ den Stall. „Ich wollte dir ja nur einen gut gemeinten Rat geben."

Ängstlich blickte Evchen Lissy an. „Haben wir Peggy und Meggy jetzt beleidigt?", fragte sie. „Die beiden mögen Sierra und Bora sehr. Sie haben uns angeboten, auf sie zu achten, wenn wir es nicht können."

„Ihr habt sie bestimmt nicht beleidigt", entgegnete Lissy. Sie ging zu den beiden Stuten und gab ihnen eine kleine Leckerei. „Macht euch keine Sorgen. Wir alle passen auf, dass nichts passiert."

Sie betrat die Box von Bora und strich ihr sanft über den Hals und die Schulter. Die Stute war unkompliziert und freundlich. Sie war ebenso wie Sierra von edler Herkunft und hatte bei verschiedenen Turnieren bewiesen, dass sie ausgezeichnet springen konnte. Lissy war sicher, dass sie bei konsequenter Ausbildung noch sehr viel besser werden würde, denn Bora war ehrgeizig und reagierte besonders gut, wenn man sie lobte und mit sanfter Hand führte. Gerade darin aber lag die Stärke nicht nur von Evchen, sondern auch von Hannelore. Beide besaßen ein ungewöhnliches Talent im Umgang mit Pferden. Sie hatten es nicht nötig, sich mit Strenge und harter Hand durchzusetzen, sondern schafften es, ihre Pferde nach der sanften Methode zu erziehen und zu trainieren. Für Lissy war unübersehbar, dass Sierra und Bora mit besonderer Zuneigung für Hannelore und Evchen darauf reagierten.

„Ich mag, wie ihr mit euren Pferden umgeht“, sagte sie, „und ich habe längst gesehen, dass Sierra und Bora sich bei euch besonders wohl fühlen. Gerade deshalb werde ich alles tun, um euch und die Pferde zu beschützen. Allerdings muss ich klären, was es damit auf sich hat, dass Sierra und Bora sich selbstständig machen, wenn es zurück in den Stall geht.“

„Aber das tun sie doch gar nicht!“, protestierte Hannelore.

„Ich habe es selbst gesehen“, widersprach Lissy „Sie haben sich losgerissen und sind wie die Wilden zurückgerannt bis in den Stall.“

Evchen druckste ein wenig herum, wechselte einen kurzen Blick mit Hannelore und gestand dann: „Das haben sie nur zu Anfang getan, als wir sie bekamen. Wir haben es ihnen längst abgewöhnt. Bei uns tun sie es nicht. Das beweisen wir dir, wenn du mit uns ausreitest.“

„Wir haben Sierra und Bora seit fast einem Jahr“, ergänzte Hannelore. „Sie hatten diese Unart, aber schon nach vier Wochen war es vorbei damit.“

„Es war eine schlechte Angewohnheit von ihnen“, räumte Evchen ein. „Vielleicht haben sie gedacht, dass sie es mit Alexander und Sievers machen können.“

„Also gut“, entgegnete Lissy. „Ich glaube euch. Achtet bitte auch künftig darauf. So was darf sich einfach nicht wiederholen. Pferde müssen gehorchen, und es geht nicht an, dass galoppierende Pferde über den Hof toben. Dabei könnte allzu leicht jemand verletzt werden.“

„Du kannst dich auf uns verlassen", versprach Evchen.

Für Hannelore war das Thema damit erledigt. Sie wandte sich wieder der Frage zu, wie sie den Diebstahl der Pferde verhindern konnten.

„Wir haben schon überlegt, dass wir ihnen vielleicht antrainieren könnten, dass sie sich weigern, in einen Transportwagen zu gehen", bemerkte sie. Ihre dunklen Augen blitzten schelmisch. „Wir könnten ihnen zum Beispiel beibringen, dass sie nur in den Wagen gehen, nachdem man ihnen locker einen Strick über den Rücken gelegt hat."

„Auf den Trick würde kein Dieb kommen", begeisterte sich Evchen. Alle Sorgen schienen vergessen zu sein, da sie eine Aufgabe für sich und ihr Pferd vor sich sah. „Er könnte uns die Pferde stehlen, aber er könnte nicht damit wegfahren."

Lissy lachte. „Und ihr meint, dass ihr das schafft?"

„Und ob wir es schaffen!", rief Hannelore.

„Es ist nur die Frage, ob wir noch Zeit genug haben", fügte Evchen hinzu, und das Leuchten in ihren Augen erlosch. „So einen Trick können wir Sierra und Bora natürlich nicht über Nacht beibringen."

„Versucht es trotzdem", empfahl Lissy ihnen. „Wir müssen es den Dieben so schwer wie nur irgend möglich machen."

Hartwig Kehrein blieb am Geländewagen stehen. Er forderte seinen Freund Hein Thor mit energischer Armbewegung auf, in das Fahrzeug zu steigen.

„Wir müssen los", drängte er mit einem Blick auf seine Armbanduhr. „Es ist schon spät. Wir werden erst mitten in der Nacht ankommen, und dann bleibt uns nicht mehr viel Zeit."

Max Russdorf stand neben dem Fahrzeug. Er trug

wiederum ein gestreiftes Hemd, eine derbe Hose, Gummistiefel und eine Gummischürze.

„Ich habe gerade eben mit dem Mädchen telefoniert", berichtete er. „Sie hat angerufen. Sie will, dass ihr es noch einmal versucht."

Hein Thor fuhr sich mit beiden Händen durch das schwarze Haar, strich es bis in den Nacken zurück und bündelte es dort mit Hilfe eines Gummibands.

„Machen wir", versprach er. „Du kannst dich darauf verlassen. Irgendwie holen wir uns Sierra und Bora, und wenn wir die nicht erwischen, bringen wir zwei andere Pferde für dich mit, damit wir nicht ganz umsonst gefahren sind."

„Es geht um die beiden Stuten", betonte Russdorf. „Nur um die."

Kehrein setzte sich hinter das Steuer und startete den Motor.

„Morgen findet eine Schnitzeljagd in der Umgebung des Reiterclubs statt", sagte er. „Wenn wir es nicht in der Nacht schaffen, versuchen wir es später. Wir werden die beiden Stuten nicht aus den Augen lassen, und sobald sich eine Gelegenheit ergibt, schlagen wir zu."

„Du kannst dich darauf verlassen, dass du die beiden Pferde morgen Abend hast", versprach Hein Thor. „Die Gelegenheit ist günstig. Morgen werden viele Ausflügler aus Hamburg in der Heide sein, hinzu kommen Besucher aus den umliegenden Dörfern und der Kleinstadt. Nicht wenige werden die Schnitzeljagd beobachten wollen. Da fallen wir gar nicht auf. Und wenn sich die Mädchen so richtig sicher fühlen, dann schlagen wir zu."

Er lachte siegessicher.

Otto macht einen Fehler

Am Sonntagmorgen herrschte geschäftiges Treiben auf dem Reiterhof. Alle Teilnehmer an der Schnitzeljagd hatten sich eingefunden und schon früh die Pferde aus den Stallungen geholt, um sie zu striegeln und zu satteln, denn auch für das gepflegte Aussehen der Pferde gab es Punkte.

Die Mannschaften fanden sich in verschiedenen Winkeln des Reiterhofs zusammen, um sich für den Wettkampf zu besprechen. Der Ehrgeiz hatte die Teilnehmer gepackt, zumal es so wertvolle Preise zu gewinnen gab.

Lissy hatte Peggy, Dennis, Linda und Evchen um sich versammelt. „Das Wettkampfgericht hat uns die blaue Farbe zugeteilt", eröffnete sie ihren Freunden und reichte ihnen die Farbpalette zum Anstecken. „Achtet also auf alles, was mit Blau zu tun hat. Sogar hinter einer blauen Blume könnte sich ein Hinweis für uns verbergen."

„Wie lang ist denn die Strecke?", fragte Dennis, der heute eine karierte Mütze trug. Sie hätte einem Sherlock Holmes gut zu Gesicht gestanden.

„20 Kilometer", erwiderte Lissy „Dafür haben wir bis 18 Uhr Zeit. Kommen wir später, kassieren wir Minuspunkte. Wichtig ist, dass die ganze Gruppe das Ziel erreicht. Verlieren wir unterwegs einen aus unserer Mannschaft, scheiden wir aus. Alles klar?"

„Alles klar", antworteten die anderen.

„Dann wünsche ich uns allen viel Spaß." Sie blickte zur Uhr. „In fünf Minuten beginnt die Wertung. Wir reiten an den Kampfrichtern vorbei, und die verteilen erste Punkte für das Aussehen der Pferde."

„Da schneiden Hannelore und Evchen am besten ab", vermutete Linda. „Ich glaube, die beiden haben ihre

Pferde die ganze Nacht über geputzt. Jedenfalls waren sie ständig bei ihnen."

„Stimmt ja gar nicht", widersprach Evchen, aber sie lächelte still dabei, und ihre Augen leuchteten.

Linda behielt Recht. Als sie den Reiterhof verließen und an den Kampfrichtern vorbeiritten, erhielten Evchen und Hannelore ein besonderes Lob.

Schon etwa 50 Meter vom Start entfernt, teilte sich der Reitweg. Rote, grüne und gelbe Fähnchen zeigten an, dass sich drei Mannschaften von dem allgemeinen Tross absondern mussten, und noch einmal 100 Meter weiter führte ein blau markierter Weg in den Wald hinein. Danach war Lissy mit ihrer Mannschaft allein. Schweigend folgten sie dem Weg, der sich über ein Bahngleis hinweg und dann am Ufer eines kleinen Flusses entlangschlängelte.

Linda ritt neben Lissy „Seit ich weiß, was der erste Preis ist, bin ich ganz durcheinander", sagte sie. „Du weißt, dass ich schon immer für die Lipizzaner geschwärmt habe. Wir müssen unbedingt gewinnen, damit ich endlich mal nach Wien komme und die Spanische Hofreitschule kennen lerne."

„Die anderen wollen auch gewinnen, Linda", erwiderte Lissy. Sie trieb Arcado zum lockeren Trab an.

„Deshalb müssen wir uns eben besonders anstrengen!", rief Linda. Sie folgte mit ihrem Wallach Toscan. Ihr rundliches Gesicht rötete sich vor Eifer, und die Grübchen auf ihren Wangen schienen sich zu vertiefen. Sie nahm ihre Reiterkappe ab, legte ihre zu Seitenschwänzchen zusammengebundenen Haare von beiden Seiten quer über den Kopf und setzte die Kappe wieder auf. „Oder willst du etwa nicht nach Wien?"

Lissy wies lächelnd auf ein blaues Fähnchen, das an einem Busch flatterte und auf einen abzweigenden Reiterpfad hinwies. „Zunächst möchte ich zum Buttermilchhof“, antwortete sie. „Ich glaube, er ist unser erstes Ziel.“

Der Weg verbreiterte sich nach wenigen Metern, und Dennis schloss zu ihnen auf.

„Hoffentlich müssen wir keine Buttermilch trinken“, stöhnte er. „Das würde mich glatt aus dem Rennen werfen. Buttermilch ist mir noch nie bekommen.“

„Aber sie schmeckt nirgendwo so gut wie bei diesem Gasthof“, betonte Lissy. „Am Wochenende kommen die Leute von weit her, nur um hier Buttermilch zu trinken.“

Dennis verzog das Gesicht. Er wusste, welch guten Ruf der Gasthof hatte, den sie nun erreichten, doch das konnte ihn immer noch nicht für Buttermilch begeistern. Der Hof lag einsam in einem Kiefernwald und war durch eine schmale Asphaltstraße mit einer verkehrsreichen Straße verbunden, die in der Nähe vorbeiführte. Die meisten Besucher ließen ihre Autos hier stehen, um auf den vielen Waldwegen zu wandern.

Dennis lachte, als er Otto entdeckte. Der Pferdepfleger saß mit lang ausgestreckten Beinen auf einer Bank vor dem Gasthof und ließ sich die warme Sonne ins Gesicht scheinen. Neben ihm stand ein großes Glas mit Buttermilch. Als er die Reitergruppe bemerkte, winkte er fröhlich.

„Ich soll euch weiterhelfen“, verkündete er, als alle fünf Reiter bei ihm waren. Er blickte zu ihnen auf und trank einen kräftigen Schluck Milch. „Ich habe ein kleines Gedicht für euch. Hört zu.“

Er senkte den Kopf und klopfte sich mit der flachen Hand gegen den Hinterkopf, als könne er damit seinem Gedächtnis auf die Sprünge helfen.

„Folgt, was sich ruhig windet, bis ihr endlich findet“, begann er dann, sich mühsam konzentrierend, „wo man zu bekommen pflegt, was übers Wasser trägt. Seid ihr zu reiten geneigt, wohin der Vogel steigt, fehlt nicht mehr viel bis zum nächsten Ziel."

Er stockte, runzelte die Stirn und hob zugleich eine Hand, um voreilige Fragen abzuwehren. Der kleine Reim war noch nicht zu Ende, ihm wollte jedoch nicht einfallen, wie es weiterging.

„Wartet", bat er schließlich. „Also, es heißt weiter, dass ihr eine Brücke reiten sollt, und dann ... Nein, das ist falsch. Moment."

Er wühlte in seinen Hosentaschen und holte mehrere Zettel daraus hervor. Er sortierte sie aus, bis er denjenigen fand, auf dem das richtige Gedicht stand. Sichtlich erleichtert las er danach ab: „Der Brücke geht aus dem Weg, sie ist nicht des Glückes Steg!"

Er lachte, schob den Zettel wieder in die Tasche, und seine Augen funkelten in dem hellsten Blau, das Lissy je gesehen hatte.

„Alles kapiert? Ich darf es nicht wiederholen. Also macht euch auf den Weg. Die nächste Gruppe kommt schon, und für die habe ich ein anderes Gedicht. Nun macht schon. Ich muss mich konzentrieren!"

„Los, ihr Schnitzeljäger, weiter!", rief Dennis. Lissy trieb Arcado an und folgte einem schmalen Reitweg durch den Wald. „Wohin reitest du?", fragte Linda. „Wir wissen doch noch gar nicht, was das Gedicht bedeutet."

„Wir sollen folgen, was sich ruhig durch die Landschaft windet", antwortete Lissy. „Das kann nur der Fluss sein!"

„Hoffentlich stimmt das auch!", zweifelte ihre ehrgeizige Freundin.

„Was denn sonst?", lachte Lissy, überzeugt davon, die richtigen Schlüsse aus dem kleinen Reim gezogen zu haben.

Wenig später mündete der Waldweg in einen breiten Feldweg, der direkt am Ufer eines Flusses entlangführte.

Nun ritten Lissy, Peggy und Linda nebeneinander, während Evchen und Dennis hinter ihnen blieben.

„Und die anderen Hinweise?“, fragte Linda. „Was haben die zu bedeuten?“

„Ich habe keine Ahnung“, gab Lissy zu, „aber wir werden es schon herausfinden.“

Sie winkte einer anderen Gruppe zu, die sie für eine kurze Strecke auf der anderen Seite des Flusses begleitete.

„Was meinst du?“, fragte Dennis Peggy. „Was hat das andere zu bedeuten?“ Sie holte einen Zettel aus der Tasche. Von den anderen unbemerkt, hatte sie mitgeschrieben, was Otto gesagt hatte. „Wo man zu bekommen pflegt, was übers Wasser trägt“, las sie vor. „Das können doch eigentlich nur Boote sein!“

„Ja, Boote!“, jubelte Linda. Sie nahm die Reiterkappe ab und schüttelte den Kopf, dass die Zöpfchen nur so flogen. „Otto meint garantiert den Bootsverleih im nächsten Ort. Die Wochenendausflügler kommen dorthin und leihen sich Kanus aus, mit denen sie dann den Fluss hinunterfahren. Ich weiß, wo das ist. Wir könnten eine Abkürzung reiten, dann sind wir schneller da.“

„Ich weiß, welche du meinst“, sagte Lissy, „aber dieser Weg kommt nicht in Frage. Er ist zu anstrengend für die Pferde.“

„Ja, du hast Recht“, lenkte Linda sogleich ein. Sie setzte die Reiterkappe auf und blickte sich ratlos um. „Aber beim Bootsverleih wird's echt schwierig. Wie heißt es dann im Text?“

„Seid ihr zu reiten geneigt, wohin der Vogel steigt“, las Peggy vor. Auch im hellen Sonnenlicht wirkte ihr Gesicht nicht weicher. Sie war ernst und gönnte sich nicht das geringste Lächeln. Lissy beobachtete sie, wenn sie das Gefühl hatte, dass Peggy es nicht bemerkte. Ihr kam es vor, als hätte Peggy überhaupt keinen Spaß an der Schnitzeljagd, sodass Lissy sich schon fragte, warum sie überhaupt daran teilnahm.

„Damit kann ich gar nichts anfangen", gestand Evchen. Sie schien nicht so recht daran zu glauben, dass sie das Rätsel lösen konnten, doch Lissy blieb zuversichtlich. Sie lachte aufmunternd.

„Mit Ausnahme von Dennis sind wir alle höchst intelligent", neckte sie den Jungen. „Und wenn wir erst beim Bootsverleih sind, werden wir schon sehen, was gemeint ist."

Dennis verzog das Gesicht. „Ich schweige, bis ihr gar nicht mehr weiter wisst", kündigte er an, doch keines der Mädchen nahm ihn ernst. Sie wussten, dass er den Mund schon bald wieder aufmachen würde.

„Ich finde, wir können gar nicht früh genug anfangen zu überlegen", bemerkte Linda. Sie klopfte ihrem Wallach Toscan liebevoll den Hals und ermunterte ihn, in eine Senke mit einem kleinen Teich zu reiten. Er folgte dem Befehl voller Eifer und lief mitten in den Teich hinein.

Auch Lissys Hengst Arcado zögerte nicht, ins Wasser zu gehen, wo er seine Beine kühlen konnte. Er blieb in der Nähe von Toscan stehen und schlug immer wieder vergnügt mit dem Vorderbein, sodass das Wasser hoch aufspritzte.

Dennis führte seinen braunen Wallach Blitz in weitem Bogen an ihnen vorbei durch die flache Uferzone.

Evchen saß entspannt im Sattel. Bei ihr war kaum zu erkennen, welche Hilfen sie Bora gab. Die Stute ging zügig ins Wasser, wo sie ebenfalls mit einem Vorderbein zu schlagen begann und das Wasser aufspritzen ließ.

Peggy beobachtete sie und schien überrascht zu sein.

Sie hatte Schwierigkeiten, ihr Pferd, eine schwarze Holsteiner Stute, ins Wasser zu lenken. Sie trieb sie wütend an, wobei sie ihr die Hacken in die Seiten schlug und ihr, als auch das nicht half, die Gerte gab.

„Was machst du denn?“, fragte Lissy. „Tide müsste doch ganz leicht gehen.“

„Tut sie aber nicht“, brummte Peggy ärgerlich. „Das siehst du doch!“

„Wenn du ihr die Hacken gibst, erreichst du gar nichts!“, rief Evchen. „Und auf die Gerte solltest du ganz verzichten.“

Die Stute stürmte plötzlich los und lief ins Wasser hinein, dass es spritzte. Sie trabte quer durch den Teich und blieb erst am jenseitigen Ufer stehen.

„Sie hasst Wasser“, behauptete Peggy. „Das ist ja wohl klar!“

„Du spinnst“, sagte Dennis so leise, dass sie es nicht hören konnte.

„Und mit so einer sollen wir die Schnitzeljagd gewinnen“, stöhnte Linda. „Wir hätten einige Minuspunkte kassiert, wenn das ein Kampfrichter gesehen hätte.“

„Ich rede mit ihr“, versprach Lissy, „aber nicht heute.“

Sie trieb Arcado an, und sie ließen den Teich hinter sich. Der Weg folgte nun einem hügeligen Gelände, bei dem es auch einige kleine Hindernisse zu überspringen gab. Den Pferden war anzumerken, dass sie jede Abwechslung genossen und den Befehlen ihrer Reiter umso eifriger folgten, je interessanter die Strecke für sie war.

Nach etwa einer halben Stunde erreichte die Gruppe wieder den Fluss.

Lissy ritt an der Spitze. Sie bemerkte ein Kanu, das schnell von der Strömung herangetragen wurde. Es kam hinter dem Schilf hervor, das ihnen auf weite Strecken die Sicht aufs Wasser verwehrte. Lissy erkannte den Mann sofort, der darin saß. Er war klein und rundlich und hatte extrem kurze, blonde Haare. Es war einer der beiden Männer, die versucht hatten, Sierra und Bora zu stehlen.

Für ein paar Sekunden begegneten sich ihre Blicke, dann verschwand das Kanu wieder hinter dem Schilf und glitt mit der Strömung davon.

Gefährliche Brücke

„Das war einer der beiden Diebe!“, rief Lissy. Sie war so erschrocken, dass sie im ersten Moment nicht wusste, was sie tun sollte. Beim Anblick des blonden Mannes war ihr schlagartig klar geworden, dass die Diebe ihre Drohung am Telefon ernst gemeint und ihren Plan noch nicht aufgegeben hatten. Sie waren in der Nähe, um sich bei einer günstigen Gelegenheit Sierra und Bora zu holen.

Sie fasste einen Entschluss. „Ich muss wissen, wohin er will“, erklärte sie, während die anderen sich vergeblich nach dem Dieb umsahen. „Dort hinten macht der Fluss eine Schlaufe. Wir können ihn abfangen, wenn wir über die Koppel und dann am Waldrand entlangreiten.“

Linda weigerte sich. „Kommt nicht in Frage. Ich mache die Schnitzeljagd nicht mit, um Pferdediebe zu fangen, sondern um die Reise nach Wien zu den Lipizzanern zu gewinnen.“

„Außerdem dürfen wir uns nicht trennen“, schloss sich Peggy ihrer Meinung an. „Und vom blauen Pfad dürfen wir auch nicht abweichen, sonst kassieren wir Minuspunkte oder werden gar disqualifiziert.“

„Das solltest du als Präsidentin des Clubs und als unsere Mannschaftsführerin eigentlich wissen!“ Linda ereiferte sich immer mehr, da sie ihren Sieg und den damit verbundenen Gewinn dahinschwinden sah.

„Und du erreichst überhaupt nichts, wenn du zur Flussschleife reitest“, fügte Peggy hinzu. Ihre Lippen waren schmal geworden, und die Muskeln unter ihren Wangen zeichneten sich deutlich ab. Sie sah nun ganz und gar nicht mehr lustlos aus, und der Wettkampf schien ihr alles andere als egal zu sein. „Oder willst du den Dieb über den Haufen reiten?“

„Nun mal ruhig", bat Lissy mit einem kurzen Seitenblick auf Evchen, die sehr still war. „Ich kenne die Regeln. Wir bekommen nur dann Minuspunkte, wenn wir einen aus unserer Gruppe verlieren, wenn sich also einer verirrt und wir ihn nicht durch alle Kontrollpunkte bringen können. Außerdem dürfen wir durchaus vom Weg abweichen. Wichtig ist nur, dass wir an genau der gleichen Stelle wieder dorthin zurückkehren, wo wir ihn verlassen haben. Und da wir Zeit genug haben bis heute Abend, können wir uns zwischendurch mit dem Pferdedieb befassen."

„Eigentlich ist das eine gute Idee", unterstützte Dennis sie. „Wir stellen uns ihm in den Weg, halten ihn auf und verständigen die Polizei."

„Also los!", forderte Lissy ihre Mannschaft auf und trieb Arcado an. Über einen schmalen Pfad ging es auf eine offene Koppel hinaus und dann am Rande eines Mischwalds entlang. Als Lissy sich umsah, stellte sie befriedigt fest, dass sich ihr alle angeschlossen hatten. Linda rückte zu ihr auf.

„Nur nicht nervös werden, Linda", lachte Lissy. „Wir haben trotzdem gute Aussichten, die Schnitzeljagd zu gewinnen. Der Tag ist ja noch lang."

„Vielleicht bin ich manchmal zu ehrgeizig", bekannte ihre Freundin. Ein offenes Lächeln erhellte ihr etwas rundliches Gesicht mit den Grübchen. „Natürlich liegt mir daran, dass wir diesen Kerlen das Handwerk legen."

Linda war ebenso wie fast alle Mitglieder des Clubs eine Pferdenärrin. Für Pferdediebe hatte auch sie kein Verständnis, und es war selbstverständlich für sie, dass sie dingfest gemacht werden mussten. Und wenn Linda nicht so ehrgeizig gewesen wäre, hätte sie keinen einzigen Gedanken an den Wettkampf verschwendet, sondern hätte sich Lissy sofort angeschlossen.

Sie galoppierten am Waldrand entlang und konnten den Fluss schon bald wieder sehen, wie er in weitem Bogen aus einem Tannenwald hervorkam. Sie hielten nicht am Flussufer an, sondern ließen die Pferde bis in die Mitte des Flusses laufen, wo das Wasser nur knietief war. Dennis und Evchen folgten ihnen, während Peggy mit Tide am Ufer blieb und gar nicht erst versuchte, die Stute ins Wasser zu lenken.

„Er muss jeden Moment kommen!“, rief Lissy.

„Vielleicht ist er schon vorbei“, bemerkte Peggy. „Die Strömung ist ziemlich stark.“

„Auf keinen Fall“, widersprach Dennis. „Das kann er nicht geschafft haben.“

Sie warteten einige Minuten, dann schrie Linda auf: „Da kommt das Boot!“

Ein gelbes Kanu schob sich langsam um die Flussbiegung und trieb auf sie zu, doch es war leer. Dennis ritt ihm einige Meter entgegen, und als er es erreicht hatte, beugte er sich aus dem Sattel und hielt es geschickt fest. Am Bug des Bootes war ein Strick befestigt. Dennis ergriff ihn, ließ das Kanu dann weitertreiben, bis es sich hinter seinem Pferd befand, und lenkte Blitz ans Ufer. Der Wallach zog das Boot mühelos bis auf die Grasnarbe hinauf.

„Und jetzt?“, fragte Peggy. „Reiten wir den Fluss hinauf und sehen nach, ob der Pferdedieb, der angeblich im Kanu gesessen hat, ertrunken ist?“

„Nein“, entschied Lissy, nachdem sie kurz nachgedacht hatte. „Ertrunken ist er sicher nicht. Der Fluss ist überall so flach, dass man darin stehen kann. Der Mann ist ausgestiegen und hat sich irgendwo verdrückt. In diesem Gelände könnten wir stundenlang suchen, ohne eine Spur von ihm zu finden. Wir reiten zurück und folgen dem blauen Pfad. Wir sind bald beim Bootsverleih. Dort sagen wir Bescheid, wo das Kanu liegt. Mehr können wir nicht tun."

„Ich bin froh, dass es endlich weitergeht", sagte Linda, als sie wieder auf dem blauen Pfad waren. Sie verharrten auf der Stelle, um einen Zweispänner vorbeizulassen, der von zwei übermütigen jungen Männern gelenkt wurde. Zwei Schecken zogen die Kutsche.

„Bricht schon wieder der Ehrgeiz bei dir durch?", neckte Dennis sie, als sie weiterritten.

„Nein", lachte sie. „Ich möchte nur wissen, was der Spruch bedeutet: Seid ihr zu reiten geneigt, wohin der Vogel steigt!"

Nach etwa zehn Minuten erreichten sie einige Häuser, die direkt am Fluss standen. Vor einem der Häuser lagen mehrere Kanus. Ausflügler brachten einige Boote zu Wasser und stiegen dann mehr oder minder geschickt in die Kanus. Lissy wartete, bis sie abgefahren waren, und ritt dann zu der kleinen Bootsverleihbude, um dem Besitzer von dem Kanu zu berichten, das sie aufs Ufer gelegt hatten.

„Ja, ich weiß, wen du meinst", erwiderte die Frau, die sich um die Boote kümmerte, als Lissy sie ansprach. Die gemütlich aussehende Bäuerin, die ihr Haar unter einem rot gepunkteten Kopftuch verbarg, trocknete sich die Hände an der Schürze ab. „Dieser Mensch mit den blonden Stoppelhaaren gefiel mir nicht."

„Lassen Sie sich eigentlich die Ausweise von den Leuten zeigen, die Boote bei Ihnen mieten?" Lissy blickte zu einer nahen Straße hinüber, die bis nahe an den Fluss heranführte und sich dann wieder von ihm entfernte. Der Zweispänner mit den beiden Schecken fuhr vorbei. Die beiden Insassen grüßten mit hoch erhobenen Händen, in denen sie Bierflaschen hielten. Halbherzig erwiderte Lissy den Gruß.

„Das haben wir zu Anfang getan, aber es ist noch nie ein Boot abhanden gekommen“, erklärte die Bootsverleiherin. Sie blätterte in einem Notizbuch. „Er hat mit dem Namen Hansen unterschrieben, aber wenn er was auf dem Kerbholz hat, wird das wohl nicht der richtige Name sein.“

Lissy bedankte sich und verabschiedete sich von der Frau.

Dennis blickte sie geheimnisvoll lächelnd an, als sie zu ihrer Mannschaft zurückkehrte.

„Nun?“, fragte er. „Wie geht es weiter? Ich sehe nirgendwo ein blaues Fähnchen.“

„Wir sind vollkommen ratlos“, behauptete Evchen, aber in ihren Augen blitzte es, und zugleich zuckte es verdächtig um ihre Mundwinkel.

„Ihr wisst es schon!“, rief Lissy. Ihr fiel auf, dass die anderen Mühe hatten, ernst zu bleiben. „Heraus damit!“

„Es heißt: Seid ihr zu reiten geneigt, wohin der Vogel steigt!“, brachte Linda ihr den Spruch in Erinnerung. „Das müsste doch deutlich genug sein.“

„Gib nicht so an!“, lachte Lissy „Ihr habt es herausgefunden. Los. Sagt es schon!“

Linda zeigte triumphierend auf einige Vogelhäuschen, die an den Bäumen hingen. Sie zeigten alle in eine Richtung: nach Osten.

„Super“, lobte Lissy „Genau das ist es. Dann also weiter. Ich wette, dass wir sehr bald auf blaue Fähnchen stoßen werden.“

„Bestimmt“, nickte Dennis zustimmend, und scherzhaft fügte er hinzu: „Und selbst meine mangelnde Intelligenz sagt mir, dass wir vorher an eine Brücke kommen werden.“

Als sie ihren Weg fortsetzten und nach Osten ritten, rückte Evchen zu Peggy auf, die erneut Schwierigkeiten mit ihrem Pferd hatte. Tide war unruhig, tänzelte nervös und schreckte immer wieder auf, wenn irgendwo ein Spatz aufflog, eine Biene vorbeisummte oder irgendetwas im Gebüsch raschelte.

„Tide scheint wirklich wasserscheu zu sein“, stellte Evchen fest. „Hast du versucht, ihr die Angst vor dem Wasser zu nehmen?“

„Nein“, antwortete Peggy schroff und abweisend.

„Bora war anfänglich ebenso“, fuhr Evchen fort. Sie meinte es gut und wollte helfen. Mehr als einmal hatte sie bewiesen, dass sie dazu in der Lage war und dass sie deutlich besser mit Pferden umgehen konnte als Peggy. Doch die 17-Jährige wollte ihren Rat nicht.

„Ich weiß“, erwiderte sie verschlossen.

„Es war gar nicht so schwer, es ihr abzugewöhnen.“ Evchen spürte die Ablehnung, ließ sich jedoch nicht entmutigen, wenngleich sie Peggys Antwort erstaunte. Fragend blickte sie die Ältere an.

„Du weißt, dass Bora Angst vor dem Wasser hatte?“, wunderte sie sich. „Woher?“

„Ich glaube, Hannelore hat es mir mal gesagt.“ Peggy wurde immer verschlossener. Nur sehr unwillig gab sie Auskunft. „Das ist doch nicht wichtig, oder?“

„Natürlich nicht.“

Lissy trieb nun Arcado an und ritt ein Stückchen voraus auf dem Reiterpfad, der nun durch einen Kiefernwald führte. Evchen blieb an der Seite von Peggy und unternahm einen neuen Versuch, Peggy zu überzeugen. „Es ist gar nicht so schwer, den Pferden die Angst vor dem Wasser zu nehmen. Wenn du willst, helfe ich dir dabei.“

„Nein, das will ich nicht“, wies Peggy das Angebot zurück. „Ich bin Feriengast und nur noch ein paar Tage hier. Ich habe keine Lust, die Pferde zu erziehen. Das ist Aufgabe des Clubs.“

Wortlos trieb sie ihre Stute Tide an und galoppierte an der führenden Lissy vorbei. Der Waldweg endete an einem Kornfeld und mündete in einen Feldweg, über den der Zweispänner mit den beiden Schecken herankam. Als Peggy mit Tide unversehens aus dem Wald galoppierte, erschraken die beiden Schecken. Einer von ihnen bäumte sich auf, soweit es das Geschirr zuließ, und dann stürmten beide Pferde blindlings los. Die Männer auf dem Kutschbock reagierten viel zu spät. Vergeblich versuchten sie, die Pferde zu halten.

Peggy verlor die Kontrolle über Tide, die in Panik stieg und sich dann zur Seite warf, um dem Gespann auszuweichen. Nur mit Mühe konnte sich Peggy im Sattel halten. Instinktiv klammerte sie sich an Nacken und Mähne der Stute, und als diese ausbrach, blieb sie in dieser Haltung, um nicht abgeworfen zu werden. Zusammen mit den Schecken und der Kutsche stürmte Tide über den Feldweg und über eine abgesperrte Holzbrücke hinweg, die den Fluss überspannte. Die hölzerne Absperrung zerbrach krachend, und dann hämmerten die Hufe der drei Pferde über morsche Bohlen.

Lissy sah, wie die Bohlen brachen, und hielt unwillkürlich den Atem an. Sie fürchtete, dass die Pferde einbrechen würden. Doch Tiere und Kutsche erreichten unbeschadet die andere Seite, wo sie in einem Waldweg verschwanden.

Bevor Lissy es verhindern konnte, jagte Evchen auf Bora an ihr vorbei und auf die Brücke zu. Das Mädchen entlastete die Stute, soweit es ging, und sie hielt sich ganz an der Seite der Brücke, wo die Bohlen noch nicht eingebrochen waren. Wieder krachte es beängstigend, doch auch Evchen kam heil mit ihrem Pferd ans andere Ufer.

„Evchen, nein!“, schrie Dennis, doch sein Einwand kam

natürlich viel zu spät. Sie war längst im Wald verschwunden.

Lissy versperrte Linda und Dennis mit Arcado den Weg, um zu verhindern, dass auch sie noch über die Brücke ritten.

„Ihr bleibt hier!“, befahl sie. „Ich möchte nicht, dass einer von euch einbricht. So ist es schon schlimm genug.“

Linda blickte zum Kornfeld hinüber und machte Lissy und Dennis auf zwei Frauen aufmerksam, die auf einer Bank davor saßen und die Sonne genossen. Sie hatten einen Picknickkorb dabei und schienen nichts mit ihnen und der Schnitzeljagd zu tun zu haben. Doch Linda kannte sie. Es waren die Mütter von zwei Clubmitgliedern.

„Wetten, dass wir die ersten Minuspunkte haben?“, sagte sie. „Otto hat uns davor gewarnt, die Brücke zu überqueren.“

Plötzlich tauchten, etwa 100 Meter von ihnen entfernt, am anderen Ufer Peggy und Evchen mit ihren Pferden auf. Tide hatte sich noch nicht beruhigt. Evchen beugte sich aus dem Sattel von Bora zu Tide hinüber, griff nach ihren Zügeln, hielt sie fest und brachte die Stute aus rasendem Galopp allmählich zum Stehen. Dabei zeigte sich, wie gut Bora und sie aufeinander abgestimmt waren. Als der Sturmlauf der Pferde vorbei war, ließ Peggy sich aus dem Sattel gleiten und lehnte sich mit gesenktem Kopf gegen Tide. Auch Evchen stieg nun ab. Sie ging auf Peggy zu und redete auf sie ein.

Lissy atmete auf. Es war alles gut gegangen. Evchen hatte geschafft, wozu Peggy nicht in der Lage gewesen war. Sie hatte die durchgehende Tide abgefangen und beruhigt.

Die Diebe schlagen zu

„Was ist mit der Kutsche?“, rief Lissy Evchen über das Wasser zu.

„Alles in Ordnung“, antwortete Evchen, während sie Bora und Tide zur Brücke führte. Peggy ging mit gesenktem Kopf neben ihr her und reagierte nicht.

„Geht mit den Pferden durchs Wasser“, bat Lissy „Es dürfte nicht sehr tief sein. Die Brücke ist zu gefährlich geworden.“

Sie warf Peggy einen forschenden Blick zu, doch die wich ihr aus, wandte ihr rasch den Rücken zu und stieg in den Sattel. Dann versuchte sie, Tide ins Wasser zu lenken, doch die Stute weigerte sich wieder einmal. Heftig schnaubend wich sie zurück, während Evchen erneut keine Schwierigkeiten hatte. Willig durchquerte Bora den Fluss, der an dieser Stelle kaum einen Meter tief war. Als Evchen jedoch sah, dass Peggy es nicht schaffte, kehrte sie wortlos zurück, griff nach den Zügeln der Stute, redete sanft auf das Tier ein und führte es neben sich her.

Lissy beschloss, nicht einzugreifen, sondern abzuwarten. Sie beobachtete voller Bewunderung, wie gut Evchen mit Bora umgehen konnte und wie beruhigend sie auf die aufgeregte Tide wirkte. Peggy sträubte sich nicht gegen die Hilfe, doch ihr war deutlich anzusehen, in welchem Zwiespalt sie sich befand. Auf der einen Seite freute sie sich, dass Evchen ihr half, auf der anderen Seite war sie beschämt, weil die anderen Zeugen ihres Versagens wurden.

„Es tut mir Leid“, entschuldigte sie sich leise, als sie das Ufer erreicht hatte. Es fiel ihr sichtlich schwer, zu sagen, was sie sich vorgenommen hatte. „Ich kann wohl doch nicht so gut mit Pferden umgehen, wie ich gedacht habe. Evchen kann es auf jeden Fall besser."

Die so Gelobte lächelte zurückhaltend. Doch ihr war anzusehen, dass ihr die Anerkennung Peggys gut tat. Der Zwischenfall hatte dazu geführt, dass die beiden sich besser verstanden. Peggy wirkte nun nicht mehr gar so schroff und ablehnend.

„Und den beiden Männern in der Kutsche ist wirklich nichts passiert?", fragte Dennis nach. Er holte einen Apfel aus der Tasche, biss einmal davon ab, kaute genüsslich und biss dann mehrere Stückchen ab, um sie Blitz nach und nach zu reichen.

„Nein, überhaupt nichts", berichtete Evchen. „Sie sind nur erschrocken. Die Schecken haben sich schnell wieder beruhigt."

So gut es ging, errichteten sie die hölzerne Sperre an der Brücke wieder, dann führte Lissy ihre Mannschaft weiter. Schließlich hatten sie ihr Ziel noch nicht erreicht.

Gleich darauf entdeckten sie ein blaues Fähnchen an einem Busch. Also befanden sie sich auf dem richtigen Weg.

Die Stimmung war durch den Vorfall nicht mehr ganz so gut wie zuvor, doch Dennis verstand es rasch, die Mädchen wieder aufzumuntern.

„Ist doch klar, dass die anderen Mannschaften auch Fehler machen", sagte er, nachdem er ein paar witzige Bemerkungen gemacht hatte. „Ohne Minuspunkte kommt keine davon. Es kommt nur darauf an, dass wir die wenigsten haben."

Die blauen Fähnchen führten sie zu einem Gasthof, vor dem bereits zahlreiche Pferde von Clubmitgliedern an Bäume und Büsche gebunden waren.

„Jetzt beginnt die nächste Etappe", erklärte Dennis. „Aber erst machen wir Pause."

Ausgelassen stiegen sie von den Pferden und banden sie an. Wenige Schritte von den Pferden entfernt hatte eine junge Frau einen Verkaufsstand aufgebaut, an dem sie Wanderkarten, Heidehonig und einige Souvenirs anbot. Einige der Schnitzeljäger, wie Dennis sie scherzhaft nannte, hielten sich im Restaurant auf, doch die meisten saßen an den Tischen draußen im Garten, von wo aus sie die Pferde im Auge behalten konnten. Als Lissy einem Tisch im Freien zustrebte, schloss sich auch Evchen ihr an. Zuvor aber ging sie zu der jungen Frau am Verkaufsstand und bat sie, auf Bora zu achten. Ihren Platz am Tisch wählte Evchen so, dass sie die Stute ständig im Auge behalten konnte.

Dennis wackelte mit seinem Stuhl und blickte sich suchend nach einem anderen um.

„Was ist los mit dir?", fragte der Kellner, der an den Tisch trat, um die Bestellung aufzunehmen. „Kannst du nicht sitzen?"

„Auf so einem Stuhl?", fragte Dennis. Als er schaukelte, knarrte das Sitzmöbel, als wollte es jeden Moment auseinander brechen. „Der ist Schrott."

„Hör mal, mein Junge, so was höre ich gar nicht gern", erwiderte der Mann. „Unsere Stühle sind in Ordnung. Auf dem hat vorige Woche unser Landesvater gesessen!"

„Ja, vermutlich zusammen mit seinem Pferd", antwortete Dennis und erntete damit schallendes Gelächter bei den anderen. Grinsend stand er auf und holte sich einen neuen Stuhl. Bis er zurück war, war der Kellner verschwunden. Er eilte hinter ihm her, da er inzwischen von allen eine Bestellung aufgenommen hatte, nur von ihm nicht.

„Lassen Sie mich nicht verdursten", bat er. „Ich hab's ja nicht so gemeint."

Der Kellner lächelte versöhnlich. „Und ich habe dich

nicht absichtlich vergessen“, betonte er. „Tut mir Leid, dass der Stuhl nicht in Ordnung ist. Und jetzt zu deiner Bestellung. Ich weiß, dass ihr alle an der Schnitzeljagd teilnehmt. Wie wäre es mit einem Schnitzel?“

Dennis lachte. „Zum Frühstück?“

Er kehrte mit einem strahlenden Lächeln an den Tisch zurück. Er mochte es, wenn er im Mittelpunkt stand und wenn sich alles um ihn drehte.

„Ich muss euch einen Pferdewitz erzählen“, begann er. „Ein 70-Jähriger Wallach ...“

„Kein Pferd wird 70!“, lachte Evchen.

„Siehst du“, griente er. „Das war der erste Teil. Aber weiter im Text ...“

Durch sein Fernglas beobachtete Hartwig Kehrein die Gruppe im Garten des Ausflugslokals.

„Sieh dir das an!“, sagte er zu dem grobschlächtigen Hein Thor, der neben ihm stand und ebenfalls durch das Gebüsch zur Gaststätte hinüberspähte. Er reichte ihm das Fernglas. „Obwohl sie mich gesehen haben, sind sie unvorsichtig. Nur Evchen blickt hin und wieder zu den Pferden hinüber.“

„Ein nettes Mädchen! Fast tut es mir Leid, dass wir ihr das Pferd wegnehmen.“ Thor blickte nur kurz durch das Glas, dann reichte er es zurück.

„Riskieren wir es?“, fragte er. Sie hatten ihre Pläne ändern müssen. Ursprünglich wollten sie Sierra und Bora nachts aus dem Stall holen. Doch durch einen Unfall hatte es einen Stau auf der Autobahn gegeben, und sie waren um Stunden verspätet in der Heide eingetroffen.

„Keiner von denen rechnet damit, dass wir es ausgerechnet hier versuchen“, erwiderte der rundliche Kehrein. Sie beobachteten, wie kurz nacheinander zwei weitere Gruppen von Reitern eintrafen und die Pferde abstellten. Wanderer umlagerten den kleinen Verkaufsstand.

„Ausgenommen Evchen“, sagte Hein Thor. „Sieh dir das an. Sie lässt Bora keine Sekunde aus den Augen. Hannelore sitzt einige Tische weiter. Sie ist bei weitem nicht so aufmerksam.“

Kehrein deutete stumm auf eine Telefonzelle an der Straße, und sein Kumpan eilte in der Deckung der Bäume und Büsche davon. An einer Stelle, an der er vom Gartenrestaurant aus nicht gesehen werden konnte, überquerte er die Straße, und gleich darauf war er in der Telefonzelle.

Danach vergingen nur Sekunden, bis der Kellner zu dem Tisch ging, an dem Lissy mit ihrer Mannschaft saß. Er beugte sich zu Evchen herab und redete mit ihr. Erstaunt blickte sie ihn an, stand dann jedoch auf und folgte ihm.

Inzwischen hatte Thor die Telefonzelle schon wieder verlassen. Kehrein konnte sehen, dass der Hörer neben dem Telefon baumelte. Während er sich dem Gasthof näherte, lachte er lautlos. Evchen würde keine Antwort bekommen, wenn sie sich im Restaurant am Telefon meldete.

Er blieb so lange in der Deckung der Büsche, wie es ihm möglich war, dann war er auch schon bei den Pferden.

„Na, wer hat dich angerufen?“, fragte Dennis fröhlich. „Muss ich eifersüchtig sein?“

„Ich weiß nicht, was das soll“, erwiderte Evchen mit gerunzelter Stirn, während sie sich wieder an den Tisch setzte und nach ihrem Cola-Glas griff. „Es war niemand dran.“

„Der Anrufer hat wohl aufgelegt, weil es ihm zu lange dauerte“, vermutete Linda. Sie sah zu, wie der Kellner

Dennis die Rechnung reichte, und wunderte sich über den riesigen Zettel.

Dennis blickte den Kellner verblüfft an. „Da ist ja ein ganzes Gedicht drauf."

„Du solltest es dir genau ansehen", empfahl der Kellner ihm mit einem verschmitzten Lächeln. „Vielleicht hilft es dir ja."

Dennis legte das Papier mitten auf den Tisch, sodass alle sehen konnten, was darauf geschrieben stand.

Lissy schlug sich mit der flachen Hand gegen die Stirn. „Das sind die Hinweise für die nächste Etappe der Schnitzeljagd. Das hätten wir uns denken können."

Neugierig beugten sich alle über den Tisch, um die Wettkampfhinweise zu lesen. Evchen hatte dabei den ungünstigsten Platz. Sie konnte überhaupt nichts sehen. Deshalb erhob sie sich und ging um den Tisch herum. Bei der Gelegenheit blickte sie zu den Pferden hinüber. Sie stutzte, blieb einen Augenblick lang wie angewurzelt stehen und stürmte dann wortlos zu den Pferden. Der Platz war leer, an dem sie Bora angebunden hatte. Obwohl Evchen schon ahnte, was geschehen war, lief sie kreuz und quer über den ganzen Platz und suchte nach der Stute. Sie klammerte sich verzweifelt an die Hoffnung, dass irgendjemand Bora losgebunden und an anderer Stelle wieder angebunden hatte. Doch alles Suchen half nichts.

„Wo ist mein Pferd?", fragte sie die junge Frau am Verkaufsstand.

„Ist es nicht mehr da?" Die Frau hob gleichgültig die Schultern. „Ich habe nicht darauf geachtet. Tut mir Leid, aber ich hatte zu tun."

In heller Panik kehrte Evchen an den Tisch ihrer Mannschaft zurück. „Bora ist verschwunden", stammelte sie.

„Was?" Plötzlich redeten alle durcheinander.

„Nein, das glaube ich nicht!“, rief Peggy heftig. „Es kann nicht sein. Nicht hier. Wir hätten es sehen müssen.“

Sie war genauso entsetzt wie alle anderen. Zusammen mit Lissy und dem Rest der Mannschaft lief sie zu den Pferden und suchte den Platz ab.

Auch Hannelore war aufmerksam geworden und folgte ihnen. Plötzlich schrie sie auf: „Sierra ist weg!“

„Unsinn!“, widersprach Meggy, die sich von einem anderen Tisch erhob. „Wahrscheinlich hast du sie nicht ordentlich angebunden, und sie ist irgendwo in der Nähe und grast in aller Seelenruhe.“

Plötzlich wurde es still im Gartenrestaurant. Viele der Teilnehmer an der Schnitzeljagd sprangen auf und verfolgten aufmerksam das Geschehen. Es war nicht mehr zu hören als das Rücken der Stühle.

Lissy hatte in diesem Moment nur einen Gedanken. Arcado! Wie gehetzt lief sie zu ihm und stieg in den Sattel. Schließlich hatte einer der Diebe im Büro des Clubs angerufen und ihr gedroht, auch den Hengst zu stehlen. Sie hatte das Gefühl, ihn am besten beschützen zu können, wenn sie im Sattel saß. Doch dann wurde sie sich ihrer Verantwortung für die anderen Mitglieder des Clubs bewusst. Sie sah, dass Evchen und Hannelore beieinander standen. Die beiden Mädchen waren blass, weinten jedoch nicht. In ihren Gesichtern zeichnete sich Wut, Enttäuschung und Hilflosigkeit ab.

„Zwei unserer Pferde sind gestohlen worden!“, rief Lissy so laut, dass jeder sie hören konnte. „Die Diebe können noch nicht weit sein. Steigt auf eure Pferde, und sucht die Umgebung ab. Irgendwo haben sie ihr Auto und den Transporter stehen. Wir müssen sie einholen, bevor sie die Pferde verladen können. Schnell!“

Nun dachte niemand mehr an die Schnitzeljagd. Selbst Linda protestierte nicht, sondern tröstete sich laut mit dem Gedanken, dass es noch andere Gelegenheiten geben würde, die Lipizzaner in Wien zu sehen.

Peggy blickte sie überrascht an. Sie schien nicht damit gerechnet zu haben, dass die ehrgeizige Linda die Schnitzeljagd so leichten Herzens abbrach.

Lissy ritt zu Evchen und Hannelore, die allein vor dem Gartenrestaurant zurückblieben, da sie ja keine Pferde mehr hatten und sich nicht an der Jagd auf die Diebe beteiligen konnten. „Du kannst mit mir auf Arcado sitzen, Evchen. Er ist stark genug für uns beide."

„Danke, Lissy. Das ist lieb von dir." Evchen wandte sich an ihre Freundin. „Tut mir Leid, Hannelore, du musst jemanden aus deiner Mannschaft fragen. Ich ertrage es einfach nicht, wenn ich hier bleiben muss."

Während Evchen zu Arcado ging, stieg Lissy noch einmal ab, um mit dem Kellner zu reden. Dann erst schwang sie sich wieder auf den Rücken von Arcado, zog Evchen zu sich hinauf und verließ zusammen mit ihrer Mannschaft den Gasthof.

Nahezu alle Reiter waren mittlerweile aufgebrochen, um die Diebe zu verfolgen. Nur einige wenige blieben zurück, um ihre Zeche zu bezahlen. Die anderen ritten in Gruppen davon, jede Gruppe in eine andere Richtung, ohne dass irgendjemand sie dazu hätte einteilen müssen. Jeder schien zu wissen, wohin er sich wenden musste.

„Sie finden die Pferde! Das ist sicher", rief Peggy ihrer Freundin Meggy zu, als diese an ihr vorbeiritt. „Es geht gar nicht anders. So vielen Reitern können sie gar nicht entkommen."

„Hoffentlich irrst du dich", erwiderte Meggy so leise, dass nur Peggy sie verstehen konnte.

Schnitzeljagd

„Was hast du mit dem Kellner besprochen?“, fragte Peggy, als sie zu Lissy aufgerückt war. Sie ritten über einen breiten Sandweg in den Wald hinein.

„Alle Kampfrichter und Helfer, die mit der Schnitzeljagd zu tun haben und sich nicht in der Nähe eines Telefons aufhalten, sind mit Funksprechgeräten ausgerüstet worden“, erwiderte die Präsidentin des Reiterclubs. „Ich habe das für nötig gehalten, damit im Notfall schnell Hilfe herbeigerufen werden kann.“

„Wirklich?“, staunte Evchen, die sich mit beiden Händen an Lissy festhielt.

„Ja“, bestätigte Lissy. „Ich habe die Geräte ausgeliehen, weil wir natürlich nicht so viele Geräte im Club haben. Ich habe den Kellner gebeten, meine Mutter anzurufen und ihr durchzugeben, was hier passiert ist. Sie ist jetzt wahrscheinlich schon dabei, alle Kampfrichter und Helfer zu informieren.“

„Das heißt, dass alle im Umkreis von etwa zehn Kilometern Bescheid wissen“, stellte Peggy fest. Lissy hatte den Eindruck, dass sie noch blasser als sonst war. Ihre Lippen schienen blutleer zu sein.

„Richtig. Einer verständigt den anderen“, erklärte sie, während sie eine ihrer Satteltaschen öffnete und ein kleines Funksprechgerät hervorholte. Sie zeigte es der 17-Jährigen. „Damit haben wir ein dichtes Netz gelegt, in dem die Diebe sich fangen müssen. Sie können uns auf keinen Fall entkommen. Wenn irgendwo ein Pferdetransporter gesichtet wird, schlagen die Kampfrichter sofort Alarm.“

Sie lachte voller Zuversicht.

„Wir finden die Diebe. Das ist ganz sicher!“

„Du hast uns ja gar nicht gesagt, dass du so ein Gerät hast", bemerkte Peggy mit gelindem Vorwurf.

„Ich hätte es niemals aus der Tasche genommen, wenn nicht ein Notfall eingetreten wäre", erwiderte Lissy. „Dass ich an der Schnitzeljagd teilnehme, ändert nichts daran, dass ich Präsidentin des Clubs bin, und als solche muss ich erreichbar sein."

Peggy ließ sich nun zurückfallen, und Linda rückte zu Lissy und Evchen auf.

„Jetzt ist aus Spiel Ernst geworden", sagte das elegant wirkende Mädchen mit den lustigen Zöpfen. „Wir machen eine echte Schnitzeljagd – nur fehlen mir leider die Hinweise, die mir verraten, in welche Richtung wir reiten müssen."

Lissy blickte auf den weichen Waldboden, auf dem sich zahllose Hufspuren von Pferden abzeichneten. Aus ihnen hätte selbst ein erfahrener Spurenleser kaum ermitteln können, ob die Diebe mit Sierra und Bora diesen oder einen anderen Weg genommen hatten.

„Das ist richtig", erwiderte Lissy. „Dennoch glaube ich an unseren Erfolg."

Ihre Zuversicht schien tatsächlich berechtigt zu sein, denn schon nach wenigen Minuten meldete sich einer der Helfer, der sich in der Reichweite des Funksprechgerätes aufhielt.

„Wir haben einen Pferdetransporter gefunden", teilte er aufgeregt mit. „Die Polizei ist schon unterwegs."

Linda, die es gehört hatte, stieß einen Schrei aus. Sie drehte sich im Sattel um und rief den anderen zu: „Sie haben Sierra und Bora!"

„Ist das wahr?" Peggy kam aufgeregt näher. Sie fuhr sich mit der Hand über den Mund, und ihre Augen füllten sich mit Tränen.

„Nicht so schnell!" Evchen versuchte, ruhig zu bleiben

und die Übersicht zu bewahren. „Bis jetzt wissen wir noch nicht, ob Sierra und Bora in dem Transporter sind."

„Das ist richtig", bestätigte Lissy „Deshalb machen wir weiter mit der Suche."

Sie trieb ihre Freundin an, und die Gruppe folgte dem Waldweg nun in schnellem Trab. Lissy hielt das Funksprechgerät in der Hand, um sich keine Meldung entgehen zu lassen. Hin und wieder blickte sie zu Peggy hinüber. Ihr fiel auf, wie niedergeschlagen die 17-Jährige war.

Als sie am Ende des Waldwegs eine Kiesgrube erreichten, kam die enttäuschende Nachricht. Sierra und Bora waren nicht in dem Pferdetransporter. Damit bestätigte sich, was Evchen und Lissy befürchtet hatten. Lindas Freude war verfrüht gewesen, und ihre Stimmung schlug um. Sie wurde zusehends pessimistischer, und als sie am Rande der Kiesgrube entlangritten, blickte sie demonstrativ auf die Uhr.

„Wenn ich mich nicht irre, sind wir vor einer halben Stunde vom Gasthof aufgebrochen", sagte sie. „Hätte man die Diebe nicht schon längst finden müssen?"

Sie zügelten die Pferde. Die Kiesgrube war nicht groß. Sie enthielt nur einige Sandhügel, hinter denen sich niemand verstecken konnte. Dahinter erstreckte sich eine offene Heidelandschaft mit den typischen Heidekrautgewächsen. Von einem Geländewagen mit einem Pferdetransporter war weit und breit nichts zu sehen.

„Du hast Recht", sagte Peggy, die unter dem Misserfolg besonders zu leiden schien und so bedrückt aussah, als sei es ihr Pferd, das gestohlen worden war. „Ich fürchte, die Diebe sind entkommen."

„Aber das ist unmöglich!", protestierte Lissy. „Wenn sie mit den Pferden weggefahren sind, muss sie irgendjemand gesehen haben."

„Und wenn sie nicht weggefahren sind?“, fragte Dennis. Er zog sich den Hut tiefer ins Gesicht, um von der Sonne nicht geblendet zu werden.

Die Mädchen blickten ihn überrascht an.

„Was soll das denn nun wieder?“, brummte Evchen unwillig. „Mir ist absolut nicht nach deinen Witzen zumute.“

„Ich wollte gar nicht witzig sein“, versicherte er ihr. „Vielleicht verstecken sie sich irgendwo.“

„Dennis, das ist eine fantastische Idee!“, begeisterte sich Lissy „Genau das ist es! Diese Leute sind zu clever, um die Pferde in einen Transporter zu verladen und wegzufahren. Sie wissen, dass ihnen das am helllichten Tag nicht gelingt. Sie halten sich irgendwo versteckt, um in aller Ruhe abzuwarten, bis wir die Suche aufgegeben haben. Danach können sie ungestört mit den Pferden verschwinden.“

„Gar nicht so dumm“, sagte Linda. „Aber wo können sie sein? Irgendwo im Wald, wo das Unterholz besonders dicht ist?“

„Zum Beispiel“, erwiderte Dennis.

„Nein“, widersprach Lissy „Das wäre zu unsicher.“

Über einen Feldweg nahte der Zweispänner mit den Schecken. Die beiden Männer, die auf dem Kutschbock saßen, winkten. Offensichtlich hatten sie den Zwischenfall mit der Brücke gut überstanden. Als Lissy die Arme hob und ihnen bedeutete, dass sie anhalten sollten, zügelten sie die Pferde.

„Hallo!“, rief der, der die Kutsche lenkte. Er war groß und dünn und trug eine Nickelbrille mit Gläsern, die kaum größer als ein Markstück waren. Die Brille war ihm bis auf die Nasenspitze gerutscht, und er musste den Kopf weit in den Nacken legen, um Lissy dadurch ansehen zu können. „Mir scheint, ihr habt ein Pferd zu wenig. Können wir was für euch tun? Sollen wir einen von euch mitnehmen?"

Der zweite Mann war klein und unscheinbar. Er hatte glasige Augen, und ein zur Hälfte geleerter Bierkasten hinter ihm verriet den Grund dafür.

„Wir suchen zwei Reiter", eröffnete ihm Lissy, jetzt ganz Präsidentin des Reiterclubs „Einer von ihnen ist klein, blond und hat so kurze Stoppelhaare, dass er schon fast ein Skinhead ist. Der andere hat lange schwarze Haare, die ihm ..."

„Die beiden haben wir gesehen", unterbrach sie der Mann mit der Nickelbrille. Er schien wesentlich weniger Bier getrunken zu haben als sein Begleiter. Er wandte sich um und zeigte in die Richtung, aus der er gekommen war. „Etwa zwei Kilometer von hier. Dort hinten steht ein Stromverteiler, so ein großer Mast. Sie sind an uns vorbeigeritten. Warte mal." Er nahm seine Armbanduhr ab und nutzte sie als Kompass. Dann fuhr er fort: „Sie haben den Weg nach Westen genommen."

„Danke!", rief Lissy. „Mehr wollten wir gar nicht wissen. Einen schönen Tag noch!"

„Und trinken Sie nicht so viel Bier", riet Dennis ihm. „Das kann gefährlich werden."

„Seit wir an der Brücke waren, habe ich keinen Tropfen mehr getrunken", antwortete er verlegen. Achselzuckend blickte er seinen Begleiter an, und dann ließ er die Pferde laufen.

„Also dann!" Lissy trieb Arcado zum schnellen Trab an. „Jetzt haben wir eine Spur."

Voller Eifer folgten Dennis, Linda und Peggy ihrer Präsidentin. Sie erreichten den Stromverteiler wenig später und bogen auf den Weg ein, der nach Westen führte. Er war sehr schmal. Tiefe Eindrücke von Hufen zeigten an, dass zwei Pferde dem Weg gefolgt waren. Sie verloren sich, als Lissy und ihre Freunde wenig später an eine asphaltierte Straße kamen.

„Und jetzt?", fragte Peggy. „Die Spuren sind zu Ende. Wohin wenden wir uns?"

„Ich bin schon in dieser Gegend gewesen", erwiderte Lissy. „Nicht weit von hier stehen einige Ferienhäuser. Vielleicht gibt es da ja auch einen Schuppen dabei, in dem sie die Pferde versteckt haben."

Ohne auf die Antwort der anderen zu warten, wandte sie sich nach Süden, und da keiner eine bessere Lösung wusste, folgten sie ihr. Es dauerte nicht lange, bis sie ihr Ziel erreichten, eine kleine Siedlung, die aus sechs im ländlichen Stil erbauten Ferienhäusern mit liebevoll angelegten Gärten bestand. Die Häuser bildeten einen weiten Halbkreis am Ende der Asphaltstraße und waren jeweils etwa 30 Meter voneinander entfernt.

„Es scheint niemand da zu sein", bemerkte Evchen, die über Lissys Schulter hinwegspähte. „Jedenfalls ist nirgendwo ein Auto zu sehen."

„Wir steigen ab und lassen die Pferde hier. Am besten gehen zwei von uns an den Häusern vorbei und sehen sich um. Vielleicht fällt euch irgendetwas auf", überlegte Lissy laut.

„Das übernehmen Linda und ich", antwortete Dennis gleich. Er wandte sich an Peggy. „Oder willst du mit mir gehen?"

„Nein, nein", wehrte die 17-Jährige ab. Dennis' Angebot schien sie zu erschrecken. „Ich bin keine gute Beobachterin."

„Oder Lissy begleitet mich", schlug er vor. „Wir könnten ein Liebespaar spielen!"

Linda war bereits abgestiegen. Sie hatte ihren Wallach Toscan an einen Busch gebunden und streckte Dennis nun auffordernd die Hand hin.

„Rede nicht so viel, Dennis Klickow!“, ermahnte sie ihn. Er ergriff ihre Hand und schlenderte mit Linda zu den Häusern hinüber, während Lissy, Evchen und Peggy mit den Pferden hinter einem hohen Busch stehen blieben, wo sie von den Häusern aus nicht gesehen werden konnten.

„Ich kann mir nicht vorstellen, dass sie hier sind“, sagte Peggy. „Jedenfalls scheint nirgendwo ein Schuppen zu sein, der groß genug für die Pferde ist.“

„Ich fürchte, du hast Recht.“ Evchen setzte sich am Straßenrand ins Gras. Sie zupfte einige Grashalme ab und kaute nachdenklich daran herum. Ihr ganzes Interesse schien einem Zaunkönig zu gelten, der unweit von ihr auf einem Zweig saß und sich nicht stören ließ. „Wenn Hannelore und ich die Pferde verkauft hätten, wäre dies alles überhaupt nicht passiert.“

„Wieso solltet ihr sie verkaufen?“, fragte Lissy, die sich zu ihr setzte. Sie nahm einen Grashalm auf, spannte ihn über einen Daumen und drückte den anderen Daumen dagegen. Dann blies sie sanft gegen den Grashalm. Sie erzeugte einen schrillen Laut, der entfernt an das Zirpen der Grillen erinnerte.

„Die Leute, von denen wir Sierra und Bora übernommen haben, wollten sie zurückkaufen“, berichtete Evchen. „Sie haben wohl bereut, dass sie sich von den Pferden getrennt haben. Hannelore und ich haben jedes Mal abgelehnt.“

„Jedes Mal?“ Lissy blickte das blonde Mädchen erstaunt an. „Das hört sich ja so an, als hätten es die Vorbesitzer öfter versucht.“

„Mindestens sechs- oder siebenmal“, antwortete Evchen. Sie wollte nachmachen, was Lissy mit dem Grashalm gemacht hatte, schaffte es jedoch nicht. „Schließlich haben wir ihnen geschrieben, dass sie sich keine Mühe geben sollen, weil wir unter gar keinen Umständen verkaufen wollen."

Bevor Lissy weitere Fragen stellen konnte, kehrten Dennis und Linda zurück. Ihre Gesichter waren erhitzt, weil sie schnell gelaufen waren.

„Wir haben sie gefunden!", stieß Linda hervor. Sie war so aufgeregt, dass sie kaum sprechen konnte. „Es stimmt. Sie sind hier. Sie sind in dem vierten Haus!"

Umstellt

„Nun mal ganz ruhig“, bat Lissy „Setzt euch erst mal.“

Linda und Dennis ließen sich völlig erschöpft ins Gras sinken.

„Es ist wahr“, bekräftigte Dennis. Er schob seinen Hut weit ins Genick. „Im Vorgarten des vierten Hauses liegen die Reste von Pferdeäpfeln. Eines der Pferde hat dort etwas fallen lassen, aber die Diebe waren unvorsichtig und nachlässig. Sie haben nicht alles entfernt. Und Hufabdrücke sind auch zu sehen.“

„Und wo sind die Pferde jetzt?“, fragte Peggy. „Ist da ein Schuppen, der groß genug für sie ist?“

„Nein“, erwiderte Linda. Sie kaute nachdenklich auf ihrer Unterlippe.

„Es gibt nur eine Möglichkeit“, erklärte Dennis, der durch nichts zu beirren war. „Sierra und Bora sind im Haus!“

„Das ist doch verrückt!“, protestierte Peggy.

„Niemand bringt Pferde in ein Ferienhaus. Darin richten sie bloß Schaden an. Denk doch mal an den Fußboden oder die Teppiche.“

„Na und?“ Dennis nahm seinen Hut ab und legte ihn ins Gras. „Es ist ja nicht das Haus der beiden Diebe. Denen ist doch ganz egal, ob die Pferde Schaden anrichten oder nicht.“

Lissy fasste einen Entschluss. Sie griff zum Funksprechgerät, schaltete es ein und fragte, ob irgendjemand sie hörte. Zunächst schien es, als befinde sich niemand innerhalb der Reichweite, doch dann, als sie schon aufgeben wollte, meldete sich eine von Störungen überlagerte Stimme. Lissy beschrieb, wo sie waren, und bat darum, weitere Clubmitglieder zu benachrichtigen.

„Sie sollen alle hierher kommen“, schloss sie. „Bitte, bestätigen!“

Der andere hatte sie nicht ganz verstanden, und sie musste ihre Meldung wiederholen, doch dann kam die erhoffte Bestätigung.

„Jetzt heißt es warten“, sagte sie, nachdem sie das Gerät abgeschaltet hatte. „Allerdings müssen wir das Haus überwachen, damit die beiden Diebe sich nicht unbemerkt mit den Pferden entfernen können. Zwei von uns beobachten die Vorderseite des Hauses, zwei die Rückseite, und einer bleibt hier bei den Pferden und passt auf. Achtet darauf, dass man euch von dem Haus aus nicht sehen kann.“

Linda und Dennis erklärten sich bereit, die Vorderseite des Hauses zu überwachen, während Evchen und Peggy die Rückseite übernehmen wollten. Lissy blieb bei den Pferden.

Nur wenige Minuten vergingen, dann meldete sich Otto mit seinem Funksprechgerät.

„Ich habe Tobias und seine Mannschaft bei mir“, berichtete er. „Wir sind in zehn Minuten da. Und andere kommen auch.“

Minuten darauf ertönte die Stimme von Alexander Manglier. Der Reitlehrer näherte sich mit zwei weiteren Mannschaften. Und dann ging es plötzlich Schlag auf Schlag. Als Otto mit Tobias und vier anderen Mitgliedern des Clubs eintraf, hatten sich schon sechs andere Gruppen über Funk angekündigt. Aus allen Richtungen rückten sie heran.

Lissy fing sie alle so weit entfernt von den Häusern ab, dass man sie von dort aus nicht sehen konnte. Als neun Gruppen eingetroffen waren, teilte Lissy sie in zwei Abteilungen ein, von denen die eine die Rückseite des verdächtigen Hauses umschloss, während die andere sich an der Straße aufbaute. Danach betrat Lissy den Vorgarten des Hauses, ging zur Tür und klingelte.

Es dauerte lange, bis sich im Haus etwas regte. Schließlich aber öffnete sich die Tür, und Lissy sah sich dem untersetzten Blonden gegenüber. Sein Gesicht war vor Wut gerötet, und er fuhr sich immer wieder nervös mit den Händen über den nahezu kahl geschorenen Schädel.

„Was willst du?“, fragte er.

„Die Pferde“, antwortete sie. „Was sonst?“

Ein Streifenwagen der Polizei kam heran und hielt vor dem Haus. Wachtmeister Alwin Pangritz, der Vater von Tobias, stieg aus und betrat den Vorgarten. Er war ein großer, schwerfällig wirkender Mann. Er nickte Lissy grüßend zu und forderte den Blonden dann auf: „Zeigen Sie mir mal Ihren Ausweis.“

Hein Thor, der Mann mit den langen schwarzen Haaren, kam aus dem Inneren des Hauses.

„Ich habe dir gleich gesagt, dass dein Plan Blödsinn ist“, fuhr er den Blonden an. „Das konnte gar nicht gut gehen!“

Nervös zündete er sich eine Zigarette an. Dann deutete er mit dem Daumen über die Schulter.

„Die beiden Pferde sind im Wohnzimmer, Herr Wachtmeister“, sagte er.

Evchen und Hannelore, die sich in der Nähe der Tür aufgehalten hatten, konnten sich jetzt nicht mehr länger zurückhalten. Mit einem Freudenschrei stürzten sie ins Haus und drängten sich an den beiden Dieben vorbei.

„Wartet!“, rief Wachtmeister Pangritz, doch er konnte ihren Sturmlauf nicht verhindern, und als auch Lissy ins Haus lief, ließ er sie gewähren.

Sierra und Bora standen mitten im Wohnzimmer, wo die beiden Diebe sie an das Geländer einer nach oben führenden Treppe gebunden hatten. Evchen und Hannelore fielen ihren Pferden um den Hals und drückten sich an sie, und jetzt konnten sie beide die Tränen nicht mehr zurückhalten.

„Ich gebe dich nie her, Bora!“, stammelte Evchen, und das Glück der Wiedersehensfreude drohte ihre Stimme zu ersticken. „Nie! Nie!“

Bora knabberte zärtlich mit seinen weichen Lippen an ihrer Schulter. Lissy konnte ihm ansehen, dass er sich nicht weniger freute als sie. Und bei Hannelore und Sierra war es nicht anders. Auch ihre Liebe zu ihrem Pferd schien grenzenlos zu sein.

Evchen löste sich von ihrem Pferd, eilte zu Lissy und umarmte sie.

„Danke“, sagte sie. „Ohne dich hätten wir Bora und Sierra nie gefunden.“

Ein wenig verlegen wehrte Lissy Evchen ab, und als Hannelore ebenfalls zu ihr kam, deutete sie rasch auf ein paar Pferdeäpfel, die auf dem Teppich lagen. „Bringt die beiden bloß nach draußen. Sonst richten sie noch mehr an! Und mich lasst bitte in Ruhe. Ich habe nichts Besonderes getan!“

Evchen und Hannelore waren anderer Meinung, doch sie widersprachen Lissy nicht, sondern banden die Pferde los und führten sie aus dem Wohnzimmer und durch einen kleinen Vorraum hinaus in den Garten, wo sie von den anderen Clubmitgliedern mit Freudengeschrei und lautem Beifall begrüßt wurden.

Lissy sah, dass Wachtmeister Pangritz die beiden Pferdediebe in den Streifenwagen gesetzt hatte. Er kehrte zurück, um sich im Haus umzusehen.

„Das wird ein teurer Spaß für die beiden“, sagte er, als er an Lissy vorbeiging. „Sie müssen für den Schaden aufkommen, den sie angerichtet haben.“

Thorsten Riedmann und seine Frau fuhren mit dem Geländewagen heran und stiegen aus.

„Du hast es mal wieder geschafft", sagte Riedmann, als er vor Lissy stand und sie kopfschüttelnd ansah. „Wir haben uns so viel Mühe gegeben, aber du hast die Schnitzeljagd in einem einzigen Chaos enden lassen. Ich habe den Wettbewerb abgebrochen, weil nun doch keine für alle annehmbare Entscheidung mehr möglich ist. Wir müssen sehen, dass wir die Schnitzeljagd in ein oder zwei Wochen nachholen können, aber dann sind natürlich einige Gäste schon abgereist und können nicht mehr mitmachen."

Lissy hatte insgeheim ein Lob erwartet. Dass ihr Vater sie tadelte und von einem Chaos sprach, verschlug ihr die Sprache. Stumm vor Wut und Enttäuschung eilte sie an ihm vorbei zu Arcado. Sie stieg in den Sattel, trieb den Hengst an und preschte mit ihm in vollem Galopp an der Asphaltstraße entlang.

„Was hätte ich denn tun sollen?", dachte sie dabei verzweifelt. „Ich musste Evchen und Hannelore doch helfen!"

Natürlich – wenn ihrem Vater ein Auto gestohlen worden wäre, hätte er nicht versucht, es zu finden und zurückzuholen, sondern hätte diese Arbeit der Polizei überlassen. Doch ein Pferd war kein Auto. Ein Pferd war ein lebendes Wesen, es war ein Freund, den man nicht so einfach aufgab und um den zu kämpfen sich immer lohnte.

Doch das würde ihr Vater wohl nie verstehen. Er war eben ein Geschäftsmann, der mit Pferden nichts anfangen konnte – leider.

Je länger ihr die Frühlingsluft ins Gesicht wehte und sie das Trommeln von Arcados Hufen hörte, desto schneller verlor sich ihre Wut.

Das Geständnis

Es dauerte eine ganze Weile, bis Lissy die Örtze erreichte, einen kleinen Fluss, der sich durch die Heidelandschaft schlängelte. Auf einer von hohen Tannen umsäumten Lichtung an einer Flussbiegung stieg sie ab und gab Arcado frei. Der Hengst ging im flachen Wasser bis in die Flussmitte, um sich die Beine zu kühlen und zu trinken. Sie setzte sich ins dichte Gras am Ufer und beobachtete einige Libellen, die mit schwirrenden Flügeln über dem Wasser tanzten und sich auch von den Enten nicht stören ließen.

Doch Lissy blieb nicht lange allein. Sie hatte erst wenige Minuten am Fluss gesessen, als sie Hufschlag vernahm, und als sie sich umdrehte, sah sie Peggy auf sich zureiten. Die 17-Jährige war blass, und sie sah aus, als sei sie bis ins Innerste aufgewühlt. Ihr Gesicht sah klein aus, wirkte aber nicht mehr so hart wie sonst.

Peggy sprang ab, blieb zunächst neben ihrer Stute Tide stehen, ließ den Kopf in den Nacken sinken und schüttelte das kastanienbraune Haar aus. Dann setzte sie sich ohne das geringste Lächeln neben Lissy ins Gras und blickte wie sie aufs Wasser.

„Heraus damit!“, forderte Lissy sie auf, als sie auch nach mehreren Minuten noch nichts gesagt hatte.

„Du weißt es?“ Peggy blickte sie unsicher an.

„Ich weiß nur, dass dir etwas auf der Seele liegt und dass du es loswerden möchtest.“ Die Sonne ließ Lissys Haarspitzen leuchten.

„Es tut mir Leid“, sagte Peggy. „Meggy und ich haben wirklich alles falsch gemacht, was wir falsch machen konnten.“

Lissy wartete geduldig. Sie ahnte die Wahrheit bereits,

wollte sie jedoch von Peggy hören. Doch es dauerte lange, bis die 17-Jährige fortfuhr.

„Weißt du, Sierra und Bora haben Meggy und mir gehört. Bis vor einem Jahr. Wir beide waren ehrgeizig, viel zu ehrgeizig. Wir haben an jedem Turnier teilgenommen, das in unserer Nähe stattfand, und wir haben oft gewonnen. Erst waren es die kleineren Turniere der Klasse A und B, dann wurde es schwerer in der Klasse L, und schließlich wollten wir mit aller Gewalt die Klasse M erreichen. Heute weiß ich, dass unser Ziel viel zu hoch gesteckt war. Wir haben es nicht geschafft, aber wir haben die Schuld nicht bei uns gesucht, sondern bei Sierra und Bora. Plötzlich waren sie uns nicht mehr gut genug, und wir haben unseren Eltern so lange in den Ohren gelegen, bis sie die beiden verkauft und uns andere Pferde gekauft haben, von denen wir uns mehr Leistung erhofften."

„Aber diese neuen Pferde haben die Leistung nicht erbracht", bemerkte Lissy.

„Nein", erwiderte Peggy. „Mit anderen Reitern wären sie vielleicht besser gewesen, aber das war mir damals noch nicht klar. Bei euch habe ich gelernt, dass der Fehler bei mir lag. Evchen kann viel besser mit Bora umgehen, als ich es je konnte. Ich wollte das erst nicht wahrhaben, und ich war eifersüchtig, aber jetzt weiß ich es."

„Und dann seid ihr wieder zu euren Eltern gegangen", vermutete Lissy, „und habt ihnen gesagt, dass ihr Sierra und Bora zurückhaben möchtet."

„Ja", gab Peggy zu. „Aber sie haben abgelehnt. Wir haben es immer wieder versucht, aber sie wollten nicht. Und da sind wir auf die Idee gekommen, dass ein Schlachter, den wir gut kennen, die Pferde für uns kaufen sollte. Das Geld wollten wir ihm geben."

„Wieso ihr nicht selbst?", fragte Lissy.

„Weil Meggy und ich erst 17 Jahre alt sind und ohne

Einverständnis unserer Eltern keine Pferde kaufen können."

„Natürlich. Die Frage hätte ich mir selber beantworten können. Doch weiter. Dieser Schlachter hat also versucht, Sierra und Bora zu kaufen?"

„Ja, aber Evchen und Hannelore haben abgelehnt. Er hat ihnen wieder und wieder geschrieben. Ohne Erfolg. Und da sind wir auf die Idee gekommen, ihnen Sierra und Bora wegzunehmen. Meinen Eltern gegenüber wollten wir so tun, als ob die Pferde dem Schlachter gehören und dass er uns auf ihnen reiten lässt."

„Totaler Blödsinn!"

„Wir waren so verbohrt in diese Idee, dass wir nicht mehr davon loskamen." Peggy legte die Hände vors Gesicht. „Ich schäme mich so, Lissy. Hartwig Kehrein und Hein Thor arbeiten für den Schlachter. Ich glaube, sie haben schon öfter gestohlen. Als wir ihnen von unserer Idee erzählten, waren sie sofort bereit, Sierra und Bora zu holen."

„Gegen Bezahlung natürlich."

„Wir haben ihnen gegeben, was wir für die Pferde hätten bezahlen müssen."

„Dann warst du es, die Friedrich das Gift gegeben hat, um ihn zu betäuben?"

„Meggy und ich waren es. Friedrich kennt uns ja, und deshalb hat er nicht angeschlagen. Der Schlachter hat ein leichtes Schlafmittel in einem Stück Fleisch versteckt, und wir haben es Friedrich verabreicht."

Lissy schüttelte den Kopf. Sie legte Peggy die Hand auf die Schulter, um sie zu beruhigen.

„Du bist ganz schön verrückt", sagte sie. „Weißt du, eigentlich ist es ganz gut, dass du bei uns warst."

„Ich weiß." Peggy wischte sich ein paar Tränen aus den Augenwinkeln. „Ich weiß jetzt, dass ich keine große

Springreiterin werden kann. Dazu fehlt mir das Talent. Evchen ist sehr viel besser als ich. Sie geht auf ihr Pferd ein. Sie hat Bora alle Unarten abgewöhnt, die ich ihm durchgehen lassen musste, weil ich nicht mit ihm fertig wurde."

Lissy blickte sie ernst an. „Du hättest mir früher die Wahrheit sagen oder du hättest die beiden Diebe nach Hause schicken müssen", versetzte sie ernst.

„Ich habe es versucht", erwiderte Peggy, „aber ich konnte nicht. Meggy hat es nicht zugelassen, und ich hatte solche Angst, dass alles auffliegt und bekannt wird, was ich getan habe. Meggy ist anders. Sie sieht auch jetzt noch nicht ein, dass wir alles falsch gemacht haben. Es tut mir so Leid, Lissy, und ich möchte mich für alles entschuldigen. Und ich will auch nicht die ganze Schuld auf Meggy schieben."

Lissy stand auf und lockte Arcado aus dem Wasser.

„Wir müssen noch mit Evchen und Hannelore darüber reden", erklärte sie. „Aber das hat Zeit. Jetzt reiten wir erst mal nach Hause. Mal sehen, was wir mit dem angebrochenen Sonntag anfangen."

Peggy beobachtete, wie Arcado aus dem Wasser kam, zu Lissy ging und sie sanft mit seinem Maul berührte, so als wollte er zu ihr sagen: „Nun gut, jetzt wollen wir weiter!"

Schweigend ritten sie zum Heidehof zurück. Schon von weitem sahen sie, dass besonders viele Pferde auf den Koppeln waren. Die meisten Teilnehmer an der geplatzten Schnitzeljagd hielten sich noch auf dem Gelände des Reiterclubs auf.

„Oje", stöhnte Lissy „Ich fürchte, jetzt muss ich mir noch mehr Vorwürfe anhören."

„Aber du hast sie nicht verdient", erwiderte Peggy. „Meggy und ich sind es, die Mist gebaut haben. Unseretwegen konnte die Schnitzeljagd nicht zu Ende gebracht werden."

„Ich trage die volle Verantwortung", stellte Lissy fest. „Ich bin die Präsidentin des Reiterclubs, also laden die Mitglieder auch allen Ärger auf mich ab. Bei wem sollten sie sich auch sonst beschweren, wenn mal was nicht klappt!"

Als sie sich den Gebäuden des Heidehofs bis auf etwa 100 Meter genähert hatten, sahen sie, dass sich viele Clubmitglieder und Besucher auf dem U-förmigen Innenhof aufhielten. Von einem Grillstand vor dem Clubhaus stiegen blaue Rauchwolken auf.

„Wenigstens sind die meisten noch nicht nach Hause gefahren", bemerkte Peggy.

„Vielleicht wäre es besser gewesen, sie hätten es getan", entgegnete Lissy. Sie lächelte gequält. „Wenn wir die Schnitzeljagd zu Ende gebracht hätten, wären alle zufrieden gewesen, und wir hätten eine siegreiche Mannschaft feiern können. Aber es war nicht mehr möglich, alle Mannschaften wieder auf die richtigen Pfade zu bringen und alle gerecht zu beurteilen. Schade. Es wäre mir lieber gewesen, wir hätten einen schönen Abschluss gehabt."

Sie ritten auf den Hof, auf dem sich weit über 100 Kinder, Jugendliche und Erwachsene versammelt hatten. Es war eigentümlich still, und alle Blicke richteten sich auf die Präsidentin des Clubs.

Die Menge wich zurück, sodass sich eine Gasse bildete und Lissy und Peggy bis zu den Stallungen reiten konnten. Dort stiegen sie ab, und plötzlich trat Dennis aus der Stalltür. Er blickte Lissy lächelnd an, hob ganz langsam die Hände und begann leise und sanft in die Hände zu klatschen.

Mit einem Mal war es vorbei mit der Stille. Zahllose Hände regten sich und klatschten Beifall, und dann sah sich Lissy von ihren jubelnden Freunden umringt, die ihr alle gratulieren wollten.

Linda fiel ihr um den Hals und drückte sie an sich. „Wir finden das alle ganz toll, dass dir Sierra und Bora wichtiger waren als die ganze Schnitzeljagd!", rief sie aufgekratzt.

„Und wir sind alle sehr, sehr glücklich, dass wir eine so wundervolle Präsidentin haben", fügte Dennis hinzu und schob Linda sanft beiseite, um Lissy ebenfalls umarmen zu können.

Thorsten Riedmann kam zu seiner Tochter und legte ihr den Arm um die Schulter.

„Meine Vorwürfe waren nicht gerechtfertigt", entschuldigte er sich. „Ich hoffe, du nimmst sie mir nicht übel!"

„Und bevor wir alle sentimental werden, wollen wir dir sagen, dass wir für den Rest dieses schönen Sonntags eine Fete vorbereitet haben", verkündete Dennis. „Dein Vater hat sich entschlossen, einen saftigen Betrag für unsere Clubkasse zu spenden und seine Tiefkühltruhe zu plündern, damit wir genügend zu essen und zu trinken haben!"

Lissy schwirrte der Kopf. Sie blickte nur noch in lachende Gesichter, und sie wusste kaum, wie ihr geschah. Doch dann ließ sie sich von der Begeisterung ihrer Freunde anstecken, um zusammen mit ihnen zu feiern. Bei aller Freude entging ihr jedoch nicht, dass Peggy und Evchen sich still zurückzogen. Die beiden hatten wohl viel zu bereden.

Lissy und der Country-Star

Ein Fremder in der Reithalle

„Immer diese Hufschläge! Können wir nicht mal was anderes machen?“ Chris zog ihre Stupsnase kraus und warf Alexander Manglier einen verzweifelten Blick zu.

Der Reitlehrer beachtete ihren Einwand nicht. Mit aufmerksamem Blick folgte er der Abteilung Reiter und Reiterinnen, die durch die Länge der Bahn wechselte.

„Schlangenlinien!“, kommandierte er nun.

Lissy, die in dieser Stunde Tetenreiter war, folgte den Anordnungen des Lehrers. Dennis ritt auf Blitz hinter ihr.

„Dennis! Ecken ausreiten!“, rief Herr Manglier laut.

„Welche Ecken?“, brummte Dennis. „Ich denke, wir reiten Schlangenlinien.“

Lissy kicherte. Sie wusste genau wie Dennis, was passierte, wenn ein Reiter die Ecken abkürzte.

Das folgende Pferd eilte dann unverdrossen und ohne sich um die Anordnung seines Reiters zu kümmern hinterher und kürzte damit ebenfalls die Ecken ab.

Nun verkürzten auch die anderen Pferde die Ecken. Melanie, die als Letzte in der Abteilung ritt, ließ ihre Stute sogar traben, um Anschluss an das Pferd vor ihr zu finden.

„Ich kriege graue Haare, wenn ich euch sehe!“, rief der Reitlehrer entsetzt.

„Noch mehr?“, grinste Carsten belustigt. „Sie haben doch bestimmt schon hundert.“

Herr Manglier zwinkerte seinem Reitschüler zu. „Seit ich euch in der Reitstunde habe, bin ich um Jahre gealtert“, brummte er. Das war natürlich ein Scherz. Mit seinen achtunddreißig Jahren sah der Reitlehrer immer noch blendend aus. Er schaffte es stets, einen großen Kreis von Verehrerinnen um sich zu scharen – sehr zum

Ärger seiner Verlobten Kirstin, die gerade in der Reithalle auftauchte.

„Alexander? Draußen ist jemand für dich!", rief sie.

Alexander Manglier drehte sich um und sah seine Reitschüler an. „Kommt ihr ohne mich klar?", wollte er wissen.

„Logo!", winkte Gertie ab. „Lissy übernimmt das Kommando."

„Na, wenn das mal gut geht", lachte der Reitlehrer und winkte Lissy zu. Er mochte die 15-Jährige Schülerin, die den Reiterhof mit viel Organisationstalent leitete.

„Keine Sorge!", entgegnete Lissy. „Ich werde diese Schlappis schon auf Vordermann bringen."

Die anderen grinsten. Herr Manglier kratzte sich am Hinterkopf. Er zögerte. Den Clubmitgliedern fehlte im Moment der nötige Ernst, um für das S-Turnier in der nahe gelegenen Stadt zu trainieren.

„Kommst du nun endlich?", fuhr seine Verlobte ihn verärgert an. „Der Herr da draußen sieht ziemlich ungeduldig aus."

Seufzend drehte sich der Reitlehrer um und verließ die Halle.

Alle Blicke richteten sich erwartungsvoll auf Lissy.

„Und was machen wir nun?"

„Irgendwas, das Spaß macht."

„Etwas für die Gemeinschaft!"

Lissy strich ihre dunkelblonden Haare nach hinten und dachte nach. „Ich weiß etwas", sagte sie dann. „Wir reiten eine Quadrille."

„Eine Quadrille? Das ist doch so ein militärischer Drill!", empörte sich Alida.

Lissy lachte. „Militärischer Drill ist es nur, wenn du ihn daraus machst", erklärte sie. „Ich hatte vor, mit euch und den Pferden zu tanzen."

„Dann lasst uns anfangen, bevor meine Stute von alleine tänzelt“, brummte Bernd.

Lissy ließ ihre grünbraunen Augen über die Reiter gleiten. „Wir sind acht Reiter. Am besten ist es, wenn ihr euch zu zweit hintereinander aufstellt. Achtet dabei darauf, dass eure Pferde in der Größe zueinander passen. Du, Gertie, reitest am besten mit Carsten. Bernd und Chris, eure Pferde sehen auch gut zusammen aus.“

„Und Lissy und ich passen auch zusammen!“, ließ sich Dennis' Stimme vernehmen. Schnell lenkte er seinen Wallach Blitz neben Lissys Hengst Arcado.

Lissy warf ihm einen raschen Blick zu und konnte sich nur mühsam ein Lachen verkneifen. Dennis ließ keine Gelegenheit aus, ihr seine Liebe zu zeigen, aber Lissy war es bis jetzt immer gelungen, seinen Annäherungsversuchen auszuweichen.

Als Melanie und Alida sich ebenfalls zu der Reihe gesellt hatten, gab Lissy das Kommando: „Schritt!“

Mit weit ausgreifenden Schritten gingen die Pferde in gleichmäßigem Abstand durch die Bahn.

„Trennen! Durch die Länge der Bahn wechseln! Dabei Arbeitsschritt!“, kommandierte Lissy weiter.

Die Reiterpaare trennten sich. Einer bog nach links, einer nach rechts ab. Am Ende der Bahn trafen sie wieder aufeinander und ritten erneut nebeneinander her.

„Jetzt fehlt nur noch Musik“, meinte Dennis und sah Lissy von der Seite an. „Wie wäre es damit: Da-di-dada-da-di-dada...?“

Die Reiter erkannten in der gesummten Melodie den Hochzeitsmarsch und begannen zu lachen.

Lissy kicherte. „Pass auf, dass dein Blitz nicht in den Galopp fällt!“, spottete sie. „Bei dem Schauergesang!“ Sie schaute sich nach den anderen um, die ihr in ordnungsgemäßem Schritt folgten. „Wie wäre es, wenn wir nun durch die ganze Bahn wechselten und anschließend auf dem Zirkel ritten?"

Die Gruppe folgte ihren Anweisungen. Es sah gut aus, wie die Reiter an verschiedenen Punkten der Reithalle einen Zirkel ritten.

Gertie stimmte ein Lied an. Sie hatte eine helle, fröhliche Stimme. „Riding on a horse. Riding on a horse. Oh yeah, I like riding on a horse."

„Durch den Zirkel wechseln!", rief Lissy lächelnd. Gerties Lied gefiel ihr.

„Riding on a horse, riding on a horse ...", sangen nun auch die anderen.

Arcado schnaubte. Der Hannoveraner hatte eigentlich einen ziemlichen Dickschädel und liebte es, eigene Wege zu gehen, aber die Quadrille schien ihm gut zu gefallen. Sichtlich gut gelaunt, trabte er neben Blitz her.

Die Tür zum Reitstall öffnete sich wieder, und der Reitlehrer trat ein. Neben ihm tauchte ein fremder Mann auf, der sich interessiert gegen die Wand der Reithalle lehnte und der Gruppe beim Reiten zusah.

Lissy musterte den Fremden aus den Augenwinkeln, während sie sich weiter auf die Quadrille konzentrierte. Der Mann hatte lange dunkle Haare, die er nach hinten gekämmt trug. Dabei wurde sichtbar, dass seine Haare oberhalb der Stirn schon ein wenig schütter wurden. Mit den schwarzen Augen und dem stechenden Blick wirkte er nicht besonders sympathisch.

„Und halt!", rief Lissy. Sie hatte das Gefühl, Herr Manglier wolle ihnen etwas mitteilen.

Nach und nach hielten die Reiter nebeneinander an und schauten den Reitlehrer erwartungsvoll an.

Herr Manglier lachte. „Alle Achtung!", meinte er. „Das sah gar nicht so übel aus!"

„Fand ich auch!", stimmte der Fremde ihm zu. Er hatte

eine tiefe Stimme und sprach mit einem leichten amerikanischen Akzent.

„Wir haben einen Gast auf dem Reiterhof", stellte Herr Manglier den Fremden vor. „Dieser Herr möchte ein paar Tage bei uns bleiben. Er hat ein Zimmer im Gasthof ‚Heidetal' gemietet und wünscht sich, hin und wieder bei den Reitstunden zusehen zu dürfen."

Lissy runzelte die Stirn. Es gab häufig Anfragen, ob Feriengäste bei den Reitstunden zusehen durften, und wenn sie sich ruhig verhielten, hatte bis jetzt niemand etwas daran auszusetzen gehabt. Aber Lissy blieb in Bezug auf diesen Fremden skeptisch. Herr Manglier hatte nicht seinen Namen genannt. So blieb bei Lissy das unangenehme Gefühl, dass der Mann etwas zu verbergen hatte. Ob der Reitlehrer wohl mehr wusste, als er seinen Schülern bis jetzt mitgeteilt hatte? Lissy sah ihn fragend an. Er wich ihrem Blick aus. Zweifellos: Er wusste mehr über den Fremden, als er sagen wollte.

In diesem Moment stieß Melanie einen lauten Schrei aus. Dennis' Blitz machte einen Sprung nach vorne, und auch Arcado zuckte zusammen.

„Ho!", rief Lissy, und die Pferde beruhigten sich wieder.

Melanie lachte verlegen. „Entschuldigt!", kicherte sie und hielt sich die Hand vor den Mund. „Ich wollte euch nicht erschrecken, aber ..." Sie sah den Fremden aufmerksam an. „Sind Sie nicht James R. Johneston?"

Der Mann zuckte zusammen und warf Herrn Manglier einen raschen Blick zu.

„Wer ist denn James R. Johneston?", wollte Bernd wissen.

Aber Melanie ging nicht auf seine Frage ein. Langsam ritt sie auf den Fremden zu und sah ihn aufmerksam an. „Sie sind es, nicht wahr?", bohrte sie weiter. „Ich kenne

Ihr Gesicht. Sie hängen in meinem Zimmer an sämtlichen Wänden."

„Aha!", murmelte der Mann. Man konnte ihm ansehen, dass es ihm ganz und gar nicht recht war, erkannt zu werden. Verunsichert kratzte er sich an seiner hohen Stirn.

„Ich finde Ihre Songs absolut irre!", fuhr Melanie fort. Sie legte ihren Kopf schief und musterte den Fremden erneut. „Aber Sie sehen ganz anders aus als auf meinen Postern. Da tragen Sie immer einen Hut und eine Westernjacke."

„Aha", wiederholte der Mann und trat verlegen von einem Bein aufs andere.

„Ich glaube, nun können wir die Wahrheit nicht mehr verheimlichen", meinte der Reitlehrer und lächelte ihn aufmunternd an.

„Das stimmt", gab der Mann widerstrebend zu. „Ich bin tatsächlich James R. Johneston."

„Wahnsinn!", entfuhr es Melanie. Sie schien einem Ohnmachtsanfall nahe zu sein. Mit allem hatte sie gerechnet, aber nicht damit, ihrem Superstar in Lissys Reithalle zu begegnen.

„Ich bin Sänger, Westernsänger", erklärte James R. Johneston den anderen. „Für meine neueste Platte hat mich meine Plattenfirma gebeten, einen Videoclip aufzunehmen, der in einer Reithalle spielt." Er schaute sich um. „Na ja, da habe ich mich halt auf die Suche nach einem schönen Reitstall gemacht. Und Lissys Reiterclub hat einen guten Ruf. Bis nach Hamburg seid ihr bekannt."

„Der Herr weiß wohl noch nicht, dass selbst die Japaner von uns schwärmen", witzelte Dennis.

Ihm war es nicht recht, dass ein bekannter Westernsänger sich hier in der Reithalle in den Vordergrund drängte und sie bei ihrer lustigen Quadrille unterbrach.

Gerade, da er den Eindruck hatte, Lissy ein wenig näher gekommen zu sein …

„Und nun haben Sie vor, Ihren Clip hier aufzunehmen?“, wollte Gertie wissen.

Der Sänger zuckte die Achseln. „Ich habe mich noch nicht entschieden“, antwortete er. „Aber ich habe mich hier ein bisschen umgesehen. Und was ich bis jetzt gesehen habe, hat mir gut gefallen. Dieser Tanz eben war ja wirklich sehr lustig. Habt ihr nicht sogar mein Lied gesungen?“

„Ihr Lied?“, wunderte sich Lissy.

„Wie heißt es denn?“, wollte Bernd wissen.

Melanie lachte wiehernd und stimmte noch einmal an: „Riding on a horse, riding on a horse …“

Alle sangen lauthals mit. Dann stimmten sie in Melanies Lachen ein.

Später im Clubhaus saßen alle dicht gedrängt um den Sänger herum. Lissy, die etwas weiter abseits an der Tür stand, beobachtete den Mann immer noch misstrauisch. Ihr fiel auf, dass er jetzt mit viel stärkerem amerikanischem Akzent sprach als zuvor. Er rollte das R und betonte das L. Hin und wieder verwechselte er auch die Artikel miteinander.

„Gefällt dir der Knabe auch nicht?“, flüsterte Dennis ihr zu, der neben ihr an der Wand lehnte.

Lissy zuckte die Schultern. „Ich kann nichts gegen ihn sagen“, murmelte sie. „Er wirkt ganz nett. Es nervt mich nur, dass er so viel Trubel mitbringt. Stell dir mal vor, was passiert, wenn seine Fans hier auflaufen! Dann haben wir garantiert keine ruhige Minute mehr.“

„Wichtig ist mir, dass über meine Ankunft hier absolute Geheimhaltung bestehen muss“, ließ sich James R. Johneston in diesem Moment vernehmen. „Ich habe kein

Interesse daran, meine Fans hier anzutreffen. Das versteht ihr doch, oder?"

„Natürlich!", nickte Melanie eifrig. Ihr war es nur recht, keine weiteren Konkurrenten zu bekommen.

Auch Lissy atmete erleichtert auf.

„Wir wollen auch nicht von Journalisten und Fans belagert werden", sagte sie. „Wir wollen weiterhin ein gemütlicher Reitclub im Grünen bleiben."

James R. Johneston lächelte zufrieden. „Dann sind wir uns also einig", meinte er. „Euer Ehrenwort?"

Die Clubmitglieder nickten.

Johneston kratzte sich am Kopf. „Ich habe noch etwas auf dem Herzen", fuhr er fort. „Für den Videoclip können wir nur ein paar Reitschüler brauchen. Ich würde vorschlagen, so ein ähnliches Ballett aufzuführen, wie ihr es heute getan habt ..."

„Das war eine Quadrille", belehrte Gertie ihn.

„Quadrime, von mir aus ..."

„Quadrille."

„Was?"

Lissy runzelte die Stirn. Für einen Westernsänger verstand er reichlich wenig von Reiterdarstellungen.

„Ach so, Quadrille." Johneston hatte endlich verstanden.

„Wenn wir dieses Ding also aufführen, kann ich nicht alle Reiter aus eurem Club brauchen. Ich würde nur die auswählen, die gut reiten können und außerdem gut ...", er suchte nach Worten, „... gut ins Bild passen."

„Also nur die, die hübsch sind", lächelte Melanie und ließ keinen Zweifel daran aufkommen, dass sie damit sich meinte.

„Gilt das auch für den Star?", lästerte Dennis halblaut. Der Westernsänger erschien ihm nicht besonders gut aussehend.

Johneston hatte seine Bemerkung mitbekommen und lachte lauthals. „Ich darf so hässlich sein, wie ich will“, meinte er. „Das kommt offensichtlich an. Außerdem trage ich einen großen Hut, damit meine hohe Stirn nicht so auffällt.“ Er schmunzelte. In seinen Mundwinkeln zeigten sich kleine Grübchen.

Lissy fand, dass er so viel sympathischer aussah. Menschen, die über sich selbst lachen konnten, hatten immer einen Stein bei ihr im Brett.

„Hoffentlich gibt es keinen Neid, wenn einzelne Clubmitglieder von dem Videoclip ausgeschlossen werden“, sorgte sie sich dann.

Gertie winkte ab. „Ach was. So vernünftig und kameradschaftlich, wie wir sind …“

Viel Wirbel um die Quadrille

Es war einer der letzten warmen Tage im Herbst. Als Lissy aus dem Clubhaus trat, überkam sie eine unbändige Lust, mit Arcado über die Felder zu reiten und noch einmal die warmen Sonnenstrahlen auf dem Rücken und den Herbstwind im Gesicht zu spüren.

Arcado hob den Kopf, als er Lissy zur Koppel kommen sah. Er erschien sofort am Zaun und rieb seine Nüstern an ihrem Arm. Dabei stieß er kleine zärtliche Laute aus, so als habe er sich schon nach ihr gesehnt.

„Hey, Arcado!“, lachte Lissy „Seit wann bist du denn so schmusig?“

Arcado schnaubte und warf den Kopf nach hinten.

Lissy lächelte. „Schon verstanden, mein Guter! Ich habe auch Lust, mit dir über die Felder zu fliegen. Kannst du so lange warten, bis ich den Sattel und das Zaumzeug geholt habe?“

Arcado sah so aus, als wäre er am liebsten sofort losgaloppiert, aber es blieb ihm nichts anderes übrig, als zu warten, bis Lissy ihn gesattelt und aufgetrenst hatte.

Dann stieg sie auf und klopfte ihm auf den Hals. „Ruhig, ruhig, mein Guter! Erst Schritt. Sonst gefährdest du die anderen.“

Ganz leicht nahm Lissy die Zügel kürzer, um den Hengst zurückzuhalten. Als sie den Reiterhof über den Reiterweg verlassen hatten, breitete sich vor ihnen die weite flache Heidelandschaft aus.

Sanft drückte Lissy ihre Schenkel an Arcados Bauch. Gleichzeitig ließ sie die Zügel locker. Sie duckte sich über den Hals ihres Hengstes und ließ ihn laufen. Seine Hufe flogen über den Boden. Lissy drückte ihre Schenkel noch fester an den Pferdebauch.

„Los, zeig mal, was in dir steckt!“, flüsterte sie ihrem Hengst ins Ohr.

Arcados Hufe donnerten weiter über die Erde. Lissy jagte übermütig mit ihm über die Felder. Erst als ein kleines Wäldchen in Sicht war, parierte sie ihr Pferd zum Schritt. Langsam durchquerten sie den Wald. Dann wendete Lissy Arcado und trabte gemächlich zum Reiterhof zurück.

James R. Johneston, Dennis und Melanie standen am Zaun und sahen zu, wie Lissy, verschwitzt und gut gelaunt, und Arcado, schnaubend und mit schweißnassem Fell, wieder auf dem Gestüt einkehrten.

Der Sänger kam auf Lissy zu und klopfte Arcado anerkennend auf den Hals. „Donnerwetter! Ihr beide reitet wie die Teufel!“

Lissy bemerkte, wie Arcado unruhig wurde. Er mochte es nicht, wenn jemand anders ihn berührte. Lissy, die seine Macken kannte, strich ihm beruhigend über den Hals.

„Schon gut, Alter! Beruhige dich!“

Johneston schien Arcados Unruhe nicht zu bemerken. „Ein nettes Pferd“, sagte er. „Eine hübsche Stute.“

Lissy runzelte die Stirn, weil sie nicht sicher war, ob er sie vielleicht verkohlen wollte.

In diesem Moment trat Dennis zu den beiden. Er hatte Johnestons letzte Worte gehört. „Die hübsche Stute ist ein ziemlich dickköpfiger Hengst“, erklärte er. „Und für Sie wäre es besser, wenn Sie Ihre Finger wieder in die Hosentaschen stecken würden. Sonst können Sie sich das Gitarrespielen bei Ihrem nächsten Hit abschminken.“

James R. Johneston machte entsetzt einen Sprung zur Seite. „Willst du damit sagen, dass er beißt?“, fragte er beunruhigt.

„Nicht nur das!“, lachte Dennis. „Er kann auch treten.“

Der Countrystar ging drei weitere Schritte zurück und betrachtete den schnaubenden Arcado respektvoll.

„Lissy", sagte er dann. „Ich muss unbedingt wegen des Videoclips mit dir reden. Bring bitte dein Pferd in den Stall und komm zu mir!"

Lissy zog die Augenbrauen hoch. „Da werden Sie sich wohl etwas gedulden müssen", erwiderte sie kühl. „Bei uns kommen zuerst die Pferde an die Reihe. Arcado muss trockengerieben werden."

James R. Johneston saß auf der Bank vor dem Reitstall und starrte ungeduldig auf die drei Eichen, die im Hofinneren standen. Er war es nicht gewohnt, dass andere ihn warten ließen.

Friedrich, der große weiße Pyrenäenhund, kam aus seiner Hundehütte und blieb vor dem Sänger stehen.

„Na, mein schöner Eisbär. Willst du denn mal mit dem Stöckchen spielen?", schlug Johneston ihm vor.

Friedrich verstand sofort. Schwanzwedelnd brachte er einen langen Stock herbei. Johneston nahm ihn, hielt ihn hoch und warf ihn weit über den Hof. Friedrich raste hinterher.

„Da bin ich!", rief Lissy und trat aus dem Stall. Sie ließ sich auf die Bank fallen. Der kurze Ausritt mit Arcado hatte ihr gut getan. Sie fühlte sich zufrieden und ausgeglichen.

Johneston tätschelte Friedrichs Fell, nahm dann den Stock zurück und setzte sich zu Lissy auf die Bank. Friedrich spürte, dass er nicht mehr interessant war. Missmutig zog er sich auf seinen Lieblingsplatz in der Sonne vor der Hundehütte zurück.

„Sehr schön, dass du da bist!", brummte der Sänger in einem Ton, aus dem man ein „Na endlich!" heraushörte. „Ich wollte mit dir über den Videoclip reden. Kannst du mir ein paar Reiter und Pferde nennen, die sich für eine – wie hieß dieses Ballett doch noch?“

„Quadrille.“

„Ich glaube, ich lerne es nie!“, stöhnte er. „Na ja, ich hätte jedenfalls von dir gerne Auskunft über verschiedene Reiter. Du musst mir sagen, welcher Reitschüler sich für so etwas eignet.“

Lissy runzelte die Stirn. „Das möchte ich nicht so gerne übernehmen“, sagte sie. „Bitte suchen Sie sich doch selbst die Teilnehmer heraus, die Ihnen angenehm sind. Wenn ich die Quadrille zusammenstelle, heißt es noch, ich sei parteiisch gewesen und hätte den oder den bevorzugt und den oder den benachteiligt.“

James R. Johneston seufzte. „Ich verstehe, was du meinst“, murmelte er. „Aber ich weiß nicht, ob ich in der Lage bin …“ Er brach erschrocken ab und schaute verärgert vor sich hin.

„Meinen Sie, Sie hätten nicht genug Sachkenntnis, einen guten Reiter zu erkennen?“, fragte Lissy behutsam nach.

Der Sänger sah sie wütend an. „Natürlich habe ich Sachkenntnis!“, rief er erregt. „Ich reite schon von Kindesbeinen an. Das kannst du in jeder Zeitung nachlesen. Was meinst du, wie viele Turniere ich schon gewonnen habe! Mit meiner Quarterhorsestute bin ich immer dabei, wenn es darum geht, hinterher aufs Siegertreppchen zu steigen.“

„Tatsächlich?“ Lissy musterte Johneston überrascht. Sie hatte eher das Gefühl gehabt, als habe er Angst vor Pferden. „Umso besser, wenn Sie die Reiter bestimmen.“

Johneston schüttelte missmutig den Kopf. „Immer diese Entscheidungen!“, knurrte er. Dann sah er Lissy direkt an. „Wärest du denn bereit, die Quadrille anzuführen?“, fragte er vorsichtig.

Lissy lachte. „Natürlich", antwortete sie vergnügt. „Ich fühle mich sogar sehr geschmeichelt."

„Lissy führt die Quadrille aber nur mit mir an!", ertönte da eine Stimme neben ihnen. „Wir gehen nämlich nur als Paket weg."

Lissy und der Sänger fuhren herum und sahen Dennis in der Stalltür stehen.

„Tut mir Leid, dass ich euer Gespräch mit angehört habe", entschuldigte er sich. „Aber ihr redet so laut, und ich saß gerade bei Blitz in der Box."

„Und zufällig spitztest du die Ohren, als du meine Stimme hörtest", schmunzelte Lissy.

„Aber nur, weil ich Sorgen hatte, dieser nette Sänger könnte dir ein paar nette Worte sagen", murmelte Dennis kleinlaut.

Johneston lachte über das ganze Gesicht. „Keine Angst. Ich spanne sie dir nicht aus", meinte er. „Außerdem hatte ich dich sowieso für die Rolle neben Lissy vorgesehen."

„Dann ist der Tag gerettet!", seufzte Dennis erleichtert.

Nach dem Abendessen ließ Lissy es sich nicht nehmen, noch einmal durch den Stall zu gehen, um allen Pferden gute Nacht zu wünschen und nachzusehen, ob alles in Ordnung war. Sie begann ihre Runde bei Rapunzel, der ältesten Hannoveraner-Stute, die sie im Heidehof stehen hatten. Rapunzel war ein geduldiges, kinderliebes Pferd und wurde immer noch als Schulpferd für Anfänger eingesetzt. Lissy streichelte sie liebevoll und dachte daran, wie sie auch ihr vor einigen Jahren die ersten Lektionen erteilt hatte.

Dann ging sie weiter durch den Stall, klopfte Blitz auf den Hals, strich Hanna über die Kruppe und streichelte liebevoll Katrinchen, das kleine Fohlen.

Arcado streckte schon ungeduldig den Hals aus der

Boxtür und schnaubte. Lissy kam zu ihm zuletzt, denn sie liebte es, ihm noch ein bisschen vom Tag zu erzählen.

Arcado stupste sie mit der Nase an und suchte in ihren Taschen. Er wusste, dass Lissy um diese Zeit nie mit leeren Händen kam. Und richtig! Lissy zog einen Apfel und ein Taschenmesser heraus, zerteilte den Apfel und reichte Arcado Stück für Stück. Er verzehrte alles mit gutem Appetit. Lissy beobachtete ihn dabei stolz.

„Weißt du eigentlich, dass wir beide bald Filmstars werden?", erzählte sie ihm lächelnd.

Arcado interessierte sich mehr für die Apfelstücke und schenkte ihren Worten nur geringe Aufmerksamkeit.

„Ich weiß, dich interessiert das alles nicht besonders", stellte Lissy fest. „Aber ich bin schon ein bisschen aufgeregt, wenn ich daran denke, wie sich die Kamera auf uns richtet."

Sie hielt inne, denn sie hörte, wie die Stalltür geöffnet wurde, und sah, wie sich ein dunkler Schatten in den Stall schob.

„Wer ist da?", fragte Lissy in die Stille.

„Huch!", hörte sie Melanies Stimme neben sich. „Habe ich mich erschreckt, Lissy! Was machst du denn hier?"

„Ich sage allen Pferden gute Nacht. Wie immer." Lissy musterte Melanie erstaunt. Obwohl Melanie die Tochter des Pferdewirts war und in der Wohnung direkt neben dem Stall wohnte, kam sie nie abends noch einmal in den Stall. Umso mehr wunderte es Lissy, sie heute Abend hier vorzufinden.

Melanie zögerte. Dann platzte sie mit der Wahrheit heraus. „Ich wollte mir noch einmal alle Pferde anschauen", erklärte sie. Und dann fügte sie hinzu: „Ich überlege nämlich, welches Pferd am besten zu mir passt. Weißt du, wenn wir die Quadrille reiten, will ich doch eine gute Figur abgeben."

Nun war Lissy erst recht überrascht. James R. Johneston schien Melanie für die Quadrille ausgesucht zu haben, obwohl sie nicht zu den besten Reiterinnen zählte. Melanie war zwar von ihrem eigenen Können überzeugt, machte aber oft noch typische Anfängerfehler. Hin und wieder fehlte ihr einfach genügend Einfühlungsvermögen in den Pferdeverstand.

„Was hältst du davon, wenn ich Baltimore reite?", wandte sie sich an Lissy. „Ihre Mähne würde gut zu meiner Haarfarbe passen."

„Ich weiß nicht", murmelte Lissy verstört. Unter dem Aspekt der Haarfarbengleichheit hatte sie ein Pferd noch nie betrachtet. „Vielleicht solltest du doch lieber ein sanftes Pferd reiten."

Melanie musterte sie kritisch. Wollte Lissy damit etwa andeuten, Melanie sei temperamentvollen Pferden nicht gewachsen?

„Ich kann auch Darling reiten. So eine Schimmelstute macht sich eigentlich immer gut, nicht wahr?"

Lissy unterdrückte ein Gähnen. „Wenn du ihr ein rotes Bändchen in die Mähne flichtst und du dir auch einen Zopf machst, passt sie auch zu deinen Haaren", lästerte sie. „Vorausgesetzt, du flichtst ebenfalls ein rotes Bändchen hinein."

Melanie machte ein beleidigtes Gesicht. „Manchmal habe ich das Gefühl, du machst dich über mich lustig!", rief sie empört.

„Ach, tatsächlich?" Lissy lächelte breit.

„Ich weiß gar nicht, was du hast!", schnaubte Melanie. „Du hast deinen Arcado doch auch gekauft, weil du sein Aussehen mochtest. Warum verteufelst du es jetzt bei mir?"

Lissy gähnte nun laut. „Entschuldigung", murmelte sie und hielt ihre Hand vor den Mund. „Aber ich bin total müde. Damit du's weißt: Ich habe Arcado gekauft, weil er so einen wundervollen Dickkopf hat."

„Also ist er dir auch ähnlich", konterte Melanie.

„Aber nur innerlich", lachte Lissy. „Wenn du ein Pferd nehmen würdest, das innerlich zu dir passte, wäre ja auch alles in Ordnung."

Schwere Zeiten für Melanie

Eine ganze Weile hatte Johneston nicht mehr über die Quadrille geredet. Er war häufig über den Reiterhof spaziert und hatte den anderen beim Reiten zugesehen. Hin und wieder besuchten ihn ein paar Männer, die, mit ihm fachsimpelnd, im Clubhaus saßen.

Eines Tages hing ein weißer Zettel an der Reithalle: „Hiermit laden wir euch am Montagabend um sieben ins Clubhaus ein, um mit uns die Quadrille für den Videoclip zu besprechen. Liebe Grüße, Alexander Manglier, James R. Johneston."

Montagabend war das Clubhaus voll von Mitgliedern, die an der Vorbesprechung teilnehmen wollten, auch wenn sie sich keine besonderen Chancen ausrechneten, für den Videoclip ausgesucht worden zu sein.

James R. Johneston übernahm den Vorsitz.

„Hallo, Freunde!", sagte er. „Es freut mich, dass ihr so zahlreich erschienen seid." Er rollte das R und das L sehr amerikanisch.

Lissy hatte Mühe, ein Lachen zu unterdrücken. Sie fand, dass der Westernsänger heute sehr merkwürdig aussah. In seinem Westernhemd, den Stiefeln und dem Hut sah er aus wie ein Schauspieler, der einem mittelmäßigen Cowboyfilm entsprungen war.

Dennis puffte Lissy in die Seite. „Heute trägt unser Star aber ganz schön dick auf, was?"

Lissy nickte. „Mit so einem starken Akzent habe ich ihn noch nie reden hören."

Dennis nickte. „Du hast Recht. Ich wette, er spricht tadellos Deutsch."

„Vielleicht ist er ja Deutscher und heißt Hans Meier", alberte Lissy.

Dennis prustete vor Lachen.

Melanie drehte sich verärgert um und legte ihren Finger auf die rot geschminkten Lippen. „Pssst!“, ermahnte sie die beiden.

Dennis verzog das Gesicht. „Pass auf, dass du deinen Lippenstift nicht mit den Fingern verwischst!“, zischte er zurück.

Erschrocken nahm Melanie den Finger von den Lippen und besah ihn sich ängstlich.

Lissy kicherte leise. Sie hatte Melanie noch nie mit Lippenstift gesehen. Sie sah damit aus wie ein kleines Kind, das sich am Schminktäschchen der großen Schwester vergriffen hatte.

Nun stand Alexander Manglier auf und trat zu der Wandtafel, die an der einen Seite des Clubraumes hing und auf dem die Clubmitglieder stets die Putz- und Pflegezeiten für die Pferde einteilten. Mit einem Lappen wischte er alle Termine fort.

Laute Protestschreie der Mitglieder ertönten. Sie fanden, dass dort etwas ganz Wichtiges stand.

„Die Quadrille ist jetzt das Wichtigste!“, brummte Manglier. „Wenn es außerdem noch einen wichtigen Termin gibt, müsst ihr ihn euch hinter die Ohren schreiben.“

Er griff zur Kreide, und mit einfachen Strichen malte er die Koppel auf.

„Wenn das Wetter schön ist, reiten wir die Quadrille auf der Wiese“, erläuterte er. „Dort ist mehr Platz zum Springen!“

„Zum Springen!“, riefen die Mitglieder entsetzt. Ein Raunen ging durch den Raum.

Alexander Manglier lachte. Es freute ihn, dass er immer wieder eine Überraschung im Hintergrund parat hatte.

„Eine normale Quadrille reiten kann doch jeder Reitverein", versuchte er sich zu rechtfertigen. „Aber eine Springquadrille hat schon Pfiff."

Ein paar Mitglieder applaudierten, andere seufzten, weil sie sich nun gar keine Chancen mehr für ihre Teilnahme ausrechneten.

Mangliers Kreidestück glitt weiter über die Tafel.

„Hier sind die Hindernisse", erklärte er. „Sie sind nicht sehr hoch. Die Schwierigkeit besteht eher darin, gleichzeitig zu springen und die gemeinsame Höhe abzustimmen …"

„Die Hindernisse werden schön bunt geschmückt", fiel Johneston ihm ins Wort. „Die einzelnen Teilnehmer werden in weißen Hosen und schwarzen Jacketts reiten. Wichtig sind auch die schwarzen Reiterkappen. Ich selbst bin bunt angezogen, damit ich mich von euch unterscheide. Ich werde meine Westernsachen tragen und ein buntes Halstuch umbinden."

„Was werden Sie tun, während wir die Quadrille reiten?", wollte Chris wissen.

Der Sänger lächelte. „Nun, zunächst fängt die Kamera eure Quadrille ein", erzählte er. „Später wird sie dann auf mich schwenken, wie ich auf meiner Quarterhorsestute durch die Mitte reite und singe. Meine Stute wird zunächst auf und ab traben, später wird sie sich aufbäumen und mich damit hochheben."

Johneston lächelte, aber irgendwie unsicher, fand Lissy.

„Ich sollte auch ein paar Worte zum Ablauf der Quadrille sagen", ergriff Alexander Manglier wieder das Wort.

Abermals malte er auf der Tafel herum, zog Volten und Zirkel, malte Hindernisse und Wendungen. Dazu redete er ohne Unterlass. Zuletzt rauchte allen der Kopf. Sie hatten gemerkt, dass es sich bei dieser Quadrille um eine recht schwierige Formation handelte.

„Gibt es zu der Quadrille noch Fragen?“, wollte Herr Manglier schließlich wissen.

Die Clubmitglieder schüttelten den Kopf. Alle warteten mit Spannung auf den Moment, an dem bekannt gegeben wurde, wer mit welchem Pferd an der Quadrille teilnehmen durfte.

„Sicher wollt ihr nun wissen, wer von euch die Quadrille reiten wird“, begann James R. Johneston zögernd. „Nun, die Entscheidung ist mir nicht besonders leicht gefallen. Ich habe mich lange mit meinen Kameraleuten und auch mit dem Reitlehrer beraten.“ Die Spannung im Clubraum war kaum noch auszuhalten. Es knisterte geradezu.

Lissy holte tief Luft. Sie war froh zu wissen, dass sie und Dennis dabei waren.

„Teilnehmer sind die folgenden Mitglieder: Lissy auf Arcado, daneben Dennis auf Blitz.“

„Das Traumpaar des Jahres!“, witzelte eine Stimme aus dem Hintergrund.

Alle lachten. Nur Lissy verdrehte die Augen. Sie mochte es nicht, mit Dennis aufgezogen zu werden.

„Hinter Lissy reitet Bernd auf Penny Lane, daneben Chris auf Sunny-Boy.“

Chris zwickte Lissy in den Arm und strahlte vor Freude über ihr ganzes sommersprossiges Gesicht.

„Wahnsinn!“, flüsterte sie. „Ich bin dabei!“

„Herzlichen Glückwunsch!“, lächelte Lissy und drückte ihre Freundin fest.

„Hinter den beiden reiten Heidi mit Comet und Alida mit Feeling, und zuletzt kommen Carsten mit Erica und Gertie mit Flox.“

James R. Johneston legte den Zettel zur Seite, auf dem er alle Namen notiert hatte, und sah sich erleichtert im Raum um. Es war ihm nicht leicht gefallen, nur ein paar

Mitglieder für den Videoclip zu bestimmen und andere auszugrenzen. Nun hatte er es hinter sich gebracht.

Ein lautes Poltern ließ plötzlich alle zusammenfahren. Melanie war so heftig aufgesprungen, dass sie dabei ihren Stuhl umgekippt hatte.

„Und was ist mit mir?“, rief sie empört. Ihre Stimme überschlug sich fast.

Lissy dachte entsetzt, dass sich Melanie innerlich auf eine Teilnahme an dem Videoclip eingestellt hatte.

Der Westernsänger sah sie verwundert an. „Wer bist du?“, fragte er.

Man sah Melanie an, dass sie kurz davor war zu platzen. Die naive Frage nach ihrem Namen brachte sie fast um den Verstand, denn sie ging natürlich davon aus, dass der Sänger sie längst kannte.

„Ich bin Melanie Sievers“, antwortete sie mit schriller Stimme.

Verwirrt sah Johneston auf seinen Zettel, blickte Melanie dann freundlich an und meinte ruhig: „Du bist nicht dabei.“

Es war mucksmäuschenstill im Raum. Alle sahen betroffen zu, wie Melanie mit den Tränen kämpfte.

„Und warum nicht?“, fragte sie böse. „Ich reite fast so gut wie Lissy. So gut wie Gertie oder Alida reite ich schon lange. Und was mein Aussehen betrifft, finde ich, dass ich recht passabel aussehe.“

„Jetzt staubt's aber!“, feixte Carsten.

„Der Lippenstift könnte einen Ton heller sein“, kicherte Anne.

Lissy taten die Bemerkungen weh. Sie mochte Melanie nicht besonders und hatte sich schon oft über ihr arrogantes Auftreten geärgert, aber sie so hilflos und unglücklich zu sehen machte sie traurig.

„Ich finde es nicht schön, wenn ihr eure Witzchen auf

Melanies Kosten macht“, ermahnte sie die anderen. „Ich glaube, wir können alle nachvollziehen, wie sich jemand fühlt, der gerne dabei gewesen wäre, aber aus irgendeinem Grund nicht ausgewählt wurde. Darum bitte ich euch, mit Melanie so umzugehen, wie ihr in so einer Situation auch behandelt werden möchtet.“

Lissys Rede wurde mit Applaus bedacht.

Alexander Manglier lächelte ihr zu.

„Danke, dass du noch mal darauf hingewiesen hast“, meinte er. „Ich hoffe, ihr könnt euch denken, dass wir uns die Entscheidung nicht leicht gemacht haben. Ich habe mich bemüht, gerecht zu sein und die besten Reiter auszusuchen. Ob es mir gelungen ist, weiß ich nicht.“ Er sah Melanie freundlich an. „Was dich betrifft, Melanie, so finde ich, dass an deinem Reitstil noch einiges zu verbessern ist.“

Das saß. Melanie schluckte und hielt die Luft an. Die anderen sahen sie mit einer Mischung aus Schadenfreude und Mitleid an.

„Damit erkläre ich die Versammlung für beendet. Ich möchte euch alle zu einem Glas Cola oder Saft einladen“, schloss James R. Johneston die Clubsitzung.

Sein Vorschlag wurde mit Begeisterung angenommen.

Lange saßen die Clubmitglieder im Clubhaus zusammen und sprachen über die Versammlung. Nur Melanie war nicht mehr dabei. Sie hatte es eilig gehabt, nach Hause zu kommen.

„Lissy, nicht so weit vorreiten! Du musst daran denken, dass du eine Quadrille anführst!“, rief Alexander Manglier.

Lissy warf verärgert ihr Haar nach hinten. „Das müssen Sie Arcado sagen!“, rief sie zurück. „Sobald er die Musik hört und das Hindernis sieht, rast er los.“

„Ich frage mich, warum er dann eine Reiterin auf seinem Rücken hat“, stichelte der Reitlehrer.

Lissy biss sich auf die Lippe. Arcados Dickkopf war ihr wunder Punkt. Es gab Minuten, da tat ihr Hengst nur, was er wollte. Streng nahm sie die Zügel ein gutes Stück kürzer.

„Hör endlich mit deinen Mätzchen auf, Arcado!“, flüsterte sie ihm ins Ohr. „Sonst fliegen wir beide gleich vom Platz.“

Melanie hatte bis jetzt mit schadenfrohem Gesicht zugesehen. Nun meldete sie sich zu Wort.

„Wenn Lissy und Arcado nicht geeignet sind, kann ich gerne mit Fortuna für sie einspringen. Fortuna und ich würden auch gut zu Blitz und Dennis passen.“

Dennis blieb fast die Luft weg. „Nur über meine Leiche!“, flüsterte er.

Lissy kicherte. „Dafür bist du nun wirklich zu schade“, wisperte sie zurück.

„Sag das noch mal!“, forderte Dennis sie auf. Doch da er nun links- und Lissy rechtsherum reiten musste, blieb Lissy das erspart.

Arcado schien zu spüren, dass jemand auf seinen Platz lauerte, denn er gab mit einem Mal seinen Dickkopf auf und schritt wie ein junger Gott neben Blitz her.

Lissy staunte. So folgsam war ihr Arcado noch nie erschienen. Die Quadrille schien ihm mit einem Mal Spaß zu machen.

„Abstände einhalten!“, erinnerte der Reitlehrer. „Und nun abwechselnd über das Hindernis springen. Vorsichtig, dass ihr nicht zusammenstoßt!“

Es war schon atemberaubend, mit anzusehen, wie die Pferde abwechselnd mal links und mal rechts über die Hindernisse sprangen. Lissy warf einen Blick zurück und staunte, dass es tatsächlich keinen Unfall gab.

Alexander Manglier klatschte in die Hände. „Schluss für heute!“, rief er. „Den zweiten Teil üben wir morgen.“

Lissy klopfte Arcado auf den Hals und führte ihn zum Putzen in den Stall.

„Gut gemacht, mein Pferdchen“, lobte sie. „Du hast dich ja mächtig am Riemen gerissen.“

„Ich fand es großartig“, ließ sich nun eine Stimme von der Tür her vernehmen.

Lissy drehte sich um und sah James R. Johneston an der Boxtür lehnen.

„Sie haben uns gesehen?“, freute sie sich.

Der Westernsänger nickte. „Ich habe oben im Clubhaus gesessen. Von dort aus kann man über die Stallungen bis auf die Koppel schauen.“

„Warum sind Sie nicht zu uns gekommen und haben gleich mitgemacht?“, wollte Lissy wissen.

Johneston schüttelte den Kopf. „Mir war nicht danach zu Mute“, meinte er. „Wenn ich Pferde sehe, muss ich immer an meine Quarterhorsestute denken. Ich vermisse sie so.“

„Das kann ich gut verstehen“, nickte Lissy „Ich kann mir einen Tag ohne Arcado auch nicht vorstellen.“

„Darum will ich für den Videoclip auch kein anderes Pferd reiten“, fuhr Johneston fort. „Ich warte lieber auf mein Pferd, und dann geht's auch bei mir mit den Proben los.“

„Toll!“, sagte Lissy „Auf Ihre Stute bin ich echt gespannt. Kommt sie aus den Staaten?“

„Aber ja“, lächelte Johneston. „Sie ist dort als Fohlen über die Weite des Colorado-Plateaus gelaufen.“

Lissy sah den Sänger überrascht an. „Hört sich an, als wäre Ihre Stute noch ein Wildpferd gewesen“, staunte sie.

Johneston schmunzelte.

„Das war sie“, bestätigte er. „Aber ich habe sie gezähmt.“

„Manchmal frage ich mich, ob das alles so stimmt, was Johneston erzählt“, berichtete Lissy später ihrer Freundin Gertie, während die beiden Mädchen mit ihren Pferden über die Felder ritten.

Gertie lächelte. „Anfangs war ich auch misstrauisch“, sagte sie. „Er sieht nicht so aus, als wenn er sich besonders gut mit Pferden auskennt. Aber dann habe ich einen Bericht in einer Zeitung über ihn gelesen.“

„Sag bloß, da war er mit seiner Quarterhorsestute abgebildet?“, staunte Lissy.

„Aber ja“, erwiderte Gertie. „Er ritt auf ihr. Darunter stand, dass er sein Pferd über alles liebe. Der Journalist schrieb, dass er seine Westernlieder in der Regel im Pferdestall textet und auf Ausritten die passende Melodie dazu erfände.“

„Wer's glaubt, wird selig“, brummte Lissy. „Ich glaube es nicht eher, als bis ich es gesehen habe.“

„Ich bringe dir den Bericht nachher noch vorbei“, versprach Gertie.

Der Artikel war tatsächlich so, wie Gertie gesagt hatte. Johneston saß in korrekter Haltung auf einem Pferd und sah überglücklich aus. Außerdem gab es ein kleines Bild von ihm, auf dem er mit einem Stoß Papier im Pferdestall hockte und offensichtlich Lieder komponierte. Hinter ihm ließ seine Quarterhorsestute den Kopf aus der Boxtür hängen und sah ihm bei der Arbeit zu.

„Okay, überzeugt“, murmelte Lissy „Ich glaub's euch also.“

Sie schnitt den Artikel sorgfältig aus und hängte ihn an die Pinnwand des Clubraums. Alle sollten sehen, was für einen berühmten Gast sie zu Besuch hatten.

Melanie wittert eine Chance

„Heidi? Was ist mit Comet?“ Alexander Manglier musterte den Fuchswallach aufmerksam. Der Hannoveraner machte einen müden und unkonzentrierten Eindruck.

„Ich weiß auch nicht.“ Heidi sah ganz unglücklich aus. Sie versuchte Comet zu treiben, doch er trottete nur weiter lustlos durch die Bahn.

Heidi trieb Comet auf das Hindernis zu. Kurz davor stoppte er jedoch und verweigerte den Sprung. Carsten, der in der Quadrille hinter Heidi ritt, schaffte es gerade noch rechtzeitig, mit seiner Schimmelstute auszuweichen.

„Himmel! Das hätte beinahe einen Unfall gegeben!“, stöhnte Heidi. „Ich weiß gar nicht, was ich machen soll. Mache ich etwas falsch, Herr Manglier?“

Der Reitlehrer schüttelte den Kopf. „Es ist Comet, der sich seltsam verhält. Wenn ich es mit euren Worten beschreiben müsste, würde ich sagen, er hat null Bock auf Quadrille.“

Die Reiter und Reiterinnen der Quadrille lachten anerkennend über den jugendlichen Jargon ihres Reitlehrers.

„Hey, Herr Manglier. Sie werden ja immer jünger“, grinste Carsten.

„Warst du es nicht, der mir kürzlich etwas über meine grauen Haare gesagt hat?“, erinnerte sich der Reitlehrer.

Die Gruppe übte weiter. Doch es dauerte nicht lange, da verweigerte Comet den nächsten Sprung. Diesmal war Carsten darauf vorbereitet. Er ritt mit großem Abstand hinter Heidi und parierte sein Pferd sofort.

„So kann das nicht weitergehen“, meinte Alexander Manglier. „Ich würde vorschlagen, wir üben morgen weiter. Du, Heidi, solltest dein Pferd gut beobachten. Vielleicht auch mal Fieber messen."

„Keine Sorge!", versicherte Heidi. „Ich werde alles tun, um ihn bis morgen wieder fit zu bekommen."

Nachdem Lissy Arcado versorgt hatte, wollte sie zum Haus ihrer Eltern gehen. Dabei kam sie noch einmal an der Koppel vorbei. Sie glaubte ihren Augen nicht zu trauen. Melanie hatte sich Leone, die Fuchsstute, gesattelt und schritt mit ihr die Quadrille ab.

Leone ging tadellos, sprang wie eine Eins und gehorchte Melanie aufs Wort.

„Melanie?", rief Lissy verwundert. „Was machst du denn hier auf unserem Parcours?"

Melanie winkte hochnäsig ab. „Darf ich etwa nicht trainieren?", fragte sie schnippisch. „Es kann doch sein, dass jemand für die Quadrille ausfällt, und dann seid ihr dankbar, dass ich mich schon mit dem Ablauf vertraut gemacht habe."

„Aha", antwortete Lissy verblüfft. Sie wusste nicht recht, ob sie Melanies Idee gut oder anmaßend finden sollte. Natürlich brauchten sie einen Ersatzmann, falls jemand nicht in der Lage war, die Quadrille zu reiten. Andererseits hatte Lissy das ungute Gefühl, dass Melanie gerade darauf setzte.

„Ich glaube nicht, dass jemand so lange ausfällt", beeilte sie sich darum zu sagen und hoffte auch, Melanie damit die Realität vor Augen zu halten.

Aber die ließ sich dadurch nicht von ihrem Training abbringen. „Wer weiß", sagte sie blasiert.

Lissy blieb eine Weile am Zaun der Koppel stehen und sah Melanie beim Training zu. Sie musste zugeben, dass das Mädchen seine Sache nicht schlecht machte.

„Na ja", meinte Lissy nach einer Weile. „Ich will mal

wieder gehen. Meine Eltern warten mit dem Essen auf mich."

„Wenn du James R. Johneston siehst, sag ihm, wo er mich finden kann!", rief Melanie ihr zu. „Dann kann er sich von meinen Leistungen vor Ort überzeugen."

„Mache ich", versprach Lissy.

Sie begegnete dem Westernsänger aber nicht, und darüber war sie froh.

Am nächsten Tag gab es wieder ein müdes und lustloses Pferd, das die Sprünge verweigerte und in weitem Abstand zu den anderen trottete. Es war Penny Lane, Bernds Fuchsstute.

„Jetzt brat mir aber einer 'nen Elch!", murmelte Alexander Manglier. „Das geht doch nicht mit rechten Dingen zu! Hast du heute Morgen etwa schon einen Ausritt gemacht, Bernd? Penny Lane ist wirklich müde."

„Morgens 'nen Ausflug? Das fehlte gerade noch", brummte Bernd. „So gerne, wie ich schlafe!"

Die anderen lachten. Sie wussten, dass Bernd ein Langschläfer war. Stallarbeiten am frühen Morgen übernahm er nur sehr ungern.

„Mensch, Penny, nun mach doch mal ein bisschen flott voran!", zischte er seiner Stute zu. „Sonst sattel ich mir die alte Rapunzel. Wetten, dass sie schneller als du über die Hürden geht?"

Penny Lane schien die Drohung nicht ernst zu nehmen. Sie trottete gemächlich weiter.

Alexander Manglier ließ die Quadrille anhalten. „Das geht so nicht weiter", meinte er. „Wenn Penny Lane in so weitem Abstand zu den anderen reitet, kommen wir mit der Quadrille ganz durcheinander."

„Was soll ich denn machen?", rief Bernd. „Ich kann sie doch nicht schieben."

„Das sollst du auch nicht", erwiderte der Reitlehrer. „Deine Stute braucht Ruhe. Bring sie in den Stall und kümmere dich um sie. Wir werden die Quadrille erst einmal ohne dich üben."

In diesem Moment sah Lissy Melanie auf die Koppel zukommen. Mit aufmerksamem Gesicht sah sie den anderen beim Training zu.

„Habt ihr Schwierigkeiten?", fragte sie schließlich eine Spur zu freundlich. „Wieso reiten auf der einen Seite vier und auf der anderen nur drei Personen?"

„Bernd ist ausgefallen", erklärte Alexander Manglier. „Penny Lane ist zu müde."

Täuschte sich Lissy, oder lächelte Melanie tatsächlich ein wenig schadenfroh?

„Ich kann für ihn einspringen", schlug sie sofort vor. „Ich habe mich bereits mit der Quadrille vertraut gemacht."

Der Reitlehrer schnappte nach Luft und überlegte sich eine Antwort, doch Melanie war bereits in den Stall zurückgelaufen und kam wenig später mit einer frisch gesattelten Leone zurück.

„Das ging aber fix", wunderte sich Dennis. „Man könnte meinen, sie hätte das Pferd bereits fix und fertig hinter der Tür stehen gehabt."

„Ich würde mich auch nicht wundern, wenn sie Penny Lane heimlich ein Schlafmittel ins Essen getan hat, um selbst an der Quadrille teilnehmen zu können", flüsterte Lissy zurück. „Gestern habe ich nämlich beobachtet, wie sie eifrig die Quadrille einstudierte. Sie schien sie schon häufig geritten zu sein, denn sie konnte sie recht gut."

„Hmm!" Dennis kratzte sich am Kopf. „Sie scheint einen totalen Ehrgeiz zu entwickeln."

Melanie hatte sich inzwischen mit Leone neben Chris

aufgestellt. Erwartungsvoll sah sie den Reitlehrer an. „Ich bin bereit“, sagte sie.

„Also los!“ Alexander Manglier ließ die Musik zurückspulen.

Die Reiter und Reiterinnen warteten. Dann ertönte James R. Johnestons Song: „Riding on a horse, riding on a horse …“

Die Gruppe setzte sich in Trab. Zwei Pferde übersprangen links, zwei Pferde rechts eine kleine Hürde. Dann ritten die beiden Abteilungen durch die lange Bahn, um sich in der Mitte zu einer Viererreihe zu treffen. Am Ende der Bahn trennten sie sich wieder.

Melanie sang den Song aus vollem Herzen mit.

„Sie nervt!“, flüsterte Lissy zu Dennis hinüber. „Gleich scheut Arcado, wetten? Er ist so musikalisch, dass ihm bei Melanies Schauergesang immer eine Gänsehaut über den Rücken … Aha! Guck mal, wer da steht!“

Dennis folgte Lissys Blick und sah James R. Johneston am Zaun stehen.

„Jetzt weiß ich, warum Madame so einen hübschen Gesang anstimmt“, lachte Dennis. „Sie will bestimmt entdeckt werden.“

„Hoffentlich wird sie schnell entdeckt“, seufzte Lissy, „dann haben wir unsere Ruhe.“

„Lissy, mehr Konzentration bitte!“, rief Alexander Manglier. „Du reitest viel zu schnell. Die anderen können eurem Tempo gar nicht folgen.“

„Soll ich die Quadrille anführen?“, bot sich Melanie sofort an.

Nun platzte den anderen endgültig der Kragen.

„Mensch, Mela, halt endlich die Klappe!“, schimpfte Chris. „Grölst hier vor dich hin und machst die Pferde scheu. Merkst du denn gar nicht, dass du nervst?“

„Kinder, Kinder!“ Alexander Manglier klatschte in die

Hände. „Ich glaube, ihr seid alle ein bisschen überdreht. Vielleicht sollten wir für heute erst mal Schluss machen. Es klappt doch schon ganz gut."

„Finde ich auch", meinte Johneston begeistert. „Ich hätte gar nicht gedacht, dass es so hübsch aussieht. Der Filmproduzent wird begeistert sein. Ich werde gleich noch einmal mit meinem Kameramann telefonieren."

Die Reitschüler stiegen von ihren Pferden, klopften ihnen auf den Hals und lobten sie für ihre Disziplin. Dann führten sie sie zum Striegeln in den Stall.

Nur Melanie blieb noch auf der Koppel. Sie führte Leone noch einmal durch den Parcours. Einzeln nahm sie jede Hürde. Dabei sang sie das Lied des Sängers laut vor sich hin.

„Auweia, ist mir schlecht!", brummte Dennis. „Muss sie sich denn unbedingt so blöd benehmen?"

Lissy verzog den Mund. „Man muss schon etwas auf sich nehmen, wenn man ins Filmgeschäft einsteigen will."

„Melanie!", ertönte nun Alexander Mangliers Stimme über den Reitplatz. „Ich hatte gesagt, dass wir Schluss machen. Die Pferde sind müde. Du solltest auch Leone eine Pause gönnen."

„Aber ja, Herr Manglier!", flötete Melanie mit einer süßlichen Stimme, bei der den anderen ein Schauer über den Rücken lief. „Ich wollte den Parcours nur noch einmal zur Sicherheit üben."

„Das hast du gar nicht nötig", erwiderte der Reitlehrer freundlich. „Ich finde, du hast deine Sache gut gemacht. Du kannst sicher sein, dass wir dich als Ersatzfrau wählen, sobald jemand ausfällt. Nicht wahr, Mister Johneston?"

„Aber natürlich", pflichtete der Sänger ihm bei. „Ich fand, die Kleine war großartig."

Das war Balsam für Melanies Seele. Mit strahlendem Lächeln rauschte sie in den Reitstall und übergab Otto

Dehnke, einem der beiden Pferdepfleger, die Fuchsstute. „Bitte mach sie mir für morgen früh fertig!", verlangte sie hochnäsig.

Die anderen Reiter der Quadrille drehten sich entsetzt zu Otto um. So einen Befehlston hatten sie noch nie im Reitstall gehört. Außerdem war es für jeden Reiter Pflicht, sein Pferd selbst zu putzen. Das galt natürlich auch für Melanie. Sie hatte kein Recht, sich derartig unverschämt über diese Regel hinwegzusetzen.

„Also, so was mache ich gerne!", sagte Otto. „Ich werfe die Rechnung für die Pferdepflege dann in deinen Briefkasten, ja?" Er sprach mit seinem breiten ostfriesischen Dialekt und verzog keine Miene.

Melanie sah ihn verdutzt an. „Was?", fragte sie gedehnt.

Die anderen brachen in lautes Gelächter aus. „50 Mark die Stunde, was, Otto?", lachte Lissy.

Otto nickte. „Mindestens!"

Da zog Melanie es vor, Leone selbst zu striegeln. So viel Taschengeld bekam sie schließlich auch nicht …

Abends saß Lissy noch eine Weile mit Dennis, Chris, Melanie, Carsten und Gertie im Clubraum, als das Telefon klingelte.

„Für dich, Lissy!", rief ihr ihr Großvater zu, der das Clubhaus leitete.

Lissy ging zum Telefon. „Elisabeth Riedmann", meldete sie sich mit ihrem offiziellen Namen.

„Hier ist Frau Treseler. Ich bin die Mutter von Heidi", stellte sich die Frau am Telefon vor. Ihre Stimme klang schrill und aufgeregt. „Ich wollte nur sagen, dass wir unsere Heidi vorhin ins Krankenhaus bringen mussten. Sie hat furchtbare Schmerzen bekommen. Der Arzt vermutet eine Blinddarmentzündung."

„Das ist ja schrecklich!", rief Lissy.

Nun wurde es leise im Clubhaus. Die anderen lauschten dem Gespräch.

„Schlimm für Heidi ist, dass sie dann nicht bei diesem Videofilm mitmachen kann“, fuhr Frau Treseler fort. „Ihr könnt ja unmöglich so lange auf sie warten. Und darüber ist sie natürlich furchtbar traurig.“

„Das kann ich verstehen“, sagte Lissy leise. „Aber vielleicht muss sie ja gar nicht operiert werden. Ich lag auch schon mal mit einer Blinddarmentzündung im Krankenhaus und bin nach drei Tagen wieder entlassen worden.“

„Wir müssen abwarten“, erwiderte Frau Treseler ein wenig getröstet. „Hauptsache ist, dass ihr erst einmal Bescheid wisst. Ich melde mich dann wieder bei euch.“

„Danke! Gute Besserung an Heidi. Tschüs!“

Lissy legte auf und kehrte zu den anderen zurück, die sie erwartungsvoll anschauten.

„Ihr habt sicher schon gehört“, erklärte sie. „Heidi liegt im Krankenhaus. Vielleicht wird sie am Blinddarm operiert. Wir müssen abwarten, was aus der Quadrille wird.“

Sie bemühte sich, Melanie nicht anzuschauen. Deren Gesicht hatte sich nämlich zu einem strahlenden Lächeln verzogen.

„Ich springe für sie ein“, gab sie sich auch prompt großzügig.

„Ach, tatsächlich?“, tat Dennis verwundert.

Wenn es nicht zufällig eine Blinddarmentzündung gewesen wäre, hätte Lissy Melanie verdächtigt, die Krankheit absichtlich herbeigeführt zu haben. Aber eine Blinddarmentzündung kam nun einmal ganz von selbst.

„Wir sollten keine großen Pläne schmieden“, wies Lissy Melanie zurecht. „Heidi macht weiterhin bei der Quadrille mit, und wir werden auf sie warten.“

„Das ist doch Quatsch!“, entgegnete Melanie. „Wir können doch nicht wochenlang auf sie warten. Nach einer

Blinddarmoperation darf sie bestimmt ein Vierteljahr keinen Sport treiben. Das weißt du doch so gut wie ich!"

„Vielleicht wird sie ja gar nicht operiert", wies Dennis sie in die Schranken. „Ich bin sicher, sie steht übermorgen wieder gesund und munter vor uns."

Melanie schluckte. Das war wirklich das Letzte, das sie hören wollte.

Ein nächtlicher Reiter

Aber Heidi wurde doch operiert. Mit blassem Gesicht und traurigem Lächeln nahm sie ein paar Tage später Lissys Blumenstrauß und ein dickes Pferdebuch entgegen.

„Von allen Clubmitgliedern gute Besserung!“, wünschte Lissy ihr.

Heidi freute sich. „Lieb, dass du gleich hier auftauchst“, sagte sie gerührt. „Du kannst dir sicherlich denken, dass ich traurig bin, weil ich die Quadrille verpasse.“

„Mach dir darüber keine Sorgen“, winkte Lissy ab. „Wir warten, bis du wieder gesund bist.“

Heidi lächelte unglücklich. „Ihr seid wirklich fair“, meinte sie. „Aber in diesem Fall muss ich tatsächlich verzichten. Ich hatte einen Blinddarmdurchbruch und muss noch eine ganze Weile im Krankenhaus liegen. Und dann wird's wohl Frühjahr werden, bis ich wieder reiten darf.“

Lissy schluckte. Das war wirklich eine lange Zeit. So lange würde Johneston nicht warten können.

Heidi bemerkte Lissys Zögern. Freundlich strich sie der Freundin über den Arm.

„Ich freue mich, dass du mich besuchst“, sagte sie leise. „Und ich danke dir dafür, dass du dich so für mich einsetzt. Aber bei der Quadrille müsst ihr auf mich verzichten.“ Heidi schluckte. „Und nun sag nicht, dass dir das Leid tut. Sonst fange ich nämlich an zu heulen.“

Lissy biss sich auf die Lippe. Okay, sie sah ein, dass Heidi nicht so schnell wieder gesund werden würde, wie sie es sich wünschte. Heidis Platz in der Quadrille musste also an Melanie weitergegeben werden. Melanie würde das mit großer Genugtuung zur Kenntnis nehmen. Schon gestern hatte sie sehr hartherzig die These vertreten: Wer krank wird, muss aufhören.

„Am meisten daran wurmt mich, dass Melanie sich darüber so freuen wird“, brummte Lissy „Sie spekuliert schon seit Tagen darauf, dass jemand krank wird. Also ehrlich, man könnte glauben, sie hätte dir die Blinddarmentzündung herbeigezaubert.“

Heidi lächelte schwach. „Gönnen wir ihr die Teilnahme“, sagte sie großzügig. „Vielleicht lernt sie ja dabei ein bisschen Menschlichkeit.“

Der Mann kam näher und näher. Er hob sein Lasso, ließ es kreisen und senkte es immer weiter über Arcados Kopf. Da! Das Lasso schnappte zu. Eng zog es sich um den Hals des Hengstes. Arcado bäumte sich auf und wieherte. Doch der Mann zerrte das Pferd unbarmherzig hinter sich her.

„ Nein!“, schrie Lissy „Arcado!“

Dann erwachte sie.

„Gott sei Dank! Nur ein Traum“, dachte Lissy erleichtert. Sie war verschwitzt. Der Traum hatte ihr Angst gemacht. Einen Moment lang lag sie ganz still und dachte noch einmal über den Traum nach. Dann warf sie die Bettdecke zurück, sprang aus dem Bett und trat ans Fenster. Es war Vollmond. Der Mond schien hell über den Reiterhof. Der Wind bewegte die Baumkronen der drei Eichen, die mitten im Hof standen, hin und her. Richtig gespenstisch sah das aus.

Lissy gähnte. Sie zögerte, wieder ins Bett zurückzugehen. Die Angst, dass der Traum wiederkehren könnte, steckte ihr noch in den Knochen.

Aber ihre Füße wurden kälter und kälter. Gerade als Lissy sich entschlossen hatte, sich wieder hinzulegen, sah sie etwas Merkwürdiges: Ein Reiter brachte ein Pferd zurück in den Stall. Wer es war, konnte sie nicht erkennen, denn der Reiter wurde von dem Pferd verdeckt. Bei dem Pferd konnte es sich um einen Fuchs oder einen Braunen handeln. In der Dunkelheit war das nicht so gut zu sehen.

Der Reiter öffnete nun die Stalltür und führte das Pferd in den Stall. Lissy hörte, dass Arcado wieherte. Vielleicht hatte er vorhin auch gewiehert und hatte so dazu beigetragen, dass Lissy diesen merkwürdigen Traum geträumt hatte.

In Windeseile drehte sie sich um, zog ihr Nachthemd über den Kopf, sprang in Jeans und Sweatshirt und huschte barfuß aus dem Zimmer. Leise schlich sie die Treppe hinunter und eilte über den Hof zu den Stallungen hinüber.

An der Tür zögerte sie einen Moment lang. Was würde passieren, wenn sie die Tür öffnete und einem Fremden gegenüberstand? Lissy musste unweigerlich an den Mann mit dem Lasso denken. Ihr Herz klopfte wie rasend. Nun hörte sie wieder Arcado wiehern. Das machte ihr Mut. Mit einem Ruck riss sie die Tür auf und schaltete das Licht ein. Ein paar Pferde schauten ihr verschlafen aus ihren Boxen entgegen.

Mit weichen Knien ging Lissy zu Arcados Box. Jede Sekunde wartete sie darauf, dass etwas Unheimliches passierte: dass ihr ein Fremder gegenübertrat, sie bedrohte oder ihr einen Schlag auf den Kopf verpasste. Aber es geschah nichts.

Lissy überlegte. Am liebsten wäre sie von Box zu Box gegangen und hätte nachgeschaut, welches Pferd einen verschwitzten Eindruck machte. Aber so viel Mut brachte sie nicht auf. Der Stall war nicht überall gleichmäßig hell erleuchtet. Hier und dort warfen einige Gegenstände lange Schatten über die Stallgasse.

Täuschte sie sich, oder atmete da jemand direkt in ihrer Nähe? Lissy hielt den Atem an.

„Ist da jemand?", fragte sie in die Stille hinein. Aber niemand antwortete.

Lissy hielt es nicht mehr aus. Vorsichtig ging sie zur Stalltür zurück. Dort schaltete sie das Licht wieder aus, öffnete die Tür und rannte über den Hof ins Haus zurück. Dabei hatte sie das Gefühl, jemand sei ihr dicht auf den Fersen.

Herr und Frau Riedmann fuhren aus dem Bett hoch, als Lissy in ihr Schlafzimmer stürmte.

„Was ist los?", rief Herr Riedmann verwirrt.

„Lissy!", murmelte Frau Riedmann erschrocken.

„Mama, Papa! Ihr müsst mir helfen! Unten ist jemand im Stall!"

Herr Riedmann sah seine Tochter betroffen an. „Ein Einbrecher?"

Lissy nickte. Dann schüttelte sie den Kopf. „Ja. Das heißt, nein. Das heißt, genau weiß ich das auch nicht." Sie überlegte einen Moment lang. Ihre Eltern sahen sie ungeduldig an.

„Ich habe jemanden gesehen, der ein Pferd zurückbrachte", berichtete Lissy und kam sich dabei plötzlich albern vor.

„Lissy!", lächelte Herr Riedmann müde. „Wir können doch niemandem verbieten, nachts auszureiten. Es gibt nun mal romantisch veranlagte Menschen, die den Mondschein genießen."

„Gerade solche Vollmondnächte", bestätigte ihre Mutter.

Lissy seufzte. Sie konnte ihren Eltern nicht erklären, warum gerade dieser Unbekannte ihr nicht wie ein romantischer Reiter erschien. Ihrer Meinung nach ging von dieser Person eine Gefahr aus. Aber vielleicht bildete sie sich das alles auch nur ein. Vielleicht lag alles an dem Traum, den sie eben gehabt hatte.

„Du hast ja gar keine Schuhe an, Elisabeth", sagte ihre Mutter streng. „Geh wieder ins Bett! Morgen sieht alles ganz anders aus."

Lissy zögerte. Aber sie wusste, dass sie ihren Eltern nichts von der Gefahr erzählen konnte, die sie noch immer zu spüren vermeinte.

„Ihr habt Recht", sagte sie darum. „Wenn er ein Pferdedieb wäre, hätte Friedrich gebellt. Aber er hat ganz friedlich dagelegen."

„Na, siehst du", antwortete ihr Vater. „Dann war das jemand von uns."

Lissy nickte, wenngleich sie nicht überzeugt war. Zögernd drehte sie sich um und ging in ihr Zimmer zurück. Aber schlafen konnte sie nicht mehr. Darum zog sie einen Stuhl ans Fenster, hockte sich darauf und schaute nach draußen. Sie hoffte, dass sich der Unbekannte noch immer im Stall aufhalten würde. Schläfrig stützte sie den Kopf auf die Hände und sah hinaus. Die Zeit verging langsam. Lissys Kopf wurde schwer.

Und so kam es, dass sie am nächsten Morgen erwachte und noch immer am Fenster saß.

„Lissy? Kommst du mal rüber?" Dennis beugte sich aus seiner Box und winkte ihr zu.

Lissy war gerade dabei, Arcado zu satteln. Sie und die anderen wollten noch einmal mit Alexander Manglier die Quadrille reiten.

„Was gibt's?"

„Schau mal!" Dennis zeigte auf Blitz. „Heute hat mein guter Blitz die Null-Bock-Phase."

Tatsächlich. Blitz stand schläfrig in der Box, stützte sich

dabei auf sein Standbein und machte nicht den Eindruck, als wenn er sich besonders auf das Ausreiten freuen würde.

Lissy sah ihn aufmerksam an. Blitz war ein Fuchswallach mit weißer Blesse. Er konnte das Pferd gewesen sein, das sie in der Nacht auf dem Hof mit dem unbekannten Reiter gesehen hatte.

„Du bist nicht zufällig diese Nacht ausgeritten?“, wollte sie wissen.

„Ich?“ Dennis’ Augenbrauen schnellten verwundert in die Höhe. „Bist du wahnsinnig? Ich pflege nachts zu schlafen wie alle normalen Menschen auch.“

„Es gibt Menschen, die das offensichtlich nicht tun“, berichtete Lissy „Ich habe jedenfalls letzte Nacht jemanden beobachtet, der ein Pferd zurück in den Stall brachte. Ich bin dann runter in den Stall gelaufen ...“

„Das war total leichtsinnig!“, rief Dennis entsetzt.

„... aber ich habe niemanden gesehen“, fuhr Lissy schnell fort. „Ehrlich gesagt, habe ich mich auch nicht getraut, von Box zu Box zu gehen.“

„Das kann ich dir nicht verdenken“, sagte Dennis. „Ich hätte wahrscheinlich keinen Fuß in den Reitstall gesetzt.“

Die beiden schwiegen und betrachteten Blitz, der immer noch schläfrig vor sich hin starrte.

„Ich bin froh, dass sich Arcado von niemand anderem reiten lässt“, meinte Lissy leise.

Dennis nickte. „Du hast es gut“, erwiderte er. „Blitz würde mit jedem mitgehen, der ihm einen Apfel anbietet. So verfressen, wie er ist ...“

„Nimm’s nicht so schwer“, tröstete Lissy ihn. „Wir werden diesen mysteriösen Reiter schon erwischen. Und dann soll er erst mal eine gute Ausrede für sein Verhalten finden ...“

„Du hast Recht“, nickte Dennis. „Dem Burschen werden wir es zeigen. Unverschämtheit, einfach mein Pferd zu reiten!"

„Für die Quadrille solltest du erst einmal ein anderes Pferd suchen", schlug Lissy vor. „Was hältst du von Romeo?"

„Blitz wäre mir lieber", murmelte Dennis.

Als Dennis mit Romeo und Lissy mit Arcado auf den Platz kamen, auf dem sie immer die Quadrille übten, ritt Melanie schon in der Runde.

„Riding on a horse!", sang sie aus vollem Herzen.

James R. Johneston stand an den Zaun der Koppel gelehnt und sah ihr gelangweilt zu.

„Na, wie reite ich?", fragte Melanie kess.

„Ganz okay!", murmelte Johneston.

„Okay nennen Sie das? Das ist einfach Superklasse. Das müssen Sie zugeben."

„Oh, Mela! Staub hier auf dem Platz nicht so herum! Sonst kriege ich einen Hustenanfall!", rief Dennis. Er war sowieso bedrückt, weil er Blitz nicht reiten konnte. Da kostete ihn ein Mädchen wie Melanie wirklich die letzten Nerven.

„Warum reitest du auf Romeo?", wunderte sich Melanie.

Lissy beobachtete sie scharf. Konnte es sein, dass Melanie hinter den nächtlichen Abenteuern steckte? Als sie noch nicht bei der Quadrille mitreiten konnte, hätte Lissy ihr zugetraut, dass sie alles Mögliche unternommen hätte, um die einzelnen Mitglieder auszubooten. So aber hatte sie eigentlich keinen Grund mehr. Es sei denn, sie wollte die Quadrille in kleinerer Besetzung reiten, um besser gesehen zu werden. Aber dieser Verdacht erschien eigentlich absurd.

„Blitz ist fix und fertig", erklärte Dennis und ließ

Melanie ebenfalls nicht aus den Augen. „Jemand hat ihn wahrscheinlich in dieser Nacht geritten."

„Ehrlich?" Melanie sah Dennis verwundert an. „War das auch der Grund dafür, dass Penny Lane und Comet vor ein paar Tagen so langsam waren?"

„Anzunehmen."

„Aber wer kommt auf so eine verrückte Idee?", wollte Melanie wissen.

Lissy sah sie immer noch prüfend an. „Wenn sie es war, kann sie gut schauspielern", dachte sie.

„Wenn wir das wüssten, wären wir schon einen Schritt weiter!", knurrte Dennis. „Aber das werden wir auch noch herauskriegen."

In diesem Moment kamen auch die anderen Teilnehmer der Quadrille an. Sie führten ihre Pferde am Zügel. Alexander Manglier folgte ihnen. „Wo ist Blitz?", wandte er sich erstaunt an Dennis.

Und der erzählte die ganze Geschichte noch einmal.

„Unglaublich!", ärgerte sich Bernd. „Da scheint uns jemand einen bösen Streich zu spielen."

„Vielleicht kann uns Mister Johneston weiterhelfen", schlug Lissy vor. „Herr Johneston, haben Sie eigentlich irgendwelche Feinde, die uns …"

Lissy drehte sich um und brach ab. James R. Johneston stand nicht mehr am Zaun. Er hatte sich leise aus dem Staub gemacht.

„Merkwürdiger Mann", wunderte sich Lissy.

„Vielleicht hatte er Angst, er müsste Melanies Gesang noch einmal mit anhören", witzelte Dennis.

Melanie warf ihm einen vernichtenden Blick zu.

Diesmal klappte die Quadrille schon recht gut. Romeo tat sich zwar zunächst etwas schwer, fügte sich aber nach Dennis' deutlichen Hilfen schnell in die Gruppe ein. Er war ein anpassungsfähiger, sanfter Wallach.

Arcado zeigte großen Spaß an der gemeinsamen Formation. Es schien ihm zu gefallen, die Gruppe anzuführen, und er nahm die Hürden mit vorbildlicher Eleganz.

Nur Melanie glaubte hin und wieder noch durch Extrawürste auffallen zu müssen. Sie ritt die Ecken besonders gründlich aus und verpasste damit immer wieder den Anschluss an die Gruppe.

„Ecken ausreiten!", sagte sie dabei immer wieder mit einer typisch belehrenden Reitlehrerstimme.

Als sie merkte, dass sie sich damit in der Gruppe immer unbeliebter machte, ließ sie ihre Bemerkungen sein.

Ertappt

Abends bezog Lissy im Stall Quartier. Mit einer dicken Wolldecke und einem gemütlichen Kopfkissen ließ sie sich in Arcados Box nieder.

Arcado schien erfreut zu sein, Lissy so nah bei sich zu haben. Früher als sonst legte er sich ins Stroh und bettete seinen Kopf dicht neben Lissy.

Sie streichelte ihn liebevoll. „Gut, dass du bei mir bist", flüsterte sie. „Sonst wäre mir doch ein bisschen mulmig."

Draußen war es dunkel. Lissy gewöhnte sich an die Dunkelheit und konnte beim Schein des Mondes, der durch das Stallfenster fiel, alles sehen.

Es knisterte im Heu. Einige Pferde wälzten sich noch hin und her. Einmal huschte eine Maus durchs Stroh. Dann war alles wieder still.

Lissy gähnte. Die Stille machte sie träge. Arcados Atem klang ruhig und gleichmäßig. Lissy fühlte, wie ihre Arme und Beine immer schwerer wurden. Schließlich fielen ihr die Augen zu, und sie schlief ein.

Als Arcado neben ihr unruhig wurde, wachte sie auf. Ihr Hengst stand in der Box und schaute auf die Stallgasse hinaus.

Mit einem Satz war Lissy auf den Beinen. Sie lauschte, und auch Arcado hatte seine Ohren aufgestellt.

Im Reitstall war es ganz ruhig. Ein paar Pferde dösten im Stehen, einige hatten sich ins Stroh gelegt.

Lissy hatte plötzlich das Gefühl, dass etwas nicht in Ordnung war. Langsam trat sie aus der Boxentür und ging die Stallgasse entlang.

Da! Tornados Boxentür war geöffnet. Der braune Wallach fehlte. Lissy zuckte zusammen. Wie war es möglich, dass jemand die Reithalle betreten konnte, ohne dass

Friedrich, der Hund, Alarm schlug? Wie konnte es sein, dass sich jemand ein Pferd holte, ohne dass es wieherte? Und wie kam es, dass heute ein Pferd geholt wurde, das gar nicht in der Quadrille mitritt?

Lissy hätte sich selbst treten können, dass sie eingeschlafen war. Wachsam hatte sie sein wollen. Den Pferdedieb wollte sie entlarven! Und was passierte? An der Seite ihres Pferdes war sie in einen Tiefschlaf versunken. Das durfte ihr nicht noch einmal passieren! Lissy schwor sich, den Dieb zu stellen, wenn er das Pferd zurückbrachte.

Verärgert griff sie nach einem kleinen Schemel, der am Eingang stand, platzierte ihn direkt hinter der Tür und setzte sich darauf. Dann wartete sie.

Zwei Uhr schlug die Kirchturmuhr von der nahe gelegenen Kleinstadt. Lissy gähnte. Sie fror. Der Schemel war unbequem.

Die Kirchturmuhr schlug halb drei. Dann drei Uhr. Der Pferdedieb schien sich Zeit zu lassen. Wenn er über eine Stunde mit einem Pferd arbeitete, war es kein Wunder, dass das Pferd am nächsten Morgen nicht mehr in der Lage war, eine Quadrille zu reiten.

Lissy streckte sich. Sie stand leise auf, machte ein wenig Gymnastik und setzte sich wieder. Die Kirchturmuhr schlug halb vier. Dann vier. Lissy wusste nicht mehr, wie sie auf diesem unbequemen Schemel sitzen sollte. Alle Knochen taten ihr weh.

Vielleicht brachte der Pferdedieb das Pferd heute gar nicht zurück. Vielleicht hatte er den Wallach gestohlen und war schon lange mit ihm über alle Berge. Und sie, Lissy, saß hier auf einem Schemel und wartete auf ihn …

Gerade hatte Lissy beschlossen, die Warterei aufzugeben und stattdessen lieber die Polizei zu alarmieren, da hörte sie Hufschlag auf dem Pflaster des Heidehofes.

Tornado schien zurückzukommen. Und mit ihm der große Unbekannte.

Lissys Herz klopfte wie wild. Sie hörte, wie jemand an der Stalltür hantierte. Dann wurde die Tür leise geöffnet, und ein Mann mit einem Pferd trat ein. Lissy hielt die Luft an. Sie hatte Angst, ihr lauter Atem könne sie verraten.

Leise schlich sie zum Lichtschalter und knipste das Licht an. Dann sprang sie hinter einen Hafersack und hoffte, nicht gesehen zu werden.

Die Lampe beleuchtete den Mann und das Pferd. Lissy erschrak. Das war ja James R. Johneston!

„Mister Johneston?“ Lissy kletterte hinter ihrem Sack hervor. „Was machen Sie denn hier?“

Johneston zuckte zusammen und starrte Lissy an, als sei sie direkt einem Horrorfilm entsprungen.

„Lissy! Hast du mir einen Schrecken eingejagt!“

„Was machen Sie hier mitten in der Nacht mit Tornado?“

„Well.“ Herr Johneston suchte nach einer Ausrede. Als ihm keine einfiel, nahm er Tornado, führte ihn in die Box und holte sich das Putzzeug.

Lissy folgte ihm. Sie blieb an der Boxentür stehen und sah zu, wie der Westernsänger das verschwitzte Pferd striegelte. Ihre Angst schlug allmählich in Wut um. Wie kam dieser eingebildete Typ dazu, sich einfach ein Pferd zu nehmen?

„Ich will eine Antwort hören!“, fuhr sie ihn an. „Also los! Was machen Sie hier mitten in der Nacht?“

Der Sänger lächelte verlegen. „Ich war ausreiten.“

„Um diese Zeit?“

„Warum nicht?“

Lissy ging langsam die Hutschnur hoch. Dieses arrogante Gehabe ging ihr deutlich gegen den Strich. „Weil Sie nicht das Recht haben, sich einfach ein Pferd zu nehmen!", fauchte sie. „Sie dürfen sich nur ein Pferd nehmen, wenn Sie Mitglied im Club sind."

„Ach so." James R. Johneston lächelte schief. „Das wusste ich nicht. Ich werde es mir merken, Lissy. Gute Nacht also."

Aber Lissy ließ sich nicht so leicht abwimmeln. „Ich weiß, dass Sie mir nicht die Wahrheit sagen. Sie wissen genau, dass Sie die Pferde nicht einfach nehmen dürfen. Darum haben Sie sie ja auch nachts geholt."

Johneston striegelte Tornado mit Inbrunst. Dabei vermied er es geschickt, Lissy anzusehen.

Sie merkte, dass er plötzlich traurig aussah. „Bitte sagen Sie mir, warum Sie das tun!", bat sie. Ihre Stimme klang nun viel weicher.

Johneston unterbrach das Striegeln und sah Lissy unsicher an. Langsam trat er auf sie zu. „Du bist ein Mensch, zu dem man Vertrauen haben kann, nicht wahr?", begann er.

Lissy bemerkte verwundert, dass seine Ohren ganz rot wurden. „Bestimmt!", versicherte sie ihm. „Was immer Sie mir anvertrauen, ich werde es nicht weitersagen."

Johneston drehte sich wieder zu Tornado um und striegelte ihn weiter. „Ich brauche deine Hilfe", sagte er leise. „Und zwar sehr dringend. Kann ich mit dir rechnen?"

Lissy mochte keine Versprechen geben, die sie später nicht halten konnte. Darum wich sie vorsichtig aus. „Ich weiß es nicht", antwortete sie. „Ich kann Ihnen nichts versprechen, solange ich nicht weiß, worum es geht."

Johneston kratzte nun Tornados Hufe aus. „Ich kann nicht reiten", flüsterte er.

„Waas?" Lissy riss ihre Augen weit auf. Damit hatte sie nun wirklich nicht gerechnet.

„Genau genommen kann ich schon reiten“, berichtigte er sich. Er legte den Hufkratzer zur Seite und kam auf Lissy zu. Dann lehnte er sich gegen die Boxentür und sah sie an. Sein Gesicht sah ehrlich aus, und Lissy wusste, dass er die Wahrheit sagte.

„Ich habe als kleiner Junge zwar Pferde geritten, aber ohne Sattel. Meine Reithaltung ist ziemlich trostlos, und jeder, der etwas von Pferden versteht, würde beim Videoclip bemerken, dass James R. Johneston, der berühmte Westernsänger, gar nicht reiten kann.“

„Das ist wirklich unangenehm“, gab Lissy zu. „Sie würden sich damit ziemlich unglaubwürdig machen.“

„Darum habe ich mir jede Nacht ein Pferd ausgeliehen“, erzählte Johneston weiter. „Ich bin mit ihm den Parcours abgeritten und habe versucht, mir die Sachen anzueignen, die ich bei der Quadrille reiten soll. Aber ich fürchte, jeder Laie wird erkennen, dass ich noch nie ordentlichen Reitunterricht gehabt habe.“

„Aber die Quarterhorsestute …“

„Gibt's gar nicht.“

„Und das Foto? Ich habe Sie auf einer Stute gesehen. Mit guter Reithaltung.“

„Dann war das bestimmt eine Bildmontage. Für einen Fotografen bin ich noch nie auf ein Pferd geklettert.“

„Das ist ja Wahnsinn!“ Lissy brauchte ein paar Minuten, bis sie die Informationen verarbeitet hatte. „Also alles Lüge“, ärgerte sie sich.

„James R. Johneston heißen Sie wahrscheinlich auch nicht.“

„Nein. Aber es klingt besser als Martin Wagner.“

„Martin Wagner? Ich hatte auf Hans Meier getippt.“ Lissy atmete tief ein. Sie verstand, in welch schwieriger Situation sich der Sänger befand. Er hatte seinen Fans, seinem Kameramann und allen Bekannten und Freunden nicht die Wahrheit gesagt, und nun hatte er Probleme, seine Lüge aufrechtzuerhalten.

„Heute Morgen habe ich zum ersten Mal gehört, dass die Pferde, die ich geritten habe, zu müde für die Quadrille waren", erzählte Johneston weiter. „Das war mir natürlich furchtbar peinlich. Ich wollte ja nicht entdeckt werden. Und schon gar nicht wollte ich euch bei eurer Arbeit behindern."

„Darum haben Sie heute Tornado genommen", bemerkte Lissy.

Johneston nickte. „Er ist ein liebes Pferd. Ich glaube, er hat mir ein bisschen was beigebracht. Aber ich muss noch viel lernen."

„Es ist sehr leichtsinnig, dass Sie mit einem unbekannten Pferd ins Gelände gehen", gab Lissy zu bedenken.

„Hast du eine bessere Idee?", fragte Johneston zurück.

Lissy überlegte. „Wie viel Zeit haben wir noch, bis der Videoclip aufgenommen wird?", wollte sie wissen.

„Noch zwei Wochen."

„Das wird reichen", meinte Lissy „Ich schlage darum vor, wir treffen uns morgen um drei Uhr auf der Adlerwiese. Kennen Sie die?"

„Nie gehört."

„Sie liegt ziemlich versteckt im Wald. Wir können dort unsere erste Reitstunde abhalten. Ich werde Ihnen Tornado mitbringen, und dann wird hart trainiert, okay?"

James R. Johneston schluckte. „Weißt du, dass du ein wundervoller Mensch bist, Lissy?"

„Warten Sie ab, bis Sie mich als meckernde Reitlehrerin kennen gelernt haben!", lachte Lissy.

Es war gar nicht so leicht, mit einem anderen Pferd aus dem Club auszureiten. Alle Mitglieder, die Lissy auf dem Weg zum Stall traf, machten verwunderte Bemerkungen.

„Nanu? Du mit Tornado? Was sagt Arcado denn dazu?“

„Wieso Tornado? Ist dein Hengst krank?“

„Ich traue meinen Augen nicht. Ist das Lissy? Was macht sie denn auf Tornado?“

Lissy hatte für alle eine Antwort parat, aber sie war froh, als die anderen außer Reichweite waren.

Tornado war ein schöner Fuchswallach. Er wurde überwiegend von guten Reitern geritten und hatte weiche Gänge. Auf die kleinsten Hilfen sprach er sofort an. Trotzdem konnte Lissy nicht anders, als ihn mit Arcado zu vergleichen. Arcado hatte ein anderes Temperament und liebte es genau wie sie, wild über die Felder zu toben. Tornado dagegen war eher ruhig und gelassen. Trotzdem genoss Lissy den Ausritt mit ihm.

Punkt drei Uhr kam sie an der Adlerwiese an. Johneston wartete schon auf sie.

„Wusste ich doch, dass Verlass auf dich ist“, meinte er. „Pünktlich und zuverlässig.“

Lissy lachte. Sie stieg ab und drückte Johneston die Zügel in die Hand. „Nun sind Sie an der Reihe! Bitte aufsteigen.“

Johneston steckte den linken Fuss in den Bügel. Mit dem rechten stieß er sich kräftig vom Boden ab, schwang sein Bein über den Pferderücken und glitt in den Sattel.

Lissy nickte anerkennend. „Sah schon gut aus.“

Johneston grinste verlegen. „Das ist aber auch das Einzige, was ich kann.“

Das stimmte nicht. Der Sänger beherrschte alle Tempi, vom Schritt bis zum Galopp. Er schaffte es auch, sein Pferd zu wenden, auf dem Zirkel zu schreiten oder eine Volte zu reiten.

„Gar nicht schlecht“, murmelte Lissy.

„Ich habe auch ganz schön dafür geübt“, lächelte Johneston. „Meine Güte, wenn ich daran denke, wie ich mich allein gequält habe … Warum bin ich nicht schon eher auf die Idee gekommen, dich zu fragen, ob du mir Reitstunden gibst?"

Nach einer Stunde waren Reiter und Pferd gleichermaßen nass geschwitzt. Lissy ließ ihren Reitschüler absteigen. Der sah sie erwartungsvoll an.

„Wie war ich?", wollte er wissen.

Lissy dachte nach. Johneston hatte all ihr Anweisungen genau befolgt. Immer wieder hatte sie seine Sitzhaltung verbessert. Er hatte ihre Korrekturen widerspruchslos ausgeführt. Trotzdem war bei Lissy das vage Gefühl entstanden, als wenn er nicht zum Pferd passte. Er sah auf eine merkwürdige Weise hölzern und ungeschickt aus.

„Sie waren wirklich nicht schlecht", wiederholte sie. „Und Tornado ist es auch nicht."

„Ja, wirklich. Ein nettes Pferd."

Lissy fiel auf, dass Johneston Tornado kaum anschaute. Spätestens nach ihrer Bemerkung hätte er dem Wallach doch auf den Hals klopfen und ein paar anerkennende Worte sagen können. Aber auf die Idee schien er nicht zu kommen.

„Mögen Sie Pferde eigentlich?", wollte Lissy wissen.

Johneston sah sie überrascht an. „Komische Frage", meinte er. „Warum nicht? Sie sind doch ganz nett."

„Mir fällt auf, dass Sie Tornado gar nicht richtig angeschaut haben", erklärte Lissy.

Johneston sah nun verwundert zu Tornado hinüber, der ein paar Grashalme fraß. Er betrachtete ihn aufmerksam. „Doch, er ist wirklich sehr hübsch", gab er zu.

„Wollen Sie ihn nicht mal streicheln?", bohrte Lissy weiter.

Johneston lächelte verlegen. Er ging auf Tornado zu und klopfte ihm auf den Hals. „Nett, dass du mir so zur Seite gestanden hast, alter Freund“, sagte er. „Du warst sehr geduldig.“

Tornado schnaubte und schob Johneston seinen Kopf entgegen. Schnell zog der Sänger seine Hand zurück.

„Wir werden noch einiges lernen müssen“, meinte Lissy lächelnd.

Melanie macht eine Entdeckung

Die anderen nahmen mittlerweile wortlos zur Kenntnis, dass Lissy Tornado in der Mittagszeit ritt, und stellten keine verwunderten Fragen mehr.

Eine Woche lang traf sich Lissy jeden Tag mit Johneston auf der Adlerwiese und übte mit ihm Reiten. Johneston lernte enorm dazu. Vor allem, als er anfing, sich für Pferde zu interessieren, wurden seine Bewegungen auf dem Pferd fließender. Es schien, als gehörte er immer mehr zum Pferd und das Pferd immer mehr zu ihm.

„Hätte nie gedacht, dass mir das Spaß macht", brummte der Sänger eines Nachmittags. „Bis jetzt hat mich ein Pferd immer im Sattel hin- und hergeschüttelt."

Lissy lachte. „Jetzt sieht es wirklich viel besser aus", lobte sie. „Und ihr Gesicht ist auch viel entspannter."

„Und ich wette, Tornado grinst ebenfalls", freute sich Johneston.

„Tatsächlich", bestätigte Lissy. „Er sieht sehr zufrieden aus. Ich glaube, es macht ihm Spaß, Ihnen das Reiten beizubringen."

„So geduldig und klug muss auch die Quarterhorsestute sein, die ich mir kaufen werde", meinte Johneston. Und nach einer Weile fügte er hinzu: „Am liebsten würde ich Tornado einfach als Quarterhorse ausgeben."

Lissy schüttelte lächelnd den Kopf. „Schummeln gilt nun nicht mehr. Wenn Sie schon so weit mit der Wahrheit gekommen sind, ist der Rest der Wahrheit doch bloß noch ein Kinderspiel."

„Du hast Recht", stimmte Johneston ihr zu. „Ich hätte nie gedacht, dass ich mal reiten lernen muss, weil ich aus meinem eigenen Lügennetz nicht mehr rauskomme."

„Heute dachte ich, wir probieren Ihren Part für die

Quadrille einmal mit Musik", schlug Lissy vor. „Ich habe einen Kassettenrecorder und eine Kassette mit ‚Riding on a horse' mitgebracht. Haben Sie Lust?"

„Aber ja!", antwortete Johneston fröhlich. „Es freut mich, dass du glaubst, ich könnte das schaffen."

„Also los! Sie kommen durch die Mitte geritten. Dabei singen Sie bis zum ersten Refrain. Dann wenden."

„Okay!" Johneston stellte sich mit Tornado auf und wartete, bis Lissy die Musik einschaltete.

Melanie trabte mit der braunen Stute Fortuna über die Felder. Sie hatte sich mal wieder über die anderen Teilnehmer der Quadrille geärgert und versuchte beim Ausritt, die aufgestaute Wut loszuwerden.

Immer wenn sie die anderen darauf hinwies, dass sie Fehler machten, fuhren sie aus der Haut und schimpften sie aus. Dabei war es einfach nicht korrekt, wenn man die Ecken nicht ausritt. Der Nachfolger hatte dann seine Mühe, Anschluss zu finden. Es sah auch nicht schön aus, wenn Feeling hinter Fortuna hertrottete, statt neben ihr zu gehen. Und Blitz nahm seine Hürden eine Zehntelsekunde später als Arcado. Aber wehe, sie sagte den anderen das. Dann kriegte sie zu hören: ‚Kümmere dich um deine Fehler!' Das war einfach nicht fair. Sie meinte es doch nur gut mit den anderen. Schließlich hatten alle Interesse daran, dass die Quadrille ein Erfolg wurde.

Es ärgerte sie auch, dass Johneston sie nicht beachtete. Von Anfang an hatte er versucht, sie auszuschließen. Er hatte nicht gewollt, dass sie bei der Quadrille mitritt. Und nun, da sie Riesenfortschritte gemacht hatte, schenkte er ihr nicht einmal einen aufmerksamen Blick. Es war zum Heulen. Da hatte sie heute Morgen extra ihre neuen Jeans angezogen und sich für die großen Ohrringe entschieden. Danach war sie mit Fortuna über die Hindernisse gesprungen, dass ihre blonden Haare im Wind wehten und die Ohrringe in der Sonne glitzerten. Johneston war hinzugetreten und hatte ihr eine Weile zugeschaut. Und was hatte er dann gesagt?

„Reiten ohne Reiterkappe ist aber gefährlich!“

Melanie wäre vor Wut beinahe vom Pferd gefallen. Hatte er nicht gemerkt, dass sie spitzenmäßig ritt? Hatte er nicht gesehen, dass ihre Jeans hauteng saßen und ihre Haare frisch gewaschen waren? Nein. Er bemerkte nur, dass sie nicht vorschriftsmäßig gekleidet war.

Warum nur nahm er sie nie wahr? Lissy bemerkte er immer sofort. Sobald sie auf den Hof kam, lächelte er ihr zu. Dabei hatte sein Lächeln so etwas Verschwörerisches. Als plane er, nur sie allein für seinen nächsten Videoclip einzusetzen. Lissy allein im Videoclip mit Johneston! Der Gedanke war einfach unerträglich!

Melanie wurde ganz heiß vor Zorn. Immer wieder war es Lissy, die die Sahne vom Kuchen abbekam. Sie, Melanie, konnte sich abstrampeln, so viel sie wollte: Die anderen zogen immer wieder Lissy vor.

Melanie ließ ihr Pferd im Galopp laufen. Der Wind kühlte ihr glühendes Gesicht. Das tat gut.

Fortuna wurde langsamer, verfiel schließlich ins Schritttempo. Die Sonne schien noch recht warm. Melanie beschloss, eine Pause einzulegen und darüber nachzudenken, wie sie Johneston für sich gewinnen konnte.

Hier, mitten im Wäldchen, gab es eine herrliche große Wiese, sehr einsam gelegen. Sie war von hohen Bäumen umgeben und darum nicht gleich einzusehen. Es war ein idealer Platz zum Ausruhen, Nachdenken und Träumen.

Langsam ritt Melanie auf die Adlerwiese zu.

„Bei der zweiten Strophe müssen Sie Schlangenlinien reiten“, erklärte Lissy. „Und zwar so, dass Sie uns Reitern entgegenkommen und sich parallel zu uns bewegen. Verstehen Sie das?“

James R. Johneston runzelte die Stirn. „Klingt ziemlich schwierig“, meinte er. „Es wäre leichter, wenn du ebenfalls auf einem Pferd sitzen und mir entgegenkommen würdest.“

Lissy nickte. „Stimmt. Da hätte ich selbst drauf kommen können. Ich hätte Arcado mitbringen sollen. Der ist sowieso immer so eifersüchtig auf Tornado. Na ja, das kann ich ja beim nächsten Mal machen. Heute müssen wir jedenfalls die Schlangenlinien wiederholen. Die sahen gestern noch lausig aus.“

Johneston nickte. „Zu Befehl, Chef!“

Lissy lachte. „Also dann! Kommando: Auf der Vorhand rechtsum kehrt!“

Johneston stellte Tornado durch Verkürzen des rechten Zügels nach rechts ein. Den linken Zügel hielt er gut fest. Dann verlagerte er sein Gewicht auf den rechten Gesäßknochen.

„Bein lang machen! Nicht in der Hüfte einknicken!“, rief Lissy.

Johneston drückte das Pferd mit dem rechten zurückgenommenen Schenkel herum.

„Gut gemacht!“, rief Lissy. „Langsam jetzt!“

In diesem Augenblick näherte sich Melanie von dem Wäldchen aus der Adlerwiese. Sie zuckte zusammen. Konnte es sein, dass sie eben Lissys Stimme gehört hatte?

„Mit der Hinterhand wieder auf dem Hufschlag stehen! Ja, so ist es okay.“

Das war eindeutig Lissys Stimme. Sie schien jemandem das Reiten beizubringen. Melanie stieg leise von ihrem Pferd ab und band es an einem Baum fest. Dann schlich sie sich durch die Büsche zur Adlerwiese. Vorsichtig bog sie ein paar Zweige auseinander und glaubte ihren Augen nicht zu trauen. Lissy und Johneston waren auf der Adlerwiese. Der Sänger saß mit etwas unglücklicher Figur auf Tornado und schien eine Lektion im Reiten zu erhalten.

„Pferd wieder gerade stellen!“, ordnete Lissy an.

Aber Tornado dachte gar nicht daran still zu stehen. Er trat ein ganzes Stück nach vorne.

„Sie müssen ihn mit einer halben Parade am Platz halten“, korrigierte Lissy. „Vor und nach der Wendung hat ein Pferd still zu stehen.“

Johneston winkte ab. „Sei doch nicht so pingelig. Wenn man bedenkt, dass ich ein blutjunger Anfänger bin …“

„Stimmt. Dafür sind Sie schon wirklich gut“, gab Lissy zu.

„Das habe ich nur dir zu verdanken, Lissy“, meinte Johneston.

In Melanies Kopf überschlugen sich die Gedanken. James R. Johneston, der berühmte Westernsänger, konnte gar nicht reiten! Das war einfach unfassbar. Er ließ sich von Lissy Reitstunden erteilen, damit er in seiner eigenen Quadrille überhaupt mitreiten konnte.

„Genug für heute“, sagte Lissy. „Sie sollten sich eine Pause gönnen. Ich werde Tornado in den Stall zurückbringen und ihn sauber machen.“

„Nein, nein“, lehnte Johneston ab. „Sauber machen werde ich ihn. Hattest du mir nicht einen langen Vortrag darüber gehalten, dass man dabei ein Pferd am besten kennen lernt?“

„Das stimmt“, lachte Lissy. „Ich habe offenbar einen lerneifrigen Schüler vor mir.“

„Dass du das erst heute merkst …“, schmunzelte Johneston.

Er übergab Lissy Tornado, klopfte dem Wallach noch einmal liebevoll auf den Hals und bedankte sich bei ihm für seine Geduld. Dann winkte er Lissy nach, die mit dem Pferd verschwand.

Als er sich umdrehte, um sich ebenfalls auf den Weg zum Heidehof zu machen, trat er direkt auf den Busch zu, hinter dem Melanie saß. Melanie erschrak zutiefst und kroch ein Stückchen tiefer in den Busch. Erst jetzt bemerkte sie, dass er Dornen hatte. Sie stachen schmerzhaft in ihre Haut, aber Melanie riss sich zusammen und stöhnte nicht. Dann galt ihre Angst ihrem Pferd Fortuna, das nicht weit von ihr entfernt stand. Wenn Johneston es sehen würde, bliebe Melanie nichts anderes übrig, als sich preiszugeben.

Zum Glück bog Johneston vorher nach links ab, ohne das Pferd zu bemerken. Eine Weile saß Melanie noch immer still in dem Busch. Sie hatte Angst, der Sänger könne noch einmal zurückkommen. Aber als er nicht wieder auftauchte, kroch sie aus dem Gestrüpp und atmete tief durch.

Was sie hier eben gesehen und gehört hatte, war unvorstellbar. Sie hatte James R. Johneston gesehen, von dem die Zeitungen berichteten, er reite eine Quarterhorsestute und habe auf jedem Siegertreppchen gestanden. Und nun stellte sich heraus, dass der Mann noch nicht einmal eine einfache Wendung auf dem Pferd beherrschte.

Melanie ließ sich an einem Baumstumpf nieder und dachte nach. Da kam ihr plötzlich eine gute Idee.

„Redaktion Pop TV, Hamburg. Guten Tag."

Die Stimme am Telefon klang professionell. Melanie schluckte. Ihr Herz klopfte.

„Hier spricht Melanie Sievers. Ich wollte Ihnen nur sagen, dass ich eine sensationelle Meldung für Ihre Zeitung habe."

Die Stimme der Frau klang gelangweilt, als sie antwortete: „Einen Moment, ich verbinde!"

Melanie sprach nun mit einem Mann.

„Ich habe eine sensationelle Enthüllung für Sie", begann sie erneut.

„Über wen?"

„Warum wollen Sie das wissen?"

„Weil es immer Stars gibt, die gerade in sind, und welche, die absolut out sind."

„Ach so." Melanie zögerte. Es fiel ihr schwer, einen Teil ihres Geheimnisses schon jetzt zu verraten. Aber da sie befürchtete, dass der Journalist sich nicht wegen eines großen Unbekannten auf die Socken machen wollte, entschied sie sich, den Namen preiszugeben. „Es geht um James R. Johneston."

Nun klang der Journalist sehr interessiert. „Aha!", sagte er. „Der ist im Moment in. Was gibt es denn über ihn zu berichten?"

„Das müssen Sie sich schon selbst anschauen", hielt Melanie ihn hin.

„Hmm!" Der Journalist brummte. Diese Geheimniskrämerei war ihm gar nicht recht. „Wo muss ich also hinkommen?"

Melanie beschrieb ihm den Weg zum Gasthof Heidetal. Dort wollte sie um drei Uhr auf ihn warten. Sie bat ihn, eine gute Kameraausrüstung mitzubringen.

Höchst zufrieden legte sie auf. Es sah aus, als habe der Journalist angebissen.

Melanie ließ es sich nicht nehmen, anschließend mit hochnäsigem Lächeln durch den Reitstall zu gehen.

James R. Johneston war immer noch dabei, Tornado zu striegeln. Melanie lehnte sich in die Boxentür und sah ihm bei der Arbeit zu. Die Art und Weise, wie er ein Pferd putzte, sah noch ein bisschen ungeschickt aus. Als Tornado einmal einen Schritt nach hinten ging, zuckte Johneston zusammen und drückte sich in eine Ecke, weil er befürchtete, getreten zu werden. Als er Melanie sah, kam er verlegen hervor und stellte sich zu ihr.

„Schaust du mir schon lange bei der Arbeit zu?“, fragte er.

Melanie lächelte ihr hinreißendstes Lächeln. „Nicht sehr lange.“

„Scheint Spaß zu machen zuzusehen, wenn andere arbeiten, was?“

Melanie zog es vor, darauf nicht zu antworten. „Ich wundere mich, warum Sie das Pferd putzen, obwohl Lissy es geritten hat“, sagte sie mit höhnischem Gesichtsausdruck.

Johneston sah sie überrascht an. „Aber ich putze Pferde gerne. Ich habe bestimmt schon erzählt, dass ich eine Quarterhorsestute besitze, die ich sehr vermisse. Ich hoffe, sie kommt bald nach Deutschland.“

„Das hoffe ich auch.“ Melanie lächelte immer noch spöttisch. „Ich habe schon viel über das Pferd gelesen. Es muss eine Prachtstute sein. Wie heißt sie eigentlich?“

„Wie sie heißt? Nun, sie heißt, äh …“ Johneston schluckte und suchte nach einem schönen Namen. Offensichtlich war ihm diese Frage noch nie gestellt worden.

Melanie grinste boshaft. Es machte ihr Spaß, ihn so verlegen zu sehen.

„Oh, da kommt ja Lissy!“, rief Johneston erleichtert. „Lissy, kannst du mal kommen? Tornado gibt mir seine Hufe nicht. Vielleicht kennst du ja die Zauberformel für störrische Pferde.“

„Aber natürlich!“, lachte Lissy. Sie strich Tornado über die Schulter und sagte energisch: „Fuß!“

Der Sänger seufzte. „Da hätte ich auch drauf kommen können. Ich habe immer ‚Bein‘ gesagt.“

Ein böser Unfall

Melanie stand vor dem Spiegel und betrachtete sich lange. Ob sie besser ihre bunte Bluse oder ihr rotes Sweatshirt zu den engen Jeans anziehen sollte? Beide Kleidungsstücke standen ihr gut und würden sich auf den Fotos des Journalisten prima machen. Und welche Ohrringe sollte sie nehmen? Die bunten Clips oder die mit den goldenen Pferden als Anhänger?

Vor ihren Augen sah sie schon die Überschrift „Begabte Reiterin entlarvt James R. Johneston." Und dann würde sie auf ihrem Pferd fotografiert, wie sie hinter einem Gebüsch stand und mit der Hand auf Johneston zeigte, der gerade von Lissy Reitunterricht erhielt. So war der Westernsänger für immer blamiert.

Melanie entschied sich für die Bluse. Sie war zwar schon ein bisschen zu kalt für die Jahreszeit, aber sie würde sicherlich toll auf dem Foto aussehen. Und daran musste man jetzt als Erstes denken. Dann steckte sie die goldenen Ohrringe mit den kleinen Pferden in ihre Ohren.

Schließlich ging sie in den Stall und überlegte, mit welchem Pferd sie dem Journalisten entgegenreiten konnte. Natürlich hätte sie auch das Fahrrad nehmen können, aber das erschien ihr weniger stilvoll.

„Hallo, Melanie!", ertönte eine Stimme hinter ihr.

Melanie fuhr herum und sah Lissy vor sich stehen. Da fiel ihr ein, dass Lissy ja zur Reitstunde musste.

„Machst du wieder einen Ausritt mit Tornado?", fragte sie und bemühte sich, das höhnische Lachen in ihrem Gesicht zu verbergen.

„Richtig", nickte Lissy „Und was hast du vor?"

„Ich mache auch einen Ausritt."

„Allein?“

„Warum nicht?“

Lissy runzelte die Stirn. Sie sah es nicht gern, wenn Melanie allein ausritt. Melanie war unsicher im Gelände. Aber wenn Lissy eine Bemerkung dazu machte, würde Melanie bestimmt mit ihr mitreiten wollen. Und das war das Letzte, was Lissy sich wünschte.

„Willst du Fortuna nehmen?“, fragte sie darum nur.

Melanie überlegte. „Nein“, entschied sie. „Ich möchte heute Golden Girl reiten.“

Golden Girl war eine Hannoveraner Fuchsstute mit weißen Fesseln und weißem Stern. In der Sonne schimmerte ihr Fell golden. Das würde sich toll auf den Fotos machen.

Wieder verzog Lissy das Gesicht. „Du bist noch nie mit der Stute geritten“, meinte sie. „Lass dich von ihrer Schönheit nicht blenden. Sie ist ein launisches Pferd und hat schon viele Reitschüler zur Verzweiflung gebracht.“

„Keine Sorge!“, winkte Melanie ab. „Ich werde schon mit ihr fertig.“

Insgeheim ärgerte sie sich wieder einmal über Lissy Immer glaubte die, alles besser zu wissen.

„Melanie!“, versuchte es Lissy noch einmal. „Du solltest sie lieber einem erfahrenen Reiter überlassen. Ich sagte dir doch …“

„Ich weiß gar nicht, was du immer gegen mich hast!“, meckerte Melanie aufgebracht. „Ich bin doch eine erfahrene Reiterin. Aber du gönnst mir wohl das schöne Pferd nicht, was?“

Lissy seufzte. Diese Diskussionen mit Melanie kannte sie zur Genüge. Sie führten zu nichts. Melanie tat immer, was sie für richtig hielt.

Lissy schielte auf die Uhr. Es wurde Zeit, zur Reitstunde zu reiten. Sollte Melanie doch sehen, wie sie klarkam.

Auch Melanie warf einen kurzen Blick auf ihre Swatch. Wenn Lissy sie weiter aufhielt, würde sie noch zu spät zu ihrer Verabredung kommen.

„Tschau dann!", rief Lissy, führte Tornado aus der Box und ritt davon.

In aller Eile sattelte Melanie Golden Girl und führte sie ebenfalls aus dem Stall.

Der Westernsänger saß, gegen einen Baum gelehnt, an der Adlerwiese und wartete auf Lissy.

„Endlich kommst du!", rief er. „Ich dachte schon, du hättest mich vergessen."

„Wie kommen Sie denn darauf?", empörte sich Lissy „Ich hatte nur noch einen kleinen Disput mit Melanie. Sie wollte unbedingt eine sehr nervöse Stute zu einem Geländeritt nehmen. Aber sie ließ sich nicht von mir beraten. Ich weiß auch nicht, was im Moment mit ihr los ist. Sie guckt mich immer total sauer an, wenn ich ihr einen Rat geben will, schiebt trotzig die Unterlippe nach vorne und tut erst recht das, was sie will."

„Wahrscheinlich ist sie eifersüchtig", meinte Johneston.

„Eifersüchtig? Weshalb denn?"

„Weil du der nettere Mensch von euch beiden bist."

Lissy lachte. „Ich würde ihr gerne helfen, etwas freundlicher zu sein."

„Lass uns nicht die Zeit mit Melanie vergeuden", bat Johneston. „Die nervt mich schon genug mit ihrem Getue. Was lernen wir heute?"

„Heute üben wir alles noch einmal mit Musik", schlug Lissy vor.

Johneston nickte. „Na, dann mal los!", rief er und stieg auf.

Golden Girl war wirklich nicht schwer zu reiten. Kraftvoll trabte sie durch das Gelände, der großen Bundesstraße entgegen, an der sich der Gasthof Heidetal befand.

Melanie wurde sehr aufgeregt, wenn sie an das bevorstehende Treffen dachte. Ihre Schadenfreude, Lissy und Johneston zu entlarven, mischte sich mit der Angst, dass der Journalist vielleicht nicht kommen würde. Hin und wieder regte sich auch Melanies schlechtes Gewissen, ob es wohl fair sei, dass sie Lissy und den Sänger verriet. Dann aber fiel ihr der Abend wieder ein, an dem Johneston versucht hatte, sie von der Quadrille auszuschließen. Ihre alte Wut flammte wieder auf. Melanie spornte Golden Girl an, schneller zu laufen.

Sie hörte das Geknattere schon von weitem. Panik erfasste sie. Da war wieder dieser Motorradfahrer, der immer rücksichtslos durchs Gelände jagte und alles umnagelte, was ihm in den Weg kam.

Golden Girl schien Melanies Unruhe zu spüren. Sie stellte ihre Ohren seitlich und horchte auf das Rattern des Motorrades, das langsam immer näher kam. Ohne auf Melanies verkürzte Zügel zu reagieren, verfiel die Stute in den Galopp.

Das Motorrad kam näher und näher. Es bog schließlich auf einen parallel verlaufenden Weg ab und raste in einiger Entfernung an Golden Girl und Melanie vorbei. Dies genügte, Golden Girl vollends in Panik zu versetzen. Sie galoppierte in rasender Geschwindigkeit weiter. Melanie versuchte, die Stute mit einer halben Parade zur Vernunft zu bringen, doch es half nichts. Golden Girl stürmte in unkontrolliertem Tempo davon. Melanie schrie und zog an den Zügeln, aber Golden Girl schien das nur noch verrückter zu machen.

Äste peitschten Melanie ins Gesicht. Sie duckte sich

und versuchte, den herunterhängenden Zweigen auszuweichen. Da verlor sie die Zügel aus der Hand.

Außer sich vor Angst, hielt sie sich an der Mähne ihres Pferdes fest. Golden Girl raste auf einen Wassergraben zu. Sie setzte zum Sprung an. Melanie schrie laut auf. In hohem Bogen flog sie vom Rücken ihres Pferdes und schlug mit dem Kopf gegen einen Baumstumpf. Dann wurde ihr schwarz vor Augen.

„Gasthof Heidetal. Da ist es." Der Journalist von Pop TV trat auf die Bremse. Seine Begleiterin sah aus dem Fenster. „Hier ist aber niemand zu sehen, Michael", stellte sie fest.

Der Journalist fuhr auf den Parkplatz und stellte den Motor seines Cabrios ab. „Wie spät ist es denn?", wollte er wissen.

„Fünf vor drei."

„Dann müssen wir uns noch ein bisschen gedulden." Er öffnete das Handschuhfach und zog eine Schachtel Zigaretten hervor. „Willst du auch eine?"

„Nein danke."

Michael zündete sich eine Zigarette an und paffte gemütlich vor sich hin. Seine Begleiterin rümpfte die Nase und kurbelte das Fenster herunter.

„Wann seid ihr Raucher endlich ausgestorben?", murmelte sie.

Der Journalist lachte. „Mann, oh Mann, Uschi! Du hast ja heute eine unerträgliche Laune", meinte er.

Uschi zog die Lippen kraus. „Du hast Recht", gab sie zu. „Mir stinkt die Sache hier gewaltig. Da ruft dich so eine kleine Göre an, von wegen Neuigkeiten über James R. Johneston, und du springst sofort in das nächstbeste Auto und rast los."

Michael lachte. „Na und?"

„Ich wette, an der Sache ist überhaupt nichts dran."

Der Journalist zuckte die Achseln. „Das kann gut möglich sein. Dann haben wir eben Pech gehabt. Aber stell dir mal vor, es gibt eine Neuigkeit über James R. Johneston, und die Konkurrenz erfährt davon. Da würden wir doch über Nacht graue Haare bekommen."

„Solange es Haarfärbemittel gibt, macht mir das nichts aus", brummte Uschi.

„Genug für heute!", rief Lissy „Sie waren großartig."

„Übertreib nicht", winkte Johneston ab. „Ich war nicht schlecht. Das ist alles."

„Wenn ich sage, dass Sie gut waren, stimmt das auch", versicherte Lissy aufrichtig. „Darum finde ich, wir sollten mit dieser Geheimniskrämerei aufhören. Ich würde vorschlagen, dass wir uns morgen gemeinsam ein Pferd nehmen und zusammen ins Gelände reiten."

Johnestons Augen wurden kugelrund. „Du meinst, ich soll einfach Tornado satteln und mit ihm vom Reitstall aus starten?"

„Ganz genau. Sie reiten vor den Augen der anderen los. Ich wette, niemand wird merken, dass Sie noch vor ein paar Wochen überhaupt nichts vom Reiten verstanden haben."

Man sah Johneston an, dass er wirklich gerührt war.

„Lissy, du bist einfach wundervoll!", rief er. „Willst du tatsächlich mit mir einen Geländeritt wagen?"

„Großes Indianerehrenwort!", entgegnete Lissy mit einem Augenzwinkern.

„Sag mal, Michael, wie lange willst du noch warten?", fragte Uschi, die Reporterin von Pop TV, ungeduldig.

Michaels Zigarettenkippen sprachen eine eigene Sprache. Er hatte bestimmt schon zehn geraucht. Missmutig sah er auf die Uhr. „Viertel nach vier. Okay. Ich gebe auf. Sie kommt nicht mehr."

„Na endlich!" Uschi seufzte erleichtert auf. In dem blauen Zigarettendunst zu sitzen machte sie richtiggehend krank.

Der Journalist ließ den Motor an und wendete den Wagen. Er warf einen kurzen Blick in den Rückspiegel. Dann bremste er und schaltete den Motor wieder aus.

„Was ist denn jetzt schon wieder?", fragte Uschi ungeduldig.

Michael wies nach hinten. „Da kommt jemand."

Die Reporterin fuhr herum. Zwischen den Bäumen des Parkplatzes war eine junge Reiterin zu sehen.

„Was willst du denn mit der?", wunderte sich Uschi. „Meinst du, sie ist das Mädchen, das uns angerufen hat?"

„Kann doch sein." Michael öffnete die Autotür. „Wir werden es gleich erfahren."

Er stieg aus und ging auf das Wäldchen zu. Lissy, die gerade auf Tornado daherkam, sah ihn auf sich zukommen und hielt ihr Pferd an.

„Kann ich Ihnen helfen?", fragte sie mit fröhlicher Stimme. Sie hatte bemerkt, dass das Auto ein Hamburger Kennzeichen trug, und glaubte, der Fahrer habe sich verfahren.

„Ja, vielleicht", nickte der Journalist. „Wir haben uns hier mit einem jungen Mädchen verabredet, mit Melanie Sievers. Kennst du sie?"

„Melanie?" Lissy nickte. „Natürlich. Sie wohnt direkt neben mir. Was wollen Sie von ihr?"

Der Journalist zögerte, Lissy die Story zu erzählen. Dann aber entschied er sich, es zu tun. Lissy machte einen sympathischen Eindruck. Wenn sie Melanie kannte, würde sie vielleicht auch wissen, ob an der Johneston-Geschichte etwas dran war oder nicht.

„Wir kommen von der Zeitschrift Pop TV. Melanie Sievers hat uns hierhin bestellt, weil sie uns etwas Sensationelles zeigen wollte“, erklärte der Reporter. „Es sollte eine Story für uns werden, die mit James R. Johneston zusammenhängt.“

Lissy hoffte, bei der Nennung dieses Namens nicht zusammengezuckt zu sein. Gleichzeitig schossen viele Gedanken in ihrem Kopf herum. Ob Melanie gemerkt hatte, dass sie Johneston Reitunterricht gegeben hatte? War es ihr zuzutrauen, dass sie die Presse alarmierte, um den Sänger zu verraten?

Lissy merkte, wie der stechende Blick des Journalisten auf sie gerichtet war. Sie lächelte freundlich.

„James Johneston? Wer soll das sein?“, fragte sie ruhig.

„Ein Westernsänger.“

„Nie gehört.“ Lissy bemühte sich, ihr unschuldigstes Gesicht aufzusetzen. Sie war eine schlechte Lügnerin, doch sie wünschte sich inbrünstig, der Reporter würde nicht merken, dass sie log.

„Aber wenn ich Ihnen einen Rat geben darf: Melanie gehört zu den Menschen, die ziemlich viel Fantasie haben“, fuhr sie fort. „Ich kann mir vorstellen, dass sie Ihnen eine Geschichte auftischen wollte, die erstunken und erlogen ist.“

Insgeheim hoffte Lissy, Melanie möge ihr verzeihen, dass sie so gehässig über sie redete. Aber sie tat es einzig und allein, um James R. Johneston zu helfen. Wenn Reporter erfuhren, dass er hier war, wenn bekannt wurde, dass er hier erst reiten gelernt hatte, war es mit der Ruhe auf dem Heidehof vorbei.

Uschi, die junge Frau, war inzwischen ausgestiegen. Vorsichtig näherte sie sich der Reiterin. Dabei ließ sie das schnaubende große Pferd nicht aus den Augen.

Ungeduldig zupfte sie den Reporter am Ärmel. „Siehst

du, Michael. Ich habe dir doch gesagt, dass an der Geschichte nichts stimmt."

„Okay. Du hast mal wieder Recht gehabt", brummte Michael. Er dankte Lissy für ihre Auskunft, stieg mit Uschi wieder in sein Cabrio und ließ den Motor an.

Lissy sah, dass er sich eine Zigarette anzündete, bevor er davonfuhr.

Wo ist Melanie?

Als Melanie wieder zu sich kam, war ihr furchtbar schlecht. In ihrem Kopf hämmerte es wie verrückt, und sie fürchtete, sich übergeben zu müssen. Langsam stützte sie sich auf ihre Hände und versuchte, sich aufzurichten. Da spürte sie einen stechenden Schmerz in ihrem Fuß. Mit einem Aufschrei ließ sich Melanie wieder ins Gras fallen. Ihr Fuß schien sehr verletzt zu sein. Es war unmöglich, ihn zu belasten. Melanie atmete schwer. Ihr war kalt, denn die Nässe des Grases zog durch ihren ganzen Körper.

Sie versuchte, sich zu erinnern, warum sie hier lag. Golden Girl fiel ihr ein. Dann der Motorradfahrer. Erst zuletzt dachte sie an den Reporter von Pop TV, der wahrscheinlich immer noch auf sie wartete. Der war ihr jetzt aber völlig egal. Sie wünschte sich nichts sehnlicher als einen Menschen, der ihr half.

Noch einmal richtete sich Melanie mit aller Kraft auf. „Hilfe!", rief sie, so laut sie konnte. „Hilfe!"

Aber es antwortete niemand. Melanie hätte viel darum gegeben, wenn wenigstens ihr Pferd bei ihr geblieben wäre, aber es hatte sich aus dem Staub gemacht. Warum war sie auch auf Golden Girl geritten? Fortuna hätte ihr bestimmt zur Seite gestanden.

Melanie bereute zutiefst, nicht auf Lissy gehört zu haben. Warum musste sie nur mit dieser unruhigen Stute ausreiten? Warum hatte sie keine Reiterkappe aufgesetzt? Alles nur, weil sie so eitel war und ein schönes Titelfoto von sich erhofft hatte.

Melanie kamen die Tränen, als sie an ihr eigenes Fehlverhalten dachte. Sie hätte Johneston nicht an die Presse verraten dürfen. Er hatte so sehr darum gebeten, unerkannt zu bleiben. Vielleicht war ihr Unfall die Strafe dafür, dass sie immer nur an sich dachte.

Noch einmal nahm Melanie all ihre Kraft zusammen, richtete sich auf und rief laut um Hilfe. Aber nur Vogelgezwitscher war die Antwort. Erschöpft ließ sich Melanie auf den Waldboden zurücksinken. Dann wurde ihr wieder schwarz vor Augen.

„Mister Johneston? Kann ich Sie mal sprechen?“

Lissy beugte sich aus dem Fenster des Clubraumes und winkte dem Sänger zu, der gerade über den Hof ging.

Der zuckte zusammen und schaute in alle Richtungen. Als er Lissy am Fenster erspähte, lächelte er.

„Aber natürlich, Lissy.“

Dennis schaute verärgert aus dem Stall.

„Aber natürlich, Lissy!“, äffte er ihn nach. „Ich eile! Ich rase! Ich fliege!“ Er trat wütend gegen einen Stein. „Blöder Typ!“, schimpfte er dabei leise vor sich hin.

Lissy bemerkte Dennis nicht. Sie war zu sehr damit beschäftigt, Johneston die Geschehnisse mitzuteilen, die sie unterwegs am Gasthof Heidetal erlebt hatte.

Johneston hörte ihrem Bericht mit großen Augen zu.

„Donnerwetter! Das hört sich nicht gut an“, stellte er fest. „Ich wette, Melanie hat mich an Pop TV verraten. Diese Zeitung ist schon seit Wochen hinter einem Interview mit mir her.“

„Meinen Sie, sie hat bemerkt, dass ich Ihnen Reitstunden gebe?“, wollte Lissy wissen.

Johneston dachte nach. „Mag sein“, meinte er dann. „Gestern Abend hat sie sich mir gegenüber sehr komisch benommen. Richtig zickig war sie. Auf so eine arrogante Tour hat sie mich gefragt, wie meine Stute heißt.“

„Und da sind Sie schön ins Schwitzen gekommen, was?“ Lissy lachte.

„Das ist gar nicht zum Lachen“, brummte Johneston. „Ich suche seitdem immer einen Namen für meine zukünftige Stute. Aber mir fällt keiner ein.“

„Zu mir war Melanie heute auch sehr merkwürdig“, erwiderte Lissy nachdenklich. „Sie wollte ausreiten und hatte sich dafür sehr ungewöhnlich schick gemacht. Dann nahm sie auch noch diese unruhige Stute ...“

„Lissy!“, ertönte da ein Schrei.

Lissy schaute wieder aus dem Fenster und sah Dennis im Hof stehen. Er hielt Golden Girl am Zügel.

„Was ist los?“, wollte Lissy wissen. „Warum willst du Golden Girl reiten?“

„Ich will sie nicht reiten, verdammt noch mal!“, rief Dennis verärgert. „Sie ist gerade in den Hof getrabt. Ohne Reiter.“

Lissy starrte Golden Girl einen Moment lang fassungslos an. Dann schrie sie: „Um Himmels willen! Melanie muss etwas passiert sein!“

Nun ging alles ganz schnell. Lissy rannte aus dem Clubraum hinaus in den Hof. Johneston folgte ihr auf den Fersen.

„Wir müssen sie suchen!“, rief Lissy Dennis zu.

„Wem sagst du das!“ Dennis war mit einem Satz bei Blitz und sattelte ihn. Lissy rannte in die Sattelkammer, um Arcados Sattel zu holen.

Johneston hielt Golden Girl am Zügel und führte sie in Richtung Stall. „Ich werde euch besser nicht folgen, sonst habt ihr noch einen Verletzten mehr. Aber ich putze Golden Girl in der Zwischenzeit. Wenn etwas ist, ruft an. Ich achte auf das Telefon.“

Lissy warf ihm einen dankbaren Blick zu. „Gute Idee.“

„Bist du bereit?“, wollte Dennis wissen.

Lissy nickte. Gemeinsam ritten sie los.

Als Melanie ein zweites Mal erwachte, war es schon dämmrig. Ihr Kopf dröhnte immer noch, und durch ihren Fuß zog ein stechender Schmerz. Einen Moment lang dachte sie nach. Dann fiel ihr die Situation wieder ein, in der sie sich befand. Sie stöhnte leise. Tränen liefen ihr über das Gesicht. Bald würde es dunkel sein. Wenn sie nicht versuchte voranzukommen, würde sie vor Einbruch der Dunkelheit nicht mehr gefunden.

Melanie versuchte langsam, sich aufzurichten. Das tat höllisch weh. Sie unterdrückte einen Schrei. Ihr einziger Trost war: Es konnte bis zur Bundesstraße nicht weit sein. Auf allen vieren kroch sie voran. Dabei versuchte sie, den kranken Fuß so wenig wie möglich zu belasten.

Sie kam bis zur nächsten Wegbiegung, dann ließ sie sich fallen und stöhnte. Schweißperlen standen auf ihrer Stirn. Es war unmöglich für sie weiterzukriechen.

Melanie schloss die Augen und versuchte, Kräfte zu sammeln. Da hörte sie in der Ferne Hufgetrappel. Sie hielt die Luft an und drückte ihr Ohr auf den weichen Boden. Tatsächlich schienen sich Reiter auf sie zuzubewegen.

„Melanie?“, hörte sie mit einem Mal eine vertraute Stimme durch den Wald hallen. „Melanie! Wo bist du?“

Melanies Herz klopfte wie rasend. „Lissy!“, flüsterte sie tonlos. „Oh Lissy! Ich bin hier!“

Aber das konnten die Reiter natürlich nicht hören.

„Melanie!“, hörte Melanie nun Dennis’ Stimme. „Bitte sag doch was! Bist du hier irgendwo?“

„Sie muss hier sein!“, erwiderte Lissy „Wenn sie vom Reiterhof zur Bundesstraße reitet, muss sie diesen Weg nehmen.“

Melanie richtete sich mit aller Kraft auf. „Hier bin ich!“, rief sie, so laut sie konnte. Dann sank sie erschöpft auf den Waldboden zurück.

Lissy und Dennis hielten ihre Pferde an.

„Hast du das auch gehört?“, wandte sich Dennis an Lissy.

Die nickte und sah sich aufmerksam um. Dann sah sie die zusammengekrümmte Gestalt am Boden.

„Dennis, schau mal! Da liegt sie!“

Dennis und Lissy ritten sofort zu Melanie. Beide stiegen ab. Während Lissy sich zu ihr hinunterbeugte, hielt Dennis die Pferde am Zügel fest.

„Melanie! Alles okay mit dir?“, fragte Lissy erschrocken.

Melanie nickte beklommen und versuchte zu lächeln. „Alles okay“, flüsterte sie kaum hörbar.

„Kannst du aufstehen?“ Lissys Stimme klang kratzig. Es tat ihr weh, Melanie so blass und erschöpft daliegen zu sehen.

Melanie schüttelte den Kopf. „Mein Fuß!“, wimmerte sie leise. „Ich habe mir den Fuß verletzt.“

Lissy begutachtete den Fuß, ohne ihn zu berühren. „Sieht nicht gut aus“, meinte sie und warf Dennis einen Blick zu. Er verstand sie ohne Worte.

Er würde allein zum Reitstall zurückreiten und den Krankenwagen holen. Lissy würde hier bei Melanie bleiben.

„Bis nachher“, sagte er, reichte Lissy die Zügel ihres Pferdes und wendete Blitz. Dann ritt er davon.

Lissy untersuchte den Waldboden nach giftigen Pflanzen. Als sie keine sehen konnte, band sie Arcado an einen Baum.

Melanies Gesicht hatte in der Zwischenzeit wieder ein bisschen Farbe bekommen. Lissy setzte sich zu ihr, bettete ihren Kopf in ihren Schoß und strich ihr über die blonden Haare.

Melanie sah sie unruhig an. „Ich bin selbst schuld“,

flüsterte sie. „Warum habe ich nicht auf dich gehört? Ich hätte die Stute nicht nehmen sollen. Ich hätte eine Reiterkappe tragen sollen. Ich hätte …“

„Psst“, sagte Lissy leise.

Aber Melanie mochte nicht ruhig werden. Ihr brannte noch so viel auf der Seele.

„Ich wollte Johneston und dich an Pop TV verraten“, erzählte sie weinend. „Ich hatte gesehen, dass du ihm Reitstunden gabst. Das wollte ich der Presse melden.“

„Ich weiß“, murmelte Lissy und streichelte weiter über Melanies Haar.

„Ich schäme mich so dafür, Lissy“, schluchzte Melanie. „Ich war so neidisch auf dich, weil du immer …“

„Melanie, bitte sei doch still!“, bat Lissy. „Du musst dich jetzt beruhigen. Du hast eine Dummheit gemacht. Okay. Du hast dich dafür entschuldigt, okay. Und nun beruhige dich. Ich bin dir nicht mehr böse. Nur wenn du jetzt weiterweinst und ich auch noch mitweinen muss, werde ich ernstlich böse.“

Melanie schniefte und wischte sich die Tränen aus den Augenwinkeln.

„Danke, Lissy“, murmelte sie.

Es war schon dunkel, als Lissy endlich das Brummen eines Autos vernahm. Der Krankenwagen fuhr von der Bundesstraße aus auf den Waldweg.

Lissy legte Melanies Kopf vorsichtig auf den Waldboden zurück, stand auf und winkte. Der Krankenwagen fuhr den Waldweg entlang, direkt auf sie zu. Dann hielt er. Die Türen öffneten sich, und Dennis und zwei Krankenpfleger sprangen heraus.

Und dann ging alles sehr schnell. Die beiden Krankenpfleger betteten Melanie mit gekonnten Griffen auf eine Trage.

Dennis und Lissy standen daneben und sahen zu.

„Und was jetzt?“, wollte Lissy wissen.

„Wir bringen sie ins Krankenhaus“, meinte der Krankenwagenfahrer. „Wahrscheinlich Fuß verstaucht und Verdacht auf Gehirnerschütterung.“

Lissy nickte. Das hatte sie schon befürchtet.

„Und wie kommst du nach Hause?“, wollte Dennis wissen.

Lissy deutete auf Arcado, der ruhig an einem Baum stand und döste.

„Heißt das, du willst allein durch den dunklen Wald nach Hause reiten?“, fragte Dennis beunruhigt.

Lissy nickte. „Soll ich Arcado etwa hier lassen?“

„Vielleicht begleitest du die mutige junge Dame“, mischte sich der Krankenwagenfahrer ein.

Dennis nickte. „Das mache ich. Dann fahren Sie bitte ohne mich.“

„Tschüs, Melanie!“, rief Lissy. „Wir besuchen dich morgen im Krankenhaus.“

Melanie liefen erneut Tränen übers Gesicht. „Tschüs, ihr beiden!“, rief sie zurück. „Und vielen Dank.“

Der Krankenwagen setzte sich in Bewegung.

Lissy und Dennis sahen ihm nach. Dann schaute Dennis zu Lissy hinüber.

„Auf geht’s!“, meinte er.

Lissy sah ihn verwundert an. „Wie in aller Welt hast du dir das vorgestellt?“, wollte sie wissen. „Willst du vorauslaufen und ich reite mit Arcado hinterher?“

Dennis sah sie so verblüfft an, dass Lissy anfing zu lachen.

„Also, auf so eine blödsinnige Idee würde ich nie kommen“, brummte er. „Ich dachte, du und ich lassen uns von Arcado nach Hause tragen.“

„Und wie soll das gehen?“

„Du setzt dich in den Sattel, ich mich hinter dich. Und dann halte ich mich an dir fest."

„Scherzkeks!", murmelte Lissy.

„Okay!" Dennis schaute sie abwartend an. „Hast du einen anderen Vorschlag?"

Den hatte Lissy natürlich nicht. Sie atmete tief durch. „Dennis!", sagte sie beschwörend. „Wenn du die Situation ausnutzt ..."

„Aber Lissy! Wie könnte ich denn?" Dennis klimperte unschuldig mit den Augenlidern.

Lissy kicherte. „Na gut, dann steig mit auf! Aber wenn du mich provozierst, lasse ich dich fallen wie eine heiße Kartoffel."

„Um Himmels willen!", rief Dennis entsetzt. „Tu mir das nicht an, Lissylein! Sonst lande ich womöglich noch bei Melanie im Krankenzimmer."

Lissy warf ihm einen gespielt strengen Blick zu, band Arcado los und lobte ihn für seine Geduld, so lange in der Dunkelheit ausgeharrt zu haben. Dann hielt sie die Zügel fest und ließ Dennis in den Steigbügel steigen. Er setzte sich hinter den Sattel und ließ Lissy aufsteigen. Im Schritt ging es zum Heidehof zurück.

Endlich eine Quarterhorsestute!

Melanie lag im Krankenzimmer des Josefskrankenhauses und weinte leise in ihr Kissen. Drei Tage Krankenhausaufenthalt wegen der Gehirnerschütterung und zwei Wochen Ruhe wegen ihres verstauchten Fußes hatten die Ärzte ihr gnadenlos aufgebrummt. In fünf Tagen aber sollte der Videoclip aufgezeichnet werden. Damit war sie aus dem Rennen. Wahrscheinlich würde Jennifer ihre Rolle übernehmen. Jennifer war auch eine gute Reiterin. Sie ritt gerne auf Fortuna und kam mit der Stute gut zurecht.

Melanie schluchzte laut auf. Sie hatte alles aufs Spiel gesetzt, um berühmt zu werden, und hatte letztlich alles verloren.

„Warum weinst du denn?“, fragte ihre Bettnachbarin. „In drei Tagen bist du doch wieder zu Hause. Ich muss vier Wochen hier bleiben.“

Melanie antwortete nicht. Was sollte sie dem Mädchen auch erzählen? Dass sie die Teilnahme an einem Videoclip verpasste? Das würde sie wahrscheinlich nicht verstehen. Unglücklich kroch Melanie unter die Bettdecke und weinte leise weiter.

In diesem Moment öffnete sich die Tür zum Krankenzimmer, und Lissy, Dennis, Chris und Carsten traten ein. Die vier blickten sich verwirrt um.

„Ist Melanie nicht da?“, wandte sich Lissy an Melanies Bettnachbarin.

„Doch, klar!“, antwortete die verächtlich. „Die liegt unter der Bettdecke und heult.“

„Sie weint?“, wunderte sich Lissy.

„Sie hat tatsächlich so viel Gefühl?“, staunte auch Carsten.

Lissy sah ihn wütend an, und er schluckte weitere boshafte Bemerkungen hinunter.

Vorsichtig tippte Dennis auf den großen Hügel unter der Bettdecke.

„Hi, Melanie! Bist du da drunter?“

Der große Hügel bewegte sich. Mit großen Augen schaute Melanie unter der Bettdecke hervor. Ihre Nase und ihre Augen sahen rot und verquollen aus.

„Hallo, Dennis!“, schniefte sie verwundert. „Oh, und da ist ja auch Lissy! Hallo, Carsten! Hallo, Chris!“

Nun hatte sie sich vollständig aufgerichtet.

Verschüchtert sah sie die vier an. Ihr schlechtes Gewissen regte sich sofort. Sie ahnte, dass sie gekommen waren, um ihr gehörig den Kopf zu waschen.

„Es tut mir so Leid“, flüsterte sie. Ihre Augen füllten sich erneut mit Tränen. „Ich bin eine blöde Gans. Ich habe nur an mich gedacht. Ich ...“

„Melanie!“, sagte Lissy liebevoll. „Wir sind nicht gekommen, um dich zur Rede zu stellen. Wir wollten dir nur gute Besserung wünschen.“

Melanie schluckte. Am liebsten wäre sie wieder unter die Bettdecke gekrochen, weil sie sich so sehr schämte.

„Die Röschen sind von allen Clubmitgliedern. Von jedem eine. Die große in der Mitte ist von Johneston.“

„Nein!“ Sofort musste Melanie wieder weinen. „Ich danke euch. Wirklich.“ Sie schniefte erneut.

Die anderen lächelten. Sie freuten sich, dass Melanie so gerührt war. Daran merkten sie, wie sehr sie offensichtlich darunter litt, eine Außenseiterin zu sein.

„Und nun beeilst du dich mal mit dem Gesundwerden!“, sagte Dennis. „In zwei Wochen wollen wir den Videoclip aufnehmen.“

„In zwei Wochen?“ Melanie riss die Augen auf. „Ich dachte, ihr würdet in fünf Tagen gefilmt.“

„Das sollten wir auch", berichtete Dennis ihr. „Aber Johneston hat heute mit deinem Arzt telefoniert, und als er erfuhr, dass du erst in zwei Wochen wieder fit bist, hat er den Termin für den Videoclip verschoben."

„Den Termin verschoben? Für mich?" Melanie setzte sich mit großen Augen kerzengerade im Bett auf, ließ sich aber sofort erschöpft ins Kissen zurückfallen. „Mann, das ist ja irre!", murmelte sie. Sie warf Lissy einen dankbaren Blick zu. Dann ergriff sie ihre Hand und presste sie ganz fest. „Danke!", sagte sie leise. Ihre Stimme klang kratzig.

„Das ist unsere tägliche gute Pfadfindertat", alberte Dennis.

Als die Freunde wieder gehen wollten, hielt Melanie Lissy am Ärmel fest.

„Kann ich dich noch einen Moment allein sprechen?", fragte sie zaghaft.

Lissy nickte. Die anderen verließen diskret das Zimmer. Lissy sah ihnen nach. Dann setzte sie sich zu Melanie aufs Bett.

Melanie sah sie traurig an. „Weiß jemand außer mir und dir, dass Johneston nicht reiten kann?"

Lissy schüttelte den Kopf.

„Dann verspreche ich dir, dass ich es niemandem weitersage."

„Ehrenwort?"

„Ehrenwort!"

Lissy lächelte. „Johneston wird erleichtert sein, wenn ich ihm das sage", meinte sie. „Er war nahe davor abzureisen, wegen der Reporter."

„Er darf nicht abreisen!", sagte Melanie nachdrücklich. „Ich werde schweigen wie ein Fisch im Wasser."

Die beiden Mädchen reichten sich die Hand. „Ich komme morgen wieder", versprach Lissy.

„Ich kriege bei dieser Quadrille nicht nur graue Haare, sondern einen Herzkasper, wenn das mit euch noch lange so weitergeht“, brummte Alexander Manglier. „Erst macht ein Pferd nach dem anderen schlapp, dann sind ständig irgendwelche Teilnehmer krank. Und das ausgerechnet heute, wo James R. Johneston einmal mitmacht.“

Lissy lachte. „Das Chaos kann doch für Sie nur eine Herausforderung sein.“

Der Reitlehrer kratzte sich am Kopf. „Herausforderung!“, knurrte er. „Ich weiß gar nicht, wen ich als Ersatz für Melanie nehmen soll.“

Lissy legte Arcado den Sattel auf den Rücken und gurtete ihn locker an. „Im Zweifel Sie sich selbst“, meinte sie. Sie stieg auf und gurtete nach.

„Mich?“ Alexander Manglier zog verwundert die Nase kraus.

„Sie sind der Einzige, der den Parcours in- und auswendig kennt“, versuchte Lissy ihn zu überzeugen.

Das schien dem Reitlehrer einzuleuchten. Er ging schweigend in den Stall und kam kurze Zeit später mit Fortuna am Zügel zurück.

Inzwischen hatten sich auch die anderen Teilnehmer der Quadrille im Hof versammelt. Alexander Manglier bekam einen riesigen Applaus. So fiel den Teilnehmern gar nicht so sehr auf, dass auch Johneston heute mit Tornado unter den Reitern war.

Verlegen sah er Lissy an, die ihm aufmunternd zunickte. Da schwang er sich auf Tornado und ritt mit den anderen zum Parcours.

Heute wurde die Quadrille vollständig geübt. Johneston war zunächst sehr aufgeregt, doch als die anderen Teilnehmer keine Anstalten machten, ihn zu kritisieren, wuchs sein Selbstvertrauen. Er schaute unsicher zu Lissy hinüber, die ihm lächelnd zuzwinkerte. Er machte seine Sache fast so gut wie ein Profi.

Alle Teilnehmer gaben ihr Bestes, und so wurde die Probe ein toller Erfolg.

„Wenn wir beim Videoclip genauso gut in Form sind wie heute, gebe ich eine Riesenrunde aus!“, freute sich Johneston. „Eis in Massen, Pommes mit Mayo, Berliner, Fruchtsaft, Cola – alles, was das Herz begehrt.“

„Ich bin sicher, dass wir gut sind“, meinte Lissy zuversichtlich.

„Lissy?“ Johneston steckte seinen Kopf durch die Tür zu Lissys Büro.

„Ja?“

Der Sänger kam ins Zimmer. Er lächelte verlegen. „Morgen wird meine Stute aus den Staaten nach Deutschland eingeschifft.“

Lissy sah ihn überrascht an. Sie verstand kein Wort. „Ich denke, Sie haben überhaupt keine Stu...“

„Psst!“ Johneston schloss die Tür hinter sich und trat näher an Lissys Schreibtisch. „Habe ich ja nicht. Aber morgen ist eine große Pferdeauktion in der Kreisstadt.“

Lissy begriff. Sie lächelte schelmisch. „Und da wollen Sie ein Quarterhorse kaufen?“

„So ist es.“ Johneston freute sich, dass Lissy ihn ohne viele Worte verstand. „Und ich möchte dich bitten mitzukommen. Du weißt, dass ich nicht besonders viel von Pferden verstehe.“

Lissy lachte und schnippte begeistert mit den Fingern. „Bei Pferdekäufen bin ich immer dabei.“

Nachmittags holte Johneston Riedmanns Geländewagen aus der Garage. Lissy half ihm, den Pferdeanhänger anzukuppeln.

„Ob ich mit diesem Teil fahren kann?“, brummte er.

„Sie müssen!“, antwortete Lissy. „Wenn Sie es nicht schaffen, müssen wir Herrn Sievers bitten …“

Johneston lachte über das ganze Gesicht. „Keine Zeugen, bitte!“ Er drehte den Zündschlüssel um, schaltete dann aber den Motor wieder aus.

„Was ist los?“, fragte Lissy beunruhigt.

Johneston grinste schief. „Ich habe noch etwas vergessen“, erklärte er. Dann lief er zum Clubhaus. Nach einer Weile kam er mit einer Plastiktüte in der Hand zurück, die er auf den Rücksitz warf.

„Was ist darin?“, wunderte sich Lissy.

Johneston antwortete nicht. Er startete den Motor und fuhr vorsichtig los. An der nächsten Wegbiegung hielt er an, kramte in der Plastiktüte und zog eine Perücke hervor. Er setzte sie auf und schaute Lissy an.

„Na, wie sehe ich aus?“

Lissy staunte. „Völlig verändert.“

„Ich bin Martin Wagner und will ein Pferd kaufen“, verkündete er.

Lissy verstand. „In Ordnung, Herr Wagner. Darf ich Sie daran erinnern, dass Sie nicht mehr lügen wollten?“

Johneston grinste von einem Ohr zum anderen. „Der Name ist ausnahmsweise echt. Und die Haare müssen wir als Notlüge betrachten.“

Die Pferdeauktion war gut besucht. Lissy und Johneston nahmen sich nicht die Zeit, von Pferd zu Pferd zu bummeln.

„Schau mal! Da ist ein Appaloosa!“, rief Johneston begeistert und zeigte auf ein braun-weiß gesprenkeltes Pferd.

Lissy schüttelte den Kopf. „Das ist ein Knabstrupper“, kicherte sie.

Johneston sah sich vorsichtig um, ob jemand seine Äußerung gehört hatte. Dann beugte er sich zu Lissy hinunter und flüsterte ihr ins Ohr: „Bitte blamier mich nicht vor allen Leuten! Sonst verkauft mir der nächstbeste Händler einen Esel als Pferd."

Lissy lachte leise. „Entschuldigung."

Dann sahen sie sich weiter in der großen Halle um.

„Da!" Lissy zeigte in eine Ecke. „Da stehen Quarterhorses."

„Tatsächlich." Ein Leuchten glitt über Johnestons Gesicht. Er wurde unruhig. „Komm, schnell!"

Er schubste die Leute zur Seite und drängte sich zu den Pferden durch. Lissy konnte ihm so schnell nicht folgen.

Als sie sich endlich zu ihm durchgeboxt hatte, bot sich ihr ein merkwürdiges Bild. Johneston hatte seinen Arm um den Hals einer Stute geschlungen und streichelte mit der anderen Hand liebevoll ihre Nüstern.

Lissy lächelte ihm zu. „Das ist sie, nicht wahr?", fragte sie.

Johneston nickte. Er hatte einen Kloß im Hals. „Das wird meine Stute werden. Ist sie nicht ein wundervolles Pferd?"

Der Pferdehändler kam zu Johneston und sah ihn überrascht an. „Da haben Sie sich aber ein edles Pferd ausgesucht", meinte er. „Es ist sehr lieb und gut geritten, mit weichen Gängen. Sehen Sie selbst."

Der Pferdehändler band die Stute los und führte sie ein wenig von Lissy und Johneston entfernt auf und ab. Lissy betrachtete das Pferd kritisch. Es hatte einen fein geformten Kopf und einen langen Hals, der in einer elegant geschwungenen Kurve in die Schultern überging. Alle Gliedmaßen waren gut proportioniert.

Lissy trat nun zu der Stute und besah sich die Hufe. Die Hornwand zeigte keine Risse oder Sprünge.

Johneston trat ungeduldig von einem Bein aufs andere. „Darf ich sie mal reiten?“, fragte er.

„Natürlich.“

Der Händler folgte den beiden aus der Halle und sah zu, wie Johneston aufstieg. Der Sänger ließ die Stute im Schritt gehen, später auch traben und galoppieren.

„Wundervoll!“, murmelte er immer wieder.

Als er von seinem Ausritt zurückkam, klopfte er der Stute liebevoll auf den Hals. „Gekauft“, sagte er.

Der Händler freute sich. „Ich versichere Ihnen, dass Sie den Kauf nicht bereuen werden. Die Stute ist vier Jahre alt. Sie ist aus einer guten Zucht. Bitte sehen Sie ihre Papiere ein.“

Aber Johneston winkte ab. Ihn interessierte eine andere Sache. „Hat die Stute schon einen Namen?“, wollte er wissen.

Der Händler nickte. „Da der Name ihres Vaters mit L beginnt, haben wir sie Liebling getauft.“

Johneston winkte ab. Der Name gefiel ihm nicht. Er sah eine Weile grübelnd vor sich hin. Dann huschte ein Lächeln über sein Gesicht.

„Ich werde sie Lissy nennen“, verkündete er glücklich.

PFERDECLUB

Eine Lehrstelle als Pferdewirtin,
davon hat Alexandra schon lange geträumt.
Und endlich findet sie auch den richtigen Reiterhof!
Aber dann klappt es mit der Stelle doch nicht.
Alex ist am Boden zerstört. Hat vielleicht Stephan,
der Sohn des Besitzers, etwas damit zu tun?
Alex schmiedet einen verwegenen Plan,
um an ihren Traumjob zu kommen …

PFERDECLUB

Katrin versteht die Welt nicht mehr. Sie werden wegziehen! Weg von ihrem heiß geliebten Wallach Polarstern. Katrin weiß nur einen Trost: Sie erzählt allen, dass sie in ihrem neuen Zuhause ein Pferd bekommt: die wunderschöne Stute Samira. Natürlich weiß Katrin, dass Samira nur ein Traum ist. Doch dann sieht sie den schmalen rotgoldenen Fuchs ...